精益思想丛书

低成本 零缺陷 持续改善

The Toyota Way Fieldbook
A Practical Guide for Implementing Toyota's 4Ps

丰田模式
（实践手册篇）
实施丰田4P的实践指南
典藏版

[美] 杰弗瑞·莱克（Jeffrey K. Liker） 著
大卫·梅尔（David Meier）

王世权 张丹 商国印 等译

机械工业出版社

CHINA MACHINE PRESS

Jeffrey K. Liker, David Meier. The Toyota Way Fieldbook: A Practical Guide for Implementing Toyota's 4Ps.

ISBN 978-0-07-144893-4

Original edition copyright ©2006 by The McGraw-Hill Companies, Inc.

All Rights reserved. No part of this publication may be reproduced or transmitted in any form or by any means, electronic or mechanical, including without limitation photocopying, recording, taping, or any database, information or retrieval system, without the prior written permission of the publisher.

This edition is authorized for sale in the Chinese mainland (excluding Hong Kong SAR, Macao SAR and Taiwan).

Simple Chinese translation edition copyright ©2024 by China Machine Press. All rights reserved.

版权所有。未经出版人事先书面许可，对本出版物的任何部分不得以任何方式或途径复制传播，包括但不限于复印、录制、录音，或通过任何数据库、信息或可检索的系统。

此中文简体翻译版本经授权仅限在中国大陆地区（不包括香港、澳门特别行政区及台湾地区）销售。

翻译版权 ©2024 由机械工业出版社所有。

北京市版权局著作权合同登记　图字：01-2011-3942 号。

图书在版编目（CIP）数据

丰田模式：实施丰田 4P 的实践指南：典藏版. 实践手册篇 /（美）杰弗瑞·莱克（Jeffrey K. Liker），（美）大卫·梅尔（David Meier）著；王世权等译 . —北京：机械工业出版社，2024.3
（精益思想丛书）

书名原文：The Toyota Way Fieldbook: A Practical Guide for Implementing Toyota's 4Ps

ISBN 978-7-111-75030-7

Ⅰ. ①丰…　Ⅱ. ①杰…②大…③王…　Ⅲ. ①丰田汽车公司 - 精益生产 - 生产管理 - 指南　Ⅳ. ① F431.364-62

中国国家版本馆 CIP 数据核字（2024）第 046441 号

机械工业出版社（北京市百万庄大街 22 号　邮政编码 100037）

策划编辑：刘　静　　责任编辑：刘　静
责任校对：樊钟英　　责任印制：郜　敏

三河市国英印务有限公司印刷

2024 年 4 月第 1 版第 1 次印刷

170mm×230mm・31 印张・1 插页・497 千字

标准书号：ISBN 978-7-111-75030-7

定价：89.00 元

电话服务	网络服务
客服电话：010-88361066	机 工 官 网：www.cmpbook.com
010-88379833	机 工 官 博：weibo.com/cmp1952
010-68326294	金 书 网：www.golden-book.com
封底无防伪标均为盗版	机工教育服务网：www.cmpedu.com

推荐序 | The Toyota Way Fieldbook

当杰弗瑞·莱克和大卫·梅尔让我为这本实践指南作序时，我立刻热情地答应了下来，但旋即又有些许担心。一本关于丰田模式的"实践指南"？到底什么是实践指南，又该如何来形容丰田模式？像一本提供各种食谱的烹饪图书，还是一本路线图？

但是通过阅读本书，读者会发现这根本不是什么烹饪图书或路线图，而是一个能够指明方向的指南针，它能够帮助你找到属于自己的道路。而作者杰弗瑞和大卫则是你的领路人，他们装备齐全，定能为你提供莫大的帮助，我对此深信不疑。碰巧的是，当杰弗瑞和大卫首次参加在丰田市举办的全球高级工商管理项目时，我都在场，只不过与他们每个人见面的场景不同而已。和杰弗瑞见面的时候，我当时还在丰田工作，而他则是密歇根大学的一名教授，正在进行社会技术体系方面的研究，其实，早在他还是马萨诸塞大学的一名学生时，他就已经开始了这项研究。与大卫·梅尔的碰面则是在我向丰田在美国的新员工介绍丰田生产方式的时候。当时，他正在车间现场学习丰田模式——或许，你也应该像他一样，到车间现场去学习。

杰弗瑞与丰田的结缘源自正规教育和后续的研究，他对工业的"软科学"与"硬科学"拥有同样的兴趣和经验。作为一名工业工程师和东北大学（美国）带薪实习的学生，杰弗瑞在通用食品公司（General Foods Corporation）工作，负责运营研究、工厂布局等工业工程工作，然而最令他感兴趣的却是一家位于托皮卡的狗粮工厂。这家工厂依据社会技术体系——社会与技术系统联合设计而成，围绕实行自我管理的不同团队组织创建。在马萨诸塞大学获得博士学位之后，杰弗瑞加入了这所大学的工业与运营工程学院，并一直在那里任教至今。通过和大卫·科尔（David Cole）、罗伯特·科尔（Robert Cole）等人一起参加著名的密歇根大学美日汽车研究项目，杰弗瑞对汽车行业和日本的研究进一步深入发展，并进而接触到丰田及丰田生产方式。在丰田，他发现自己研究多年的社会技术体系得到了实际应用。也正是在这里，他认为他终于找到了一个将社会和技术体系实现真正融合的组织。

杰弗瑞与政治学教授约翰·坎贝尔（John Campbell）及密歇根商学院的布莱恩·塔尔伯特（Brian Talbot）教授共同创建了日本技术管理项目（我曾经有幸为其工作多年），旨在研究日本的成功组织如何进行技术管理。他们在研究过程中认识到，众多日本企业在各自领域内的竞争优势并非源自"硬"技术（比如，丰田所使用的锻压机和机器人与福特所使用的锻压机和机器人源自同一家供应商），关键在于对相同技术的管理方式。因此，这个项目重点关注的是一些企业（尤其是丰田）将技术与人、机构、产品和策略实现整体融合的方式。研究发现，这些企业的与众不同之处在于它们的社会科技体系，尽管很少有企业会用这样的术语来解释这个问题。

大卫的实地学习机会从工厂现场开始。1987年夏天，他成为丰田肯塔基工厂（TMMK）第一批派往丰田市的一线监管员团队中的一员，前往丰田接受管理培训。那时，丰田已经"实践"过了以合资形式创建的新联合汽车制造有限公司（NUMMI），而乔治城是丰田在日本境外第一家实现完全自主经营的工厂。与肯塔基州政府合作，丰田开发了一套全面的评估方案来选拔应聘首批 3 000 个工作岗位的 10 万名应征者！而大卫是在首轮选拔中便脱颖而出的基层领导者之一。此次选拔过程异常严格，但这只是整个培训开发流程的序曲，在接下来的几年里，大卫又接受了更多紧张而充实的培训。丰田从一开始便清楚，TMMK 成功的关键在于公司需要在短期内在内部建立起丰田模式。

当时，他们还未将这种风格称为"丰田模式"，只是简单称之为"丰田的行事方式"。但丰田生产方式在那时已经被明确提出，并成了公司的理念，尤其在质量和人力资源管理领域。这一理念的作用不止这些，它贯穿于公司的每一项活动之中。正如大卫作为生产团队领导者接受的培训一样，乔治城新厂的每一位领导者都要被派往丰田市接受培训，他们不仅要在 TMMK 的生产中心堤工厂（Tsutsumi）学习，还要到公司总部接受会计、采购、社区关系、设施管理等对应领域的培训。比如，TMMK 社区关系职业人员学会了丰田公司与丰田市共事和合作的方式。为什么这也要学习？是不是丰田公司认为它与丰田市的关系模式是最佳的实践标杆？是不是丰田公司认为它与日本名古屋外围的当地社区的关系模式是值得位于肯塔基中部地区的 TMMK 效仿的榜样？

当然，这些都不是原因。真正的原因是，丰田公司深知它的文化——它的企业文化而不是它的"日本色彩"才是其主要特点，而正是它的企业文化界定了公司在每个层面、每个部门的运作风格。大卫和他的同事们当时并未听说过"丰田模式"这种说法，但是公司当时传授给他们的正是"丰田风格"——深入所有层面，包括技术层面和社会层面。

而这也正是杰弗瑞和大卫能够组成一个伟大的团队来编写这本实践指南的

原因所在。杰弗瑞对社会技术体系尤其是丰田公司多年的学术研究经验，大卫在工厂现场践行丰田模式的一线经验，两者结合起来共同为读者提供既切合实际又不乏深入理论的实践指南。

在经验丰富的丰田生产方式的老师看来，任何试图将"丰田模式"付诸笔端的尝试都是一种富有争议的行径，因为像丰田模式这种充满大量隐性知识的系统，实在难以用语言来抓住其精髓。然而，这并不是因为丰田模式有多么神秘，以至于只能意会而无法言传，其实原因很简单：这种方式只能通过"边学边实践"来学习。同样，即使你成功地用语言准确地将其表达出来，但仍然存在误导某些读者的风险。企业管理人员都是聪明人且通常都受过高等教育，他们习惯通过书籍、研讨会、管理人员培训等方式了解最新的管理趋势。试图通过这些方式来学习丰田生产方式的潜在危险在于，有些读者可能会在读了某些东西之后，就以为自己什么都会了。

看似简单的丰田模式其实颇具迷惑性，人们往往在读完一条简单的原则之后，便自以为是地说："我当然知道……"而在这本书中，杰弗瑞和大卫采用的方法就是试图帮助你避免产生这种倾向。这本书建议读者不要看完书后就万事大吉，自以为"我都掌握了"。你应该亲自践行你所阅读的内容：阅读、尝试、反思和学习。

约翰·舒克
美国精益企业研究所总裁

作者简介 | The Toyota Way Fieldbook

杰弗瑞·莱克

现任密歇根大学工业与运营工程系教授，并担任该校日本技术管理项目主任。代表作包括《丰田模式：精益制造的14项管理原则》（由麦格劳－希尔公司于2004年出版，该书曾荣获2005年"新乡奖"、美国工业工程协会2005年度图书等殊荣）。他所编著的《迈向精益》(*Becoming Lean*)因对制造业提出精辟研究而赢得1998年"新乡奖"。此外，他也凭借卓越的研究贡献分别在1995年、1996年和1997年赢得"新乡奖"。杰弗瑞的其他著作包括 *Engineered in Japan*、*Concurrent Engineering Effectiveness*、*Remade in America*，以及与詹姆斯·摩根（James Morgan）合著的《高性能产品开发》(*High Performance Product Development*)。杰弗瑞经常应邀为企业主管举办讲座，并以个人名义或与他人共同创办的管理顾问公司 Optiprise Inc. 首席顾问的身份担任精益顾问，近期客户包括戴姆勒－克莱斯勒、麦塔尔萨、丹佛斯、力拓矿业、卡特彼勒亚太区分公司、本特勒汽车、法马通公司、诺斯罗普·格鲁门公司舰船系统部、杰克逊维尔海空维修基地、美国空军、朴次茅斯海军船厂等。

大卫·梅尔

曾作为丰田肯塔基州乔治城工厂塑料铸模部聘任的第一批团队领导者之一进行丰田生产方式的学习。他先后在日本和肯塔基州接受丰田生产方式专家长达十年的培训和指导，其中包括多名协调员负责的全职培训。离开丰田之后，他创建了美国精益顾问公司（Lean Associates），致力于为追求实行丰田生产方式的企业提供支持服务。

大卫为《精益制造：车间现场指南》（*Lean Manufacturing: A Plant Floor Guide*）一书撰写了两章内容，并担任培训师长达8年。大卫曾举办标准化作业、绘制价值流图、制造工程师协会精益基础入门、"新乡奖"研讨会等培训讲习班。他曾为各行各业的公司提供咨询与指导，涉及领域包括汽车、航空航天、木材和塑料产品加工、化学产品加工、金属加工、制造生产、焊接及制造业和非制造业的装配作业等。大卫擅长在组织内部实行丰田生产方式，使组织实现精益转型。

前言 The Toyota Way Fieldbook

丰田模式存在一个自相矛盾之处，即尽管它一直在不断改进与变化，但其核心理念一直保持不变。我们在不断地学习其流程的新层面，见证其在不同情境中的不同应用。然而，随着我们理解的深入，其"基本原则"仍反复浮现在我们的脑海中，指引着我们做出决策和制定方法。

丰田在向全球推广丰田模式时遇到的困难令许多接受我们指导和传授的人震惊不已。让我们来看一看丰田生产方式在北美的一些代表企业：位于肯塔基州乔治城的丰田汽车工厂，丰田与通用汽车在加利福尼亚合资创建的新联合汽车制造有限公司，以及丰田最大的供应商电装公司位于密歇根州巴特尔克里克的分厂。2000年前后，在迅速扩张和应对不断变化的员工队伍及管理团队的过程中，这三家公司都经历了丰田模式的洗礼，而且为了使丰田模式重返正确的轨道，它们都做出了大胆的努力，而现在它们正在丰田模式的道路上，朝着更高水平的自给自足的境界迈进。

这一点非常重要，因为它表明众多企业正在忙于实施的各种精益体系的基础文化并非自然产生，尤其是在日本以外的地区，只有通过不断努力才能维持。即使是丰田在美国的集团公司，纵然它拥有令大多数其他公司艳羡的精益工具，也免不了出现倒退的情况，因此必须通过继续努力来向前推进。

我们曾多次在世界各地观察、传授和指导丰田模式，但是每一次都令我们更深刻地认识到丰田模式的核心概念和理念可适用于各种场景，而这些正是需要我们学习的最重要的部分。在面对独特的新情况时，丰田公司内部最大的挑战便是弄清楚如何在保持忠实于其核心体系的情况下，灵活地应用丰田模式的各种方法。

而在丰田公司之外，我们将要面临的最大挑战则变成了如何阐释这些理念。这些理念只有通过不断地重复才能够让人深入理解，但它们从未有过绝对的定义，并且任何精益流程都不存在唯一的模式。因此，我们最终得出结论：丰田生产方式的良师凭直觉可以知道并了解一些东西，但他们却"不知道自己是如何知道的"。这一点将为有效地交流和传授丰田生产方式不断地带来挑战。

丰田模式的传授通常需要这样一个过程：反复建议"只管去做"，不断地尝试、反思、回顾，进一步尝试和回顾，如此循环往复直到形成直觉。这种学习方法在解释"为什么"要做某事，或者这么做的重要性等问题时，遇到了挑战。我们是如何学会我们掌握的知识的？我们是如何知道下一步要做什么的？我们如何甄别陷阱？答案是：这似乎全凭直觉，感觉这样做应该是对的。

我们总是坚持要求与我们合作的公司委派专职人员来学习丰田模式。他们必须接受精益专家的一对一辅导，就像掌握某一技能（如烹饪、缝纫、运动等）的人员将自己积累的知识传授给他的学生一样。这种方法虽然看似缓慢并且冗长，但能培养学员处理各种情况的能力。它还有助于培养那些相信自己的勇气并且知道下一步应该做什么的人员。这一点非常重要，因为他们需要不断地去说服那些不信任、不了解并且希望继续使用旧方法的人员。

本书试图阐明丰田公司使用的思维流程及如何应用这些理念来实现丰田公司所取得的巨大成绩。我们重点关注这些理念的思考过程及解决方案。在整个过程中，我们会遇到许多困难，但千万不要忘记丰田公司经常向员工提出的告诫和鼓励："请尝试"和"请全力以赴"。

致谢

The Toyota Way Fieldbook

对于作者而言，精简致谢列表总是一件很艰难的事情，更何况我们是合作者。有太多的人曾在我们学习和写作的过程中给予我们莫大的帮助，因此，在这里，我们决定分开来列举，以便分别向对方和那些促成我们合作的人表达感激之情。

来自大卫·梅尔

回想那些曾经帮助过我的人，我的感激之情无以言表。有太多太多的人在我成长的道路上、在本书的创作过程中向我伸出过援助之手。虽然无法在这里将他们的名字一一列出，但是我认为自己今天所取得的成绩应当归功于以下两大类人群：第一类是教会我如何思考并耐心地与我共事的人，第二类是我曾经教授过的人，他们同样令我获益匪浅。

首先，我非常感谢丰田公司的多位老师和培训人员，他们为培训肯塔基州丰田汽车制造厂的所有员工付出了大量的心血，通过他们的努力，人们对丰田模式的理解和运用能力得以在丰田公司像家族秘方一样代代相传。我希望，我的努力能够向那些投身于丰田模式发展与进步的人表示敬意。我还要特别感谢：武内先生（Takeuchi-san）、楠华美先生（Kusukabi-san）、城所先生（Kidokoro-san）、中野先生（Nakano-san）、伊藤先生（Ito-san）、本田先生（Honda-san）、宫川先生（Miyagowa-san）和大野先生（Ohno）。当时我经常给大家添麻烦，非常感谢你们的耐心。

离开丰田之后，我继续进行着我的探索和成长之旅，这很大程度上要归功于我的学生们，他们同样也是我的老师。下面按照时间先后顺序将他们一一列出，因为他们见证了我的成长历程。

我曾作为精益顾问对位于俄亥俄州皮布尔斯的雪松工厂进行过短暂的访问，这是在丰田之后，我进行精益尝试的第一家企业。或许是由于第一次永远是最棒的缘故，在雪松工厂的这次经历令我信心大增，决定大干一番事业。

非常感谢 RWD 技术有限公司的约翰·比克斯和罗伯特·多伊奇担当了我的顾问。我和我妻子都对他们所提供的保险范围心存感激。正是由于其中包含的体外授精服务，我们才幸运地拥有了两个可爱的儿子。

感谢麦克·斯卡派罗和福特公司的同人们，他们令我在离开丰田公司之后度过了非常美好的一段时光。同样感谢 Total System Development 的同事，尤其是约翰和查理，他们为我提供了学习担任顾问的诀窍和技能的宝贵机会。

感谢霍夫曼公司的所有朋友——面对巨大的挑战，人人都不畏艰难，最终我们的努力没有白费。特别感谢丹尼斯·斯皮斯及他的家人，令我们感觉宾至如归、温暖亲切。感谢雷、米歇尔、马克、阿尔和莱尔提供的颇具挑战性的情形和尝试新观点的机会。感谢唐·韦斯特曼：感谢你的信任和坚持到底的恒心。感谢肯塔基管理团队——丹妮、杜安、马克、比尔和吉恩，你们是我合作过的最团结的管理团队。

保罗·肯里克为我提供了挑战自身能力、不断改进方法的宝贵机会。感谢派克-汉尼芬的所有朋友——戴夫、丹妮、乔、蒂姆、埃里克斯、米莉、费尔、多尼、格伦、格雷格及公司的所有人，你们不辞辛苦、勇于接受精益带来的挑战。

如果不对我的好朋友兼老师比尔·科斯坦蒂诺表达特殊的感激之情，那么这个致谢就称不上完整。从1987年进入丰田的第一天起，我们就结下了不解之缘。对你一直以来的支持、教导和帮助，我深表谢意。正是比尔的推荐，才使我有幸与杰弗瑞·莱克共同合作本书。你的友谊和独到的见解我将铭记于心。

同样，非常感谢杰弗瑞·莱克，感谢你能够相信比尔的推荐，接受我这么一个新手作为你的合作伙伴。对我而言，能与这样一位成绩斐然的知名作家合作，倍感荣幸。

更为重要的是，我必须感谢我的家人：我的妻子金伯莉，在我工作期间，给予了我无微不至的关怀，令我可以安心工作；我的女儿詹妮弗和两个儿子马修与迈克尔，在我忙于撰写本书期间，他们无不做出了巨大的牺牲。多年来，他们一直听我说要写书，现在我终于做到了。感谢我的母亲帕特丽夏·梅尔，她花费了大量的时间来帮我审阅和修改稿子，表现出极大的耐心和细心，她帮我发现了无数个拼写错误。在我的成长过程中，她一如既往地给我支持和关怀。

来自杰弗瑞·莱克

能够与大卫合作，共同分享他作为局内人对丰田模式的深入见解和我作为局外人对丰田模式的看法，是一次美妙的经历。作为一个局外人，得益于丰田公司内部人员的热心帮助，我有幸接触到了不断演进的丰田模式。实际上，通过多年来的学习和对丰田公司及其附属机构的不断访问，以及与丰田内部和外部的友人与同事的深入探讨，我与他们中的很多人都结下了深厚的友谊。通过为世界各地致力于学习丰田模式的企业提供指导和帮助，加深了我对丰田模式的理解。同样，我一直在不断地向在 Optiprise 为我工作的顾问们学习。Optiprise 致力于帮助各种类型的组织机构实施精益、实现文化转型，正是由于这些精益顾问的努力，Optiprise 才一直位于业界领先的地位。

自从我开始创作本书以来，我花费了大量时间前往丰田位于肯塔基州乔治城工厂的 TMMK、加州的 NUMMI 和密歇根州巴特尔克里克的电装公司等地进行调研，每家工厂的所见所闻都令我茅塞顿开。这三家工厂都经历了从早期在日本老师的带领下实施精益向依靠自身努力维持和捍卫丰田模式转化的艰苦奋斗历程。因此，本书以案例分析的形式，将这三家工厂的经验教训呈现给了读者。在此期间，很多人在百忙之中挤出大量的时间来为我提供指导，尤其是 TMMK 的总裁加里·康维斯和生产副总裁威尔·詹姆斯。在 NUMMI 学习时期的校友麦克·布鲁尔，他曾在通用汽车公司任职，后来又作为丰田生产体系（Toyota Production System，TPS）顾问重新回到 NUMMI 工作，他向我展示了丰田生产模式所取得的最新进展。地处巴特尔克里克的电装公司副总经理安德里斯·斯塔尔特马尼斯成功地将丰田生产模式带入了全新的发展阶段，他同样毫无保留地与我分享了他的见解。

在本书中，我援引了丰田之外的多家企业作为案例来分析，以举例说明它们在学习精益道路上的成功与失败，同样，我也从中汲取了大量的经验与教训。帕斯卡利·迪吉罗拉莫凭借其无尽的激情和能量以一己之力帮助天纳克汽车公司完成了全球转型。麦克·布特勒，作为一名公职人员，不辞劳苦，奋力将杰克逊维尔海军航空维修基地打造成国防部门争相效仿的精益标杆。约翰·麦瑟逊将精益模型引入法马通公司美国分公司，令其母公司对精益在定制化的核燃料行业所取得的成绩刮目相看。大卫·尼尔森更是将自己对精益的深入理解带入了本田、约翰迪尔、德尔菲汽车系统公司，以实际行动向美国的企业展示了什么是真正的精益供应商合作伙伴关系。

同样，我还要感谢比尔·科斯坦蒂诺将大卫·梅尔引荐给我，使我们能共同完成本书，本书具有重要的指导意义。

最后，同时也是最重要的一点，感谢我的家人：我的妻子黛博拉和两个孩子杰西与艾玛，是他们让我拥有了一个幸福的家庭。他们给予了我莫大的支持和充足的时间，令我可以安心创作本书。

目录 | The Toyota Way Fieldbook

推荐序
作者简介
前言
致谢

第一篇　向丰田学习

第 1 章　实践指南的背景 // 2
为何撰写本书 // 2
本书的篇章结构 // 5
丰田模式原则综述 // 8
如何使用本书 // 14

第二篇　你的公司为何存在

第 2 章　明确公司目的并开始践行 // 16
你公司的理念是什么 // 16
内部和外部的目的感 // 17
创建你的理念 // 22
践行你的理念 // 24
与员工和合作伙伴签订社会契约 // 25
保持目的的连续性 // 27

第三篇　在整个企业中创建精益流程

第3章　开启减少浪费之旅 // 32
精益就是杜绝浪费 // 32
建立减少浪费的长期理念 // 36
价值流图法 // 37
价值流图法的益处 // 41
绘制现状价值流图 // 41
绘制现状价值流图时必须了解你的目标 // 42
价值流图法的局限性 // 48
按部就班地创建无间断流程 // 48
相继的与同步的持续改进 // 51

第4章　创建初步的流程稳定性 // 55
首先实现基本的稳定性 // 55
不稳定的指标 // 56
拨云见日 // 57
稳定性的目标 // 58
实现稳定性的策略 // 59
识别并消除大浪费 // 59
站在圆圈内的练习 // 60
以标准化作业作为识别和消除浪费的工具 // 61
5S 和工作场所组织 // 63
整合浪费活动，以获取收益 // 64
改进运行效率 // 70
通过隔离法减少变异 // 72
均衡工作量，为创建无间断流程和标准化奠定基础 // 76

第5章　创建无间断流程 // 79
单件流是理想 // 79
为何要创建无间断流程 // 81
少即多：控制生产过剩，减少浪费 // 83
创建无间断流程的策略 // 88

单件流 //89
实现无间断流程的主要标准 //90
拉动式制度 //93
复杂的单件流 //97
定制制造业的拉动式制度 //99
在独立的作业步骤之间创建拉动 //101
无间断流程、拉动式制度和杜绝浪费 //107

第 6 章 建立标准化流程与程序 //110

标准化是强制性的吗 //110
标准化作业抑或是作业标准 //112
标准化的目标 //113
建立标准化流程和程序的策略 //116
标准化的类型 //117
质量、安全与环境标准 //118
标准规范 //119
标准程序 //120
对标准化作业的误解 //121
标准化作业 //124
标准化作业文件 //125
制定标准化作业面临的挑战 //130
标准化作业的审核 //133
以标准化作业作为持续改进的基线 //134
以生产节拍作为设计参数 //135
可视化控制的重要性 //138
标准化作业是一种消除浪费的工具 //141

第 7 章 均衡化:向乌龟学习,不要像兔子 //144

均衡化的矛盾 //144
均衡化为资源规划提供了标准化的核心 //145
为什么迫使自己实行均衡化 //146
平稳上游流程的需求 //147
如何创建基本均衡化的生产计划表 //150

渐进式均衡化和高级均衡化 //156
渐进式均衡化 //157
控制点 //157
存货管理的控制点 //158
均衡化的生产计划表决定补货作业 //159
产品种类繁多时的"切片切块"多维分析法 //160
均衡化需要全企业的共同努力 //165

第8章 建立一种暂停作业以解决问题的文化 //169
形成文化 //170
自働化的作用：自我监控的机器 //175
解决问题的循环 //177
将生产线暂停时间降至最低 //181
将质量检查内建于每一项工作之中 //183
差错预防技术 //185
创建支持架构 //194

第9章 使技术与员工和精益流程相匹配 //197
倒退到算盘时代 //197
你如何看待技术、员工与流程 //199
调整技术以适应你的员工和经营理念 //203
对比不同的技术采纳模型 //205
正确地运用技术 //212

第四篇 培养杰出的员工和合作伙伴

第10章 培养彻底了解公司体系的领导者 //218
成功始于领导能力 //218
丰田领导能力的重要意义 //219
丰田公司乔治城工厂生产线的领导结构 //221
丰田公司乔治城工厂参谋领导结构 //223
领导者的必备条件 //224

一个典型工作日中团队领导者的职责 // 226
创建生产领导结构 // 231
领导干部的选拔 // 233
培养领导者 // 237
领导者的接替计划 // 239

第11章　培养杰出的团队成员 // 241

我们不只制造汽车，也在塑造人 // 241
从选拔正确的员工开始 // 242
让团队成员融入你的公司文化 // 245
工作指导培训：培养杰出技能水平的关键 // 247
制订培训计划，追踪工作表现 // 255
立足长远利益培养团队成员 // 258
质量圈 // 259
丰田的建议体系 // 261
培养团队成员承担领导角色 // 264
联谊活动增强团队凝聚力 // 265
投资发展公司各个领域的技能 // 266

第12章　将供应商和合作伙伴发展为企业的外延 // 271

在全球竞争环境中的供应商伙伴 // 271
短期的节约成本与长期的伙伴关系 // 272
丰田模式下的供应商伙伴 // 274
供应商伙伴关系的七个特点 // 276
建立精益的扩展企业 // 293
供应商管理的传统模式与精益模式对比 // 298

第五篇　从根本上解决问题，实现持续学习

第13章　丰田模式解决问题的方法 // 310

不只是解决问题 // 310
每个问题都是改善的机会 // 312

讲述解决问题的故事 // 316

第 14 章　彻底了解情况并定义问题 // 326

认真瞄准后再开枪 // 326

找出真正的问题，获得最显著的成效 // 330

反方向考察问题 // 336

定义问题 // 337

建立强大的支持依据 // 341

第 15 章　进行彻底的根本原因分析 // 344

有效分析的原则 // 344

探索可解决的问题原因 // 350

将根本原因分析提炼成最简单形式 // 352

一幅图胜过千言万语 // 352

全部集中汇总：一页 A3 纸报告 // 354

深入发掘可能的原因 // 354

第 16 章　考虑各种可行的解决方案，建立共识 // 358

广泛考虑各种可能性 // 358

评估的简单性、成本、控制范围和快速实施能力 // 360

建立共识 // 361

测试想法的有效性 // 362

选择最佳的解决方案 // 363

正确定义问题，解决方法则水到渠成 // 364

第 17 章　计划—实施—检查—处理 // 366

计划：制订行动计划 // 367

实施：实施解决方案 // 370

检查：检验成果 // 370

处理：对解决方案和行动计划做出必要调整 // 373

处理：确定未来步骤 // 373

最终实施行动 // 375

第18章 使用A3纸报告来说明情况 // 378
  撰写报告时，简单的形式可能带来更好的效果 // 378
  确定如何使用A3纸报告 // 379
  解决问题A3纸报告流程 // 381
  A3纸报告概述 // 383
  版式设计建议 // 384
  解决问题情况的A3纸报告最终版 // 386
  A3纸报告的最后评论 // 389

第六篇 管理变革

第19章 实施精益解决方案的策略与方法 // 394
  从哪里入手 // 394
  精益的执行层级、策略和工具 // 395
  耐心去做 // 419

第20章 领导变革 // 429
  我们能避免精益变革中涉及的政治因素吗 // 429
  高层、中层与基层的领导者 // 432
  能否靠评估指标来实现精益 // 451
  改变行为以改变文化 // 457
  把你的学习推广至合作伙伴 // 462
  现在请尝试并全力以赴 // 465

译者后记 // 470

第一篇

向丰田学习

The Toyota Way Fieldbook | 第 1 章

实践指南的背景

为何撰写本书

丰田公司的成功已被完好地记录下来，成为举世公认的事实。凭借其优异品质、成本缩减能力、畅销全球市场的汽车，丰田公司赢得了国际盛誉。无论以何种标准来判断，丰田公司都可以称得上是一家高度盈利的公司。每年数十亿美元的利润及任何时间都高达 30 亿～50 亿美元的现金储备，每一个条件都足以令人相信该公司肯定有独到之处。自从《丰田模式》一书于 2004 年上架起，丰田持续不断地打破盈利纪录，其中仅 2004 年当年就实现盈利超过 10 万亿日元（约合 100 亿美元），并一举成为日本有史以来最赚钱的公司。进入 2005 年后，丰田延续了这种发展态势，继续创造着新的盈利纪录，而其众多的竞争对手却在不断地失去市场份额，为摆脱亏损局面而奋力挣扎。2005 年，丰田北美公司在令人垂涎的由专业汽车研究机构 J.D.Power 颁发的"新车质量奖"（Initial Quality Award）中同样大获丰收，在总计 18 个奖项中，包揽了 10 个奖项的头名。随后，在美国咨询公司 Harbour Associates 发表的全美汽车工厂生产效率报告中，丰田北美公司被誉为生产效率最高的企业。所有这些都是在北美地区的销售额稳定增加的前提下实现的，而与此同时，丰田在国内的竞争对手的销售额却在日益减少。

但是，丰田对世界的影响绝不仅仅限于盈利能力，它甚至远远超出了"生产人们喜爱驾驶的车辆"的行业范畴，为制造业树立了一个新的典范。"精益生产"这一在《改变世界的机器》一书中创造的新术语，已经被广泛地视为继福特的"大规模生产"之后，制造业革命的又一大进步。有谁会想到在现在丰田市内陆郊区工作的丰田佐吉（Sakichi Toyoda）会创造出一家改变了制造业面貌的全球性大公司？丰田的影响已绝不仅限于汽车的大规模生产，而是已经扩展至制造业的各行各业：化学加工、制药、核燃料、船舶和飞机制造、医疗产品、建筑、制鞋、缝纫、修理飞机、军舰和坦克的国防基地等。不仅如此，就连服务业在其影响下也发生了革命性的变化，如银行、保险公司、医院、邮局等更多服务机构纷纷采用精益思维以减少浪费。

《丰田模式》一书成为一本国际畅销书，其受欢迎的程度超乎人们想象。我们知道，早已准备好采用精益制造及打算将精益理念延伸到工作场所之外的那些人会在这本书中找到他们感兴趣的内容，但是我们没有意识到精益思维到底能传播多远，以及到底有多少人在崇拜丰田，并希望从这家偶像级企业中找到一些值得他们学习的东西。根据读者们的描述，他们在阅读这本书时肃然起敬，并深受启发，决定用其改变自己的企业和生活。那些只阅读了这本书一小部分的读者则表示这本书令他们爱不释手。很难想象一部商业图书竟然有如此大的魅力。

读者最常见的反馈是这本书拓宽了他们的视野，令他们了解到可以从丰田学习到更多的东西。对于这些读者而言，这本书不仅仅是精益生产或者精益办公的工具和方法。他们还意识到，丰田已经创建了一整套强调通过员工为顾客实现价值的组织体系。

丰田模式的主旨营造了一种独特的文化，世界各地、各行各业的人们都相信他们可以向这种文化学习。无数企业领导者在来信中表示他们正在采用"丰田模式"作为蓝图来重塑他们的企业。尽管他们表示在书中汲取了各种各样的经验教训，我们仍禁不住暗自思忖：原书是否足以提供这样的一份蓝图？我们创作这本书的初衷在于阐明丰田的管理原则，并辅以具体生动的案例进行说明，因此，撰写本书的目的并非让它指导读者将这些原则应用到自己的企业之中。

一本实践指南应该为读者提供获取成功的实用诀窍，对吧？它应当提供可供读者按部就班遵循的工具、技巧和方法。根据某些定义，或许是这样的，但这却令我们处于进退两难的境地。一方面，丰田模式的整个前提是：丰田方式并不仅仅是工具和技巧。那些所谓的工具和技巧，如工作小组、看板（kanban）系统、差错预防技术、快速切换等均已有丰富的文献资料对其进行探讨，因此，这些方法丝毫不乏详尽的技术说明。另一方面，本书最关键的一句话是：丰田的主要贡献在于打造一种真正的学习型组织。随着丰田在全球范围的扩张，这种学习型组织正是通过专职的老师为新员工提供一对一指导的方式来传授其本质精髓的。

丰田模式是一种隐性的知识，而不是显性的程序化知识。隐性知识指的是那种只有通过经验和反思才能获取的技艺型知识，它无法通过阅读某本秘籍来获取。隐性知识包括诀窍和持续改善的理念，而这些只有通过追随一位从艰苦工作中汲取丰富经验、获得启发从而对此了然于胸的老师边干边学方能掌握。因此，我们不难看出其明显的含义：《丰田模式》一书应该精简为一句话：找一位经验丰富的好老师，然后跟着他尽情地享受学习之旅。

我们认为，创作一本"实践指南"仍然是有价值的，但是如何界定其意图却令我们感到棘手。从一开始我们就明确说明，不是要创作那种提供核查表、评估工具和具体流程的基本入门类图书。尽管本书中也包含一些此类的知识，但这些知识不足以充分表现出我们与丰田打交道的过程中所获取的深刻见解的价值。杰弗瑞·莱克花了20多年的时间来考察和研究丰田公司。大卫·梅尔也在丰田位于肯塔基州乔治城的工厂跟随日本导师学习了近10年的时间，因此，如果他把丰田模式简化为一本烹饪手册之类的书，不难想象这些日本导师定会摇头否定，不以为然。

于是，我们决定采用一种不同的方法。《丰田模式》记录的是丰田的行事方式，我们决定：这本实践指南应为那些试图学习《丰田模式》一书的人提供一些实用的建议。我们二人在传授丰田的方法和理念方面已经有多年的经验，曾为成千上万家企业举办过相关的讲座并担当实践顾问。我们不断地学习什么行得通、什么行不通，不断地面对各种有关如何学习丰田的误解。我们也会偶尔有幸目睹成功的案例，见证人们依据其所学，取得惊人的改进成效。因此，我们决定与大家分享这些实践经历，来帮助其他企业学习丰田。

我们仍然觉得，本书绝不能是一本基本入门类图书。我们了解许多源自丰田的案例，可以使得这些理念生动具体。我们可以分享学到的各种经验教训。而且，我们已经将我们对丰田的理解进一步升华——就如何学习丰田模式提供建议。这次的学习之旅必须由你自己亲自参与，本书可以帮助你从丰田模式中吸取经验教训，同时也可以帮助你向丰田公司学习。但是这些毕竟只是一些想法，你必须以自己的方式将这些想法应用到你的实际工作中。

精益制造界的圈内人士可能会对我们在书中提出的一些观点持不同意见。对于某一特定的情境，不同的精益"专家"可能会给出不同的解决方法。当看到本书中某个例子的时候，你可能会想"他们本应该这样做"或"还有另外一种可能的方法"。如果你能够产生这些想法，那太棒了！这意味着你对概念掌握得非常好，足以想出某一情境下各种可行的解决方案。

取得预期结果的方法永远不止一种，这是丰田模式的特点之一。重要的是学习、思考和应用你所学到的知识，然后反思整个过程，并不断改进，只有这样才能长期不断地强化你的组织结构。

你可能会认为我们遗漏或完全省略了丰田模式某些重要的方面，这是毋庸置疑的。本书谈及的任何主题都可以轻松地撰写成一本书。在这里，我们只是选取了那些最关键、最常被忽视的问题进行研究。我们非常清楚，我们自己可能也会遗漏一些关键的信息，因此，我们期待着能够收到你的回馈，以便在我们未来的作品中吸纳这些信息。

本书的篇章结构

本书以《丰田模式》中所阐述的4P模型为出发点。这4个P包括理念、流程、员工/伙伴以及解决问题（对了，有人将其称为"5P模型"）。在这本书中，我们仍然采用4P模型，但并没有严格地遵从《丰田模式》中提出的那些原则。我们找到了一些略有不同的原则，这些原则更适于教授他人实际应用的方法。

我们会遵循4P模型的高层级组织结构。这里简要地描述一下这4个P，以及丰田在这些层面上的独到之处。

- **理念**。在最基本的层面上，丰田公司的领导者将公司看成为顾客、社会、社区和员工创造价值的工具。这并非幼稚的、毫无意义的大空话，而是实实在在的理念。这一点可以追溯到丰田的创始人——丰田佐吉。当时，他想发明一种动力织布机，希望能为他当时所处的农业社会中的妇女们的生活提供便利。丰田佐吉要求他的儿子丰田喜一郎通过创办汽车公司为世界贡献自己的一份力量，于是这一理念得以延续下来。今天，这种理念已经植根于丰田公司所有领导者的心中。它为所有其他的原则奠定了基础。

- **流程**。在向员工传授和指导丰田模式的过程中和亲身实践中，丰田的领导者认识到，当他们遵循正确的流程时，就可以得到正确的结果。遵循丰田模式行事，有些措施会立竿见影地为你带来收益，比如缩减库存、去除工作中多余的人员移动等。此外，有些措施则属于长期投资，长期看来，它可以帮助你降低成本、改善质量。这种长期投资是最难处理的部分，因为其中有些是可以通过清晰的因果关系来量化的，而有些投资，你只能相信它早晚会带来回报。比如，每小时向装配线运送零部件的做法看似多余，但它遵从的是创立作业流程的原则。花时间与相关各方达成共识并听取他们意见的做法看似多余，但如果你在这一流程中走了捷径，那么你将在大多数的情况下碰到麻烦。

- **员工和合作伙伴**。通过激励你的员工和合作伙伴追求成长为你的组织创造价值。丰田生产方式曾一度被称为"尊重人性"的方式。我们常常认为尊重员工意味着为员工创造一个没有压力、友好的工作环境，并提供各种便利设施。但 TPS 中的很多工具手段旨在使问题浮现出来，创造具有挑战性、迫使员工思考和成长的环境。思考、学习、成长及被挑战通常都不是有趣的事情。同样，丰田的环境也并非总是令人兴致盎然，但丰田的员工和丰田的合作伙伴，包括供应商在内，却一直在成长，变得更好、更有信心。

- **解决问题**。不断地解决根本问题以促进组织的学习。不论我们是否愿意，我们每天都必须解决各种问题。我们通常不喜欢这样，因为问题通常都是棘手的危机——如同亟待扑灭的大火。倘若同样的问题反复发生，那是因为我们没有找到问题根源，并采取真正有效的应对措施。在丰田，即使那些已经看似完美无瑕并已完成目标的产品发布或者团队项目，也都无一例外地存在许多亟待解决的问题，总是有学习的机会，这样至少能够降低这些问题再次发生的可能性。此外，在丰田，如果有人学会了一个非常重要的东西，我们希望他可以与其他面对类似问题的员工分享，以便整个公司都能学会。

就某种程度来说，这个4P模型是有等级层次之分的，较高级别的层面建立在较低级别的层面之上。如果没有长期的理念，一家公司不可能实施其他3个P中所蕴涵的内容。技术流程提供了激励和培养员工的环境，如果你希望造就一个注重通过解决问题来促进持续改进的、真正的学习型组织，营造这种环境就是必需的。

本书的篇章结构是按照4个P来编排的，在此基础上细分出的各种经验教训构成了各个章节。每一章我们都会对相应的经验教训进行深入的探讨，并通过以下多种手段来突出其中的要点：

- **小建议**。这是从我们的经验中提取的一些小建议，可以有效地帮助你实践此概念。
- **误区**。我们经历过的常见误区，导致员工和组织错失有效学习某个丰田模式原则的良机。
- **案例分析**。现地现物（genchi genbutsu）是丰田模式的核心原则之一，意思是实地与实物。这条原则是指通过到现场实地考察来了解真实的情境。我们无法带你进入现场去了解真实的情况，于是，我们提供了真实的案例，供你研究学习。
- **反思问题**。学习丰田模式的关键在于反思。它是"改善"（kaizen）⊖的推进器。在每一章的结尾，我们都会停下来，提出一些让你反思的问题，以帮助你将学到的经验教训应用到你的组织中。

⊖ 本书用"改善""改进"来指代这一方法。

丰田模式原则综述

尽管我们没有严格围绕这些原则来安排本书的篇章结构，但仍然有必要回顾一下这些原则，作为本书的背景。

I. 长期理念

原则1：管理决策以长期理念为基础，即使因此牺牲短期财务目标也在所不惜

自从大野耐一在车间现场创立了著名的丰田生产方式，降低成本便成为丰田积极追求的目标之一。然而，降低成本并非丰田的主要驱动力，一种以理念为基础的目的感凌驾于任何短期决策之上。丰田的管理者很清楚自己在公司历史中的地位，并努力发展公司，使其进入一个新的层面。这种目的感犹如一个有机体，可以继续生长、发展并繁衍后代。在这样一个公司领导者的道德与职业操守及大型企业在文明社会中的地位频遭诟病的时代，丰田给出了一个别样的选择，数以万计的丰田人因为一个比赚钱更远大的目标而团结在一起，为我们树立了一个杰出的榜样。

丰田始终坚持一切从为顾客、社会和经济创造价值的目标出发。不仅仅是公司的产品和服务设计行为，公司的各个职能部门都应始终坚持以本原则为出发点。丰田的这一任务取向隐含着一个非常重要的寓意：丰田认为它自己应该承担责任，公司的领导也必须承担责任。这一理念可以追溯到这家汽车公司的创业伊始：受当时的经济环境所迫，丰田喜一郎不得不大举裁员，而他也因此向自己一手创建的公司辞职，以示负责。

这种强烈的理念使命取向从一开始便界定了丰田公司作为一家制造企业的职责，并将其与竞争对手区分开来。这一原则是其他所有原则的基础，也是大多数试图效仿丰田的公司所欠缺的因素。

II. 正确的流程方能产生正确成果

原则2：建立连续的作业流程以使问题浮现

连续的作业流程或无间断流程是指尽力把所有工作计划中闲置或等候他人

工作的时间减少到零。重新设计工作流程，以实现"无间断流程"，可以将产品或项目的完成时间缩减到原来所需时间的十分之一。无间断流程在丰田生产方式中体现得最为突出，同时又贯穿于丰田的整个企业文化之中。丰田的企业文化强调使用能够创造价值的无间断流程来取代那种一次只能工作一小部分的、传统的间断式方法。但是，创建无间断流程并不仅仅是要加快材料或信息的流动速度，更是要使流程与人员紧密地联结在一起，以便问题立即浮现。它是促成真正持续改进流程及员工发展的关键。

原则3：使用拉动式生产方式以避免生产过剩

你的客户对服务的要求极其苛刻，当他们需要零部件时，你必须及时按照他们要求的数量供货，不得出现任何差错。如果出现这种情况，你该怎么办？最容易想到的答案莫过于租一间仓库并保证有足够的库存，这样便可以随时最大限度地满足他们的任何要求。然而，丰田的经验却证明这个答案是错误的。实际上，基于预测甚至承诺的需求而做出的任何存货行为，几乎总是会导致混乱局面、应急行为及客户需求的产品恰巧短缺等情况的发生。效仿美国的超市系统，丰田找到了一个更好的解决方法：每种产品只储备少量的存货，然后根据客户的实际购买情况，频繁地补充货架。看板系统通常被视为丰田生产方式的标志，但是其有效工作的基本原理及体系却经常被误解。而且，看板系统本身就是一种浪费，应该在一段时间之后废除。

原则4：使工作负荷平均（生产均衡化），工作应该像龟兔赛跑中的乌龟一样

创建不间断流程的唯一方法就是均衡工作负荷，使之达到一定程度上的稳定性，或者称为生产均衡化（heijunka）。如果一个组织的需求忽高忽低，急剧波动，那么该组织将被迫进入被动模式。这样自然会产生浪费，而标准化也将无法实现。许多企业相信工作负荷的不均衡是不稳定环境下的自然结果。丰田努力找出了许多聪明的方法来尽可能地均衡工作负荷，如弹性地使用承包商和供应商的人力来处理突然增加的需求。

原则5：建立立即暂停以解决问题、从一开始就重视质量控制的文化

丰田在日本赢得了享有盛誉的"戴明质量奖"，且几乎包揽了专业汽车研究机构颁发的所有奖项。为客户提高质量是丰田价值定位的主要驱动力。当然，为了确保质量，丰田还使用了所有现代的质量保证方法，它们业已成为行业标准。

但是，真正使丰田在质量方面与众不同的因素应该追溯到公司的创始人丰田佐吉。他目睹了祖母在手工织布机前如奴隶般辛苦工作的样子，后来他终于发明了一台动力织布机，并最终解决了动力织布机的一个棘手问题。

问题是这样的：如果一根纺线断掉，那么随后纺织出来的布料都将是废品，直到有人发现，将纺线接好并重启织布机。解决方法是在织布机内安装一种像人一样具有侦测能力的装置，一旦侦测到问题，便自动关闭织布机。为了使织布机能够向操作员发出求助警报，丰田佐吉开发出了"安灯"（andon）系统，该系统会在发现问题时，发出求助信号。这一发明后来演变成了丰田生产方式的主要支柱之一——自働化（jidoka）（具有人类智慧的机器）。自働化是丰田内建品质理念的基础，因此，应在企业中设立支持快速解决问题的制度和对策。一旦发现问题，不要寄希望于稍后再解决问题而继续作业，而是应该立即停止作业，把问题解决。在这种情况下，尽管生产力可能会暂时受到影响，但由于发现了问题并即时采取了对策，长期生产力反而会得到提升。

原则6：工作的标准化是持续改善与授权员工的基础

除非拥有一个稳定、可重复的流程，否则将很难预测出流程的运作时间和产出结果。无间断流程和拉动式生产制度都是基于可预测和可重复的流程而创建的，但是，一般人往往会把标准化与刻板僵化混为一谈，他们认为，创意和个人见解会受到标准化的压制。实际上，丰田得出的结论却与此恰恰相反。通过将当今最佳实践方法标准化，他们将员工的学习提升到了这一水平。持续改善就可以在此标准的基础上得以继续进行，一旦有任何新的改进，都将被纳入新的标准中。如果没有标准化流程，个别员工虽然可以使自己的方法得到显著的改进，但是除非经过即席讨论，否则没有人会学会他们这种改进的方法。当发生员工变动时，所有的学习心得也将随之丧失。但是，标准却可以把学习心得传递给接替此职务工作的员工。由此可见，标准化为我们提供了一个真正持久的创新启动点。

原则7：通过可视化管理使问题无所隐藏

在计算机化工作的时代，最理想的状态莫过于无纸化办公和无纸化工厂，一切都通过网络进行。然而，走进丰田的任意一家制造厂，你会发现纸质看板仍在整个工厂内流通，工人使用活动挂图来解决问题，工作团队每天都在更新纸质图表，甚至在每天都有成千上万个零件进出的零部件仓库中，实物型的视觉辅助工具也是随处可见。在丰田的工作环境中，到处都有各种标记和标签。为什么？因为人是视觉动物，他们需要能够看到自己的工作、看到零部件货架、看到零部件超市，并且能够轻易地看出自己处于抑或偏离了标准状态。看着墙上精心设计的图表，员工可以进行卓有成效的商谈，而计算机屏幕则会分散员工对工作的注意力。机器人不在乎工厂是不是可视化的，但是员工却会受到影响，所以丰田总是会设计出各种设备和制度来为员工提供支持。

原则8：使用可靠且已经充分测试的技术以协助员工及生产流程

技术能够使员工按照标准化流程进行工作，但员工不应成为技术的傀儡。流程应当始终优先于技术。丰田曾经有过盲目追求最新、最先进技术的失败经历，于是现在竭力避免重蹈覆辙。由于丰田十分重视稳定性、可靠性和可预测性，因此，公司在向业务流程、制造系统或产品引入新技术时格外谨慎。在没有公布明确、详尽的技术需求且技术尚未经过彻底的检测之前，丰田不会急于追赶技术的潮流。与丰田的理念和经营原则相冲突的技术将无一例外地被丰田否决。

此外，丰田始终对使自己的技术赶上潮流感兴趣，并且鼓励员工在考虑采用新方法时，要跳出固有的思维模式。对于已经过充分考虑、仔细研究且已经试验证明的技术，应快速、有效地实施。

III. 借助员工与合作伙伴的发展，为组织创造价值

原则9：培养深谙公司理念的管理者，使他们能教导其他员工

丰田的管理者是在企业中不断发展与培养出来的，而不是从企业外聘请来的。如果只是要聘请一些管理者来管理公司的部分业务，且选拔标准是他对专业业务（如物流）的了解程度和一般的管理技能，那么从企业外部可以聘请到许多符合条件的管理者，相信他们也会干劲十足地展开工作。但是，日本的丰田公司极少从外面聘请管理者，国外的丰田公司除外，因为随着公司的成长，他们不得不外聘。根据肯塔基州丰田乔治城工厂总裁加里·康维斯的估计，将一名外聘的新管理者培养到可以信赖与自行管理的程度，大概需要花费10年的时间。在密歇根州安娜堡丰田技术中心，他们将从外部聘请管理者描述为一段"痛苦"的经历。

出现这些困难的原因在于，丰田认为管理者的工作不仅仅限于完成任务和拥有良好的人际关系技巧，他们应当是丰田模式的承载者。无论做出什么决策以

及如何做出决策，他们对一切都应以身作则、身体力行。他们应向他人教导丰田模式。同时，他们还必须事无巨细地了解日常工作，而大多数美国的经理却认为这样做没有必要。

原则 10：培养与发展信奉公司理念的杰出人才与团队

在与许多丰田员工或"团队队友"（这是丰田公司对员工的称呼）交谈时，我们明显发现：他们谈论丰田、丰田的理念及工作时，存在诸多的相似之处。我们通常对"狂热的信徒"——那些经过洗脑，接受了某种强势的信仰体系（通常为反主流文化）的人——持有否定的看法。但是，任何历经几个世纪而仍然屹立不倒的强势组织，都有一种强烈的共同目的感，并形成一个由所有成员共享的强势文化。所谓强势文化，是指所有成员的价值观与信仰都被调整一致的文化。丰田就拥有这样一种强势的内部文化，他们通常称之为丰田的 DNA。丰田深谙在其所有员工中保持该 DNA 的重要性，并付出了不懈的努力来不断地强化这种文化。

丰田模式的精华在于秉承丰田生产方式理念的杰出员工和团队，丰田期待他们实现卓越的成果。工具毕竟只是工具，任何公司都可以效仿使用，但是才华横溢的工匠即使有时会粗心地将工具四处乱放，以致可能会被别人偷走，他也丝毫不用担心自己会被得到工具的外行取而代之。效仿丰田的看板制度和安灯系统并不能使你一跃成为世界级的精益企业。使用这些工具的员工及其使用方法才是丰田生产方式最核心的要素。

原则 11：重视合作伙伴与供货商，激励并助其改善

丰田不会利用和伤害合作伙伴，更不会尽力以最低的价格榨取它们创造的价值，因为丰田将合作伙伴视为公司的外延。丰田对社会的贡献中就包括支持合作伙伴，使它们可以因与丰田合作而变得更好。这同时也是"尊重人性"理念的一部分。这一理念的含义与"人力资源管理"等术语的含义大相径庭。后者以最有成效地使用资源为目的，近乎把人视为一种设备工具。激励是丰田模式的核心价值之一，是一种非常重要的培养员工及合作伙伴的方式。

IV. 持续解决根本问题是学习型组织的驱动力

原则 12：亲临现场，彻底了解情况（现地现物）

没有完全了解实际情况，你就不能解决问题和做出改进——这就是所谓的

"现地现物",即亲临现场、仔细观察、深入分析实际情况。不要只根据他人提交的数据或计算机屏幕所显示的东西,便妄下结论,以期远程解决问题。在丰田,如果你对某一问题负责并需要推荐可能的解决方案,你可能会被问及是否亲临现场、实地查看过实际情况。如果你的回答是"没有,但我看过报告",那么,你最好做好心理准备,公司可能会派你前往现场,实地查看实际情况。在丰田,人们秉承这样一个基本的信条,即负责解决问题和制定决策的人必须深入了解实际情况,而要满足这一条件,只有通过亲自验证信息——实地查看——予以实现。即使是高层经理与主管,也应当尽可能地实地查看情况。通过总结下属提交的报告而获得肤浅的表面了解,在丰田文化中是行不通的。

原则13:制定决策时要稳健,穷尽所有的选择,并征得一致意见;实施决策时要迅速

日本企业的管理层在做决策时行动缓慢,以期能够达成共识,而这样做却能够使他们在执行决策时异常迅速,有关这方面的讨论在各类文献中已是老生常谈的话题。当然,丰田公司也不例外,但真正的关键其实不在于共识,而在于探讨潜在的问题和解决方案,以获得最佳的答案。连续问"5个为什么"的方法有助于彻底分析导致问题的根本原因。表面问题往往都不是真正的原因所在。当丰田的员工向上司提出一种解决方案时,上司的第一个问题可能是:"你如何知道这是真正的问题所在?"第二问题可能是:"你和谁进行过讨论,他们是否同意你的解决方案?""根回"(nemawashi)的含义是,和所有相关者、受到影响的人共同讨论问题及可能的解决方法,收集他们的意见,并对解决方案达成共识。这一过程虽然耗时,但有助于全面考虑解决方案,同时为做出决策后立即快速实施创造条件。

原则14:通过不断省思与持续改善以成为一个学习型组织

建立了稳定的流程后,应立即进行持续改进,包括使用丰田著名的"5个为什么"分析及"计划—实施—检查—处理"工具来确定效率低下或进展缓慢的根本原因,并采取有效的对策。当你拥有稳定的流程,且浪费和效率低下的问题显而易见时,你便获得了一个持续学习的机会。但是学习是通过员工来进行的,因此,非常有必要制定人事稳定、缓慢升迁及十分审慎的接班人制度,以保证企业的知识库。学习就意味着在过去的基础上继续前进,而不是在每个新计划……每

位新经理上台后，一切又都重新开始。

西方人将批评视为消极的做法，将主动承认自己的缺点视为软弱的标志，而对于丰田而言，情况恰恰相反。彰显实力最有力的方法是能够坦诚地指出错误，并提出"对策"以防止类似错误的再次发生。在日本，"反省"（hansei）一词有着更广的含义，它并不是丰田公司特有的方法。当孩子做错事情时，父母可以要求孩子去反思。它暗含的意思是对自己的缺点感觉难过，并发誓再也不会重蹈覆辙。即使在成功地推出一款新车之后，丰田的工程师们也会花时间去反思他们刚刚完成的项目的缺点，并研究出对策以防同一错误再次发生。反思是一种态度和理念，是持续改善的核心要素。

如何使用本书

创作一本丰田模式的实践指南，本身就是一项颇具挑战性的任务。正如我们在前文中谈到的，在某些方面，这似乎与丰田在实践中学习的理念背道而驰，并且似乎在暗示通过汲取简单的经验教训，了解一些诀窍便可以学会丰田模式。然而这些并不是我们的本意，实际上，我们只是试图将我们在帮助其他企业转型为精益学习型组织的过程中获取的经验和教训提出来与大家分享。精益学习型组织寻求通过不断改善，将浪费减至最低水平，实现目标。最优秀的体育团队每天都在追求进步——通过训练、比赛和观看录像带反思。任何运动员的学习都没有止境，同样，任何组织都不应该停止学习和改进。丰田也不例外，它距离为之奋斗的目标还有很长的一段路需要走。

我们衷心地希望本书能够对读者有所启发、提供有用的提示、点亮一盏明灯，甚至一些原则直接为读者所用。但这毕竟只是一本书，真正的学习应该每天都在进行，真正的启示应该来自实际生活。如果我们能启发你去尝试一些不同的事物，就一些生活中的经验教训反思得更加深刻，以将所学内容推广至更广的范围，那么，我们便是成功的。无论如何，读者可以肯定的一点是，我们将继续反思，反思我们应该改进的缺点，以改进我们未来的能力。我们希望你也能够如此，并衷心地祝愿大家在精益学习的旅途上一帆风顺。

第二篇
你的公司为何存在

The Toyota
Way Fieldbook | 第 2 章

明确公司目的并开始践行

你公司的理念是什么

在你所在的公司，试着提出上面的问题，你会发现回应你的大多是茫然的目光。这有点像询问人类为何在地球上生存一样。这个伤脑筋的问题还是留给哲学家来回答吧，让我们先来处理今天要完成的工作。大多数企业都会举办所谓的"静思会"（retreats）——找一个僻静的地方，然后在那里制订下一年度的计划，一些目光长远的公司甚至会提出五年发展计划。但是，我们听说有些日本企业竟然制订了500年发展大计，真是不可思议。当然，这并不是说非要知道你的公司500年后将会如何，问题在于你的公司愿景中是否包括那么长远的设想。

丰田公司当然也拥有这么一个愿景：希望公司能够实现长期发展。从一个家族企业起家，丰田公司现在已经演变成为一个生命有机体，其首要的任务是长足生存，以期继续做贡献。为谁做贡献？当然是为社会、社区及其所有的员工和合作伙伴做贡献。

若问大多数私营企业为何而存在，答案可归结为一个词：利润。任何经济学家都会告诉你，在一个市场经济中，企业只需要担心一件事，那便是赚钱——

尽可能多地赚钱。当然，这需要在法律许可的范围内，这就是目标。实际上，任何其他目标都将导致自由市场体系的扭曲。

让我们来做一个简单的思考试验。一份有理有据的财务分析显示，假如将你的公司拆散，并将资产出售，会比继续维持这家公司更加赚钱，你公司的领导会这么做吗？他们会不会为了实现赚钱的目的而将公司拆散并一个一个地卖掉呢？

从纯市场经济的角度而言，他们应该将公司拆散并出售。当然，有人可能会说，那得视情况而定。或许，转变经营策略会使公司在10年内更赚钱，比拆散公司赚的还多；或者，我们应该把眼光放得更长远一些，比如15年。但是我们现在讨论的不是时间长短，而是这家公司存在的目的。如果纯粹以财务利润为目的，那么根据一定时期内的风险/回报计算分析，通过将公司拆散并出售而获得高额利润，完全可以实现这一目标。如果公司为其他原因而存在，那么即使将公司卖掉可以获得可观的收入，也可能将之视为失败。

如果丰田被拆散、出售，并获得了可观的利润，单就其目的而言，那将是一个彻头彻尾的失败，因为一旦被拆散，它将不能继续造福社会，更不用提公司内部的员工和外部的合作伙伴了，这样只能使少数个别人士在短期内获益。作为创建精益学习型企业的基础，这一点非常重要，因为它将引出一个基本问题：为实现公司的目的，值得向哪方面投资？公司的每一项商业交易都需要考虑这个问题。改进公司、员工及其合作伙伴的每一笔投资同样需要考虑这个问题。实际上，如果你连这个问题都无法回答，也就没有必要学习如何实现精益了。或许，你可以从精益诀窍中选取一些精益工具来帮助你设计流程、减少浪费和降低成本。但是，采取这些途径，你的公司不会成为一家精益学习型企业。而且，本书中提供的大多数好建议和经验将不适用于你的企业。因此，我们建议你另选一本有关财务分析的书来读。

你迟早会面对这个棘手的问题：我们的公司为何而存在？这不见得是个抽象、无法作答的哲学问题。在这一章中，我们将另辟新径，从崭新的角度探讨你的公司存在的目的，并将就如何建立精益学习型组织提供一些建议。

内部和外部的目的感

何为组织的目的感呢？如果仅仅是为了赚钱，那么在一张海报上画一个大大的美元标志给员工和管理人员看就可以了,根本无须费心去准备使命宣言。如果公司的目的不止于此,那么你应该考虑一下:公司在内部和外部打算实现什么目标?公司打算为内部利益相关者创建什么?想让他们奉献什么?而他们又能获得什么回报?公司对外界有何影响?此外,公司的使命应当包含两个部分——一部分关于员工,另一部分关于公司。

图 2-1 展示的是公司目的,它将员工和与公司相应的内部和外部目标结合起来,构成了一个矩阵。图中包含了对丰田公司目标的简要陈述,并分别指明了公司的短期目标和长期目标。

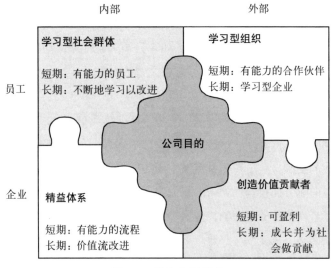

图 2-1　明确公司目的

对于矩阵中每一单元格的短期目标,每一家公司都渴望实现:有能力的内部流程、有能力的员工、尽职尽责的合作伙伴以及能够赚到钱。这些都非常简单易懂,比较难的部分是如何让公司高层真正地思考公司的长期目标。下面,让我们了解一下每个单元格中的长期目标是什么含义。

精益体系

为简明起见,我们首先从丰田最为世人所熟知的部分谈起——丰田生产方式的技术部分。通过消除不能创造价值的浪费,丰田生产方式缩减了从客户下单至交货的时间，其结果是创建了一个能够以低成本、即时将高品质产品交付给客户的精益流程，并且使得丰田可以在无须维持大量库存的情况下盈利。在产品开发领域，你同样可以发现相似的精益流程。丰田不仅拥有业界最快的开发速度，而且在为客户更新车型和特性的速度、产品品质及成本方面均要优于其竞争对手。如今，精益内部流程已扩展至丰田的各个业务支持职能部门，其中包括销售、采购、生产、企划等，只不过这些领域的精益流程不像制造和产品开发领域的精益流程那么正式罢了。

精益体系并非仅限于工具和技术，其实理念也是很重要的一部分，很多人对这一点还缺乏足够的认识。比如，"如何使用精益体系杜绝浪费，从而带来即时的财务收益"，对此人们很容易理解，但是，"为了杜绝长期的浪费而有必要创造短期的浪费"这一点又如何理解呢？考虑以下场景：

1. 将能创造价值的工人当作外科医生来看待，并在不打扰他创造价值的工作的情况下为其准备好工作所需的所有工具和零部件，这可能需要一些非创造价值的准备工作。工具和零部件可能需要提前准备好并放置到一个大小适中的容器或工具箱中，而货物搬运人员则需要将这些常用物品搬运到进行工作的场所。

2. 为了减少批量和改进零部件在整个系统内的运输流程，可能需要频繁更换某个设备工具，从而产生额外的装配费用。快速换模（SMED）程序可以极大地降低装配时间和费用，但许多公司却将节省下来的时间用来生产更多的零部件。因此，这不仅没有减少批量，反而加剧了生产过剩的程度。

3. 为了改善质量、缩短产品开发流程的提前期，可能需要配备专门的总工程师。总工程师只需负责项目的运行，而无须管理项目参与人员。这是在普通项目管理人员之外，额外增加的一个职位。总工程师责任重大，应为之提供高薪。

4. 为改善产品的质量，可能需要在产品研发流程的初期就让供应商参与进来，并应选择与技术过硬的供应商合作，这样可能会导致产品初期成本增加，无法成为最低成本产品的生产商。

换言之，为了建立高质量精益流程，实现长期成本节省，有必要进行短期投资。况且我们可能很难精确计算出对于某一特定行为所进行的投资到底能节省多少资金。比如，与频繁更换工具的成本相比，减少批量所带来的收益是多少呢？劳动力成本比较容易计算，但是较小批量的收益却难以把握。实际上，如果我们能够逐一计算每项改进活动所带来的收益，也就不用谈论什么精益体系了。因此，尽管表面上看，精益体系只是简单的技术问题，但本质上而言，它更是一个理念。

> **误区　将精益体系视为零碎的技术项目**
>
> 精益工具的功能非常强大。比如，许多公司都开办了为期一周的经营改善工作坊，并发现这些精益工具可以一举多得，如节省空间、提高生产力、提高质量等——这东西真不错！甚至有些公司在每次工作坊结束时都会计算一下自己的投资收益。但是，真正的精益体系要求具有一个连贯的价值流，而这绝非是个别的改善工作坊（kaizen workshop）所能实现的。况且，有些投资的回报更加难以把握。不要通过验证每个零碎的改进成效来发展精益体系，尽管通过这种方法你可能获得一些唾手可得的成果，但它无法帮助你建立起一个持续消除浪费的体系，从而使你失去了实现长期更大盈利的机会。

学习型社会群体

在丰田的许多部门，TPS 是指"思维生产体系"（thinking production system）。当大野耐一连接各种流程，以消除各个步骤之间的浪费时，他获得了一个惊人的发现。当各个流程连接在一起之后，各种问题立即变得显而易见，人们不得不思考解决之法，否则就会导致流程中断。这个发现一经获得，便不再是偶然现象。大野耐一发现，精益体系的真正强大之处在于，它可以使问题浮现，并迫使人们思考以寻求解决之法。

然而，如果不将个人所学到的东西与他人分享，那么这种效力对公司的影响极其有限。重新发现问题并找出解决之法本身就是一种浪费。因此，为了汲取实施各种对策时获得的知识，我们必须对学习系统进行投资，使这种知识可以再次应用。而学习又可以为今后的深入学习树立新的标准、创建新的学习高原。

创建学习型社会群体的含义是，某个社会群体中拥有多个具备学习能力的人员，这是基本条件。此外，社会群体表明了一种归属关系，因此，创建社会群体需要让其成员具有归属感。一旦经济形势恶化便会被随时解雇的临时工将不属于该群体。归属某一社会群体还意味着互惠：成员为社会群体做贡献，而社会群体对其成员同样要有所回报。

实际上，丰田对其员工进行了巨大的投资，本书第 11 章将对此进行深入讨论。比如，要培养一位能够完成丰田所期待的基础工作的一流工程师大约需要经历一个为期 3 年的投资期。因此，如果一名工程师不到 3 年便离开了丰田，那么这笔投资就彻底失败了。之所以要进行为期 3 年的投资，是因为丰田要教会员工如何按照丰田模式思考、解决问题，进行有效交流以及实施工程任务，这可不像学习基本技术技能那样简单。

据我们观察，丰田依据丰田模式的长期理念来看待员工。若不是有这种长期理念支持，丰田也不会对员工做出长期投资。这一理念为员工提供了一个框架，员工可以在此框架内实施个人行动。

精益企业

丰田的理念一直处于不断更新与完善之中。由于丰田汽车 70%～80% 的零部件都是由外部供应商设计和创建的，因此，只有拥有一流的供应商，才能有优质的丰田产品。丰田认识到，一旦产品中出现不合格零部件，客户不会因为零部件是由外部供应商提供的而原谅丰田，丰田需要对这些零部件负责任。负责任的唯一方式就是确保供应商和丰田拥有同等水平的精益体系，将它们培养为学习型社会群体和精益企业。这些供应商是价值流的一部分，同时也是精益体系的一部分。

因此，丰田经常对合作伙伴进行投资，这看起来似乎有违常理。但是，不要忘记多年前发生的一个实例。当时，丰田的供应商 p 阀工厂因大火而被烧毁。p 阀是全世界所有丰田汽车刹车系统中一个至关重要的组件，而当时丰田犯了一个大错：只让一家供应商的一家工厂生产这种阀门。大火之后，整个供应链中的 p 阀供应最多维持 3 天，面对这种情况，总计 200 家供应商和子公司不得不在供应断掉之前，自行组织起 p 阀的生产和运营。其中有 63 家不同的公司在丰田未提出要求的情况下，便自发地使用它们自己的设备开始生产 p 阀。这样的忠诚度价值多少？它使得丰田可以充满自信地经营一条精益供应链，即使遇到危机，丰田也可以调动大量的资源来解决问题。这一生动的案例证明，丰田通过大力投资精益企业，为自己创造了一个强大的战略武器。

创造价值贡献者

丰田管理者每天很早就去上班，制定正确的长期决策，他们的驱动力是什么？如果他们的目标像一些经济理论所说的那样，只是为使员工发挥最大的效用，他们就不会那么做了。丰田汽车销售公司的执行副总裁兼首席执行官吉姆·普莱斯（Jim Press）曾经坦承他的总收入要比美国汽车公司同等职位人员的收入少很多。当被问及为什么能够忍受这种收入差距时，他回答说："我的收入不错，我很满足。能在这里工作我深感荣幸。公司赚钱是为了在将来能够再投资，为了我们能够继续生存……以造福社会、造福社区。"

这些话如果出自他人之口，我们可能会报以不置可否的微笑，但心里会想：这是多么天真可爱但完全不实际的想法啊。但是吉姆·普莱斯是认真的，他真的这么认为。而且作为丰田在北美地区的高级主管之一，凭借这个信念，他可以影响非常多的人。

如果返还股东红利和支付高层丰厚的奖金是唯一目的，丰田就不会付出这么大的努力来变成一家精益企业了，也没有必要投资创建一个学习型社会群体。就连精益体系也只是需要刀耕火种这种原始的精益手段来帮助降低短期的成本就足够了。因此，与一切相关的是理念，如果没有这些基本的理念，丰田的4P金字塔模型就会坍塌。

> **小建议　成功的诀窍**
>
> 开发一套精益体系与为退休攒钱的做法相似。为了将来能够获得收益，短期内必须付出艰苦的努力和牺牲。执行流程将需要牺牲时间和资源，以获取未来潜在的收益。和投资一样，成功的诀窍在于尽早开始，并定期投入。

创建你的理念

不幸的是，仅是简单地记录下丰田的理念，你并不能真正将之为你所用。这有点儿像试图通过效仿看板制度或复制你在丰田供应商那里看到的工作小组制度来获取丰田生产方式的好处一样，注定是要失败的。因为，只有在丰田模式的文化中，它才能获得生机。因此，只有通过刻苦努力，才能创建属于你自己公司的理念。

当然，你无须从零开始。你可以运用从丰田这个超级模范那里学到的东西，并在此基础上创建。此外，还有很多其他的公司和组织值得你学习。但是，观看优秀网球运动员比赛并不能让你成为一名优秀的网球运动员，同样，仅靠学习他人也不能帮助你创建公司的理念，关键在于你的行动和培养的技能，在于你每天如何行事以及所学的东西。

一开始，你可以把大家召集到一起，摸清当前的形势。丰田公司的每一个改进流程都以此为起点。目前我们的企业文化是什么？其根基是什么？根据"现地现物"这一原则，你必须亲临现场，掌握实际情况。因此，一些跑腿的工作是必不可少的。你需要亲临现场，与员工和管理者交流，观察一下：公司目前真正的文化是什么？与公司的既定理念是否匹配？你肯定会发现差距，就连丰田也不例外——不过，我们猜想它的差距肯定比绝大多数企业要小。

公司的未来规划又是什么？你所期待的公司理念是什么？有何方法实现？图 2-1 中的模型可以帮助你锁定所有本质要素。在员工与企业方面，你希望你的公司在内部和外部呈现什么样的状态？

对于公司，你应当从企业战略这一更宏观的角度来思考。倘若没有制定周详的战略，就不可能成为一家赚钱、财务状况良好的企业。在各种文献中，对于战略重要性的阐述不胜枚举。仅以战略大师迈克尔·波特为例，他在《哈佛商业评论》（1996 年 11 ~ 12 月期）中提出了这样一个简单的问题："什么是战略？"他的结论是：

> 迫于提高生产力、改善质量和提高速度的压力，管理者欣然接受了全面质量管理（TQM）、标杆管理、工程再造等工具。虽然这些工具显著地改善了企业的运营，但是这些收获很少能转化成持久的盈利能力。久而久之，这些工具逐渐取代了战略的地位。运营成效虽然是优良绩效的必要条件，但非充分条件，因为技术与工具是很容易效仿的东西。相反，战略的精髓在于在一系列活动中选择一个独特而重要的地位，而这是他人很难效仿的。

波特在这篇文章中提出了许多有趣的见解。比如，他指出，除非战略中规定你不会做什么，否则你并未真正地拥有这个战略。哪些赚钱的投机活动会因不符合你的企业战略而被你放弃？波特认为，如果你的答案是没有，那么你的企业根本就没有战略。此外，他还提到了将战略转化为行动的一系列活动，他认为这些活动应该与战略保持一致——这一点在丰田模式中体现得非常明显。

如果你的企业拥有一个宏伟的战略，它明确了你如何成为一个独特的创造价值的贡献者，那么你还需要填满图2-1中的另外三个格子，这些就是波特谈论的"一系列活动"。为实现企业的这一战略规划，需要怎样的卓越运营？换言之，为实现企业的外部目的，你的公司需要实行何种精益体系？为支持这一宏伟的规划，你的公司和你的合作伙伴需要什么样的员工？这些问题的全部答案就可以帮助你明确公司的理念。

召集所有高级主管召开一次外出静思会，并就公司的运营方法达成共识，这是个不错的开始，是非常有意义的活动。此外，你应该做一些基础工作，以了解公司目前的情况。你还可以回顾公司的历史传统以及塑造企业文化的诸多因素。然而，尽管这次外出静思会令你神清气爽、对公司的宏伟前景豪情满怀，但你应该清醒地认识到，这仅仅是一个起点而已。

践行你的理念

《丰田模式》的前言引用了丰田总裁张富士夫（同时也是大野耐一的忠实拥护者）的一段话：

> 重要的是将所有的要素结合起来，形成一个系统。我们必须始终如一地坚持每天都实践它，而不能断断续续。

他怎么能如此残酷，把门槛定得这么高？迸发式地将理念转化成实践已经十分困难了，还要自然地、每天始终如一地坚持实践，这似乎根本不可能实现。

更为糟糕的是，践行公司理念的重担直接落到了管理团队的肩上。所有监管人员、经理、董事、监事、团队领导等任何头衔的领导者，都需要每天始终如一地坚持实践公司的理念。领导者必须一贯地坚持身体力行、以身作则。

要做到这一点，需要公司从最高层领导者开始做出承诺。这并不仅仅是抽象地、像信奉哲学信仰般地承诺支持"精益",更是对一种"模式"的承诺——一种看待企业目的、流程、员工的模式,一种作为组织而学习的进步模式。

高层领导者必须要做的各种承诺总结在图 2-2 的 4P 模型之中。可以看出,丰田模式的管理原则同时也是领导层的承诺,这些承诺是向丰田学习、继续向前推进工作不可或缺的因素。每一条管理原则均与一种理念(一种有关企业目的、流程、员工和解决问题等方面的思考方式)相关联。当总裁张富士夫将《丰田模式 2001》作为内部文件向全公司签发时,他是在强调所有领导者必须全身心地投入。丰田随后又开发了一个全面的培训项目,以帮助领导者按照丰田模式来考虑问题。培训内容包括各个详尽的案例分析,管理者可以根据丰田模式所有的管理原则对案例中的工厂经理在管理工厂时所使用的方法进行点评。培训还要求每位领导者各带领一个项目,然后运用适当的丰田模式改进项目流程。所有管理者都要参加,无一例外。培训大约持续 6 个月的时间,而且,这只是强化对丰田模式全身心投入的一小部分工作而已。

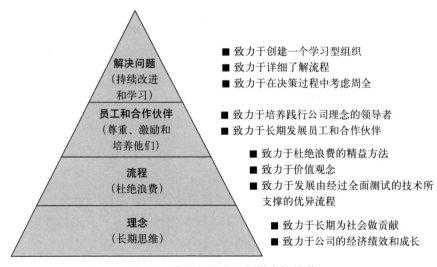

图 2-2　高层领导者必须做出的承诺

与员工和合作伙伴签订社会契约

在人员方面,如果公司打算创建一个长期共同学习的社会群体,就需要制定一些长期契约。在日本，人们对正式文书和法律的依赖程度要比美国低很多。面对面的会谈、口头协议、彼此之间的共识在日本商业中扮演着重要的角色。丰田从未白纸黑字地写下员工就业保障书，也从未向供应商提供"只要做得好就可以保住业务"的书面保证。尽管如此，丰田与员工和供应商之间确实存在一种效力强大、众人皆知的社会契约。

1948年，丰田总裁及创始人丰田喜一郎的辞职明确地证明了这种契约的存在。当年，日本经济一片混乱，而丰田的债务也惊人地达到了公司资本额的8倍。丰田喜一郎试图通过自愿降薪来解决这一难题，但以失败告终。最后，他不得不面对一个残酷的现实：他需要解雇1600名工人方能保住公司。最终他的确采取了这种做法，做的方式却不同寻常。他首先主动承担了责任，并提出了辞职。随后，他与1600名工人达成了自愿"退休"的协议。对于丰田公司而言，这是一段非常痛苦的经历，当时，丰田的领导层发誓再也不要陷入这种困境。这就是现如今丰田在财务上如此保守，连现金储备都高达数百亿美元的原因。

《丰田模式》一书讨论过一个TABC公司的案例。该公司是丰田汽车公司位于美国加利福尼亚长滩的零部件分公司，成立于1972年，主要生产卡车底座。2002年，丰田决定将卡车底座生产线搬至墨西哥的一家新厂。你是不是认为这和墨西哥更为廉价的劳动力有关？登录TABC的网页，你会发现上面记载着这样一条消息："2004年，在卡车底座生产线转移到TMMBC之后，TABC将为丰田旗下的日野汽车公司（Hino Motors）装配销往北美市场的商用卡车，而且，从2005年起，TABC将开始装配四缸发动机。"这不仅是一段网上记录的文字，更是实际发生的事实。TABC不仅幸运地存活下来，而且根本没有裁员。实际上，将卡车底座生产线转移至墨西哥的原因很多，但是丰田并没有选择关闭TABC并裁掉那些为公司鞠躬尽瘁、做出贡献的员工。

这里的承诺很明确：除非是为了拯救公司而迫不得已，否则丰田不会解雇那些表现良好、对公司有所贡献的员工。表现不佳的员工会受到公司的警告，他们必须表现出力求改进的决心。

和其他所有公司一样，丰田也需要面对市场的起伏不定。他们使用弹性人员配备的方法来减缓市场起伏所带来的冲击。首先，他们拥有相当数量的"临时工"。这些人来自承包公司，大约占总劳动力的 20%。由于这些临时工不同于公司的正式员工，因此丰田无须对他们做出相同的承诺。丰田与承包公司却建立了长期的关系，这些公司了解丰田的要求，丰田也会向这些外部合作伙伴提供稳定的业务。此外，丰田旗下还有许多子公司，完全可以通过人员调动来调节劳动力。

而你的公司面临的问题非常简单：你们将与员工签订何种社会契约？同样，你可以再次从了解公司的历史背景入手，也许情况还说得过去。但是，如果实际情况是公司仅仅根据市场状况和投资回报率的简单计算来决定员工的增减，那么你们则必须有所舍弃。要么更改公司与员工之间的社会契约，要么放弃成为一家真正精益的学习型企业的梦想。

保持目的的连续性

许多大型公司在精益的道路上取得了重大进展。一开始，通常是某位负责运营的领导——副总裁甚至是中层经理——决定认真调查精益究竟能对公司的运营产生什么样的影响。他们这么做，往往是受到真实的商业目的推动，如由于利润的日益减少，迫使公司大幅降低成本，或者公司遇到了扩张企业的良机，希望尽量减少主要资本投资等。于是，他们引进了精益顾问，并指派专人来领导这项精益运动。看啊，它起作用了！流程改善了，材料流动更加流畅，绩效指标也提高了。从这个角度看，它确实起作用了——至少在应用精益的领域里是如此。

成功具有激励作用，况且确实也没有什么比实现公司目标更激励人心的了。接下来，这些公司可以选择许多道路。一种是继续拓展精益，努力获得更多好结果，并将精益工具传授给更多的员工，寻找更多的项目。选择这条道路的公司发现他们总会不时地获得改进，但迟早会认识到，他们的精益并未真正形成体系。而且，那些收益是不可持续的，技术变革又回到了原来的老路子。为了使公司的精益形成一个可持续的体系，公司需要继续前进一大步。高层管理者必须认识到，精益并不仅仅是一套工具和技巧，更是一种关乎管理流程的思维方式。

那些业已从注重精益工具和技巧飞跃到注重创建精益管理理念与体系的企业，则开始将注意力转移到了文化的变革上。何谓文化？文化是一套共享的价值、信仰和假设。关键在于文化是共享的，并且强势文化应该能够超越特定领导任期的限制，得以继续流传和推广。目的的持久性（constancy of purpose）是指从企业最高领导层开始的强势文化不断延伸和发展，并历经几代管理者的传承和发扬。我们可以这样理解：在丰田佐吉于1926年创建丰田自动织布机工厂时，丰田的基本管理文化就开始形成了。从那时起，丰田模式的管理原则就一直在不断地发展，但从根本上从未脱离丰田佐吉所信仰的理念。就这个不断发展的文化，我们已经谈论了近80年的时间，这是目的持久性的典型代表。从历史的角度来看，80年可能只是短暂的瞬间。然而，正是凭借这短短的"瞬间"使得丰田公司在目的连续性和持久性方面独树一帜，与绝大多数企业两三年就换领导者，且每位领导者都会实行新的理念的混乱状况形成了鲜明的对比。

如何能够做到爱德华·戴明（Edward Deming）所谓的"目的的持久性"呢？答案很简单，通过领导者的连续性来实现。你的公司必须拥有一群意见一致、真正支持公司的长期发展目标的领导者，且他们必须坚持长期始终如一地追求这一目标。如果你能做到这一点，它最终会成为你的企业文化。于是，为了继续发展这种文化，实践这种文化的领导者必须是公司培养出来的人员。这就需要建立一套健全的接班人制度。任何从企业外部聘请的领导者都需要从较低的层次做起，并按照公司的模式进行多年的培养。

但如果你的公司中没有对精益体系感兴趣的领导者怎么办？那就需要从某个地方做起。而最好的切入点就是通过改进流程、提高盈利的行为，来获得管理层的关注，并从基层开始，逐渐向上建立支持。纵使你未能成功地改变最高领导层的看法，但至少你已经成功地改进了一些流程，并从中获益匪浅。

> **误区　伪装崇高的目的**
>
> 　　许多公司都召开外出静思会，借此来宣布面面俱到的公司使命宣言：满足客户、授权员工、持续改善等。第一步走得很好，接下来便是第二步：认真对待使命宣言。任何与使命宣言相冲突的行为都会立即向员工传达一个信息：公司管理层在使命宣言中所做出的承诺是虚假的。于是，使命宣言的可信度丧失了，变得毫无价值。实际上，它对员工士气带来的危害远远大于鼓舞作用。

反思问题

1. 收集有关你的公司价值的陈述（提示：使命宣言是一个不错的来源）。
2. 评估这些既定价值、信念、使命与公司的实际立场和行为之间的关联性。你可以根据图 2-1 中给出的模型来评估你公司的价值与使命。
   （1）你公司的目的是不是只狭隘地阐述了模型中四个方面的其中之一，还是涵盖了所有四个方面：内部、外部、员工和企业？
   （2）你的公司与团队成员之间是否存在明确的社会契约？
   （3）你的公司把团队成员视为合伙人还是可变成本？
   （4）公司的理念是否会随着首席执行官的更替而变化，或是否存在目的的连续性？
3. 借外出静思会的机会，或专门安排一次外出静思会，来讨论和记录公司模式。公司模式必须以公司的优势和独特的历史为基础。
4. 开始向公司所有的领导者传授已明确的公司模式。

第三篇

在整个企业中创建精益流程

The Toyota Way Fieldbook | 第3章

开启减少浪费之旅

精益就是杜绝浪费

"精益"如今已经成为企业界的一个流行词汇。一位企业管理人员在听到竞争对手通过实行精益计划取得成功之后,可能会对一名下属说:"为了在这个竞争激烈的市场中生存,我们必须实施精益,你去参加个精益研习班,考个精益证书,然后回公司来实施精益。"听起来精益好像真的不难。于是,这位下属(多半是一位中层经理或工程师)报名参加了一个精益认证课程,然后就开始学习一大堆令人迷惑的术语,如"看板""安灯""自働化""均衡化""节拍时间"等。可是,在"学成"归来之后,却有些不知所措,他茫然地问道:"我该从哪儿开始呢?我们的流程与他们在课堂上讲授的案例不一样。"

遗憾的是,每一个流程都是不一样的,单靠学习设置看板制度或创建工作小组的模板根本不可能将这些精益工具直接转移到你的公司经营当中。比方说,对于同一套工具,丰田使用起来效果很好,可如果放到你的公司,很可能一点儿作用也没有。这导致很多人得出这样一个结论:精益不适合我们的公司。

每当听到这种言论,我们都会让我们的学员或客户退一步来看。可能我们都觉得建造零部件超市或使用看板制度并不是适合你公司的解决方案。但是，千万不要就此放弃。让我们回顾一下最初的原则。1988年，大野耐一对他当年试图完成的目标进行了一番描述，这标志着丰田公司正式开始创建精益流程：

我们所做的就是关注从客户下单那一刻起到我们收款、交易完成的时间线，并通过消除非创造价值的浪费来缩短这条时间线。

然后我们会问："你想缩短公司的提前期吗？你的公司中是否存在非创造价值的浪费情形，应予以消除？"显然，答案是肯定的，任何流程都存在浪费之处——在日文里被称为"muda"。

丰田模式创立的基础正是在所有工作活动中识别并消除浪费，这一目标看似简单，其实常常令人难以捉摸。实际上，当你将流程视为一条由活动、材料和信息流组成的时间线，并将整个流程从头到尾都画出来时，你会发现其中的浪费多得惊人——不创造任何价值的浪费活动比创造价值的活动多出许多。发现浪费并不等同于消除浪费，虽然偶尔消除浪费可以为你带来少量的收益，但是通过周而复始的持续改善，丰田可以享受整个系统所带来的收益。

若想迫使组织中的浪费情形浮现出来，关键在于这一似是而非的观点：为了改进，必须把情况弄得更糟。没有一定程度的痛苦，也就不能实现真正的精益。不幸的是，无须任何牺牲便可以获得理想结果的"灵丹妙药"根本不存在。我们稍后将会看到，当我们创建工作小组、将作业流程连接在一起时，若其中的一个流程中断，接下来的流程也将立即中断。流程中任何一部分出现问题，会立即导致整个流程的其他部分也出现问题。

你可能会问："大野先生到底是怎么想的？"诚然，有些改进完全可以在没有痛苦的情况下取得。总会有一些"较大的浪费情形"应予以消除，因为它们根本没有理由存在。比如，最近我们听说一家制造公司打算实施精益，原因是该公司流程中的每一环节都会产生巨量的库存。他们聘请了一位顾问，并从顾问手里购买了一套规划流程的软件。这套软件能够帮助他们弄清楚流程中的每一环节到底需要多少库存来保持流动。于是，依据软件中提供的模型，他们专门制定了一项政策来限制库存。结果库存真的降了下来，而这位顾问也成了这家公司的英雄。除了库存的变化之外，整个流程中未发生任何其他的变化，而且未经历任何痛苦。谁能对这样的成就予以否定呢？

然而，遗憾的是，除了库存降低之外，公司并未实现其他任何改进。由于库存的降低，他们确实节省了一些成本，但是设备停工时间令人懊恼不已，较长的换模时间大大限制了流程的灵活性，由于缺少客户所需的零部件而造成交货延误，以及不计其数的"救火"问题等，这些困扰他们已久的问题依然未得到解决。虽然浪费减少了，但是造成浪费的根本原因却没有解决。于是，过了一段时间后，存货量又开始增加起来。

真正的成功应当来自一个正确的改进过程：找出浪费之处，查明其根本原因，并采取行之有效的对策。不幸的是，这比安装一套软件要困难得多。真正的成功依赖于以下三点：

1. 重视理解支持精益理念的概念和执行策略，行之有效地使用精益方法，不要专注于精益工具的盲目应用。

2. 坚定不动摇地接受精益流程的各个方面，其中包括那些产生不良短期效应的部分。这样避免了"专挑软柿子捏"的现象——只挑选那些让人感觉舒服的项目。

3. 慎重地制订执行计划，以便系统地、周而复始地、持续地消除浪费。

> **误区　适时地暂停流程**
>
> 　　我们常看到一些工厂虽然精心设置了工作小组制度，却并未真正了解其目的。在一家生产排气管系统的工厂，整个工作流程依据任务被划分成几个不同的环节，由专门的工作小组负责，其中一个工作小组专门负责将各种零部件装配成一个完整的消音器，这就是所谓的"单件流"。遗憾的是，在我们参观这家工厂时，发现有些环节明显超前于其他环节，而且他们已无处存放正在生产的零部件。于是，他们便将这些零部件堆放在地上。面对这种情况，他们不但没有停止生产，反而是继续过量生产，然后继续向地上堆放。工厂经理紧张地赔笑道："我们曾试着培训过他们，但他们就是不懂'单件流'的概念。"他走过去，大声怒斥了犯错的员工，然后陪着我们继续参观。我们认为，他缺乏明确定义的程序（标准），不愿意解决令人不舒服的情况，并且缺乏"暂停流程以立即解决问题"的精神。工厂经理并未真正地理解或接受丰田模式的理念，他只是学到了无间断流程的皮毛，并未掌握其实质内涵。

丰田总结出了商业或制造业流程中存在的七大类不创造任何价值的浪费活动，概述如下。你不仅可以将其应用到生产线，而且可以应用到产品开发、接单、办公室等作业中。此外，我们在列单里还增加了第八类浪费情形。

1. 生产过剩。过早或过多地生产产品。比客户的需求过早或过多地生产产品会产生其他浪费，如人浮于事，由存货过剩产生的存储、运输成本。存货可以是实际存货，也可以是大批量的信息。

2. 等待（空闲的时间）。员工只是在一旁监视自动化机器，或者只是站在一旁等待下一加工环节、工具、供应、零部件等，或者因库存用光、批处理延误、设备停工及生产力遇到瓶颈等原因造成无事可做。

3. 运输或传送。将流程中的在制品从一处移动到另一处，即使只是很小的一段距离。或者需要将材料、零部件或成品入库或出库，或在不同的流程间流动。

4. 过度处理或不当处理。采取不必要的步骤来处理零部件。缺乏工具和产品设计问题造成的低效处理，导致不必要的移动或生产出瑕疵品。提供质量过高的产品也会产生浪费。有时，为了避免出现空等的情况，人们不得不做一些额外的"工作"来填补多余的时间。

5. 存货过剩。过多的材料、在制品或成品导致提前期延长、产品过时、产品受损、运输和存储费用增加及交货延误等情况。此外，额外的存货还会隐藏一些问题，如产品不平衡、供应商交货延迟、产品存在缺陷、设备停工期以及启动时间长等。

6. 不必要的移动。在工作过程中，任何员工都必须进行不会创造任何价值的活动，比如取回、寻找、堆放零部件或工具等。此外，走路也是一种浪费。

7. 瑕疵。生产或修正带有瑕疵的产品。再加工的修补、报废、替代生产和检查都意味着处理、时间和努力的浪费。

8. 未利用的员工创造力。因未使员工参与活动或未听取员工意见而造成的时间、观点、技能、改进和学习机会的浪费。

大野耐一认为，生产过剩是最根本的浪费，因为大多数其他浪费都因它而起。制造流程中的任何作业若比客户的需求过早或过多地生产产品，都必然会导致流程下游某处的存货堆积成山，而这些材料只是堆放在那儿，等候下一作业环节的处理。应当指出，在大野耐一看来，前七大类浪费之所以如此重要，是因为它们对我们所谓的"第八类浪费"的影响。生产过剩、存货过剩等掩盖了问题，于是团队成员被迫思考以寻求解决之法。减少浪费后，问题会暴露出来，从而使团队成员充分发挥自己的创造力来解决问题。

本章的剩余部分将为你全面呈现消除浪费的情形。我们不仅要讨论减少浪费和丰田模式理念之间的关联性，同时也将讨论价值流图法，并将其作为绘制减少浪费概览图的方法。我们将在本书第 4～9 章中深入探讨减少价值流中的浪费所使用的具体工具和方法。

建立减少浪费的长期理念

近年来，人们对精益的追求几乎到了狂热的地步，就好像精益流程存在终点线似的，拼命向前冲。立竿见影的成效和丰厚的收益无疑是丰田模式如此诱人的一部分原因，况且，期待丰厚的收益也无可厚非。但是，当对短期成效的追求与需要用长远的目光来看待的理念元素碰撞到一起时，便会出现问题。

比如，我们指导过许多专项改进活动——有时被称为"改善闪电战"或快速改进活动。发现浪费情形、提出减少浪费的创新性想法、立即实施改进并立竿见影地取得成效，这是多么令人振奋啊。不仅如此，取得的成效几乎总是能让人大吃一惊。新流程只需要占用原先空间的一小部分，员工对于无间断流程的理解更加清晰，新流程通常只需要更少的员工，而且原先生产过剩的那些机器可以腾出来进行出售。一番庆祝活动之后，工作团队便解散了。但是两周后，流程不断发生被迫中断的情况，一些作业又出现了生产过剩，可视化管理板也未能坚持使用，一切又回到了原先的模样，需要接连处理一个又一个紧急问题。

通常，导致这种情况出现的原因在于未设立任何支撑系统来维持此次改进活动在一周内所取得的成果。比方说，缺乏有能力的领导者，缺乏应对故障的标准化方案，日常设备维修缺乏良好的流程；标准化作业可能已经张贴出来，但未能被充分地领会或执行；管理者经验不足，尚未真正地理解精益，只好选择重新回到原来的流程，允许存货继续堆积，并试图通过蛮力来追赶进度、提高产量。

丰田模式旨在创建一个持久的学习型组织，在这种体制下，问题不断浮现，但团队成员可以采用各种精益工具来消除浪费情形。如果能达到这种状态，就说明你的公司正在培养长期改进和适应环境的能力。举办改善工作坊可以让人们领略到精益可以实现的境界，然而，这只是树立精益价值流并最终创建精益企业长期战略的部分内容而已。有一种非常实用的工具，它可以根据审慎周详的计划，有效地指导流程改进，这便是价值流图。

价值流图法

改进孤立的流程似乎要比改进贯穿价值流的无间断流程更加容易，这从大多数参观工厂的安排就可以看出来。这种参观通常是从接收原材料的码头开始，在那儿可以看到货车卸货的情形，然后步行至第一道创造价值的流程。向导会对这一制造流程进行详细的讲解，我们对机器视觉检测、激光焊接等新技术感到惊叹。接下来步行穿过存货区，人们几乎很难注意到它们的存在。随后，再认真地观看下一个创造价值流程。

然而，精益专家通常会要求按照相反的顺序来安排工厂参观，一般以装运码头为第一站。这并不仅仅是一个花招或聪明的技巧。从流程的终点开始，可以使精益专家从客户的角度来了解材料的运送流程。他们想知道的不是这些材料下一步将流向何处，而是从何而来。是由当前流程拉动而来，还是不管这个流程需要与否，被前一个流程推动而来？这将是绘制"未来状态"流程图的基础。

精益专家将会询问有关客户需求周期（在丰田生产方式中称为"takt"——生产节拍）及成品存货一般可维持几天等问题。他们会直接走到最后一个创造价值的作业流程——通常是装配作业流程，并询问操作员如何知道制造什么、制造多少、何时制造等问题。他们很快便会对向导所谈论的受计算机连续监控的自动流程的细节失去兴趣。

精益专家往往从价值流的视角来审视作业流程。个别流程的稳定性需要进一步加强，目的是确保无间断流程能够在客户需要时向客户提供所需数量的材料。丰田的作业管理顾问部门（operations management consulting division，OMCD）由大野耐一一手创建，主要负责指导主要的 TPS 项目，并通过实践向员工传授 TPS 知识。大野耐一希望获得一种工具，能够在视觉上呈现材料和信息的流程，以防出现员工扎堆于个别流程的情况。最终，这种工具发展成为我们现在所谓的"价值流图"，而丰田称之为"材料与信息流图"（material and information flow diagram）。

最初，这一方法只是通过"在实践中学习"的方式来传授——指导者通过指派学员从事项目工作，在实践中对其进行指导。当时根本不存在任何有关如何绘制材料与信息流图的文献资料。实际上，这一名词也是在这种方法使用很久之后才确立的。后来，迈克·鲁斯（Mike Rother）和约翰·舒克（John Shook）创作了《学习观察》（*Learning to See*，2004 年出版）一书，改变了这种情况。在书中，他们指导读者通过艾克米冲压公司的案例分析来学习这种方法。你可以学习如何在纸上绘制现状价值流图，来显示你的材料流程和引发材料流程的信息流程，借此便可以发现你的价值流中存在的浪费。你可以先计算创造价值比率——创造价值时间对交付周期总时间的比率，然后学习如何绘制未来价值流图：基于无间断流程、拉动式制度、客户需求周期或生产节拍的材料与信息流图。这样，你就可以设计一份详细的行动计划并照此行动。

此后，又有许多相关书籍相继问世，其中都参考了《学习观察》一书中的理念。凯文·达根（Kevin Duggan）在其创作的《混合型价值流》（*Mixed Model Value Streams*）一书中就如何为包含多种不同产品且周期各异——比如，为不同产品制作零部件所需的时间各不相同——的流程绘制流图，提出了类似的模式。在改进重复步骤较多的商务办公流程方面，鲍·凯特（Beau Keyte）与德鲁·劳克尔（Drew Locher）在二人合著的《精益办公价值流》（*Complete Lean Enterprise*）一书中，采用了与《学习观察》中类似的流程图绘制方法，只不过他们分析的是商务流程而不是制造流程。

> **小建议　管理层必须领导价值流改进工作**
>
> 应当由高层管理者领导的团队来负责流程图的绘制工作。价值流图法可能被狭隘地视为用来设计精益体系的一种技术工具，但是其真正的功能在于，通过组织干预，促使相关人员对系统中的浪费表现不满，并制订一个共享的、切实的未来规划，同时制订一份大家都能热情支持的行动计划。一个

> 配套设施齐全、为期2～4天的改善工作坊可以产生极好的效果。与流程相关的所有重要职能部门的专家都应参加改善工作坊活动，同时应邀请精益专家来帮忙指导，但是工作坊的内容必须由高层管理者负责。这位高层管理者必须在价值流中需进行改进的主要流程中承担重要职责并拥有管理权，通常是一位工厂经理。有些公司按照产品系列来设置"价值流经理"，显然，他们是工作坊负责人的理想人选。

在本书中，我们不会为你讲授绘制价值流图的具体方法。但是，我们将与你分享我们在传授和实践价值流图法的过程中的一些小建议。

1. 现状价值流图仅仅是未来价值流图的基础。看到已标明各种浪费之处的现状价值流图，我们倍感兴奋，恨不得立即就去消除个别流程中的浪费情形。然而，解决当前价值流中的问题只能让我们回到点的改善（point kaizen）（参见"误区：解决当前价值流中的问题"），并不能获得真正的无间断流程。精益真正的作用在于对未来价值流的影响。

2. 未来价值流图体现的是你正试图实现的理念。流程图并没有显示创建具体流程的细节信息。比如，"超市"的这个标志代表的是客户和用来满足客户需求的材料存储。而超市的实际创建可能因客户具体需求的不同而有所差异。我们将在下文中解释未来流程图中描绘的主要精益概念。

3. 必须由深入了解精益的专业人员来帮助你绘制未来价值流图。令人遗憾的是，看似简单的绘图方法容易让人误以为任何会画汽车或人物线条画的人都可以绘制出出色的未来价值流图。这与那种认为任何会使用建筑软件的人都能设计出一所漂亮的房子或大楼的想法一样荒谬。的确，绘制未来价值流图需要由一群人来完成，但是这些人中应当有人具有真正的精益经验，并能深入理解图上正在绘制的内容。

4. 绘图的目的是要据此采取行动。大多数企业在绘制价值流图时，经常忽略一点，即在《学习观察》一书结尾部分的一小节中提到的制订行动计划。会议室中悬挂着制作精美的流程图的情形，我们屡见不鲜，但是来到作业现场，却又丝毫找不到流程图上标注的东西。我们的向导，即精益协调人，解释说他们在过去的 6 个月里一直在绘图，现在刚刚完成绘制，正要进入执行阶段。我们将这种现象称为"制作价值流图壁纸"。

5. 等到时机成熟再绘图。只有当你打算使用价值流图来指导行动时，才说明绘图的时机到了。一次只为一个产品系列绘制价值流图，然后按照流程图对该产品系列进行改进，要比全工厂统一地绘制价值流图，然后再零星地、不连贯地执行要好得多。即先从绘制一张价值流图入手，照其执行，然后开始下一张价值流图的绘制与执行。这样，到了某个点时，你就可以更加深入地涵盖所有的价值流程，而不是仅仅用图形和零星的活动来覆盖整个工厂。

6. 必须要有一位具有影响力的管理人员来领导。绘制价值流图的目的是避免出现点的改进，即目标不只是要改进个别流程。但是，由谁来负责跨越多个流程的整个价值流呢？一般说来，应当由一位资深管理人员，或者由工厂或部门经理来负责。此人必须对领导这项改进工作充满热情，并亲自参与绘制价值流图的全过程。

7. 不要仅仅计划和实施，还应进行检查和处理。在辛苦地绘制出价值流图并照其实施之后，我们很容易会放松下来，并自以为已经完成了精益改进。遗憾的是，这只是刚刚起步而已。除非我们始终保持警惕，不断地对其进行审核、实地查看并做出进一步改进，否则我们所付诸实施的一切都有可能退回到非精益的状态。一旦未来价值流图中的大部分目标已经实现，那么我们就应该依据当前的情形，开始绘制下一个现状价值流图，然后是下一个未来价值流图。你应当选择适当的时间段来绘制流图，以鼓励采取具体的行动。比如，未来 6 个月至 1 年的周期要比未来 5 年期更实际一些。

误区　解决当前价值流中的问题

价值流图法的真正好处在于它能帮助我们摆脱孤立的点的改进，以使我们建立以跨越整个价值流的材料和信息无间断流程为基础的真正的精益体系。我们经常传授这一方法，对许多案例都记忆犹新。记得在对其中一个案例的随访中，我们听到了下面这段话：

价值流图法真是太棒了！我为我们公司希望改进的一个流程绘制了价值流图，从中我们发现了流程中存在的各种各样的浪费情形。为此，我们开展了多次改善工作坊活动，效果十分显著——减少了 3 名员工，降低存货量达

80%，并腾出了一半的空间。

我们问他："你们为一个流程绘制了流程图，这是什么意思？难道你们没有绘制整个价值流的现状价值流图和未来价值流图？"

学员回答说："我们尚未走到那一步。我们冲压部门存在太多的浪费，于是我们就从那儿入手，为它绘制了现状价值流图，在将所有的浪费之处浮现出来之后，我们就立即展开了消除那些浪费的工作。迟早我们会达到未来理想状态的。"

换言之，价值流图法被错误地用于点的改进。只改进孤立的个别流程，你只能获取少量的收益。

价值流图法的益处

价值流图不仅仅是一种能够凸显各种浪费情形的有力工具，不可否认，这一功能也颇有价值。更重要的是，它还可以帮助我们看清互相连接的流程链，并展望未来的精益价值流。价值流图法建立在如何改进的理念基础上。在深入改进个别流程之前，我们需要这个理念，以帮助我们理顺整个价值流。改进个别流程同样也在为价值流提供支持。

价值流图还为我们提供了"通用的语言"和共鸣，使大家能够共享同一个远景目标。价值流图就像一张路线图，为我们指明了前进的道路方向，但是它毕竟只是一个向导，无法详细说明路上我们会遇到什么具体情况。你必须透彻地理解基本的概念，并明确如何创建支持这些概念的流程。这时如果能有一位过来人为你指点迷津，你将从中获益匪浅。因为他不仅知道该走向何方，而且可以让你少走许多弯路，节省大量的时间。

绘制现状价值流图

绘制现状价值流图似乎是一项再简单不过的任务。你只需要出去转转，记录下你的所见所闻，然后在图中标示出各个流程及材料流即可，这听起来真是简单极了！然而，我们看到的真实情况却是，人们常常在绘图的过程中深陷困境。许多人努力将图画"对"，但实际上，绘制现状价值流图的目的就是发现不对之处。我们将在本书第 6 章中谈到，工作区缺乏标准有时会使了解实际情况异常艰难。但是，不要失望！绘制现状价值流图的目的就是了解流程的性质，以便创建一个有效的未来价值流图。

> **小建议　收集与流程状态相吻合的详细资料**
>
> 在持续改进的初始周期，从流程中收集到的数据可能并不是完全"干净"的，尤其是在实现最基本的标准化之前（在第一阶段），经常发生这种情况。无论你花多少时间来收集详细信息，都有可能一无所获。
>
> 在绘制现状价值流图的最初阶段，只需收集总结性的资料即可。对于关键参数，先使用粗略的估算值。当涉及某一特定领域时，再收集相关流程的详细数据。
>
> 绘制现状价值流图的主要目的是，不仅要了解价值流中的材料流及妨碍材料流的因素，还要了解信息流及维持信息流所必须采取的活动。未来价值流图提供的是有关材料流及信息流的概况，待流程稳定之后，再进一步完善。

绘制现状价值流图时必须了解你的目标

在绘制现状价值流图时，必须按照头脑中对未来状况的展望对流程的现状进行评估。当你为了弄清楚当前流程中的主要障碍而实施精益时，必须明确自己想要取得的目标（这就是在第五篇中概述的解决问题的方法——明确定义问题，确定目标，找出实际与目标之间的差距）。你可能希望通过精益实现多个目标，下面列举了几个高层次的目标，这些目标都是精益价值流的典型特征。由于这是你首次尝试创建相互连接的价值流，你应该以下列条目为主要目标，在后续的活动中再关注更为具体的点的改进，持续地杜绝浪费情况：

1. 灵活的流程，能够迅速应对客户不断变化的需求，尤其是产品种类的增加。这一流程能否随时生产出任一零部件？

2. 较短的交付周期，缩短从客户下单到完成产品交付之间的时间间隔。

3. 互相连接的流程（参见本书第 5 章），将无间断流程与拉动式材料流联结到一起。

4. 每一个价值流在其内部都有独立的"流循环"，当流无法实现时，可以通过点来识别。这些"流循环"受当前流程的限制。

5. 价值流中源自内部客户的简化信息流（下游流程）。

6. 对客户需求清醒的认识（"客户的声音"）。在拉动制度环境里，客户（下一作业）决定完成什么及何时完成。客户的声音应提供：

  a. 需要的生产节拍（takt 时间）。

  b. 需求量（数量）。

  c. 需要的型号组合。

  d. 需要的生产顺序。

7. 每一个价值流及其内部的流循环都拥有一个"先导"作业步骤，所有其他作业的生产节拍都将由它决定。

  记住这些特征之后，在绘制现状价值流图时，你就可以注意寻找与这些条件相悖的迹象，或者留意能够实现期望状态的地方。比如，在查看每一个流程时，你可以试着询问这样的问题："这个流程的灵活性如何？能否迅速地（几分钟之内）从生产一种产品切换到生产另一种产品？"缺乏灵活性的迹象包括准备时间较长、生产批量较大等。同时，你有必要对前一流程能否生产出所需种类的产品进行评估。此外，在观察各个作业流程时，你还需要留意目前状况下用以弥补流程欠缺之处的方法。

  存货是弥补灵活性不足的一种最常见的方法。在丰田看来，存货是流程中存在"弱点"的标志，它的出现是在提醒我们流程亟须加强。许多人将这一概念错误地解读为：流程中不应存在存货。在理想状态下，确实应该如此，但是实际上，如果没有存货，有些流程目前根本无法正常运转。丰田一直在朝着"即时生产"的理想目标努力，但同时，它始终坚持"战略性地利用存货以获得最佳的绩效"这一理念。对存货的战略性使用包括具体的规则和控制，以及在无间断流程中的位置要求。

> **小建议　存货的矛盾之处**
>
> 有一种观点比较难以理解，即存货在精益体系中可能是有用的（至少短期看来是如此）。众所周知，存货过剩是八大类浪费之一，因此，我们的目标应该是消除库存才对。实际上，在流程实现无须库存的理想状态前，审慎地使用库存是有益的。有关八大类浪费的一个矛盾之处在于，人们倾向于将一种形式的浪费替换为另一种形式（就像换牌一样）。
>
> 问题的关键在于，思考浪费发生在何处、处于何种状态。换言之，浪费是出现在成品中，还是出现在在制品中？存货是否有助于流程实现更大的目标？你是否在尽量减少浪费？比较好的方式是，将存货向上游推，即推到价值流的起点处，并将存货应用到无法实现无间断价值流的情形中，比如，拥有多种产品和多个客户的流程以及灵活性差的流程。

在学习和绘制作业流程图时，必须查明存货的位置及种类（在制品、成品、购买的零部件和原材料）。每一种类型的存货通常是用来弥补某个具体的薄弱环节。

确定客户订单进入价值流的切入点（你计划在哪儿）。从客户订单的切入点开始，到产品到达价值流终点，需要多长时间？如果你正在"安排"多个切入点，请一并注明。多重安排点是"推动式"制造流程的标志之一。你有可能还会看到一些指标，显示不连续的流程，这时你需要留意存货在流程之前和之后的积累情况。它是不是被继续向前推动，而不顾下一流程是否需要？

观察一下由流程之外的人员（通常是来自生产控制部门的人员）安排的价值流中的流程，同时检查一下该流程是否使用了其他"非正式"的安排方法。监管员通常会随身携带一个笔记本，里面记载着根据其他监管员的要求做出的"真正的"日程安排。

> **误区　危险**
>
> 当你看到价值流中存在的"问题"时，你可能会产生立刻去解决问题的冲动。但是，如果你急于着手去解决这些问题，那就偏离了主要目标——创建精益体系。尽管你终于花时间审查了你的流程，并从中发现了问题，但这并不代表你可以突然希望每个人都会立即采取行动，改正发现的问题。此

刻，我们的主要目的是查明流程的现状，并明确需要采取哪些措施，才能使其在未来变得更好。

如果你发现有人使用未经指定的方法工作（如上文中提到的监管员使用"非正式"方法来安排流程），那么，你必须查明问题的真相。一般来说，员工不遵循规定的方法而采用其他方法工作，原因不外乎两点：①因为他们能这么做；②因为他们必须完成工作任务，但是现行的方法行不通（至少他们认为行不通）。

注意：任何出于安全问题的考虑或存在亟须解决的质量问题的情况除外。

在绘制现状流程图的过程中，你同样也在逐步了解当前流程的优劣。我们未来的目标之一就是要在价值流中创建一个相互连接的无间断流程。因此，我们首先需要观察每一个流程，确定其是不是"顺畅的"（flow through）流程，即能够毫无顾忌或限制、在任何时间生产任何产品。这些流程既不受较长的准备时间的限制，也没有其他妨碍其对各种型号、体积或订货量的具体处理能力的限制。顺畅流程的主要特征是"既来之，则处理之"的处理能力，而且工作任务也无须再按类别分批进行处理。比如，零部件冲洗就是一个很好的例子，你只需稍微修改一下操作参数，即可对所有的零部件进行相似的处理。

分析你的价值流，识别出标示某个具体零部件特征的作业流程。在价值流的开端部分，一个部件可以是许多成品部件的"基础模型"。比如，一个位于焊接部门的汽车车身可以变成一辆任何颜色的汽车，内饰也可以搭配不同色彩。但是，在车身被喷上了某一具体的颜色后，它就获得了颜色特征。在装配线上，每一步后续作业都可能将这一标志改变成某一具体的颜色，比如内部材质和可选配置套餐。创建部件标志的作业流程通常会收到有关生产什么产品的通知。依据实际情况，这些通知可能是来自外部的安排指示（来自生产控制部门），或者来自价值流内部的信号指示，如下游流程送还的看板。了解这些情况对于创建未来无间断价值流具有重要的意义。

图 3-1 中的未来价值流图展示了上文中提及的七个基本方面。让我们来了解一下基本的流程：生产控制部门收到客户的资料后，将相应数量的成品存货按照超市存货的方式存储起来，并为最终的顺畅流程创建了一份均衡化的生产计划表，这就是价值流中生产计划的一个点。这一流程先是从超市中拉动出材料，然

后后退两个步骤，拉动一个先入先出的生产流程，并将其送至下一流程，最后通过这个流程拉动供应商。于是，这个价值流便具备了汇集于一点的、均衡化计划表的各种理想特征，并通过拉动式系统实现了从供应商到客户的无间断流程。

你的未来价值流图可能与书中的范例不尽相同。切忌用书中的范例与你的实际情况进行比较，并认为你无法实施流程中的某些方面。你应该力争使你的价值流取得最佳的效果，并创建一个与你的经营需求相匹配的流程。然而你大可放心，在某种程度上，你的流程也有可能实现上文中提到的七个根本方面。

1. 灵活性。在这一价值流中，流程末端的成品超市用来改善灵活性。同时，它还被战略性地用来缩减从客户下单到完成交货的周期（对于客户需求量较大的产品，采用直接从存货中出货的方式）。如果你公司制造的产品种类繁多，在某些情况下，可能会用到存货超市（比如，对于需求量较大的产品）。请注意，在这个例子中，在编制均衡化生产计划表时，生产控制部门同时考虑了拥有成品存货的产品和客户的实际需求（参见本书第7章）。

2. 较短的提前期。精益价值体系的一个主要特征是提前期非常短。请注意，在图3-2中，提前期是通过战略性地将零部件超市置于第一个流循环之后而得以缩短的。尽管存货被视为一种浪费，但是以这种方式来运用它，不仅改善了价值流的灵活性，同时还缩短了提前期。超市中的存货应维持在最低水平，且一旦价值流作业可以实现真正的无间断流程，便可以将存货清除。

3. 互相连接的流程。请注意，这个例子中的存货超市通过拉动式制度将两个流程连接在一起。此外，两个不同流程之间圆形、方形和三角形的线路同样也表明了它们之间的连接。这表明该流程是一个"有序流程"——材料流按照相同的顺序从一个作业步骤流向另一个作业步骤，这种流程有时还被称为"先入先出"流程（FIFO）。我们将在本书第5章中对这些连接进行详细探讨。

4. 流循环。存货超市界定了流循环的起点和终点，同时也是每个流循环的"客户"。流循环的目标始终是满足客户的需求。在流循环中，真正的"客户"是从存货超市中取货的作业步骤，而超市的消费代表的则是需求。如果你只有一个客户，或者是生产者生产的产品种类繁多，那么流循环中可能就不存在存货超市，在这种情况下，整个价值流从头到尾可能就是一个流循环。

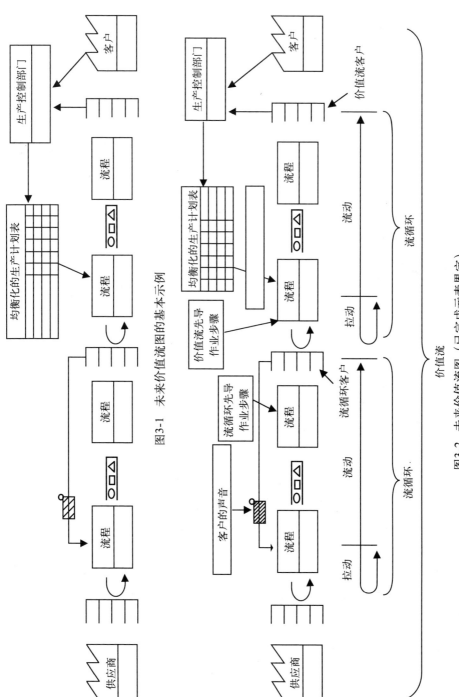

5. 简化的信息流。精益价值流的一个主要方面是其中的信息流可以被简化。信息可能来自外部，也可能来自内部。来自客户的外部信息流只能在一个点进入价值流，完成工作所需的所有其他信息均来自价值流内部。如果价值流中存在存货超市，那么存货超市就是信息的来源。如果使用的是"有序流程"，那么信息将会与产品一起流动。而"生产计划表"将由价值流中的某一个流程决定。从图3-2我们可以看出，有些机制用来传达"客户的声音"，客户提供的信息就是通过它来向流程传达何时需要做何事的指示。

6. 对客户需求的认识。这一认识指的是在工作区中对实物的实际认识。它不是写在纸上的生产计划表。我们将在本书第5章对此进行详述。简而言之，它包括运用符号（看板）以及为各作业步骤之间实际界定的联系。

7. 先导作业步骤。每一个价值流都必须拥有一个先导作业步骤（在《学习观察》一书中被称为 pacemaker），而且，价值流内的每一个流循环同样必须拥有一个先导作业步骤。价值流的先导作业步骤最终将为所有作业步骤定速，但是存货超市是流循环的分配者，因此需要单独的先导作业步骤。

价值流图法的局限性

在迈克·鲁斯和约翰·舒克创作《学习观察》这本书时，他们就已经意识到了出版这本书存在的风险。他们担心这本书可能会成为类似于烹饪指南之类的图书，使人们误以为只要按部就班地遵循指示行事就可以实现精益，然而，实际情况要复杂得多。在丰田的工厂，你可能已从事改进项目多年，但也只是刚刚达到丰田生产方式初学者的水平，这不足为奇，因为有太多的东西值得你去学习，而且只有通过在实践中学习，才能掌握所学内容。绘制价值流图使人们觉得自己正在实施精益，但这只是绘图而已。我们可以将上文中提到的比喻做进一步延伸：即使我给你一张房屋建造的蓝图，也并不意味着你就可以造出一栋房子，因为这还需要许多技能。

按部就班地创建无间断流程

通过绘制价值流图，我们了解了如何将各个拼图拼在一起，以获得一个互相连接的价值流。当进行具体的点的改进时,我们可以在这里减少些转换时间,在那里创建一个工作小组,在整个工厂各处设置一些预防错误的机制等,但这样最终只能获得零星的改进,而真正翻天覆地的变化源自精益价值流系统的成功创建。在这样的系统中,基于takt时间——生产节拍,材料流可以顺利地在各个流程间流动。各种业务步骤协同一致,宛如一支训练有素的交响乐团。但是我们如何才能达到这一水平呢?未来价值流图绘制完毕后,我们又该如何来照其实施呢?

精益流程的创建需要一套有条不紊、按部就班的方法。在设置单件流之前,我们需要采取的第一步就是创建一个能够满足客户需求的、稳定的流程。创建流程后,随后再将各个作业步骤连接,迫使问题浮现,一旦出现任何异常情况,生产都将被迫停止。因此,在无间断流程创立之前,所有的作业步骤都必须达到稳定一致的基本水平。如果基本条件尚未满足,就贸然尝试建立无间断流程,其结果将会一塌糊涂。不要一开始就追求完美,因为在良好的无间断流程创立之后,持续改进工作仍将继续。在一个作业流程达到这一水平,且另一个流程也相继稳定之后,再将两个流程"连接"起来,使它们互相依存。如此循环反复,直到价值流中的所有作业流程都连接在一起,实现从第一个作业流程至最后一个作业流程的无间断流程,使生产中断情况达到最低。持续改进循环如图3-3所示。

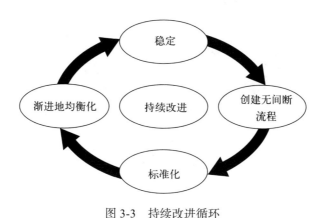

图3-3 持续改进循环

这一过程通常是"分时期"或"分阶段"逐步实现的。最初,价值流中的各个作业流程只是单独地逐阶段推进。在成功地连接到其他作业流程之后,整个作业链将实现同步推进。将代表客户需求的时间范围逐步压缩——从每周的日程安排变成每天，从每天变成每小时……问题最严重（浪费最多）的流程便会浮现。

这一重复不断的循环可以被视为一种螺旋般逐步深入的流程，如图3-4所示。每一阶段的循环都将使浪费的情形进一步减少，使工作更加"紧凑"、高效。持续不断的改进终将变成渐进式的小改进。然而，环境或产品的重大周期性变化将会造成流程的不稳定，因此在这种情况下，我们需要继续对流程做出较大的改进，这样又开始了螺旋式的不断改进。比如，产品模型的改动、新产品或新流程的引进、工厂设施的变动等自然会引起更多的变化，同样也造成流程的不稳定性。

图3-4　持续改进的螺旋循环

丰田的高级管理人员在2002～2004年，曾刻意制造流程的不稳定性，因为他们认为，来自中国和韩国等低收入国家日益加剧的竞争，将对丰田全球领先的地位造成威胁。于是，他们要求丰田自身的工厂和供应商的工厂必须在两三年内降低30%～40%的成本。渐进式的小改进几乎不可能完成这一目标。那些习惯于微调、稳定作业流程的管理者需要重新审视所有的流程，并需要在遵循螺旋式循环改进的同时，做出创造不稳定性的重大改变。2004 年，我们造访丰田在肯塔基州乔治城的第一家工厂时，见证了这种情形。20 世纪 90 年代，由于该工厂过度追求成长，而忽略了丰田生产方式的一些基本原则，2002 年受到了日本总部的严厉警告，并要求做出重大改进。比如，发动机工厂被要求降低总成本 40%——如此远大的目标令人望而生畏。但是截至 2004 年，它们正在顺利地朝着这一目标前进。在流程方面，丰田生产方式提高了对所有作业流程的要求，结果在生产力、质量和安全方面都取得了重大改进。

> **误区　切莫急功近利**
>
> 在改进流程时，我们必须确保重大改进适合公司的实际境况。丰田拥有雄厚的基础，可以在短期内调集大量资源，以做出重大的改进。如果你试图复制丰田的成就，你会发现这已超出了你的极限，且必须承担盲目跃进的后果。与其急功近利地追求短期收益，不如专注于强化组织的技能深度，因为急功近利必然会造成不幸的结果。

相继的与同步的持续改进

在创建无间断流程的过程中，我们首先要做的是使一个工作小组或一条生产线达到最基本的稳定水平，由于它并未连接到客户流程或供应商流程，因此被称为"未连接的稳定性"（参见图 3-5）。如果此流程是一个工作小组或一条生产线（同一工作区内的多个作业流程），则流相（flow phase）可以在流程内开始。如果此作业流程独立于其他流程，则只有当该作业流程与其他作业流程相连接时，流相方可启动，这就是所谓的"多流程连接的稳定性"。连接两个或多个独立的作业流程、工作小组或生产线，可能会造成新的不稳定性。在继续向前推进之前，必须先把这些新的挑战解决。

最后，当所有的流程都满足了稳定性的要求而有能力支持连接时，便可以把价值流内的所有流程都连接起来，这就是所谓的"价值流连接的稳定性"。从最初的流程历经持续改进循环至实现全系统的稳定性，这个过程可能需要几年的时间来完成。

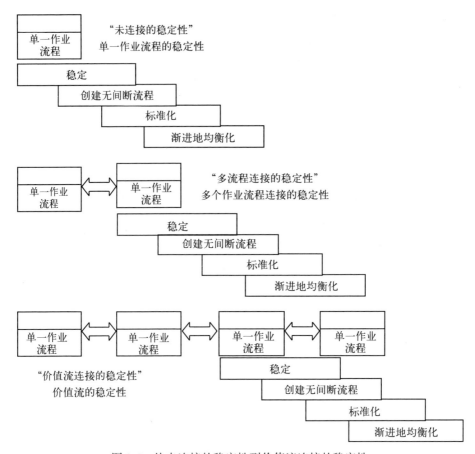

图 3-5 从未连接的稳定性到价值流连接的稳定性

我们通常建议,先在自己的工厂创建一条充分连接的价值流,而后再将其向你的客户和供应商推进。一旦你的工厂一切就绪,你就可以与供应商合作,帮助他们与你的精益流程接轨。使用的方法是一样的。需要在他们实现一定水平的内部稳定性之后,方可将其流程通过拉动式制度连接到你的流程。接下来要处理的是客户方面的问题。如果你的客户并没有实行精益体系,而且也不了解丰田模式的理念,那么你仍会面临问题。因为,传授他们精益体系将是一个相当具有挑战性的难题,毕竟他们是你的财神爷。但是,通过采取循序渐进的方式,这仍是可以做到的。当他们看到精益的好处之后,就会想多学一些,这时你的公司对他们则更具价值。无论如何,最终的目标是建立一个互相连接的精益企业。

总而言之，减少浪费听起来简单，但做起来要复杂得多。这么做的目的并不是简单地在你的企业内创建一条通道，以便发现和消除浪费，而是要创建一条互相连接的价值流，迫使所有在价值流中工作的团队成员去思考、解决问题和杜绝浪费。在接下来的章节里，我们将更详细地探讨创建互相连接的价值流的过程。

> **小建议　多流程同步处理，以加速获取结果**
>
> 同时处理多个流程，可以加快创建一个互相连接的价值流的速度。你可以将其理解为打造一条锁链的过程，需要一环一环地打造。在每一环稳定之后，你就可以将它们连接在一起。在将价值流连接在一起之后，逐渐缩短整个价值流的节拍时间，将迫使其中最薄弱的环节浮现并再次变得不稳定。这就是需要我们重点关注的环节，且需要重新经历持续改进循环对其强化。

反思问题

1. 在你开始减少浪费行动之前，花些时间来评估一下你将遇到的潜在挑战，并将其与潜在的收益进行比较。切忌只看到收益而忽视了潜在的挑战。致富之路并非一条坦途。

    a. 仔细考虑潜在的财务收益（参见表 5-1、表 6-1 和表 7-1 中的精益思维，以获取潜在收益的估值）。制定一份能够反映出潜在财务收益和增长机会的 5 年期财务报表。

    b. 在任何一家公司，员工和客户、公司之间都存在一定的联系。那些拥有目的感和归属感的员工，其满足感更强，这将影响到客户服务水平，并为公司最终的绩效带来积极的影响。这些项目就是所谓的软利益，很难从直接财务利益的视角来衡量。

    　　i. 至少找出两种执行丰田模式带来的非财务性质的潜在收益。

    　　ii. 这些非财务性质的收益可能会带来何种长期财务收益？

    　　iii. 要获得这些收益，需要面临哪些具体挑战？

    c. 思考你在这条道路上将会遇到的最大的挑战是什么。你个人需要做出什么样的改变？

d. 反思你的企业理念。其中是否包含长期思维或你是否需要做出改变？
   i. 指出需要做出的具体改变。将需要采取的具体行动纳入你的精益计划（至少是 5 年期计划）。
   ii. 你如何避免"只红极一时"的现象发生？
2. 你的企业文化是否支持你减少浪费的努力？
   a. 指出你的企业文化最强的三个方面，如合作、创造力、坚持不懈、交流沟通、活力、投入精神、眼光、团队精神等。
   b. 如何发挥这些优点？
   c. 指出你的企业文化中可能会阻碍你减少浪费的三个最大的弱点（比如缺乏 a 中所列项目）。
   d. 制订一个克服这些弱点的计划，并将其纳入到你的精益计划中。为管理团队的每个成员分配具体的改进责任。

第4章　The Toyota Way Fieldbook

创建初步的流程稳定性

首先实现基本的稳定性

如果你一直未曾使用精益方法来改进流程，那么你的某些流程可能不够稳定。稳定性被定义为长时期内产出始终如一的结果的能力。不稳定性则是由流程的变异造成的，其表现形式多种多样：可能是由于设备未得到妥善的维护，导致经常发生故障；也可能是由各种原因造成的瑕疵品率居高不下；又可能是缺乏标准化作业，不同人、不同班次或不同时间执行同一流程所花费的时间大相径庭。

创建精益流程的第一步是实现基本水平的流程稳定性。创建稳定流程的主要目的是确保流程的生产能力稳定地保持在一定水平。依据在第3章中提出的螺旋循环模型进行持续改进，稳定性会越来越高。初等水平的稳定性通常是指在最短的时间内产生一致结果的能力。稳定性主要通过产出的结果来衡量，取决于以同样的人力和物力生产出同样数量产品的可靠度（具体的可靠度可能会因条件和流程而有所不同，但最基本的可靠度应为80%或者以上）。一个更为简单的衡量指标是准时向客户提供质量合格的产品以满足客户需求的能力（同样，可靠度应为80%或以上）。在很多情况下，"客户需求"并未被明确定义，因此，这成为追求稳定阶段首先要处理的一项任务。

不稳定的指标

许多公司认为，稳定性主要体现在设备的性能上，于是大家便一窝蜂似地追求某些精益工具，如"快速换模"（quick changeover），并纷纷通过实施预防性维护来降低设备的故障率。实际上，发展流程的稳定性本身不是目的，真正目的在于为精益流程的其他层面打下基础。通过直接观察可以看出，不稳定的流程通常具有以下特征：

- 衡量绩效的标准——无论是生产的总件数，还是每人工工时生产的件数——变化幅度较大。
- 出现问题就改变"计划"，包括有人缺席时，重新配置人力或未及时补充人手；当机器出现故障时，将产品转移到另一台机器生产（因此，并未生产出计划的产品）；中途停止某一订单的生产，并切换至另一订单的生产。
- 无法看出一致的工作模式或方法。
- 在制品的批量不稳定：时多时少。
- 孤立地执行相继的作业流程（孤岛式的流程）。
- 无间断流程不一致，或根本不存在无间断流程（同样可以由在制品的批量不稳定体现出来）。
- 在描述作业流程时，频繁地使用"通常""基本上""正常而言""一般而言""大多数时间"等词语，并在后面加上"除了……的情况下"，比如"通常来说，我们这么做，除非……我们便会……"。就其本质而言，不稳定的作业流程在前后一致的方法上鲜有"正常"状态，实际上，频繁出现的不正常反而变成了正常。
- 诸如"我们相信操作人员会决定如何去做这份工作"之类的言论（这是一种"对员工授权"的错误应用）。

我们必须清楚，任何作业流程都无法实现完美的稳定状态，因此在某种程度上而言，上述情况将永远存在。实际上，不仅稳定性是无间断流程的一个前提,发展无间断流程也有助于促使规范的方法达到稳定状态——它们是相辅相成的。这里主要考虑的是流程的不稳定性及流程需要达到何种稳定性才能进入下一阶段,以实现一定水平的无间断流程。依据持续改进的螺旋循环模型,在渐进的平衡化阶段,流程将被"压缩",并且需要达到更高水平的稳定性,以满足更苛刻的要求。而这反过来又将促使方法进一步改进,并开启新一轮更为严格的持续改进螺旋循环。

拨云见日

日本人喜欢使用比喻的手法来描述所处的境况。丰田生产方式的大师们在探讨精益流程的初级阶段时,经常把这个阶段形容成"拨云见日"。精益流程的初级阶段就好比一幅云雾缭绕、模糊不清的图片。尚未达到基本稳定性的流程常常问题缠身,令人大伤脑筋。这些问题或许真的与流程相关,又或许无关;然而,正是由于这"云雾缭绕"的状态令人难以确定。最重要的是,这些"云雾"挡住了我们的视线,影响了我们观察和理解图片真正内容的能力。我们经常会看到这样的情况:一位丰田生产方式的培训人员双手托住额头、掌心向下,嘴里还喃喃自语道:"太令人费解了!"显然,这是受到诸多问题困扰的表现。

乍一看某个作业流程,我们很容易将所看到的景象与有益的或必需(创造价值)的工作混为一谈。人们都在忙碌,他们行色匆匆,他们努力"做事",因此看清他们的真实状态绝非易事。

如果作业流程混乱不堪,我们很容易对真实的状况、什么可以做到及什么不可以做到得出错误的结论。适应周围环境的能力是人类生存必需的特征之一,所幸我们都具备这一能力,然而,正是这种适应能力,使创建精益流程的工作异常艰难。

从本质上而言,我们会适应周围的环境,并在很短的时间里接受环境,并视之为"正常"而不再予以考虑。在很多情况下,我们会把这种情况当作我们"应该做的事情"。幸运的是,我们可以摆脱这种模式,当从另外一个角度来看待这种情况时,我们的理解便会更深一步。运用精益理念和工具将迫使我们从不同的视角重新审视环境。如果我们的头脑能够接受新的信息,那么真正的转变就可能发生。同样,源于人的本质,一旦情况发生了转变,并且我们习惯了新情况，可能就再也不会重新评估，也不再去寻求新的水平。这就是持续改进工作面临的一个挑战。勤奋、坚持不懈地应用精益的持续改进螺旋循环模型，将促使我们反复评估，拨开层层云雾，以追求更清晰的画面。

稳定性的目标

稳定性阶段的主要目标是为流程生产能力的连贯性打基础，以便我们可以看清"实际情况"、清除随意的行动，从而为真正的改进奠定基础。包括降低需求速率的变异性（在建立生产节拍之前），使基本的每日产量均衡化。此外，持续改进螺旋循环模型的每一阶段都在为后续阶段的发展提供准备。因此，稳定性阶段是无间断流程的重要准备，无间断流程的主要障碍必须予以清除。如果在稳定性尚未达标之前便试图建立互相连接的无间断流程，障碍可能会过大，而导致无法创建平稳、连贯的无间断流程。稳定的流程将拥有更高的灵活度，并具备满足客户不同要求的能力。

> **误区　完美稳定性的谬误**
>
> 在福特效仿丰田生产方式，创建福特生产方式的初期，我们作为顾问曾参与其中。福特公司一致认同，只有当流程达到一定程度的稳定性时，方可继续向更高水平的精益推进。同时，他们坚信，福特位于世界各地的所有工厂（超过130家）需要在大致相同的时间段内共同向前推进。于是，他们将第一年用来提高各个工厂挑选出来的示范区域的流程稳定性，采取的具体措施包括5S（后面将会介绍）、预防性维护和标准化作业等。这些改进工作一直持续到第二年。显然，这些看似简单的工具需要大量的训练和理解才能得以实施，而大多数工厂缺乏提高稳定性的动力，他们之所以还要这么做，是因为"公司希望我们这么做，并将检查我们的进度"。后来，这种情况迫使福特在这些区域采用了更为综合的方法——将无间断流程、拉动式制度和稳定性更好地综合在一起。追求流程的稳定性应当具有明确的理由——支持创造价值的无间断流程。减少浪费和创建无间断流程使稳定性成为一个必要条件，而不是取悦公司精益团队的手段。

此外，有些公司花了多年时间来追求完美的稳定性，却从未向更高水平的无间断流程和拉动式制度推进。经验表明，这将导致反复追求稳定性的循环：实现稳定后，后退到不稳定的状态，然后重新获得稳定性，如此循环往复。出现这种现象的原因，是生产方式并未对需改进的层面提出更严格的要求，从而缺乏维持更高生产能力的动力。未实行无间断流程的大批量生产作业实际上并不需要高水平的稳定性，他们之所以继续使用这些规范的流程，主要是为防止那些精益管理者再来找麻烦。

实现稳定性的策略

表 4-1 列举了在实现稳定性阶段应当用到的各种策略，以及经常使用的主要和次要的精益工具。至于会不会用到某一特定的精益工具，应视业务流程的具体情况而定，但这些策略却是始终适用的。

表 4-1　稳定性阶段所使用的策略和工具

策略	主要的精益工具	次要的精益工具
· 杜绝"大"浪费 · 将多种浪费活动整合在一起，使其明显易见、突出重点 · 改进运行效率 · 消除或减少变异性	· 站在圆圈内 · 标准化作业（作为一种分析工具） · 工作场所组织 · 快速换模 · 预防性维护 · 解决问题 · 基本的均衡化（使每天的客户需求量均衡化）	· 收集数据和衡量 · 记事板（仪表板、玻璃墙等）

如前所述，本书的目的不是教导你如何实施精益工具，因为市面上已有不少图书对上述工具做出了详细的阐释。我们旨在强调理念，并深化对流程的理解。

识别并消除大浪费

正如上文所言，找出并消除浪费是精益体系的主要理念之一。如果遇到一家从未实行过精益的工厂，那么浪费情况将随处可见。比如，使用 5S 方法来标注存放存货之处，并设置清晰可见的最大和最小存货水平，仅是如此，便可以产生重大的影响。标准化作业和 5S 可以显著地改善人工操作。延长设备正常运行的时间和通过降低换模时间来减少浪费的时间可以提高工序能力和改进流程的生产率。

通常，消除第一层的大浪费就可以显著提升整体绩效。此时的大多数改进都是单个流程层面的，尚未上升形成互相连接的无间断流程。而在持续改进螺旋循环模型中的后续循环将连接各个流程，其影响程度将更大，并能促使人们继续维持单个流程的稳定性。

站在圆圈内的练习

在进入稳定性阶段之后，应立即开始学习如何识别七大类浪费情形，并通过"站在圆圈内"这一练习进行强化。"站在圆圈内"是大野耐一用来培训新精益学员的一种方法，现在已成为"现地现物"——强调亲自去现场观察、了解实际情况——理念的一部分。在练习中，学员们被要求站在一旁，仔细观察某个流程，并找出流程中存在的浪费及造成浪费的原因。学员们需要真正认识到流程中的浪费，并达到令老师满意的程度，而这往往需要站立 8 个小时甚至更久的时间。具有讽刺意味的是，如果你对练习中的流程已十分熟悉，那么这项练习的难度就更大。因为，你已了解浪费存在的"原因"，所以你更倾向于使其合理化，并得出无法改进的结论。在练习中，最好的方法是承认存在浪费，而无须对其做出解释或思考解决之法。

如果认真对待练习，观察到的浪费的数目可能大得惊人。在这种情况下，最常见的反应就是立即寻求解决之道以纠正这种情形。本书第五篇讨论的正是如何解决问题，在这一部分中，我们提出在采取任何改正措施之前，第一步应该先彻底地了解实际情况。在圆圈内站立几个小时有助于你对问题看得更透彻一些。只有在获得彻底的理解之后，方可采取真正行之有效的对策。

站在圆圈内的练习就好比一项长跑比赛，如马拉松（尽管我们从未跑过这么远的距离，但我们都认识曾参加过马拉松的人）。据比赛选手形容，在全程 42 公里的比赛中跑完大约 35 公里时，会有一种"撞墙"的感觉。有人形容那时已经超越身体的极限。圆圈练习与跑马拉松在本质上是一样的。在头几分钟到一个小时的时间里，你的大脑观察到了较大的问题，对整个流程有了大致的了解，你可能认为一切问题均已发现，没有继续观察的必要了。再多站一会儿！真正的学习才刚刚开始。站到出现"撞墙"的感觉，并上升到一个新的意识高度，可能需要 4~8 个小时，具体时间因人而异。这是一个极其有用的练习，你应该将其视为锻炼观察技能的一种方法，而不仅仅把它当作"站在那里"。一旦掌握了这种技能，通过短时间的观察，你便可以对整个流程的详细情形了然于胸。幸运的是，并不是每次都需要站上 8 个小时。

以标准化作业作为识别和消除浪费的工具

掌握了观察和识别浪费的技能之后，你就可以使用标准化作业工具将各种浪费的情形记录下来。人们通常将标准化作业视为对操作员的一套指令。实际上，标准化作业最强大的用途在于分析和理解流程中的浪费。记录下的工作程序将直观展示出现存的浪费（改进机会）。而其分析功能又可以帮助我们拨开"云雾"，看清流程的本来面目。此外，在创建不间断流程的过程中，它还可以为创建均衡的作业流程提供有益的信息。

在本书第 6 章中，我们将更为详尽地介绍标准化作业及如何利用标准化作业创建和记录标准方法，但是在现阶段，我们只探讨这些工具在识别浪费方面的辅助作用。在稳定性阶段，有三个因素对于分析工作和识别浪费而言至关重要：

1. 识别基本的作业步骤。
2. 记录下每一步骤花费的时间。
3. 画一幅图，显示工作区及操作员在此区域中移动的情形。

记住，我们的目的是识别浪费，必须先从大浪费开始。作为一种分析工具，标准化作业的作用主要是帮助识别动作（走路、伸手去拿）和等候（当作业循环的时间少于节拍时间时）。最好是先从较高层次开始分析，然后依次进入细节层次。如果某项工作需要操作员走出工作区，我们就从识别这一主要部分开始。如果操作员只是在工作区内移动，我们便从其走路形态开始分析。如果操作员处于定态（坐在椅子上或并未走动），我们便从观察他的手部动作开始分析。

至于如何记录此阶段的工作并没有硬性的规定，其目的就是记录下正在发生的事情，以便大家都可以看清和理解大浪费情形。无须对执行工作的步骤进行过于详细的描述，因为我们的目的是记录下正在发生的状况，而不是规定如何执行工作。

由于我们要寻找大浪费，一般原则就是记录下操作员每次从一地走到另一地的时间，或定态工作操作员的每次手部动作。我们寻找的是浪费，因此并没有必要记录每一步所做的工作。

识别出流程中各个步骤之后，便可以获取和记录下每个步骤所用的时间。将这一时间分为两类：作业时间和走动（或伸手）时间。最后，画一张工作区鸟瞰图，标明每一作业步骤的位置，然后用一条线将各个作业步骤连接起来。这幅图非常重要，因为它可以直观地向人们展示各种浪费情形。为使图片清楚，图片要尽量做得大一些。此外，不要担心图片看起来一团糟，到处都是连线和圆圈，因为这就是重点。在图片画完之后，看着它，然后问自己："它看起来怎么样？"或许回答是："乱七八糟，一大堆走动、交叉和原路返回等。"通过这一直观工具，人们就可以很容易看出这一作业流程好不好。如果你有幸在此阶段拥有一个良好的作业流程，且图片看起来不杂乱无章，那么你就可以进入下一个阶段，分析更为细小的手部动作。

图 4-1 展示的是一个完整的浪费状况分析图，其中包括作业步骤、作业时间和走动时间（以秒计算），以及操作员的作业流程。不难看出，走动时间占去了作业时间的 2/3，且如图所示，该作业流程属于非线性工作形态，走动距离很长，且明显存在原路返回和交叉路径的情况。

记住，第一步是先要彻底了解当前的形势。只有做到这一点，你才能开始探寻最佳状态（减少走动时间），并着手计划如何实现。有多种改进方法和技术，但基本思路是实现不断改进的无间断作业流程，不需要重复已经走过的路（有关标准化作业应用的更多信息，包括使用的案例和引用的文献，参见本书第 6 章）。在追求稳定性的阶段，流程主要用来识别浪费，而不是建立"标准化作业"，因为只有达到一定程度的稳定性之后，才有可能建立标准化作业。

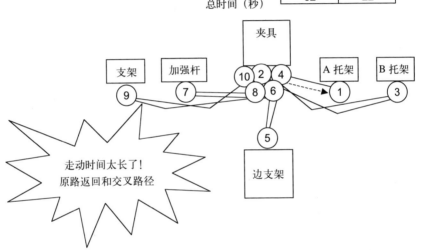

图 4-1 完整的浪费状况分析图

5S 和工作场所组织

在本节中,我们将 5S(见图 4-2)和工作场所组织放在一起来讨论。有人认为它们本来就是一回事儿,是拨开第一层"云雾"、清理工作区杂乱无序状态的主要方法。许多人错误地认为 5S 只是一种清理机制,因为 5S 总是能够令工作现场清洁、有序,但这只是 5S 的主要成果之一。5S 中第一个 S 的主要目的便是清理"云雾",其中包括消除移动物体产生的浪费动作和寻找工具及材料产生的浪费情形。然而,5S 的其他部分——整顿和标准化——有助于养成良好的工作习惯,对精益体系后面阶段的实施具有重要意义。

图 4-2　5S 管理方法

> **误区　将 5S 打造成一个独立的程序**
>
> 执行 5S 非常有趣。执行 5S 是一种"解放"运动。任何曾经在春季打扫地下室或车库、清理一年来积累的垃圾的人都理解这种感觉。但 5S 只不过是一种提升稳定性,进而促成无间断流程的工具。我们见过太多的公司将 5S 打造成了一个独立的程序,对其大加褒奖并四处宣扬。在一个地方站得太久了,往往希望画一个圈子来界定你的活动范围——这无异于画地为牢。执着于 5S 本身并没有错,但是即使将浪费组织得再井然有序,浪费终究还是浪费,这是无法改变的事实。你需要沿着持续改进的螺旋循环模型继续向前推进,以实现均衡化的无间断流程。深陷 5S 的泥沼而不能自拔可能是一种逃避行为——逃避绞尽脑汁地思考如何创建无间断流程以及解决真正妨碍无间断流程的根源性问题。

整合浪费活动,以获取收益

受一些信念的误导,人们常常忽略这一策略。这类信念中,有一条是这样的：如果每个人都独立工作，就能使个人效率实现最大程度的提高。在这种情况下，一个作业流程遇到的问题就不会对他人产生负面影响。我们在第 5 章中将会介绍，这一理念可以使问题最小化，同时也把纠正这些问题的紧迫性降到最低。此外，这种想法允许个人造成的个别浪费活动继续存在。如果把这些浪费活动简单地相加，每个流程都将承担沉重的浪费，而且在很多情况下，其他作业流程中也会出现同样的浪费情形。

案例分析：整合和消除浪费

在本案例中，多个操作员独立工作，装配某一产品的不同模型。每一名操作员与所有其他操作员进行相似的非创造价值活动，比如到存储区取材料，准备装配的材料，完成货运单据，将已完成的订单运送到装运区等。每一名操作员都是独自执行这些活动。站在圆圈内仔细地观察所有操作员，就会发现这些活动消耗了每名操作员总工作时间的 20%（见图 4-3）。将所有操作员执行这些活动所花费的时间相加，得出的浪费达到了惊人的程度，况且这还未将工作流程中其他非创造价值活动包括在内。

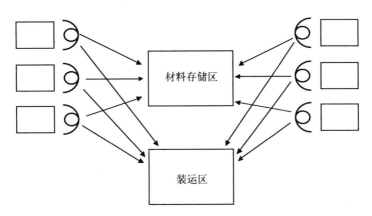

图 4-3　每名操作员都在取材料上浪费了时间

使用标准化作业图来分析这一作业流程，结果表明这些浪费活动可以整合成一条"支持性作业线"。这条作业线可以交由一名操作员来全权负责，由他来统一执行这些非创造价值的活动，这样既将这些浪费降到了最低水平，同时又减少了运送方面的浪费。但这同时也意味着需要将一名操作员从作业线上撤下,来负责执行这些"整合后的浪费",这一点起初遭到了管理层的反对(见图4-4)。通过精简这些整合在一起的活动,执行这些活动所需的时间减少了。于是,这条支持性作业线的操作员便可以有时间来执行其他任务,如收集数据并汇报、解决问题等。

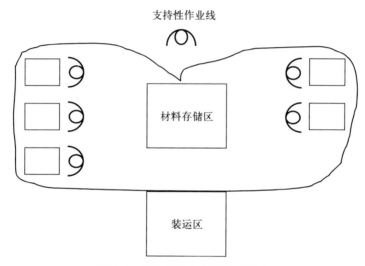

图4-4　整合后的非创造价值活动

除了建立可用的资源之外,对非创造价值活动的整合为接收和交付材料创建了一个可循环往复的流程。此流程应该以定时循环或时间间距的方式执行。这个时间间距可依据作业流程的需求和其他因素来界定,而且它是材料运送工作标准化的基础。

对这一流程的标准化包括要做什么、由谁做及何时做。这些任务必须是可循环往复的,以便为标准化建立基础。一旦基础建立之后,便可以进一步进行改善,如购置特定的容器和送货车、向操作员展示材料用的货架等。许多公司都未雨绸缪,试图在流程(标准化的可重复方法)创建之前就把各种设备(手推车、货架、容器)准备就绪。一旦流程实现标准化,我们便可以寻找机会来重新分配各操作员之间的工作任务,以减少所需的劳动力。最终,我们往往既节省了直接劳动力,又节省了搬运材料的劳动力。

另外一个被误导的想法是，最好少执行某项活动，以便减少浪费。这一信念通常被应用于工厂内材料的移动和递送。当然，还有其他因素也对这一信念的形成起到了促进作用，比如"直接"劳动力与"间接"劳动力之间的区别。在丰田，所有制造员工都属于相同的类别，他们被称为"生产团队成员"，无论从事的是哪一种工作，都没有任何区别。所有员工都被视为公司的资产，并且不管其从事何种类型的工作，资产的成本都是一样的。浪费终究是浪费，无论是哪个职能部门，其成本影响都是一样的。

相反，其他公司经常依据管理者控制间接劳动成本的能力来对其评估，这就意味着负责搬运材料的人员较少。如果搬运材料的人员较少，最明显的解决方案就是加大供应量，减少供应次数。就许多方面来看，这一方法反而增加了流程的总体浪费，其结果必然是更高的"总成本"（大多数成本计算系统关注的是单位劳动成本，或者单件生产成本，而不是整个系统的总体成本）。

下面的案例对两种思维进行了比较。丰田模式始终强调优化创造价值活动，而且在建立任何系统时，首先考虑的便是操作员和最小化浪费。我们用下面这句话来形容这一点："将创造价值的操作员当作外科医生来对待。"外科医生需要全身心地投入到手术的病人身上，当他伸手要解剖刀时，助手应及时将他所需的工具直接放到他手里。这一理念不仅提高了产品质量，也降低了总体浪费。

案例分析：整合某装配工厂的常见浪费

在某大型汽车制造商的一间装配工厂，工厂经理指导一个持续改进团队，要求他们减少将材料从存储区运往装配作业线的次数，以降低间接劳动力成本。工厂经理打算用卡车将材料直接运往作业线，这样可以将运送材料的次数降到最低。很难理解他为什么要坚持这么做，可能是由于多年来，上级管理层的指令一直要求减少劳动力成本。这一狭隘的目标往往导致消除了一种浪费，却又产生了更多、更严重的浪费的情况。在此案例中，工厂经理认为，加大批量生产和将产品放入大型容器可以节省材料处理的成本。但是，这一"大箱子"心态又将带来什么样的后果呢？

仔细观察图4-5，以创造价值的操作员作为切入点。我们可以看出，这条装配线的工作区长达 12 米。工作区之所以这么长，是因为操作员负责安装多种零部件，并且每种零部件的容器还需要占据一定的空间。每个容器的体积大约都是 1.2 米 ×1.2 米 ×1.2 米。由于容器的体积和重量过于庞大，重型辊筒运输机每次只能运送每种零部件一箱。在作业线上每种零部件各保留一箱，必然会占据大量的存货空间。

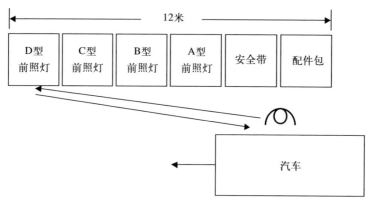

图 4-5　大型容器造成的很长的工作区

由于工作空间较长（相当于汽车长度的 3 倍），操作员需要进行大量的走动。当容器中只剩下约 20 个零部件时，操作员就会与负责开车来回运送零部件容器的零部件搬运人取得联系。这时零部件搬运人便会将装满零部件的容器运送到生产线，放置好后，然后将空容器运走。容器的更换时间并不确定，因此操作员为了腾空容器，必须将零部件从容器中拿出，并放置到相邻容器的上面（这不仅是一种浪费活动，而且有可能造成产品受损和相似产品混淆，并最终造成安装了不正确的零部件等）。接下来，将腾空的容器移除并放置到一边，然后将新容器安放到生产线上。最后，操作员将从原来容器中取出的零部件放到新容器中（这同样属于浪费活动，并有可能造成破损）。

经过仔细观察，我们还发现了另外一个问题。我们所重点关注的间接劳动力实际上并不是十分有效。在本案例中，零部件搬运人一次只能为一名客户（操作员）提供服务，并且只能处理一种零部件，因为零部件被装进了又大又重的容器里，必须使用叉车才能搬运。零部件搬运人在工作中每天都需要来来回回往返多次，中间存在巨大的浪费。

此外，案例中使用的工作方法也无法实现标准化。由于这条作业线只能承载每种零部件各一箱，并且容器更换的时间取决于每种零部件的消耗情况（每种零部件的消耗又取决于装配的车型），因此，很难保证更换时间一致。在这种情况下，无法规定一个具体的时间，向生产线供应某种零部件。

无论何时出现工作任务无法实现标准化的情况，其工作效率必然低下，因为无法制定可循环往复的工作，也无法改进工作方法。整合这种浪费，不仅有助于创建零部件搬运的标准化流程，还有助于实现同时向多个操作员供应各种零部件。

丰田模式一开始就非常重视创造价值的作业流程。他们认为，为了使操作员达到最高的工作效率，必须最大限度地减少其走动活动，并且操作员应该能够组装更多种类的零部件。这使我们认识到，我们应当将更多种类的零部件运送到工作区，但所占空间应该更小，此外，零部件的补充不应要求操作员为腾空容器而将剩余零部件全部拿出。

工厂可以创建更为轻便的"流动货架"，以便在更小的空间内盛放各种各样的零部件。由于容器重量变轻了，货架便可以设计成多层结构，如图4-6所示，货架中可以放置退回的空容器，以便材料搬运人收回。货架的深度应足以盛放各种零部件的多个容器，并且零部件的更换和补充不应妨碍操作员工作。

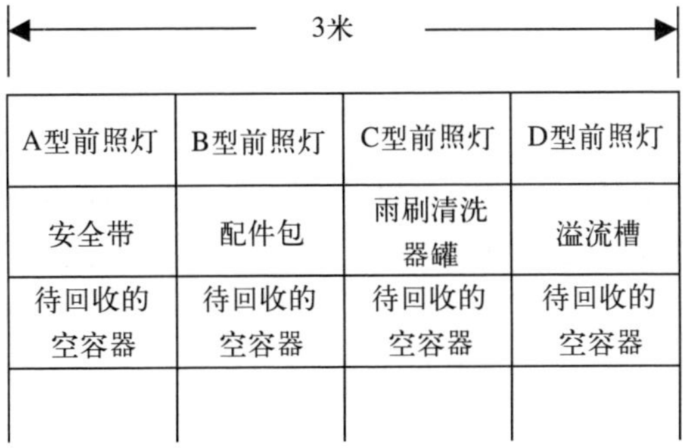

A型前照灯	B型前照灯	C型前照灯	D型前照灯
安全带	配件包	雨刷清洗器罐	溢流槽
待回收的空容器	待回收的空容器	待回收的空容器	待回收的空容器

（宽度：3米）

图4-6 流程货架的正面图

由于操作员不需要再进行长距离走动，他们得以安装更多的零部件。这一整合工作可以将生产线上的操作员数量减少20%。

如果将所有操作员的这些非创造价值活动进行整合，并将其"推"出工作区，那么这些浪费就变成了零部件搬运人的工作职责。他现在需要同时为多个操作员服务，必须创建一个高效的工作形式，以满足他们的需求。零部件搬运人可以驾驶着一辆小型电动车，后面拖着一排推车，为多名操作员运送各式各样、"大小适中"的容器。由于这种方法使用的容器较小，且装载的零部件也少，因此补充的频率将提高，这无疑会增加存货的周转率——这是一个理想的状况。然而，这样做并不会使劳动力需求增加。实际上，还有可能降低零部件搬运的总体劳动力需求。

改进运行效率

夜以继日、不分昼夜地运转，为了满足客户的需求而使员工疲于奔命，这样的流程我们屡见不鲜。为什么会出现这种情况？通常而言，其根本原因在于设备无法正常运转而导致生产机遇丧失。造成时间损失的原因多种多样，但基本上可以归为以下两大类：

工作循环内的损失

这种时间损失往往出现在工作循环中，即发生在设备正常运行期间，具体的原因包括过多的动作和设备的长距离运送。以点焊机为例，处理一件产品本来只需 90 厘米的臂距，但实际工作中臂距却达到了 180 厘米，这段额外的臂距使每个循环都需要耗费 2 秒钟的时间。人们最先考虑的通常都是工作循环内的损失，因为这种损失容易纠正，且改进效果立竿见影，每一循环都会节省一点儿时间。将每循环节省出来的时间乘以循环频率，便是单位时间内可节省的总时间。由此可见，工作循环内的损失虽然微小，但积少成多，足以对运行效率产生显著的影响。

工作循环外的损失

这种时间损失通常发生在设备未运行期间。与工作循环内的时间损失不同，这种损失每次发生都比较明显，但发生频率要低一些。比如，设备的准备或工具换模工作便是其中一个显著的损失情形。新乡重夫倡导的快速换模（SMED）方法可以有效地减少这一时间。任何时候，当设备从一种物理状态向另一种物理状态转变时,都可以使用这种方法,包括更换器具、更换材料或切换到不同的产品或配置等。此外,对流程中的创造价值活动和非创造价值活动进行简单对比,可以帮助你轻松地发现造成工作循环外时间损失的其他原因,详见以下案例的示范说明。

案例分析:雪松工厂如何改进运行效率

雪松工厂是一家专门生产木制鸟舍的工厂,其作业流程的第一步是使用带锯将原木切成木板。但是由于需求剧增,这项作业流程只有每周7天、每天24小时全天候运行才能维持足够的产量。然而,我们站在圆圈内仔细观察了4个小时之后发现,带锯产能利用率只有30%。部门经理对这一数字深表怀疑。他惊呼道:"天哪,我们已经是每周7天、每天24小时全天候工作了,怎么可能再提高流程的产能呢?"由于没有站在圆圈内仔细观察流程的机会,他陷入了将工作与创造价值活动混为一谈的误区,而且将人的活动与机器的活动混为一谈。

为了使他更加深入地理解情况,我们首先回顾了七大类浪费情形(非创造价值活动)与创造价值活动的概念。通过简单的对比,我们一致认为带锯切割木头的活动就是流程中的创造价值活动。我们同样还认识到,流程中还存在其他"必须"执行的活动,尽管这些活动并不能帮助我们实现切割更多木材的最终目的。进而,我们认定只有在刀片切割木材时,才是带锯真正创造价值的活动。现在,这个对比就变得异常简单了:创造价值活动是"刀片切割木材",而非创造价值活动是"其他一切活动"。

通过站在圆圈内仔细观察,我们发现流程中存在很多刀片并未切割木材的情形。我们将这些情形的列表与操作员分享,并要求他们将未观察到的情形也添加上去。为了获得对工作场景更为完整的了解,我们建议每天选取多个时段,并分几天来进行站在圆圈内观察的活动。

图4-7列举了创造价值活动与非创造价值活动的对比情况,这同时也是任何作业流程的典型情况。通常而言,创造价值活动一栏的项目较少,而非创造价值活动一栏的项目较多。通过将列表中的非创造价值活动转变成创造价值活动,我们可以挽回大量的时间损失。

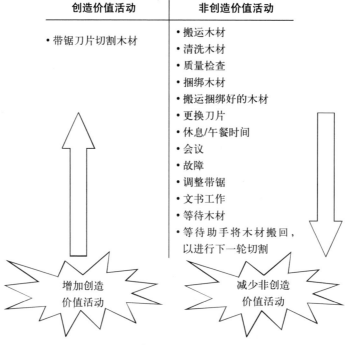

图 4-7 创造价值活动与非创造价值活动对比

在非创造价值活动的列表中，我们首先要关注工作循环内的损失——发生在带锯运行过程中的时间损失。操作人员认识到，仅仅改变木材搬运方法，就可以将创造价值活动时间提高近 25%。此外，借鉴快速换模技术，我们还将目前"内部"（带锯停止工作期间）执行的活动移动到"外部"（带锯创造价值的期间）来进行。这些改变都简单易行，成本也非常低。

接下来，我们对工作循环外的时间损失进行改进：主要是减少更换刀片的时间（快速换模）和清洗木材的时间。最终，每次更换刀片的时间从最初的 10 分钟（每一轮班更换两次刀片）降低到了 2 分钟，而每一轮班的清洗时间也从 30 分钟降低到了 15 分钟。

通过隔离法减少变异

减少变异是实现流程稳定性的关键。变异包括以下两种类型：

1. 自身造成的变异——你可以控制这种变异。

2. 外部变异，主要与客户有关，但同样会受到供应商和产品自身内在变异（不同的体积、形状和复杂程度）的影响。你可能无法改变外部变异，但是可以通过创建制度来弥补变异造成的后果，减轻变异的影响。

自身造成的变异的一个常见的例子是许多公司应用资源（人力资源和设备）的方式。许多公司实行的是"孤岛式"的经营方法——每一个作业流程都独立于其他流程。在这种经营制度下，一旦出现员工缺席的情况，公司将无法填补出现的岗位空缺，其中包括员工休假，这属于规划中的岗位空缺。对于大多数公司而言，规划中的和非规划中的岗位空缺累计时间可达到总工作日的10%~20%。发生岗位空缺的情况时，计划中的工作将无法完成，因为员工将被转移到比较"紧迫"的工作岗位，而导致其他工作只得暂时闲置——其中不乏流程中的部分工作，因此，这样必然会造成已花费时间和精力的巨大浪费。一旦第一张多米诺骨牌倒下，便会引发为保证紧迫工作的正常进行而转移资源（现指人力和机器）的连锁反应，而这一切又必将导致变异进一步扩大。

难缠之处在于，变异一旦出现并导致相应的工作调整，它就会产生"余震"，进而导致流程很难回到"正常"状态。这里应当指出的是，很多人可能错误地认为，由于去除了随意做出"调整"的能力，精益流程会变得僵化、缺乏灵活性。针对这一点，我们将在第6章中做进一步探讨，但是现在我们可以告诉你，标准的精益流程完全可以处理员工缺席之类的规划中的岗位空缺情况，并且应急预案足以应对诸如机器故障等非规划事件——既不会对客户产生消极影响，又可以迅速地返回标准方法。

外部变异比较常见的例子是产品需求或型号组合的变化。当今制造业的大环境是从高产量、少种类向低产量、多种类转变。由于制造不同的产品所需的时间和流程步骤各异，因此，这一转变必将为制造业带来诸多的挑战。如果不使用"隔离变异"（isolating variability）这一概念，要在人力、机器和材料等资源与产品内在的变异之间取得平衡将是一件不可能完成的任务。如果你不能控制变异，那么最好的选择是将其隔离，这样将会减少变异情况对全局造成的影响。在第3章中，我们在讨论绘制价值流图时，提出了产品系列这一概念，实际上，将产品划分为归属于同一价值流的"相似系列"就是隔离变异的一个例子。

在考虑隔离变异的方法时,我们必须思考后续步骤,比如,创建无间断流程和拉动式制度以及标准化等。绘制价值流图是一个非常有用的工具,有助于我们了解不同流程步骤与时间之间的关系,掌握其对稍后创建均衡化无间断流程的影响。

80/20 法则

在考虑用来隔离变异的产品分类时,80/20 法则非常有用。每一个作业流程完成产品处理所需要的时间,是创建未来无间断流程的关键因素之一,因此,应对产品进行仔细观察,以确定变异发生在流程中的具体时间点。为了减少流程作业时间的变异,依据所需的流程作业时间整合相似的产品。在安排和搭配资源时,时间同样也是非常重要的因素之一。

实际上,有些作业流程不会受到产品变异的影响(我们将这些作业流程称为"顺畅"流程,因为所有产品在通过该流程时,所需时间均无任何变化)。比如,清洗或清洁作业流程并不受产品零部件变异的复杂性或型号类型的影响,因此,无论生产何种产品,所需的作业时间都是一样的。我们需要关注的是受产品变异影响最大的作业流程,尤其是因产品变异而陷入瓶颈的流程。

关于变异,一个微妙的现象是 20% 的产品(少数部分)经常会产生 80% 的变异。这一点可能难以发现,因为先前变异的波动又会产生新的波动。只要将这 20% 的少数隔离,似乎就可以将大量的变异从作业流程的整体结果中"清除"——之所以使用"似乎"一词,是因为变异其实未被清除,只是降低了它的影响,从而保证了流程更高的一致性。

🎬 案例分析:一家低批量的航空业供应商如何隔离变异

这家公司主要生产航空业所使用的焊接钢管,产品种类繁多(多达数千种),但批量极少(每笔订单平均只有 5 件),是一家典型的低产量、多种类企业。提前期较长是这一行业的通病,因此流程改进最理想的结果便是缩短从弯曲到焊接之间的生产周期。图 4-8 展示的是各月的平均生产周期。可以看出,所绘流程是一个不稳定的流程,周期长度从 14.5 天到 21 天不等,平均约 17.5 天。

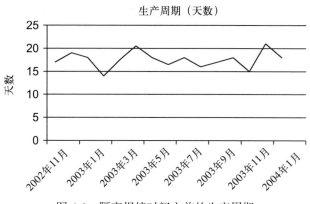

图 4-8　隔离焊接时间之前的生产周期

使用价值流图可以看出，焊接区是整个流程的控制点。经过观察和讨论发现，钢管的复杂程度会使每根管的焊接时间产生明显的变异，这同时也是造成日产量存在较大差异的原因。同样，通过回顾整个流程我们认为，焊接作业是最关键、最耗时和最难处理的流程，并且受产品复杂程度变异的影响最大。相对于价值流中相对能力较强、较为稳定的其他流程而言，这些特点足以使焊接区成为实现流程稳定性的首要选择。

对产品的评估表明，尽管每根钢管都独具特色（变化多样），但依据焊接作业所需时间，我们仍然可以将其简单地划分为：低时区、中时区和高时区。焊接时间不足 10 分钟的钢管归类为低时区，焊接时间在 10~30 分钟的钢管归类为中时区，而焊接时间在 30 分钟以上（有些钢管的焊接时间长达几小时，有的甚至长达数天）的钢管归类为高时区。从这个角度而言，低时区钢管的变异区间较窄，而高时区钢管的变异区间则较宽。从数量上来看，80% 的钢管集中在低时区和中时区，因此，相对于焊接时间总的变异区间而言，可以将焊接时间的变异隔离在较窄的变异区间内。

较窄的变异区间可以让我们有机会对资源与工作量进行有效搭配。低时区和中时区钢管的焊接作业时间变异区间较窄，因此，我们可以先确立生产节拍，然后再决定满足这一速度所需的焊接工人。

由于产品组合会随着客户要求而变化，因此，有必要对资源与工作量之间的搭配进行持续的调整。其"标准"基于历史平均批量而确定，这是一个合理的指标，但是当前的实际情况却很难与平均值相符。在这种情况下，为了确保流程的正常运行，必须确立当前"实时指标"，以便大家随时可以了解到实际的产品组合，并据此做出相应的调整。

在创建精益流程的过程中，往往有必要提前提出并介绍将在后续阶段中使用的概念。运用无间断流程和拉动式制度的基本概念（我们将在第5章中进行详细探讨），这家公司的精益团队通过明确每一类别（低时区、中时区和高时区）在制品的具体点位和数量，创建了实际需求的可视化工具。其具体做法是，首先确定每一具体点位的最大量和最小量，这为精益团队提供了标准化的指标（源自标准化阶段），据此他们可以做出合理的资源分配决策。这些指标被添加到了整个价值流中，帮助每一名操作员为实现一致、顺畅的流程而努力。

界定和控制每一作业流程中的在制品可以减少生产周期，而进一步降低数量又可以降低总生产时间。图4-9就展示了这一改进结果。显然，流程更加一致、流畅，生产周期稳定在15天左右，而且如图所示，该流程在绩效方面表现得很"稳定"。达到了基本水平的稳定性之后，该价值流已经可以推进至下一阶段的持续改进循环。

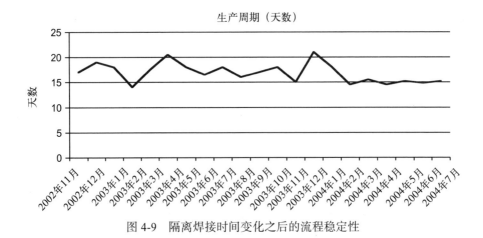

图4-9　隔离焊接时间变化之后的流程稳定性

均衡工作量，为创建无间断流程和标准化奠定基础

根据上一案例我们可以看出，为隔离变异而创建产品分类，对于提高流程

稳定性乃至创建无间断流程和标准化而言，都是非常重要的一步。就其实质而言，隔离变异就是均衡化理念的一个基本应用。通过将相似产品进行归类，我们可以均衡流程中的大部分工作量。尽管变异幅度较大的工作仍然难以实现标准化，但最起码本案例中80%的工作能够标准化。这是创建稳定性的一个重要方面。有些均衡化的基本应用可以在追求稳定性的阶段实施，但是还有一些更为高级的应用将会在后续阶段发挥作用，以渐进地减少流程的时间、对精益体系施加更大的压力（我们将在本书第7章对此进行详细探讨。）

在实施精益的过程中，一个常见的错误是过早地建立无间断流程或标准化制度。我们在第5章中将会看到，创建无间断流程的目的是使问题迅速浮现，并凸显其重要性（忽略这些问题，将带来灾难性的后果）。如果在消除主要障碍之前就盲目创建无间断流程，其结果将是出现太多的问题，进而被迫退回到原来的生产方式。同样，试图将变异性相当高的混乱流程标准化，必定会受挫，因为这些变异是无法实现标准化的。

如果我们将创建精益流程比作盖房子，众所周知，为了支撑房顶，我们需要墙壁和房架，而为了支撑墙壁，又需要地基和底层地板。这很容易看清，也很容易理解，因为房子是真实存在、看得见、摸得着的物体，并且具有某些共同的特征（所有房子都有某种类型的屋顶）。而精益体系则完全不同，它并不清晰可见。如果你只关注每一阶段精益的目的，而不是实际应用精益工具，那么你成功的概率要更大些。换言之，在尝试如何实行精益之前，务必先弄清楚什么是精益。虽然精益工具可以用来解决具体的问题，但不应当仅仅因为它们摆在工具箱里，就拿来使用。

反思问题

1. 为你的作业流程绘制一张现状流程图。主要目的不是完成流程图的绘制，而是注意观察你公司中实际发生的情况。

    a. 至少列举50种你在绘制流程图时观察到的浪费情形。注意，此时不要关注如何"解决"你所发现的问题，只需要观察并留意可以进行改进的机会。

b. 如果你不能够列举出 50 种浪费情形，再将上述过程进行一遍，注意多花时间停下来观察（必要时可以重复）。

2. 在你的现状流程图中，指出你认为最需要改进的一个作业步骤。

　　a. 对这一作业流程进行"站在圆圈内"的观察活动，时间长度应不少于 2 小时（时间越长越好）。

　　b. 至少列举 50 种在这一作业流程中出现的浪费情形。这应该是一项比较简单的任务。如果你无法列举出 50 种浪费情形，说明你忽视了许多浪费情形。暂时离开流程调整一下，待脑子清醒之后再重新开始。你可以先从寻找最明显的浪费情形（大浪费）开始，然后逐步细化到更小的浪费。如果列举 50 种浪费情形对你而言轻而易举，那么继续列举，直到你绞尽脑汁也无法找到新的浪费情形为止。这样将有助于开发你的观察能力。

3. 指出该作业流程中不稳定的迹象（如混乱、变异、救火行动、绩效不一致等）。不要考虑这些现象存在的原因或如何解决这些问题。你的目的只是观察当前的情形。

　　a. 列举你所观察到的各种不稳定的迹象。

　　b. 将这些迹象分为两类：一类是由外部原因造成的（如客户需求和产品的变异），另一类是由内部原因造成的（你控制范围内的变化）。

　　c. 重温本章中提出的建议，并确定解决这些问题所需要的策略和精益工具。

第 5 章 | The Toyota Way Fieldbook

创建无间断流程

单件流是理想

大野耐一先生曾教导我们，单件流（one-piece flow）是一种理想状态。上学时，如果你在考试时做出了正确的解答，你就可以得 A。在精益体系中，正确的解答就是单件流，因此，只要能够执行单件流，你就做到了精益生产。还有比这更容易的事情吗？实际上，大野耐一先生还教导我们，实现单件流是一件极其困难的事情，甚至有时根本无法实现。对此，他曾这样写道：

1947 年，我们曾将机器平行排列或按 L 形排列，试图让一名工人同时操作同一加工路线上的三四台机器。尽管这样做并未增加工作量或延长工作时间，但我们仍然遇到了生产工人的强烈抵制。我们的技术工人不喜欢这一新的安排，因为这样他们需要成为多面手……此外，我们的新举措同时还揭露了许多问题。随着这些问题逐渐清晰，它们为我指明了继续向前推进的方向。尽管我当时年轻气盛、急于推进新的制度，但我还是决定不要急于求成、盲目地推进快速且急剧的变化，我决定耐心地等待。

大野耐一先生学会了在减少浪费、向单件流（又称"无间断流程"）推进时要耐心、谨慎。如果产品能够持续不断地流经各个作业步骤，其间的等候时间降到最低，而且流程距离也缩至最短，这样便能产出最高的效率。持续地流动降低了生产周期，从而缩短了从付出成本到收回现金的循环，并促成了质量改进。但是，大野耐一先生同时也领悟到了单件流的脆弱。

维持无间断流程同样有助于使阻碍流程的问题浮现出来。实际上，创建无间断流程就是为了迫使问题得以解决，进而减少浪费。我们经常将其比作在充满暗礁的大海上行驶的船只。只要礁石（问题）被海水（存货）覆盖，航行将一帆风顺；但是如果海平面降低，船只很快便会因触礁而受损。在大多数作业流程中，都有巨石被掩藏在水面之下，因此，我们总是保持足够的存货，以将问题掩藏起来。

大野耐一先生发现，如果降低存货，问题便会显现出来，而人们会被迫去解决这些问题，或者生产方式被迫停止生产。只要破坏程度没那么严重，并且人们有能力改进流程，以防止问题再次发生，这便是一件好事。他同时还领悟到，生产方式需要达到最低限度的稳定性，不然降低存货只会造成生产损失，如我们在第 4 章所言。

将两个或多个流程连接成一个无间断流程将使所有问题的严重性进一步提高，从而使消除这些问题变得紧迫且有必要。在整个企业建立相互连接的流程，意味着如果问题未能有效解决，整个工厂或多个工厂的生产都将被关闭。当成千上万名员工因为某个故障而停止作业时，我们就会体会到准备就绪、人员的可用性和材料供应的重要性。但是在丰田，这种情况经常发生。由于整个作业流程都相互连接在一起，一旦某个主要部件出现问题，几个小时之内便会导致全工厂的生产发生中断。

许多组织认为这种生产中断是不可接受的，一旦出现生产中断，相关责任人便有可能面临被解雇的惩罚。但是在丰田看来，这是找出生产方式弱点、消除弱点，并强化整个生产方式的绝佳机会。这种有悖常理的思维方式令众多只关注成本的管理者困惑不已。丰田模式认为，"故障"有利于发现并纠正问题，这是促成长期改进之道。与之相反，传统观点则强调杜绝"故障"，以获取短期的成功。

纵然如此,我们的目标也并非要牺牲绩效。最好的办法是通过消除主要问题而为创建无间断流程做准备,在充分了解情况、做好计划并制定了解决问题的原则的基础上,谨慎地向前推进。随着流程逐步改进,生产能力逐渐增强,控制参数将在均衡化阶段得以进一步压缩,迫使下一层次的问题在持续改进的循环中浮现。

为何要创建无间断流程

通常,精益执行的失败源于被误导的信念,即认为精益的成功在于精益工具的应用(如设置工作小组)。我们经常带领客户参观精益工厂,其中包括丰田的工厂。参观之后,我们会让他们谈一谈参观的感受。他们对这些精益工厂的整体印象是干净整洁、井然有序、精确无误及员工兢兢业业。而当发现可以直接应用到自己工厂的东西时,他们会眼前一亮,兴奋之情溢于言表。

有一次,一名客户在参观一家精益工厂时,发现这家工厂使用小柜为每个工作小组保管消耗品,在需要某些物品时,由组长来签字认领。同时,工厂还使用了看板系统来补充余额不足的消耗品,如塑料手套等。这名客户对此非常感兴趣,表示回去后一定要在自己的工厂也实行类似的系统来管理消耗品。遗憾的是,他只注意到了一种特定的工具,而忽略了各种精益元素之间相互联系和相互依存的关系。若想成功地创建精益流程,必须深入理解如何应用各种精益工具来实现最终目标。一名训练有素的机械师不会先把扳手拿来,再去查看汽车是否有螺帽需要拧松。他应该首先确定问题的性质,想好解决方案,然后再去选择完成此工作所需的工具。

然而,只重视精益工具,而缺乏对精益体系的理解的组织屡见不鲜。我们经常会听到有些经理说:"我们要实行可视化控制。"他们说得异常轻松,如同添加一块拼图般简单。要想取得长期的成功,必须深入地理解精益理念或概念,制定强制执行理念的策略(这些理念必须是强制性的),探索应用理念的方法,选择支撑此方法的工具,以及寻找衡量整体效果的有效方法,这些要素相辅相成,缺一不可。

我们发现,使用图 5-1 中的减少浪费的模型有助于我们理解单件流与减少浪费之间的关系。如图所示,我们不应贸然地使用无间断流程和拉动式制度等精益工具，而是应该先思考和理解应用这些工具的目的。这一模型强调了主要精益原则即识别并消除浪费，与实现这一目标的方法（降低批量以推进无间断流程）之间的关系。创建无间断流程通常被认为是创建精益体系的主要目标，其实，创建无间断流程是为了消除作业流程中的浪费，因此杜绝浪费才是主要目标。

当材料流和信息流连续不断地流动时，作业流程中的浪费就会变少。这是很明显的道理，如果流程中存在大量的浪费情形，材料和信息也就无法顺畅地流动。然而，这里还有更深层次的含义：保持各流程之间持续不断的流动将会创造关联，使得各个作业流程相互依存。这种相互依存性和流程中相对较少的缓冲使得任何阻碍流程的情况都更加突出。

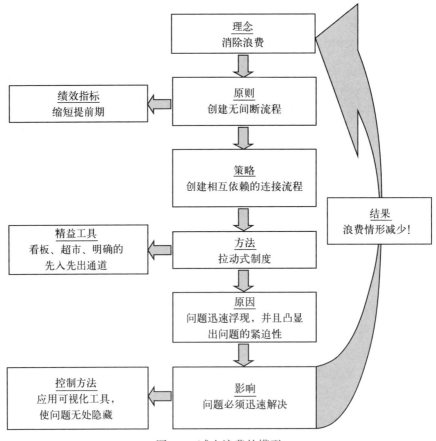

图 5-1　减少浪费的模型

任何尝试过实行单件流（确实是一项相当困难的任务）的人都明白，提高问题的严重程度可以带来极大的好处，也可能带来极大的危害。如果未能采取有效的系统来支持作业流程，提高问题严重程度必然会带来灾难性的后果。这时，我们必须应用精益工具来提供必需的支持，以确保成功。精益工具既可以提供支持系统，又可以提供控制方法，从而对浮现出来的问题进行适当的处理。

少即多：控制生产过剩，减少浪费

在真正的单件流中，每一个作业流程只生产下一流程所需的产品。如果下一作业流程因某种原因遇阻，那么前一流程也将停止。对于传统的制造作业而言，没有什么比作业流程中断更令人不安了。实际上，除了作业流程中断之外，生产过剩——过快或过多地生产下一作业流程所需的产品——同样令人不安。丰田将生产过剩列为七大类浪费之首，因为它会引发其他六大类浪费（存货过剩、不必要的移动、运输或传送、瑕疵等）。这是理解"少"如何变成"多"（"少"是指流程中个别步骤生产更少的零部件，"多"是指使整个流程进行更多的创造价值的活动）的关键。下文中的案例展示了生产过剩的一种常见后果：削弱企业满足客户需求的能力。

🎬 案例分析：控制生产过剩，以改进运行效率

经站在圆圈内观察一条加工生产线，我们发现生产过剩的现象十分严重。生产线上满是产品，大都堆到了两三层高。工人们都异常繁忙，但是我们发现生产过剩的操作员却在忙着找地方堆放过剩的产品。操作员的工作量都已经使生产线达到了饱和状态，于是他们多余的时间就用来照看这些过剩的产品（存货）。将该生产线的循环时间与生产节拍进行比较，果然，这些作业时间低于生产节拍，因此，操作员还会有多余的时间。由于这些操作员并没有额外的创造价值的活动可以进行，于是他们便把这些多余的时间花在了过量生产和照看存货上。

通过观察我们还发现，生产过剩作业流程的下游流程（客户）被迫额外花时间来移动和整理那些大批量、装载不当的产品。该作业流程的循环时间与生产节

拍时间一致，但是由于还需要额外时间来移动和整理上游流程交付的产品，因此总时间实际上超出了生产节拍时间，这导致他们根本无法在计划时间内满足客户的需求。由此可见，供应商流程创造了多余的浪费，但其消极影响却作用在客户的流程中。

我们要求生产过剩作业流程的操作员，当下一流程拥有足够多的材料来处理时，停止作业，什么也不用做。对于这些操作员而言，让他们什么都不做反倒会令他们不自在，因为他们已经习惯了被管理层要求"不停地工作"。丰田非常重视这一概念，因为这样让大家都可以看到和理解可利用的机遇。由于不必再受繁忙工作（生产过剩）的困扰，大家都可以看到闲置出来的时间。

通过要求这些操作员制作更少的零部件，客户作业流程中的浪费时间同样也减少了，并且能够将这些时间转化成更多的生产。通过简单地控制生产过剩，整个作业流程的总产量得以显著增加。

当然，我们不会满足于让操作员在多余的时间里都闲站着——等待同样也是七大浪费情形之一。下一步就是要确定如何清除这些作业流程中的浪费，以及如何将各个作业流程组合起来，实现"充分的工作"。这一部分的标准化作业分析与我们在第4章中探讨的案例相似。

案例分析：杰克逊维尔海军航空维修基地的飞机维修流程

与制造流程相比，维修作业流程的变异性更大。除非深入设备内部，否则无法知道究竟出了什么问题，或需要多长时间才能修好。因此，维修经常被视为一种工艺流程：组织一批维修专业人员，然后对每件设备进行逐件排查。这似乎回到了福特T型车的年代：一群技术人员站在一个工作台周围，装配台上的汽车。

美国国防部需要对其战舰、潜艇、坦克、武器系统和飞机进行大量的维修和检修。这都是非常浩大的工作，并且几乎总是非常急迫，因为机棚里多一架战斗机在外维修，就意味着少一架飞机执行任务。

佛罗里达州杰克逊维尔市最大的客户就是海军航空维修基地，这里是美国海军飞机的专门维修地点。所有飞机都需要进行定期检修，还有些飞机存在严重的问题，需要进行具体的维修。由于对飞机进行检修、维修都非常紧迫，以便让飞机能够早日重新服役，一旦有飞机进厂，便会被立即送往吊架，然后由技术熟练的服务人员接手处理。每一架飞机在固定好位置后，都需要进行拆卸、维修或更换零部件，然后逐件进行检测，检测无误后，再重新装配好，最后返回基地继续服役。对飞机立即进行维修的另外一个原因是尽快获得报酬，因为维修基地是按照飞机维修工时来收取费用的。

尽管该基地在飞机修理方面拥有多年的丰富经验，但是仍然承受着缩短飞机在地面维修时间的巨大压力。有些时候，当有飞机进厂维修时，可供服役飞机的数量就变得有限。如果飞机在机棚的维修时间过长，就有可能出现因可用飞机数量不足，而无法完成计划飞行任务的情况。因此，总部启动了"空中加速"方案，以加快海军航空维修基地的飞机维修流程。

杰克逊维尔海军航空维修基地主要负责两种战斗机的维修：F18和P3，它们分别在不同的机棚里维修。基地专门聘请了精益制造专家来担任顾问，领导基地内部的精益团队并开发内部的精益技能。他们分别对P3和F18的当前状况进行了分析，并得出了相同的结论：

- 每一架飞机都被当作单独的项目来处理，由技师负责现场维修，但无标准化流程可言。
- 飞机周围的工作区杂乱无章，工具和零部件四处摆放。
- 修理人员为获取工具、零部件或其他间接材料，需步行非常长的一段路程。
- 飞机被拆卸后，零部件被扔进盒子里，然后送交自动存储与取货系统进行存储。当将零部件取出准备重新装配时，需要花很多时间来逐箱寻找。零部件经常"丢失"，因为它们经常被挪用到其他飞机上。
- 同时对多架飞机进行维修作业，若其中一架飞机的维修作业因某种原因而暂时中止，他们便会开始另一架飞机的维修作业。
- 他们认为，飞机进厂维修的时间是无法预测的，因此无法计划稳定、均衡的作业任务。

现状价值流图显示，当前流程中存在大量的浪费情形。此外，他们还绘制了未来价值流图，并为所有机型提出了相似的解决方案：

- 必须将拆卸、检查、维修和重新装配这一过程划分为不同的阶段。
- 必须为各个工作站建立流程线，并明确其具体工作职责。
- 流程线必须与生产节拍保持一致。分析实际数据后显示，飞机进场维修的时间远比他们原先认为的更稳定。
- 每个工作站必须创建标准化作业。
- 必须使用 5S 管理方法稳定流程，并减少不创造价值的走动和物品取运。
- 必须设立一家"医院"，当一架飞机因故暂时停止维修作业时（比如，等待交付期较长的零部件时），可以将这架飞机送往"医院"，整个流程便不会因此而停止。
- 管理层必须接受流程教育，并停止一有飞机进厂，便立即将其带入作业流程的做法。他们必须控制在制品的数量，使正在进行维修作业的飞机的数量与流程线上工作站的数量一致（稍后进行探讨）。

工作区被划分成了多个工作站，但是，将飞机从一个工作站向另一个工作站移动是一个不小的技术挑战。整个飞机迟早会被拆散，中央支架、机翼和起落架轮子都将被卸下。对于该基地而言，F18 战斗机是一款新机型，他们可以为其购买一个带轮子的固定装置，把整架飞机都固定在上面，这样就可以将飞机从一个地方移动到另一个地方。但 P3 战斗机却无法这样做，于是他们决定对 P3 使用"虚拟流程线"的方法，即各组维修人员按照固定的时间间隔前往各台飞机所在机棚，并实施相应阶段的维修作业，这意味着他们必须随身携带各阶段作业所需的工具和材料。

为了将整个流程的各个环节都创建起来，他们还举办了各种改进工作坊活动。比如，他们通过 5S 工作坊来规划工作区，为所有物品寻找存放位置，并标记标准的工作站；通过材料流工作坊来拆卸飞机零部件，并将其放进多格长方盒或工具箱里，这样便能保证零部件在取回重新装配时，仍能保持井然有序。有危险的零部件则被放到了工具箱中的手推车里。对所有的工具箱、零部件和材料都实行拉动式制度，以及时对消耗掉的部分进行补充。此外，为了发展标准化作业，他们还开始着手对每个程序进行详细分析，虽然这一过程缓慢且复杂，但可以保证每个工作站与生产节拍保持一致。

P3 是一款即将退役的老型战斗机。海军决定将舰队中可用 P3 战斗机的数量减少 50 架，即从 200 架减少到 150 架，但希望将执勤的数量维持在 120 架。这必然需要减少飞机在厂的维修时间。随着战斗机的逐渐老化，一些油箱和结构整合问题伴随而生，因此，必须增加额外的加压测试和更多的维修工作，这又必然会带来更大的工作压力——在更短的时间里完成更多的工作。简言之，从海军的角度而言，这是一个危机，但从精益的角度而言，这是展示减少浪费的价值的绝佳机会。

在进行额外加压测试和更多的维修工作之前，维修这些飞机需要花费 247 天。然而，为了满足 120 架飞机执勤的任务，必须将周转周期减少到 173 天，改进幅度达 30%。

2004 年 4 月，在一位经验丰富的精益顾问⊖的指导下，精益活动正式启动。通过绘制价值流图和进行无数次的改进活动，截至 2005 年 2 月，在不到一年的时间里，他们取得了显著的成效，如表 5-1 所示。

表 5-1 取得的成效

	实施精益之前（2004 年 4 月）	实施精益之后（2005 年 2 月）
停放在机棚中的飞机（在制品）	10 架	8 架
生产节拍	不存在	15 天
生产节拍实现后的交付周期	—	120 天
实际交付周期（日历天数）	247 天	200 天（逐渐向 173 天推进）
额外结果		降低了成本与劳动力

建立流程是一回事，如何管理流程却是另外一回事，这要求现任管理者实施不同以往的方法。管理者将面临更多的管理任务，如 5S、标准化作业、解决问题流程等，其中最大的挑战是如何克服将更多的飞机带入作业流程的冲动。无间断流程概念的基础是固定数量的在制品。换言之，流程中拥有一定数量的工作站和一家"医院"，机棚中在修飞机的数量应与上述数量保持一致。当一架飞机完成修理并被运出机棚后，另一架飞机方可进入。

这种做法恰好与管理者的直觉意识相冲突，同时也背离了绩效衡量体系。首先，他们认为，如果不能让飞机立即进入流程，会导致修理时间变得更长。而

⊖ 这位顾问名叫埃德·科默灵，后来萨姆·泰勒瑞柯也加入了这一行列，他们两人都拥有在福特汽车公司实行精益多年的经验。

实际上，精益项目却给出了与他们的想法截然相反的结果——限定在制品的数量，要求其他飞机一律在机棚外等候，直到流水线初始作业步骤出现空缺，方可带入一架飞机，这种做法反而极大地缩短了交付周期。其次，由于所有需要进行的工作全部聚集在正在维修中的飞机上，这样会导致员工并不急于进行维修作业的情况出现，管理者对此特别担心，飞机的维修费用是依据直接工时进行计算的。同时，他们的业绩也取决于此，而这也是他们在机棚中安排间接劳动力的原因。于是，一旦有飞机进厂等待维修，一些高级别管理者会立即下令将飞机带入机棚。此时，精益顾问不得不通过他们的影响力，再将这架飞机移出机棚。很显然，这是一种主要的文化冲突。

最终结果令海军惊喜不已。杰克逊维尔基地很快便成了海军、海军航空维修基地、空军等组织竞相参观的目的地，人们纷纷来此一睹真正精益的风采。杰克逊维尔成了大家争相效仿的标杆企业。或许，最令人惊讶的是按照流水线作业的方式来维修飞机。建立符合生产节拍的流水线作业，不仅推动了持续改善，消除了浪费，而且使流水线达到了均衡的状态。昔日的混乱不堪与组织涣散早已不见踪影，取而代之的是杰出的稳定性和超强的控制力。

创建无间断流程的策略

表 5-2 不仅列举了创建无间断流程的指导策略，同时还提供了在此过程中经常使用的主要和次要工具。在这一阶段，你可以继续使用在稳定性阶段所使用的工具（继续提升成效），同时，你还可以依据具体的作业环境，选用一些附加的工具。无论如何，这些目标和策略永远适用。

表 5-2 创建无间断流程所使用的策略和工具

策略	主要的精益工具	次要的精益工具
·继续消除浪费	·工作场所/工作小组设计	·看板系统
·迫使问题浮现	·拉动式制度	·布告板
·使问题紧迫，令人不安	·明确界定的客户/供应商关系	·零部件超市
·建立无间断流程，以创建相互依赖性	·可视化控制	·先入先出通道
·识别流程中的薄弱环节，并对其强化		·解决问题

单件流

单件流是无间断流程的缩影,实际上,向单件流推进已经达到了近乎狂热的地步,但许多公司的努力最终都以失败告终。实现单件流极其困难,不仅需要具有高度完善的流程,而且需要满足一些非常苛刻的条件。在很多情况下,这根本就是不可能实现的目标,还有许多情况下,只有反复经历持续改进的螺旋循环,才能达到这种能力水平。

我们可以打这样一个比喻,大家在救火时,为传递水桶而排成了一条长龙。与单件流相似,长龙中的人们每人每次只能传递一只水桶,并且要求水桶不间断地从一人直接传递到下一人手中。这需要所有人员必须具有良好的同步性,即在将水桶交给下一人之后,立即转向前一人来接取另一只水桶。除非两人之间的时间间隔绝对一致,否则必然会出现一人等待另一人的情形,这就是一种浪费。要达到这种精确度异常艰难,而且唯一可能的情形是精确地平衡循环时间。其中任意一人的疏忽或出错都将影响到其他所有人,并带来严重的后果。

在大多数实行单件流的制造流程里,单件产品往往是在工作站之间传送,并允许出现工作人员之间在循环时间上的细微变异,这样便不会造成等待这一浪费情形。即使是这种水平的单件流,各作业步骤之间的循环时间仍然需要异常高的平衡度。如果流程输送多个产品,便会允许各个作业步骤间的循环时间出现更大的变异;然而,这样容易导致生产过剩,造成更大的浪费。减少各作业步骤之间的缓冲,便可以减少生产过剩的情形,但是由于各个作业步骤所用的作业时间的不均衡,又会相应地增加损失,这可真是一个棘手的问题。

在你向创建精益流程推进的过程中,有一种折中的手段。这种手段将一方面使各种问题呈现一定程度的紧迫性,令你很难忽略他们。另一方面,在该作业流程的能力得到改进并能够维持在更高水平运行之前,这种手段还起到了很好的缓冲作用。在前面章节中提到的持续改进的螺旋循环模型将推动这一循环继续前进。渐进式均衡化阶段将要求减少整个流程中的缓冲数量,这必然会迫使一些更小的问题浮现,并得以解决。而这又将造成新的不稳定局面,进而持续改进的螺旋循环将向更高水平的绩效迈进。

> **小建议　何时问题会不成问题**
>
> 在丰田，领导者不仅需要停下来解决问题，还需要在问题发生之前，时刻保持警惕。一个建立在无间断流程基础之上的精益作业会在整个系统发生故障之前发出信号，向大家发出"早期预警"。这种在问题实际发生之前便能找到问题的能力使得管理者能够提前采取纠正措施，从而防止了故障的发生。
>
> 请注意：在丰田，"故障"并非被视为一件"坏"事。实际上，不出故障反而被视为系统中存在太多浪费的迹象。不知故障将在何时、何地发生，则表明系统设计存在缺陷。

实现无间断流程的主要标准

正如我们在第 4 章中所言，实现无间断流程需要满足必备的基本要素。这些主要标准在稳定性阶段已经得以实现，但是仍有必要在此重复：

- 确保一致的生产能力，这是稳定性阶段的主要目标。至少，日常生产能力应该得到保障，以满足客户的需求。
- 要实现一致的生产能力，必须保证稳定的资源（人力、材料和设备）供应和应用。资源供应的不稳定是造成流程失败的主要原因。必须采取措施，以确保稳定的资源供应（并非简单地增加资源，因为这势必会增加成本）。
- 必须确保流程和设备的可靠性。最初，这将涉及故障停工、换模等比较严重的问题，但是随着流程的不断完善，只需解决比较小的问题即可，比如如何使操作更加方便、简单等。
- 各作业流程的循环时间必须与生产节拍保持一致。不均衡的作业时间必将导致等待和生产过剩等浪费情形。

> **误区　时机未成熟便实行单件流的风险**
>
> 我们经常见到有公司在上完培训课程之后，对单件流产生了浓厚的兴趣，回厂后立即创建了单件流的工作小组，却屡屡碰壁，最终以失败草草收场，于是乎，他们得出了精益制度在现实世界中根本行不通的结论。其实，

> 这些公司碰到了所谓的"直通率"（rolled throughput yield）问题。比方说，在一个单件流流程中，5台机器被连接在一起组成了一个工作小组，而每台机器的故障率为10%，即90%的正常运行时间。在这种情况下，该工作小组正常运行的时间为：
>
> $$0.9^5 = 0.9 \times 0.9 \times 0.9 \times 0.9 \times 0.9 \approx 0.59$$
>
> 即该工作小组只有59%的正常运行时间。
>
> 解决方案：在各个作业流程之间精选几个位置，然后在这些位置多保留几个在制品，便可将正常运行率提高到90%。

案例分析：循环时间短的作业实行单件流的危害

如今，将传统的"批量生产"方法向材料流推进已经成为一种风尚。和大多数潮流一样，它们也容易走向极端，并且带来消极的后果。许多企业正是由于盲目追求"单件流"这一潮流，而导致绩效降低。对于循环时间较短的作业流程（30秒或更短）而言，单件流可能并不是最有效的方法。

在下面的这个例子中，为了在一个装配作业中创建单件流，公司专门举办了改进工作坊活动。目标产品是一个装配配件，完成装配需要13秒。根据客户的要求，生产节拍被确定为5秒。整个工作由3名操作员按照流水线的方式来完成。此外，公司还专门成立了一个工作小组（同样也是一种风尚）来辅助产品在各操作员间传递，这对无间断流程而言是非常必要的安排。

然而，几个月后，这一工作区仍然难以满足客户的需求，并且负责各个作业的操作员又回到了原来批量生产的模式。如图5-2所示，每名操作员的循环时间并不是很均衡。

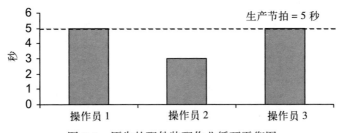

图5-2 原先的配件装配作业循环平衡图

工作循环时间不均衡是导致操作员开始偏离"无批量"生产准则的主要原因之一。当出现操作员偏离原先工作计划的情况时,就有力地说明了原计划中存在缺陷。遗憾的是,管理层不但没有因此停下来思考究竟流程的哪一部分存在缺陷,反而强制执行无间断流程准则。我们应当学会将操作员的偏离情况视为一个积极的改进机会。停下来观察流程,并找出问题的真正原因所在,一旦问题得到有效的解决,就能获得更佳的流程。

如果把作业循环时间适当地均衡化,在建立了顺畅的流程后,还存在一个不太引人注意的问题。对循环时间非常短的作业实行单件流将会提高浪费/创造价值的比率。原因如下:任何工作流程都不可避免地存在一些必要的浪费情形,如拿起零部件和将零部件放下以传送给下一作业步骤等。这一浪费可以实现最小化,但是在最理想的状态下,每个动作(拿起和放下)仍然需要 0.5～1 秒的时间。换言之,即使在最理想的状态下,这一浪费仍然需要花掉 1 秒——半秒钟拿起,半秒钟放下。如果作业循环时间总计 5 秒,1 秒的搬运时间就占据了总时间的 20%。如果作业循环时间是 3 秒的话,那么这一比例将超过 30%。由此可见,这种不可避免的浪费也是十分巨大的。然而,它往往被人们忽视,因为人们认为,只要材料可以输送,且操作员也在不间断地进行作业,这就是"精益"。然而,由此例我们可以看出,事实并非如此。

如果将这项工作交给两名操作员,并要求他们独立完成整个作业流程,而不是为了创建"无间断流程"而特意将工作分成多个岗位,这样就可以极大地提高绩效。上文中提到的浪费情形将会减少 2 秒钟,完成一个循环需要 11 秒钟(见图 5-3)。而完成每件产品装配只需 5.5 秒(两个人同时生产,每 11 秒生产出两件产品,11 秒除以 2 件为 5.5 秒每件),这样只比生产节拍高出 0.5 秒。下一

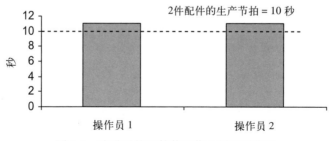

图 5-3 改进后的配件装配作业循环平衡图

步将要减少其他形式的浪费，并简化作业，以便在 10 秒甚至更少的时间内完成装配，这样就可以保证装配每件产品所需的时间低于生产节拍（5 秒）。

在本例中，创建无间断流程反而使绩效降低了 33%（三个作业步骤而不是两个）。然而，对于整个价值流而言，该作业只是整个材料流的一小部分，在其他方面，我们还有更多的机会创建无间断流程、缩短生产周期。下面将要探讨的拉动式制度将有助于我们实现这一目标。

拉动式制度

"拉动"或"拉动式制度"经常与"无间断流程"交替使用。但我们必须明确：与无间断流程一样，拉动也是一个概念，二者虽然密切相关，但并不相同。无间断流程界定的是材料从一个流程移动到另一个流程的状态，而拉动则规定的是材料何时移动，并且由谁（客户）来决定移动。

许多人对"推动式制度"和"拉动式制度"之间的区别模糊不清。有些人甚至错误地认为只要材料在持续地移动或流动就是"拉动"。其实，有时材料无须拉动就可以持续地移动或流动。拉动式制度具有以下三个主要特征，你可以借此将其与推动式制度区分开来：

1. 明确的规定。拉动式制度通常借助双方（供应方与客户）之间明确的协议，对产品的数量、型号组合及型号组合的顺序做出明确的规定。

2. 专用共享。双方之间共享的物品必须为他们所专用，其中包括资源、存储地点、存储方式、盛放的容器等，以及共同的参考时间（生产节拍）。

3. 控制方法。拉动式制度通常采用明显可见、拥有实际约束力的简单控制方法，确保协议明确执行。

而在推动式制度中，供应商与客户之间不存在任何有关供应数量及何时供应的明确规定。供应商按照自己的节奏进行生产，并依据自己的生产计划表来完成工作。随后，便将材料交付给客户，不管其是否提出供货要求。此外，双方也未明确规定专用的存储地点，材料被堆放在任何可放置的地方。由于没有明确的规定，没有专用的共享，也就无法了解控制什么及如何控制。

当然，通过加快生产进度、更改生产计划表、调动人力等，确实可以实现某些控制，然而，这只能造成更多的浪费和变异。也许还有人会说，根据生产计划表，就可以得出明确的协议。所有的流程都在按照"相同"的生产计划表进行。实际上，这些流程确实可能出现在同一生产计划表上，但是它们各自的计划却并不一致。

"拉动式制度"将各种支持拉动的因素整合在一起。其中，看板系统就是拉动式制度中使用的工具之一。看板只是一种沟通方法，它可以是一张卡片、一个闲置的空间、一辆推车或者其他任何客户用来发出信号的方法，以提示供应商"我已经准备好接收更多的材料了"。拉动式制度中还包括许多其他工具，如可视化工具、标准化作业等。如果将拉动式制度的这三种工具加以合理地利用，便能把供应商和客户的流程连接起来。这三大工具决定了连接的参数、强度和"紧密度"。

下文中的案例阐明了拉动式制度的三个必要条件。其中，单件流最容易解释和理解，但是所使用的原则同样适用于任何情形下的任何变异。比如，同样的原则还适用于多型号、低数量的作业流程，以及流程之间材料输送量更大的批量生产作业。下面的案例最容易理解，但是这些原则同样适用于任何其他情况。

案例分析：创建单件流

作业步骤 A 向作业步骤 B 供应零部件，而作业步骤 B 又向作业步骤 C 供应零部件。

是否存在明确、具体的协议？

是的，存在。我们说过，我们创建的是单件流，因此顾名思义，本案例中规定的数量为一件（我们即将看到，这里隐含的定义并不充分）。

具体的协议是什么呢？

一次供应一件。

何时供应？

当下一作业步骤收到前一件时（回忆一下前文中提到的水桶传递长龙）。

仔细观察，然后判断作业流程是否遵守了此协议。由图 5-4 可以看出，本案例中的作业步骤 B 并未遵守协议，其每次向作业步骤 C 提供的供应量均超出了限定的数量，即一次一件。

图 5-4　未明确界定的无间断流程

如何得知这违反了协议规定？

顾名思义，单件流中的各作业步骤之间只能存在一件零部件。这还不够！该协议应当明确、明显可见。

如果协议不够明确、明显可见，会如何？

作业流程将不会遵守此协议，并违反双方约定的标准（我们知道，创建拉动式制度就是为下一阶段——标准化阶段——创建架构），这必然会导致发生变异的情况。

如何使它显而易见，以便容易控制？

明确定义并指定单件的空间。用胶条或油漆标示一次只能一件，并配以标签明示，如图 5-5 所示（在桌上贴胶条不够明显，于是又加了一个标牌，明确方框代表的意义）。

图 5-5　拥有明确、明显可见协议的单件流

除了可视化标记之外，我们还可以通过只预留单件空间的方式进行实际的控制。当零部件可以垂直放置于一个卡槽里时，这种方法尤为有效，可以实现对数量的严格控制。

创建无间断流程和订立明确协议的一个主要益处便是可以很容易地看清问题带来的影响。在上例中，如果在实行可视化控制的情况下违反协议的现象一再出现，则说明流程中还存在其他问题亟须解决。

当发生违反协议的情况时，就说明流程中存在潜在的问题需要解决。在这种情况下，管理人员经常会辩解说："操作员知道他们应该做什么，而我们无法强迫他们去做。"许多管理者错误地将未能遵守协议规定的责任归咎于操作员，其实操作员之所以违反协议，是为了解决流程中存在的问题。因此，停下来，"站在圆圈内"观察，找出操作员是为了解决什么问题而不惜违反协议。

一般说来，造成这种情况的原因有两种。首先，应该评估该协议是否明显可见，并容易被每个人理解；其次，要找出迫使操作员违反协议的其他问题。

造成操作员违反协议的主要原因包括：

1. 由作业内容、操作员技能或机器循环时间的自然变异造成的作业循环时间不均衡。通常而言，拥有额外时间的人容易违反协议。

2. 由于零部件缺乏，或操作员为执行额外的工作（如取回零部件或进行质量检查等）而离开工作区，或是机器故障及纠正瑕疵品等原因造成的工作时断时续。

3. 由于解决机器或固定装置的问题，或处理过于困难或复杂的任务而造成工作间歇性的延误。

4. 其他问题，如"提前多生产"以挤出换模时间、操作员因某种原因离开生产线、交错休息或吃午餐等。

在有些情况下，正确的解决方法是调整各作业流程间的在制品数量。单件流要求保持作业时间的完美均衡，这是极其难以实现的条件。思考一下作业循环时间会产生自然变异的流程，如为压铸成型的零部件去除毛刺。

该任务的每次作业循环时间都会略有不同，因为这主要是一项手工任务，并且没有人能够在完全精确的时间内完成作业循环（参加奥运会的运动员，也并非每次比赛都能跑出相同的成绩）。这些微小的变异可能会导致流程出现间歇性的中断。操作员不喜欢无所事事地等待，于是，他们自然会多生产一些部件作为缓冲。增加产出作为缓冲是弥补轻微的循环时间变异的合理选择，然而增加的数量必须有明确规定的标准。或许，可以规定2件或最多3件作为缓冲量来弥补轻微的循环时间差异。

> **小建议　利用局外人眼光的价值**
>
> 　　我们清楚了解的事物而别人却很容易误解，这是我们在交流中经常遇到的一个令人费解的问题。制定标准协议的目的在于让所有人都有相同的理解。有一种非常简单的检测方式，即找一个不熟悉该工作领域的人，让他看看此标准，并要求他对协议进行解释。你会吃惊地发现，要想清楚地表达所看到的协议内容，是一项多么具有挑战性的任务。

复杂的单件流

　　让我们再来看一个情况更为复杂的例子，这个例子与上文中的案例都源自同一组概念。在本例中，有三种不同型号的产品需要生产，分别为型号 1、型号 2 和型号 3，我们需要生产流程具有一定的灵活性，可以随时生产任意一种产品，一次一件，具体布局如图 5-6 所示。

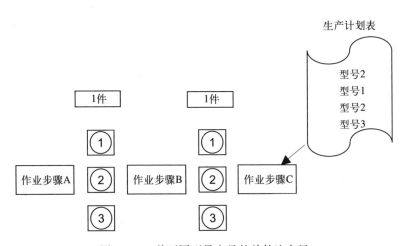

图 5-6　三种不同型号产品的单件流布局

　　假设生产型号 2 需要用到作业步骤 C，作业步骤 C 便会取走放置在作业步骤 B 与作业步骤 C 之间指定位置的 2 号零部件。根据协议——指定的存储空间腾空就是一种信号，即当客户取走某一型号的零部件时，应立即对其进行补充——此举是在向作业步骤 B 发出信号，要求其生产型号 2。此刻，流程布局将如图 5-7 所示。

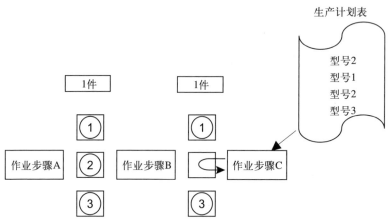

图 5-7　作业步骤 C 拉动并发出生产型号 2 的信号

然后，作业步骤 B 将位于自己与作业步骤 A 之间的 2 号零部件取走，以使作业步骤 A 开始生产型号 2。完成之后，作业步骤 B 将对自己与作业步骤 C 之间指定的存储位置进行补充，具体布局如图 5-8 所示。

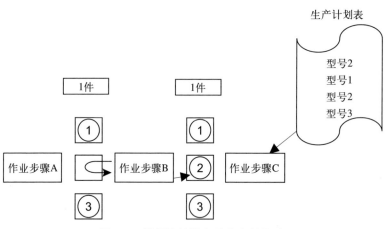

图 5-8　零部件的补充及客户的拉动

虽然这只是一个简化的模型，但是三大必备条件是实际存在的，并得到了可视化工具的支持。这一基本模型适合用于生产数量多、种类少的产品和储备产品，其主要优势在于可以随时生产任何型号的产品，并可以快速地在各型号间切换。

定制制造业的拉动式制度

由于上一节中的简单模型（见图 5-8）是建立在反复生产三种相同型号的零部件的基础上的，因此，许多人认为，在产品种类繁多或定制生产的作业环境中，拉动式制度就无法发挥作用了。他们的看法源自一个错误的假设：当作业步骤 C 生产出某一特定型号后，便将"拉动信号"发送给前一作业步骤 B，要求作业步骤 B 补充同一型号的产品。如果作业步骤 C 消耗了 1 号产品，则作业步骤 B 必然会生产 1 号产品，进行补充。

如果你有上千种产品需要生产，并且其中有些产品每月只能使用一次，你会怎么办呢？在多种类、多型号组合或定制生产的情况下，有关下一步生产什么的指令（客户订单）将首先传达给作业步骤 A，而非作业步骤 C。在完成之后，作业步骤 A 将零部件传递给作业步骤 B，作业步骤 B 在完成作业后，又将零部件传递给作业步骤 C。生产作业便是通过这种方式"流经"后续各个流程的。记住，无间断流程与拉动式制度并不是一回事，但两者之间存在一个共同的假设，如果生产指令直接下达给生产线的开端（作业步骤 A），则作业必须由作业步骤 A 推向作业步骤 B，再从作业步骤 B 推向作业步骤 C。

下面我们再来回顾一下拉动式制度和推动式制度之间的区别。第一个区别，双方之间存在明确的协议。在定制生产的情况下，作业步骤 A 与作业步骤 B 之间有没有明确的协议呢？有，毕竟它仍然属于单件流的范畴。第二个区别，按照协议，指定专用的存储位置。本例中的存储位置和前一案例中的一样，属于专用存储位置。第三个区别，采取方法控制生产，以满足协议（标准）。本例中的生产是如何控制的？与前一案例采用同样的方法——可视化控制。

到底有何不同呢？唯一的区别在于在协议中"客户需要什么"。在本例中，数量相同，但是型号呢？客户流程（作业步骤 B 和作业步骤 C）无法决定供应商生产的具体型号。双方的协议是，每一作业步骤必须按照与上一作业步骤相同的作业顺序来生产下一产品。这种情况被称为"依序拉动"或"依序流程"。

图 5-9 展示的是多种类生产的依序流程。如图所示，作业步骤 A 收到生产计划表之后，事先生产了型号 2、型号 1 和第二件型号 2，生产计划表中的下一项目是型号 3。由于作业步骤 A 与作业步骤 B 之间存在闲置的存储空间，作业

步骤 A 就可以生产计划表中的下一产品。这并没有违反拉动式制度，因为一旦存储空间已满，作业步骤 A 便会停止生产。该制度还规定，如果客户的存储空间已满，作业流程 A 可以完成在制零部件的生产，但不可以将零部件输送到指定的存储空间。零部件仍可继续保留在工作站中。其实，作业步骤 B 仍然可以决定做什么（生产计划表中的下一个产品）以及何时去做（当存储空间为空时）。如果作业步骤 B 完成在制品时，作业步骤 C 尚未发出补充信号，操作员可以将其留在工作站内，等候作业步骤 C 发出补充信号。

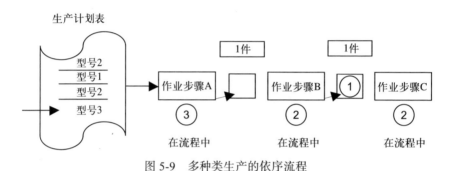

图 5-9　多种类生产的依序流程

在多种型号组合的情况下，流程的灵活性将会受到交付周期（从生产计划表的起点到生产完成）的限制，同时还会受到必须"流经"的作业步骤数量的影响。由于流经各作业步骤会造成时间上的延迟，对生产计划表的立即改变并不会使流程结果产生即时改变。

要想获得顺畅的流程，每名操作员必须具备在任何时候生产到达的任何型号的能力。通常，在定制生产情况下，创建依序流程面对的最大的挑战是使各个作业步骤达到均衡的作业时间。在第 4 章的案例中我们提到，在定制生产的企业中，通常通过设法降低高度变异性，以降低作业步骤所需时间的变异幅度，从而使作业时间更加均衡。

如果作业步骤 A、B 和 C 之间的作业循环时间无法实现完美的均衡，该怎么办？首先，思考这样一个问题："每个作业步骤能否稳定地以低于客户要求的时间——生产节拍——来完成任务？"其次，如果总的来说答案是肯定的，但是由于变异性，导致作业时间总是与生产节拍不相符，那我们则需要在各作业步骤之间加入一些缓冲。缓冲的加入并不一定会导致无法管理的推动式制度。我们可以在可视化控制上做出一些安排，使其显示可加入缓冲的数量，如每个工作站之间最多三个零部件。此外，我们必须注意使用"先入先出"原则来防止某个零部件"插队"的情况发生。

由此可见，无间断流程和拉动式制度相辅相成。先是明确拉动式制度的三大要素，然后在各个作业步骤之间建立明确的连接。建立这些连接非常重要，不仅能够使问题浮现，还能够凸显问题的严重性。这样便创建了一个单件流，其中各作业步骤相互依存。这一步骤将提高任何妨碍流程问题的紧迫性，从而使问题得到及时的解决。由于各个作业步骤已连接成一个有序的流程，任何作业步骤出现问题，都将迅速波及其他作业步骤，因此，如果只是通过调动人力或机器以及更改生产计划表来处理问题，必然会导致整个系统出现更多的问题。

在独立的作业步骤之间创建拉动

了解了拉动式制度的基本知识之后，我们可以创建一个在任何情况下都行之有效的拉动式制度。上文中的单件流模型是专门针对流水线型或工作小组型作业（所有操作员沿着流水线进行产品传送）而设计的。

对于完全独立或进行批量生产的作业步骤而言，又该如何应用拉动式制度呢？首先，必须了解该作业步骤的内在本质。接受过良好的丰田生产方式培训的人都清楚，现阶段，有些作业步骤因某些原因还无法实现单件流。可能是因为零部件的尺寸（太大或太小）或是因为某个共享的资源（拥有多个供应商和客户），又或许因为流程自身的局限性，如换模时间等。

比如，丰田的冲压作业目前就做不到按照一次一件的模式，在生产了一片挡泥板之后，立刻切换到生产车盖，然后回来继续生产挡泥板。冲压作业存在多个限制，使其无法实现单件流，因此它通常采用的是大批量生产的模式。首先，冲压设备庞大的体积使其无法安置于客户作业（车身焊接部门）的旁边。其次，冲压设备（共享资源）用来生产多种型号的零部件，以满足不同客户的需求（如挡泥板与车身的安装位置不同），因此无法实现将设备安置在靠近所有客户的地方。最后就是换模时间，尽管它已经达到了十分理想的境界，但是仍然限制了制作一件产品，换模，制作另一件产品，然后再换模的能力。

在这种情况下，又该如何应用明确的协议、指定专用的存储位置及实施控制这三大要素呢？首先，让我们从理解供应商与客户之间的协议入手。在客户提出需求时，供应商要供应正确的产品。所有作业步骤必须遵循这一基本规则："始终满足客户的需求"，换言之，"永远不能让客户缺货"。这是规则1，记住，永远要遵守规则1。（注意这种说法存在的矛盾。尽管永远满足客户的需求是我们努力的目标，但是在前文中我们也提到过：永不中断的客户作业流程中往往隐藏着大量的浪费！）

供应商与客户之间的协议明确吗？第一步要在供应商与客户之间明确正确的在制品数量，这样不仅可以缓冲供应商进行换模所需的时间，同时还可以向第二个客户供货。许多作业步骤之间的协议定义得很宽松（既不显而易见，又没有采取控制措施），因此，在协议中明确规定所需的数量是一个好的开始。

用来存储在制品的位置指定了吗？这些位置是专用的吗？是否有明确的标示？其中应当明确标示可允许的最大数量和最小数量。最大数量是出现生产过剩的可视化指标，而最小数量则是发生供应问题的"提前预警标志"，它可以让我们做到防患于未然（在问题出现之前，提前查明潜在的问题）。此外，用来运输材料的容器是专用的吗？在丰田的冲压作业中，每种容器都是专门为盛放某种特定的零部件而设计的，因此，你无法将挡泥板放入盛放车身的容器。

最后一点是对客户需求的可视化控制。如果客户流程不在可观察的范围内，那么必须通过某种手段，实现对客户需求和状态的可视化控制。这种客户用来向供应商发送信号的可视化工具就是看板系统。通常情况下，当供应商与客户的作业地点不同，其间的距离又足以整天通过卡车输送材料时，丰田将实体的卡片用作看板。从客户处返回的看板记载着材料的消耗情况等信息，于是供应商处的看板越积越多。这些看板就是在制品协议的可视化体现。看板数量与在制品数量成反比，供应商收到的看板的数量越多，代表客户处在制品的数量越少。

我们并不打算在此详述看板系统的工作原理，但是其基本原则很容易理解。看板系统是一种控制机制。如果两个作业步骤距离很近，看板可以是地板上的一个空间。如果客户与供应商分开，并且超出了视力范围，看板可以是一张卡片，或者返回的空货架，或者是一个电子信号。看板必须包含与协议相关的信息，如供应商和客户的位置、所使用的机械、材料，以及产品数量、型号等。

回顾一下上文中提到的单件流案例，作业步骤 B 是如何知道作业步骤 C 需要另外一件型号 1 零部件的？作业步骤 C 将零部件取走，留下了一个腾空的空间，向作业步骤 B 发出补货的信号。在这个例子中，存储空间就是一个看板，通过可视化指标传达着数量和型号等相关信息。所有看板系统都是由这一基本概念衍生而来的。

案例分析：连接作业步骤，使工程作业中的浪费情形浮现出来

一家汽车座椅供应商精心制作了一套新产品开发的"阶段/关口流程"（phase-gate process），对新产品开发的每一个阶段都做出了详细的定义。该流程为产品设计预先设定了各种"关口"，并为其设定了明确的标准。在新产品开发的实际过程中，如果设计经检查不能满足所有标准，便无法进入流程的下一阶段。这家企业将这套流程传授给所有员工，以便他们知道在流程中需要做什么以及何时去做。

我们的一位同事曾在这家公司担任顾问，协助他们绘制现状价值流图，结果发现，当前的流程与该公司文件中制定的流程并不十分相符（这是很常见的现象）。当前流程中延误情况频出，导致系统经常受阻、流程不畅。随后，他们绘制了未来价值流图，并开始致力于稳定其中的子流程，最终将它们大体连接在一起。

目前，整个流程最大的瓶颈就是原型的生产和测试这一流程：设计座椅，订购零部件，创建数百个原型，然后进行测试。

绘制流程图后发现，这明显是一个典型的批量生产和按照生产计划表采取推动式制度的生产模式（见图 5-10）。先是完成所有座椅的设计，包括加热、不加热、长椅、电动等各种类型。然后根据这些设计，订购所需零部件。随后，各供应商提供的零部件会在不同时间到货。原型制作团队在所需零部件全部到齐后，才开始创建各种座椅的原型。座椅的原型创建完成后，就会被送去检测。检测不合格的座椅将需要重新设计，以改正出现的问题。

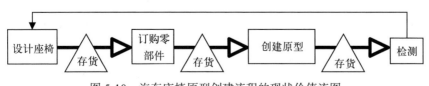

图 5-10　汽车座椅原型创建流程的现状价值流图

随后，他们又绘制了未来价值流图。显然，目前的根本问题在于批量生产。流程的每一作业步骤都进行大批量生产，然后大批量地推向下一流程。现状价值流图中的三角形代表的就是这种做法的结果——存货。其中，在订购零部件之前，座椅设计流程已经积累了大量的信息——设计——存货。解决方案是：创建一个依序拉动系统。然而，对于每种设计都独具特色的工程作业信息流程而言，该如何创建依序拉动系统呢？

答案是，以"错开传送"的方式安排每个作业步骤每次向下一作业步骤传送的数量。不要等到完成所有不同座椅种类的设计后再去订货。设计完一款便将其传送给零部件订购单位，以便他们可以立即开展订购零部件的工作。该款座椅的所有零部件到齐后，便开始创建原型，完成后便送交检测部门检测，这样他们可以尽快向座椅设计师提供回馈意见。

在这个过程中，有一个工具发挥着非常关键的作用，他们称之为"拉动式看板"。这是一个简单的可视化管理工具：一张白板，上面写着各种在制座椅的关键信息。所有部门都使用这样的看板。于是，零部件订购单位就可以清楚地了解到何时订购了零部件、零部件应何时到货、是否准时到货以及下一款座椅设计预计何时送达等。如果在之前的零部件到货之前已经出现设计过剩，他们可以将此信息通知设计部。如果已准备好接收更多的设计，他们也可以将此信息通知设计部。

最终结果是，流程时间显著缩短，瓶颈问题不复存在，回馈信息更加快速，设计质量显著提高。流程仿佛突然之间得到了良好的控制。

案例分析：为订单处理作业创建无间断流程

创建无间断流程是一种非常有效的方法，它可以为任何生产"产品"的作业流程带来好处（谈到产品，我们自然而然地会认为，这里指的是制造业的产品，实际上，无间断流程的概念可以适用于任何在加工处理过程中需要从一个人流向另一个人的事物，可以是一份采购订单、一份保单或在赛百味快餐店制作的一份三明治）。本案例中的"产品"是客户的一份订单，要求将数据输入计算机系统，根据客户的具体要求修改订单，为定制作业订购材料，通过CAD制图设计客户要求的元素，并执行复审流程。

与典型的制造业作业相似，这些作业可划分给不同的部门，每个部门负责一项特定的任务。顾客订单会从一个部门流向另一个部门，每一次都会落入厚厚的文件筐。公司制定了一套详细的制度来追踪订单日期，确保订单按照"先入先出"的原则处理，但是实际情况并非如此。有些订单比较复杂，需要更多的处理时间，而有些订单则较为简单，还有些订单属于收尾工作，这些订单必须加快处理，因为它们与已完成并交付给客户的工作有关。公司现行的制度不仅导致订单处理的提前期过长，留给制造部门的时间过短，而且加大了处理复杂订单的压力。

与其他试图实行无间断流程的情况一样，如何实现均衡的作业时间和内容成为该公司必须面临的一大挑战。处理订单流程中的任何一项工作可能都要比完成 CAD 设计花费的时间更长，反之亦然。瓶颈问题不时出现，导致流程的提前期变化幅度非常大。如果再碰上员工缺席的情况（尤其当当前订单组合在缺席员工所在的部门需要更多时间时），问题就变得更加严重。

公司的精益团队先是绘制了价值流图，对产品进行评估，将其划分为不同的产品系列（价值流）。之所以决定对产品进行划分，主要是为了隔离变异（如我们在第 4 章中所述）。根据订单的复杂程度和所需的处理时间，产品被分为三种不同类型的价值流。变异幅度最大、最复杂的订单被归为一条价值流，变异幅度最小并且非常简单的收尾工作被归为第二条价值流。大多数订单被归为第三条价值流，这些订单在复杂度和所需处理时间方面都比较"标准"。

他们同时意识到，公司的员工也可以分成不同的团队，组成负责特定产品价值流的工作小组。他们还对办公室进行了重新安排，以便各个小组的成员可以坐在一起。这种做法对推动订单的流动非常有效。此外，按照复杂程度和所需处理时间对订单进行分类，就可以为每条价值流所需的员工人数确立明确的标准。在确立标准的过程中，我们经常会发现有"多余"的员工存在。实际上，他们本身并不是"多余的"，因为他们的工作时间是用来应付任何变异情况的，其中包括员工缺席的情形。我们最好依据生产节拍和工作内容，确定实现标准化作业和理想的无间断流程所需的员工数量。如果每一个岗位的工作都实现了标准化，那么必须保证不能出现员工缺席的情况。本例中的"多余"人员成了小组负责人，负责执行许多重要的职能（我们将在第 10 章对此进行详细探讨），其中包括临时顶替缺席的员工。

如本章前面部分所述，流程中各作业步骤之间必须有明确的协议、指定的资源、存储空间和方法，以及一套控制机制，以确保每条价值流都能实现流畅的无间断流程。在这些因素当中，有一点非常重要，即对每个工作小组内部状态的可视化控制。在接收订单之后，首先要对其进行识别，然后根据指定的价值流，将其放入以颜色分类的文件夹，最后将文件夹放到等候架上。领导者可以清楚地了解到工作量的多少，如果积压的订单量超出了协议中限定的数量（标准），他可以酌情将部分订单转移到其他的价值流。针对订单转移的情况，他们专门制定了相应的标准（如简单的工作可以转移至中等难度的价值流中，但是复杂的工作却不可以转移到简单的价值流中）。此外，他们还对谁有权来决定订单转移做出了明确的规定。如果所有工作小组都落后于既定的生产进度（即订单过量），则可以通过加班来加快生产进度。

每个工作小组的不同作业步骤之间都建立了连接机制。由于不同订单所需时间本身就有所差异，因此必须采用连接机制来缓冲作业时间的变异。同时，这样做也有助于实现无间断流程，使流程中存在的问题浮现。在这种情况下，单件流肯定是无法实现的，于是本案例采用了依序排队（有时被称为先入先出通道）的方法。具体做法是：等候架中设定了一定数量的空间，用来显示流程的状态和各作业步骤之间的平衡情况。小组负责人通过监测等候量，对小组内部作业进行微调（比如，在流水线外完成某一订单，并将其再插回流程），以促进流程的平衡。通常是在流程中的订单超过了协议中限制标准的情况下，经过对实际情况的认真评估才会做出调整。

比如，假设协议中规定小组成员之间最多可以有 5 个等候订单，在实际工作中，当等候订单数量达到最高水平时，操作员就会通知小组负责人来评估这一情况。如果小组负责人判定后续订单对于下游操作员（该操作员之后的操作员）而言较为简单，他可能决定不采取任何措施。这种不平衡的状况是暂时性的，在后续订单中会自动纠正。如果产品组合中存在复杂的订单，而下游操作员又遭遇了瓶颈，已经无法实现自动纠正，这时小组负责人便会做出调整。

这些工作小组发现，根据复杂程度和难度对订单进行分类，不仅可以改善流程，而且可以使新员工在进入更复杂的工作之前，在简单的工作中得到很好的锻炼。由于小组成员分别来自不同的部门，因此他们专门开展了交叉培训，以增强小组的灵活性。将各作业步骤彼此靠近的做法提升了问题反馈的速度，需要返工的情况也明显减少。

通过实施这些改进措施，订单处理的提前期明显缩短，尤其是那些关键的"收尾"工作部分。随着业务的不断增长，这一订单处理团队已经能够稳定地承接大量的订单，而无须增加人手或加班。

无间断流程、拉动式制度和杜绝浪费

人们常常认为精益的实质就是"即时制"的生产方式——在适当的时间、适当的地点，提供适当数量的适当零部件。而在我们看来，精益远远不止于此。杜绝浪费的关键在于创建无间断流程，而拉动式制度的原则需要实行即时制的生产方式。

我们最好将无间断流程视为一个连续体，如图 5-11 所示。即使最令人望而生畏的生产计划表也可以实现一定程度的无间断流程。在另一端，便是各个作业步骤之间零库存的单件流。在这个连续体中间部分，你可以采用不断补货的零部件超市模式，也可以采用将部件依序从一个流程拉动到下一个流程的拉动式制度，或者采用先入先出的模式，让材料在一条带有明确数量库存的通道上流动。请注意，在采用不断补货的零部件超市模式时，著名的看板系统并不是最好的选择，而是继按照生产计划表补货之后第二糟糕的选择。看板系统承认了存货对于流程的重要性，但是认为必须对其严加管理。因此，在这种模式下，浪费必然存在。与零部件超市模式相比，依序拉动和先入先出模式都需要更少的库存，流程更加顺畅。

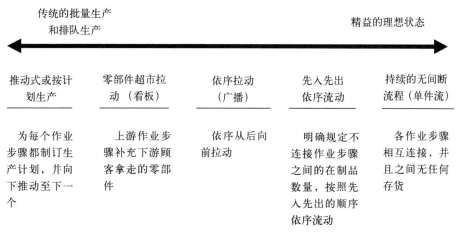

图 5-11　无间断流程是一个连续体

在这里，我们表达的重点并不是要你必须实行单件流，否则就不是精益，而是提醒你应当注重消除浪费。如果你实行的是零部件超市补货流程，那就取消看板，加强制度。如果你实行的是先入先出通道模式，那就将通道上的存货减少，只有这样才能迫使流程持续改进。

反思问题

1. 以手中的现状价值流图作为向导，沿着材料流程再走一遍。在这一过程中，注意识别那些目前无法实现无间断流程且缺乏灵活性的流程。不要在你的办公室里做这项活动，你必须到现场观察每一个流程，这样才能理解无法实现无间断流程的因果关系。

    a. 在你的流程图上，找出缺乏灵活性的流程。

    b. 列举造成这些流程缺乏灵活性的原因，如较长的准备时间，或者供应多种零部件或多个流程的共享资源等。

2. 评估价值流中的每一种客户 – 供应商关系。

    a. 决定每个连接是采用先入先出模式的连接，还是采用零部件超市模式的连接。

    b. 制订方案，定义每个连接中要包含的物品、数量（规定衡量单位）及材料的存储位置。

    c. 决定存储空间是否需要专用，容器和推车是否专用，资源是否专用于此连接。

    d. 找出每个连接的控制机制，说明你计划如何使其明显可见并方便核查员工是否遵守这些制度。

3. 良好的无间断流程取决于价值流中各作业步骤之间均衡的循环时间。

    a. 测量价值流中各作业步骤的循环时间，然后绘制循环时间平衡图，以判断当前作业步骤是否处于平衡状态。

    b. 沿着价值流走动时，找出作业不均衡的迹象（如等待、库存积压等），并在现状价值流图中将这些不均衡之处突出显示。

4. 下列问题适用于任何低数量、多种类（定制、半定制或订货生产）的生产流程。与其他公司一样，你的目标也是争取创建最佳的无间断流程。也许你的流程永远也无法达到完美均衡或顺畅的状态，但是仍有改进的空间。

a. 根据每个作业步骤所需的作业时间（短、中、长），评估你的产品系列情况。

b. 通过控制进入价值流中的产品组合（使作业时间更加均衡），是否有可能实现更佳的无间断流程？

c. 绘制零部件订购数量图（P-Q 图），要求：将零部件一年的订购数量按从高到低的顺序排列；根据订单数量和频率，划分产品系列。订购数量较高和订购数量中等的零部件可以考虑成立工作小组。或许，你还可以据此使生产计划表均衡化（参见本书第 7 章）。

d. 在定制生产的环境下，各作业步骤之间的协议基于双方共同约定的"单位"而订立。你定义的单位是什么（比如，一件、一份订单、时间增量或其他共同因素）？

5. 下列问题与非制造业流程有关。你的工作成果可能不像制造业的产品那样具体有形，但是毕竟你已付出劳动，完成了工作，应当有一份最终的结果。这份最终结果就是你的"产品"。

   a. 定义你的产品。找出并绘制该产品各个作业步骤中的流程。

   b. 在非制造业流程中，在各作业步骤间流动的过程中，产品并非明显可见。它可能是一纸文书或者计算机中的信息，这为使流程显而易见带来了挑战。

      i. 你对产品流程是否拥有可视化控制（"系统内"的产品或在文件筐中堆放的产品是无法实现可视化的）？

      ii. 如果产品本身是不可见的，那么如何使其明显可见？

The Toyota Way Fieldbook | 第 6 章

建立标准化流程与程序

标准化是强制性的吗

标准化作业一词常使人想起工业工程师，他们手持秒表，胁迫工人们争分夺秒地提高劳动生产率。这个词也会令人联想起高度组织化的公司，其中总有一位"老大哥"负责监管员工，使其务必循规蹈矩、照章工作。这种官僚主义泛滥的机构抹杀了人类的意志与创造力，人类变成机械行事的机器人。

然而，有人对标准化别有见解。日本质量管理大师今井正明在其影响深远的论著中表示，没有标准化就没有经营法的改善。[一]标准化实际上是持续改善的基点。在《丰田模式》一书中，美国南加利福尼亚大学管理学教授保罗·阿德勒从组织管理学角度深入地研究了丰田生产方式。[二]他发现，在丰田官僚制与员工授权制并存，作为有别于典型的官僚机构的扶助型官僚机构，丰田避开了官僚机

[一] Masaaki Imai, Kaizen: *The Key to Japan's Competitive Success*, New York: McGraw-Hill/Irwin, 1986.

[二] Paul S. Adler, "Building Better Bureaucracies," *Academy of Management Executive*, 13: 4, November 1999, 36-47.

构带来的许多意外的不良后果。强制型官僚机构中员工缺乏灵活性、难以发展，而丰田的扶助型官僚机构充分考虑到能够对公司未来产生经久影响的员工的变通和创新，继而创造了与强制型官僚机构截然不同的效果。

标准化流程与程序的建立是确保稳定绩效的关键。只有当标准化流程平稳时，你才能够进行创造性的持续改善。在本书前几章我们谈到，标准的制定工作始于精益生产的初期，贯穿于整个精益生产过程。建立标准化流程的基础是定义、说明（让人们清楚地看到）以及始终使用能够确保最大效益的方法。严格说来，标准化并不是单独应用于某个特定的生产阶段。确切地说，它是发现问题、找出有效的解决办法、明确如何使用这些方法的一系列活动的一部分。它为人驱使，而非施于人。从事此工作的人只有深知这一点才会为标准化流程的建立做出最大的贡献。

我们一再说明撰写此书的目的在于教会人们丰田模式的核心理念，而并非使其成为又一本精益工具书。被丰田称为"标准化作业"的流程对整个生产方式来说非常重要，该公司内部使用的《丰田生产方式手册》㊀的1/3都是在探讨这一流程。简言之，标准化作业和其他的工作标准是实现持续改善的基础。

关于丰田生产方式还存在另外一个误解。除非在生产中对标准做出明确的规定，否则就不可能实现真正的改善。这样来想一想吧：如果作业的流程并未实现标准化（而是杂乱无序的），此种情形下的改进究竟改进了什么？是改进了杂乱性？抑或是平添了另一种只会进一步增加混乱局面的生产模式？若有人创造性地改进了作业，但其方法并没能成为标准的话，那么，如果由除此人以外的其他人来承担此项工作，就不会实现工作的改进。如果将这种改进变为标准的话，则会为工作团队持续改善流程搭建一个平台。这也成为持续学习机构的基础。

遗憾的是，我们常会遇见一些实施精益生产流程的公司把标准化作业看作一个依据生产计划表只在生产的某个阶段使用的独立工具（"我们的路线图表明我们现在需要进行标准化作业"）。于是有了如下的要求："我们需要在10月前完成标准化作业。"答曰："我们当然可以这样做，不过，作为工具的标准化作业同其他工具一样具有特定的用途，用以实现特殊的目的。"

某公司的标准化作业根据精益生产计划落后于原定的工作进度，其解决办法为：聘请一位教员，利用整个夏天的时间，为所有的职位制定好标准化作业指

㊀ *TPS Handbook*, 1989 by Toyota Motor Corporation.

导书。其结果是指导书写得很漂亮，张贴在那里，却无人遵守。如果你只是想做出这样一份文件，誊写在公司的宣传板上，然后丝毫不理会它真正的价值，你可以选择上述方法。但是，如果你感兴趣的是利用标准化作业减少浪费，确定更合理的工作流程，同时持续地改善这一流程，你同样可以这样做。两种结果大相径庭，你会选择哪一个？

我们把标准化作为生产的一个"阶段"来介绍，但在现实中，这一概念贯穿于精益生产的全过程，在发展、制定任何工作方法时，都应将这一概念考虑在内。丰田生产方式的要素大都如此，概念是关键，理解概念有助于提高应用概念的能力。标准化绝不是一套精心准备、审慎控制的文件。它是一种创造最稳定绩效的方式，是保证流程稳定的基础。没有它，诸如六西格玛程序及其他先进的减少变异的方法就会变得毫无价值。

标准化作业抑或是作业标准

在所有的精益概念中，标准化也许是被误解、误用得最多的一个。这一问题的根源可追溯至科学管理之父弗雷德里克·泰勒的早期研究以及公司通过仔细定义工作要素并要求员工实现工作目标来获取最大利润的期望。作业标准在一些产业（尤其是汽车产业）中有着悠久、曲折的历史，制定作业标准的目的就在于惩戒无绩效的员工。

随着作业标准的应用，一些博弈和方法应运而生，对这种体制做出了有力的反击。其最主要的影响则是在员工和管理者之间形成了一种对抗的关系。双方不是共同努力为顾客提供最好的产品，而是用尽心机，明争暗斗。在这场对抗中，管理者更为周详地规定了工作方法，用以确定成本标准、确保员工做出相应的努力。员工熟谙游戏规则，当管理者在一旁监督的时候，故意改变工作方法，这样的话，管理者就会制定容易实现的低标准。然后，管理者充分利用该标准，在"挣得工时""吸收式成本法"及由作业标准衍生出的其他措施的基础上制定生产决策，旨在确保员工赚得的工资与其产出定量产品的合理时数相符。这样的话，员工的间接成本将会被包含在内，从而得到正确（或者较高）的标准成本，如此，在理论上则可获得预期利润。

员工用作业标准来度量工作的难度及需付出的努力。此外，他们本就知道人的能力各不相同，管理者会按照最低的能力来制定标准和相关政策。这样，低效能者可以算是成功的，高效能者可以超过规定标准，后者可以选择快些工作，为自己赢得额外的休息时间。

在上述模式中，作业标准建立于错误的目标之上，只是为了创建成本标准，而并非找到能够最大限度地减少浪费、以低成本产出高质量产品的最好的工作方法。对员工而言，这种作业标准或者是责罚他们无绩效的棍棒，又或者是诱使他们努力超出规定标准的胡萝卜（如由此种方法衍生出的按业绩支付薪酬）。因为此类观念在管理者和员工的头脑中根深蒂固，致使丰田建立的标准化作业成为精益生产中最大的挑战之一。因为大家都学会了如何在原有的体制中生存发展，要求各方放弃当前的流程谈何容易。经理担心丰田模式会纵容员工恣意妄为——自己决定工作方法，工作不够努力。他们还担心失去用以实现生产目标的可熟练操控的评估体系。相信大家对以下的对话都不会感到陌生：

生产经理（对监管员）说："你们部门的挣得工时减少，你准备如何使其回升？"

监管员说："车间工作遭遇一些难题，耽搁了时间。我们会在星期六做一些简单的工作把时间补回。"

生产经理："好吧。我必须向工厂经理汇报，我会对他说产品组合不理想，情况能够在下周得以改善。"

很明显，上面的做法错误地将焦点放在评估上，而不是建立一个能够真正不断地提高绩效的高效的工作流程。值得注意的是，监管员会从"简单工作"上平衡时间。纵然工作不分难易可用数字计量，但是通过简单工作生产出来的产品会是顾客所需要的吗？顾客的需求似乎变得不重要了。把那么多的时间和精力浪费在"凑数量"而非尽可能建立最好的流程上真是太可惜了。管理者也因其自身的表现要由数字来评估而陷入恶性循环无法脱身。

标准化的目标

传统的生产模式首先关注的是实现最低的单位成本，然后建立作业标准来实现成本目标（见图 6-1）。这种模式考虑的是员工个人的努力和"单件产品成本"，丰田模式旨在最大限度地提高整个系统的效率，将通过减少浪费来降低"总成本"作为评判成功的主要指标。传统的生产模式根据时间动作研究来决定最高效的作业程序，并为指定的任务规定"标准时间"。通常，员工工作时受到监督，工作要素和时间被详细地记录下来。不过，员工当时使用的未必是最好的方法，只是在被监督时恰巧用到的方法。这样，就可能在此基础上制定出一个"错误的标准"，用以判断员工的"工作效率"。

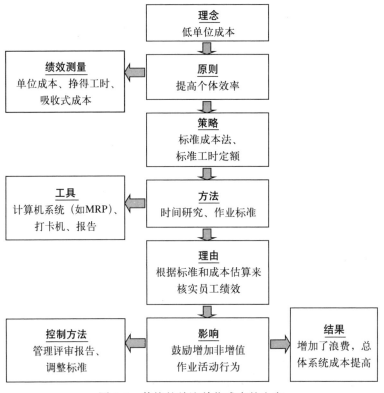

图 6-1 传统的关注单位成本的生产

丰田模式同样将低成本作为追求的目标之一，而其首要的关注点则是在体系内部减少浪费（见图 6-2）。正因如此，丰田把建立标准化作为持续改善的基石，期望未来的生产作业因为这一标准而改进。比较而言，传统的方法将标准视为预期的目标，犹如此标准即为最终的绩效水平一般，而这样的话则排除了改进的可能性。两种思维方式上的根本差异是精益生产中许多矛盾的根源。也就是说，两种方式的目标相同，都是在尽可能短的时间内，用最低的成本产出高质量的产品。然而，丰田实现上述目标的思路与过去100年间的大规模生产厂商的思路截然相反。大规模生产的方式抑制了其实现目标的能力。

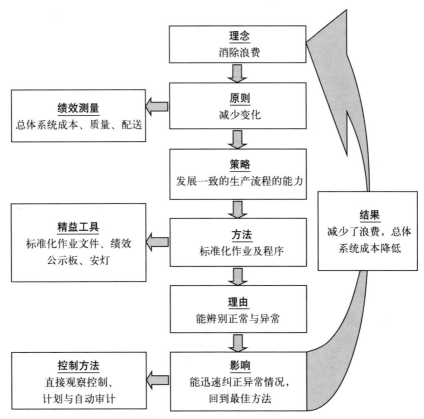

图6-2 精益生产中的减少浪费降低了总成本，改进了产品的配送和质量

减少浪费的精益生产模式始于消除浪费的理念。大部分的组织结构中都存在着因无计划行为和相矛盾的方法导致的极大的浪费。要想消除浪费，必须减少或消除流程中的变异。变异与标准化背道而驰。顾名思义，变异暗含着无法实现标准化。正如我们在第4章和第5章所言，隔离作业是建立标准化作业和程序的关键，同时也是确立区分标准（正常）方法与非标准（不正常）方法的基线和能力。使用可视化控制方法和其他精益工具可以令我们对绩效做出快速的判断，并

及时进行调整,以便能够稳定地实现绩效目标。

建立标准化流程和程序的策略

建立标准化流程和程序的主要工具是标准化作业文件,同时,在前面阶段中使用的众多工具也可以用来制定工作场所的标准,如表6-1所示。

表 6-1 建立标准化流程和程序的策略与工具

策略	主要的精益工具	次要的精益工具
• 创建一种可重复的工作方法,使其成为改善的基础 • 提出明确定义的预期 • 发展流程,以确保各作业要素连贯一致 • 劳动力需求 • 工作方法 • 材料 • 机械设备	• 标准化作业文件 • 标准化作业图 • 生产能力表 • 作业组合表	• 可视化控制 • 政策和程序 • 限度样品(boundary samples) • 流程检查表 • 工作指导培训

传统的政策与程序经常与标准化相背离。以出勤政策为例,标准化作业流程强制性要求不得出现任何岗位空缺的情况。这意味着当一名员工缺席时,必须找人接替他的工作岗位,以确保流程正常运转。如果没有制订发生员工缺席等紧急情况的应急预案,很难保证流程的正常运转。然而,在传统的工作制度下,高层管理者很少注重员工缺席应急预案的制订,基层管理人员总是胡乱抓人来顶替空缺的岗位,毫无标准化的方法可言。

> **小建议　创建架构,以支持标准化作业**
>
> 丰田有一套团队领导者和小组负责人制度。小组负责人时时工作在生产一线,负责为5～7名员工提供支持。他们审核员工的作业程序,以发现是否存在违反标准的情况(参见本书第11章及《丰田模式》一书),并负责对如何填补缺席员工的工作岗位做出具体安排。他们经常参与新产品标准化作业的开发工作,是将标准化作业从挂在墙上的漂亮图纸转变成真正持续改善工具的关键人物。有趣的是,多数企业根本不存在小组负责人这一职位。

标准化的类型

人们经常对丰田广义上的"标准化作业"感到困惑。这一方法看似简单，实则很难效仿。由于标准化作业的目的与创立作业标准的传统流程不同，因此，很难将两者直接联系起来。丰田的"标准化作业"指的是产生最少浪费的工作方法，它与其他公司所谓的"标准"方法大相径庭。实际上，我们可以将多种不同类型的标准融入到一个主要的方法中，以决定最佳的工作程序。在丰田公司，决定工作方法的主要工具为标准化作业，它对谁在何时、何地执行何种工作进行定义。

图6-3运用一个房屋状的模型揭示了各种标准之间的关系，并展示了这些标准如何支持主要目标——建立产生最少浪费的方法，并向员工提供有关如何获取最高水平的知识和技能的信息。

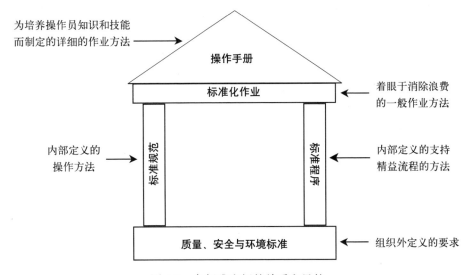

图6-3 各标准之间的关系和目的

值得注意的是，尽管每种标准的功能各异，但必须将它们融入到标准化作业的方法中。然而，这并不意味着标准化作业文件中必须包含所有的标准。实际上，它只包含有助于实现理想结果（实现其他标准）的作业步骤。而有关其他标准的详情将包含在操作员操作手册中，如图6-4所示。

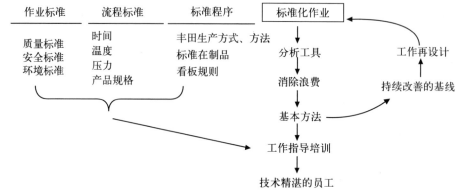

图 6-4　标准化作业与其他标准之间的关系

质量、安全与环境标准

质量标准是基于客户对产品外观与质感的期望而建立的一些要求，具体例子包括：

- 一般外形。
- 颜色搭配。
- 变形、畸形（边角磨圆、塌陷等）。
- 间隙和公差。
- 表面质量。
- 瑕疵大小与数量的限制。

质量标准通常包含在操作手册之中，其中详细地阐明了应当注意何种情况，留意哪些部分，以及如何判断产品质量是否合格等。操作人员根据质量部门的回馈意见，判断需要注意的主要情况，以及经常出现问题的地方。这样有助于将具体的检查方法融入到实际工作中，以检查关键领域是否存在常见问题，从而从源头上提高产品的质量。标准化作业手册文件并未对检查步骤详加解释，而是将其单列为一个元素（检查零部件）。

要求凭视觉进行判断的书面质量标准以具体解读为准，而且主观色彩较为强烈。比如，对"可接受的表面状况"进行解读时，主要取决于对"可接受的"

一词的主观判断。在这种情况下,质量部门有必要提供理想质量水平的实际例子。这些例子就是所谓的"限度样品",它们代表的是某一特定问题的可接受限度。

为遵守各州和联邦政府的法律法规,各公司通常会制定相应的安全与环境标准。这些标准通常由具体的工程部门制定,未经他们批准,任何其他员工或管理层都不得擅自修改。然而,这些要求将交由制定标准化作业方法的人员,以保证必要的操作员人数和环境安全。该区域的工作小组或管理层可以针对某个具体的工作制定安全要求,其中包括具体的伤害风险。这些潜在安全风险应在标准化作业文件中予以标明。

> **小建议　将你的贵重物品储存起来,妥善保管**
>
> 限度样品是非常重要的物品,须小心保管。应将它们存放到安全的场所,并最好锁起来,钥匙交由监管员保管。一旦操作员具备了判断能力,便不会再频繁使用它们。此外,限度样品必须由授权的质量代表签字并注明日期,生产部门有责任申请并保管它们,将它们当作一笔投资来对待。

标准规范

这些规范提供了有关设备的正确运行和生产某一产品所需的特定流程规范等技术信息,具体例子包括:

- 尺寸及公差。
- 加工方法(焊接方法、整理方法等)。
- 设备运行参数(时间、温度、压力等)。
- 设备运行顺序。
- 纠正措施信息。

标准化作业文件中并未对标准规范进行详细表述。只有当其他文件(如蓝图)未包含标准规范时,才有必要将标准规范纳入操作手册(在先前文件中已明确阐明的标准,无须再赘述)。

设备运行参数可以用来制定设备校验流程，而这些流程目前已成为例行的标准化流程，需要由专人来负责。在丰田公司，这一任务通常由小组负责人来承担。为了确保正确的运行条件，设备校验每天必须定期进行，通常在每次轮班开始之前及轮班过程中各进行一次，具体情况依设备的重要程度而定。"轮班前"校验的目的是确保所有流程参数都位于正确的运行区间，并使各项设备做好生产准备。

有关纠正措施信息的处理，与设备校验规范类似。它详细地阐述了出现设备故障或流程问题时的逐步纠正措施，此外，其中还提供了发生紧急情况时的应急预案，比如使用备用设备代替出现故障的设备或对设备进行手动操作等。

标准规范通常由工业工程部门或制造工程部门提供，而制造部门将使用这些信息来制定标准程序和操作手册（如有必要）。有些企业将这些标准规范与操作员的标准作业混为一谈。实际上，标准规范并未说明操作员应该采取哪些作业步骤、何时执行以及实现作业的最优方法。

标准程序

标准程序由制造部门制定，用来定义操作规则。其他种类的标准可能会连带制定一些标准程序要求，但也有可能完全由制造部门负责标准程序的制定工作。例如：

- 标准的在制品。
- 看板规则和参数（存货水平、卡片数量等）。
- 材料在工厂内的流动路线。
- 明确的5S要求。
- 生产结果布告板。
- 颜色编码。

这些标准程序应当在工作区明显可见，清楚易懂，无须在标准化作业中记载。比如，一张看板卡片包含所有与其用途相关的信息，且卡片内容中已对标准进行了明确的界定。同样，各作业步骤之间界定的协议应在工作区明显可见。需要注意的是，随着流程的改进，这里所涉及的各个项目有可能发生变化。若想记录下所有这些标准，并随着工作区的变化而不断更新，会造成文书工作混乱不堪。因此，我们需要制定一个可视化系统来传达这些标准，并使其一目了然。

对标准化作业的误解

在丰田公司以外，人们对标准化作业产生了诸多误解。看到这些企业花费大量的人力、物力，结果却陷入对标准化作业的一个或多个误区而不能自拔，还指望这些误解能帮助他们创建标准化作业，真是令人沮丧。在这里，我们将尽力揭穿这些误解的真相，希望能够帮助人们更有效地推进流程的改进。

误解 1：如果我们建立了标准化作业，任何人都可以通过学习标准化文件而学会有关工作的全部内容

我们不确定这种误解源自何处，但很有可能是由丰田对标准化作业的描述造成的。在参观丰田工厂期间，标准化作业被解释为操作员用来定义其工作方法的流程，当然，人们把它记录下来，进行张贴。或许这让参观者误以为这些标准化文件就是对工作及相关标准的详尽解读。然而，仔细阅读后就会发现，这些工作描述只是用最基本的术语对流程进行了简要的介绍，所含信息根本不足以令人彻底地了解这份工作。

丰田公司通过工作指导培训的方法（详见本书第 11 章）将有关工作的全部知识传授给小组成员。这是一个漫长的过程，因为要想成为一名完全胜任的员工，有许多东西需要学习。如果有人认为通过学习几页文件说明就足以掌握一份工作，那就太低估了员工所需的能力水平。我们从未见过如此简单的工作，通过学习几张纸的文件就可以学到"所有需要知道的东西"。

误解 2：如果我们建立了标准化作业，在大街上随便找一个人来，几分钟便可以教会他如何工作

请参考误解 1。对于某些工作或某一特定任务的一小部分而言，或许存在这种可能性，但是，若想成为一名对工作有着透彻理解的"名副其实"的员工，需

要付出大量的努力。对于这种误解，我们常听到人们这样调侃：这就像在大街上寻找那些可以快速训练的"猴子"。这种误解不仅对员工及其能力缺乏最基本的尊重，而且对员工工作的复杂程度明显认识不足。若想为发展精益生产创建正确的文化，就必须改正这种错误的心态。

误解 3：我们可以将工作和标准的所有详细信息都纳入标准化作业文件

这种想法与试图使用一种工具打造多功能瑞士军刀的妄想如出一辙。标准化作业并不是一件无所不包的工具，它只是一种专门用来识别和消除浪费的工具。在确立了最有效的工作方法之后，记录下来的流程将被用于一种视觉参考，以确保标准得以贯彻执行。

误解 4：我们将把标准化文件张贴出来，以便操作员每天都可以看到这些文件，并牢记如何工作

这种想法完全误解了可视化标准的目的。实际上，在员工实现完全独立上岗之前，需要经历一个严格控制的培训流程，以确保他具备上岗能力。此外，在经历了上百次循环往复之后，已无须再去提醒他们正确的工作方法。视觉参考只是管理层用来确保员工遵守标准的一种工具，我们将在讨论"标准化作业审核"时，再对这一点进行深入探讨。

误解 5：员工发展他们自己的标准化作业

这种想法并不完全错误。丰田公司不希望个别员工"拥有"自己的标准化作业，并实行岗位轮换制，以防止出现个别员工"独占"某一工作的情况。最初的标准化作业是由工程师和操作员代表组成的"试点小组"共同开发制定的，此小组协助推出下一代新车型。团队领导者和小组负责人负责对员工进行标准化作业培训，并征求他们的意见。一旦流程达到一定程度的稳定状态，他们便激励员工去开发更好的方法，但员工开发出来的新方法需要接受他人（其中包含管理层）的审核。由此可见，这些有待完成的任务应当归工作小组及其负责人和团队领导者共同所有。

这种想法经常误导人们实行"授权员工"制度，让员工自由地开发他们自己的工作方法。其实，正是这种误解导致管理者忧心忡忡，他们担心出现员工工作效率低下的情况，并且担忧某些员工可能会不当地利用这种自由权限。

事实胜于雄辩。尽管大家都一致认为标准化作业的目标是创造一种以最少的浪费来满足客户需求的工作方法，但这并不意味着员工可以随心所欲地发展自己喜欢的工作方法，他们仍然需要遵守具体的规则和指导方针。这好比一支运动队，每一个位置的运动员都清楚地明白自己的职责，但是教练员并不是简单地对队员们说："我授权给你们，干好自己的工作。"他会对队伍的整体战术和每个队员的具体职责做出具体的安排。此外，如果教练员事无巨细地规定每一名队员在场上的行动，就会导致队员产生反感甚至反抗，同时，也未能很好地利用每名队员的独特才能和知识。同样，丰田公司的工作方法也并非凭空创造出来的。带着同样的目的，所有人都在观察工作流程，可选择的方法有多种，但关键是找出比当前的工作方法更好的一种（值得注意的是，这里所指的"更好"并不能仅凭主观判断，而是可以量化与衡量的）。管理层应负责为所有员工设定目标，并提供实现目标所需的工具和资源。如果管理层对流程和精益哲学有深入的了解，他们制定的目标就是最切合实际的，而且他们也会成为最有成效的教练。

误解6：如果我们建立了标准化作业，操作员就可以适当地执行工作，而不会偏离标准

这可能是最为荒谬的误解了。从定义工作并将其形成文件到表现出良好的绩效，还有很长的路要走。标准化作业并不能防止操作员偏离标准，除非他人通过可视化工具看出了流程的偏离情况。为了确保标准能够得到贯彻执行，必须清除掉工作区中的其他选择，拨开"云雾"。如果能够立即看出流程的偏离情况及偏离所带来的负面影响，员工就会继续遵守标准。

丰田公司认真定义了作业步骤，并对绩效提出了严格的要求，因此，通常可以及时地发现偏离标准的情况。假如一名操作员选择不按规定的顺序执行某一任务，结果导致所需时间增加，那么操作员的作业时间将超过生产节拍时间，并因此而不得不通过安灯系统来"停止生产"。如果这种情况多次发生，就会立即引起注意，而且小组负责人和团队领导在调查偏离情况时，也将核实操作员工作是否遵守标准。

标准化作业

丰田公司表示，标准化作业是"改善的基础"。如果作业流程并未实现标准化，每次作业都有所不同，也就没有"评估的基准"，即没有对比的参照点。许多企业在"改善"了一段之间之后，发现作业方式又回到了原来的"老路子"，改善不具备可持续性，他们对此深感沮丧。在实现标准化之前进行改善就如同在流沙上建房子。或许你能够把房子建起来，但是很快它便会塌陷。

或许你会问："既然标准化作业是持续改善的基础，为什么我们不先实现标准化呢？"这个问题问得好。丰田公司指出，发展标准化作业必须满足一些先决条件。这些先决条件通常需要在稳定性阶段解决，我们在这里再次强调，以防你急于求成。在达成一定程度的稳定性之前实行标准化作业就好比一只试图追逐自己尾巴的狗——你只能一圈一圈地转，却永远无法取得想要的结果。

标准化作业的先决条件

在向标准化作业推进之前，流程在以下三个方面必须达到一定程度的稳定性。然而，比较遗憾的是，没有明确的衡量标准可以告诉你："现在你可以进行标准化作业了。"我们所能提供的最佳的建议就是，如果你觉得自己总是原地踏步、停滞不前，则说明你的流程尚未达到标准化作业所需的稳定性。

1. 工作任务必须是可以循环往复的。如果作业适用于用"若……则……"来形容，那么就无法实现标准化。比如，一项工作被描述为"如果发生 A 的情形，则执行 B，如果发生 C 的情形，则执行 D"等，那么除非该作业流程只包含几个非常简单的规则，否则将无法对其实现标准化。

2. 生产线和设备必须可靠，停机时间必须降到最低。如果作业经常中断，员工经常被调离，那么该作业流程就无法实现标准化。

3. 质量问题必须降至最少。必须保证产品的瑕疵率降至最低，且关键参数必须稳定一致。如果员工总是忙于处理产品瑕疵或无法摆脱产品质量不稳定的困扰（如零部件尺寸的变异导致零部件安装不当，因此需要时间来解决），就无法了解作业的真实情况，从而导致该作业流程无法实现标准化。

> **误区　流程改善误用**
>
> 在对作业流程进行"改善"时，一个经常发生的问题就是让操作员执行一个新流程，过早地撤走支持。更有甚者，在操作员第一次尝试新流程时，就让操作员独自面对，致使操作员感觉不受重视、对新程序缺乏信心，因而视"流程改善"为负面的、有压力的事情。

标准化作业文件

制定标准化作业需要三类主要文件和许多其他相关支撑材料。尽管本书的主要目的并不是要详细介绍如何使用这些工具，但是，我们认为仍有必要对以下文件略做说明：

1. 标准化作业图。
2. 标准化作业组合表。
3. 生产能力表。

标准化作业图

丰田最初使用的标准化作业图主要是有关作业区域和员工流程的图示，图上并未说明具体工作方法和每一作业步骤所需的时间。有关作业步骤时间的详细信息被单独收录于其他文件之中，如标准化作业组合表。在许多作业流程生产线的某一处，标准化作业图和标准化作业组合表将合并成一份简化的文件，通常被丰田以外的企业称为"标准化作业表"或"标准化作业图"。

标准化作业图最初被用于识别和消除浪费。进行改进之后，新方法便成了改善的基线。后来，管理层将标准化作业图张贴到工作区，以作为核查员工是否遵守标准情况的可视化控制工具。

和其他工具一样，标准化作业图的使用需依具体情况而定。员工有何技能？要解决什么问题？你是否急于取得完美的结果或者担心如何才能"正确地"使用标准化作业图？在流程中应用标准化作业的初期，第一步应确立改进的基线。具体步骤如下：

1. 记录作业顺序（作业步骤）。

2. 绘制作业移动路线图。

3. 找出浪费情况。

4. 确定实现理想结果所需的改善（与生产节拍相吻合是目标之一，这一点将在下文中探讨）。

5. 融入材料的使用和流程（标准在制品库存）。

6. 记录改善的方法。

图 6-5 是标准化作业图的一个范例。它主要由两部分组成：作业步骤顺序和

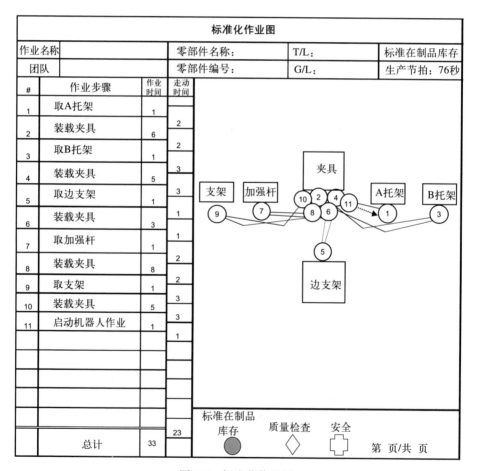

图 6-5　标准化作业图

作业移动路线图。在列出了作业步骤和绘制完作业流程图之后，我们要问的是："你有何发现？"仔细看图，然后描述一下你的初步印象。毫无疑问，你的初步印象会是：浪费现象严重。如果我们询问你对图中所绘作业有何看法，你可能会说"一团糟""各作业步骤之间的距离太长了"或"操作员必须交叉作业"等。这些都是观察到的浪费情形。一旦明确了浪费所在，我们便可以思考："有没有更好的方法？"

随着你在改进循环中不断向前推进，标准化作业图的用途也会改变。从最初致力于在单一作业步骤中实现标准化和消除浪费，开始向创建与无间断流程中的其他作业步骤相互连接和均衡的作业步骤转变。设计与生产节拍相一致的作业步骤，有助于实现这一转变。

> **小建议　关注作业，而不是操作员**
>
> 记录作业流程并将其向操作员展示的好处之一是，它可以使操作员免于承担工作方法不当的"过错"。如果你将发现的浪费之处指给操作员看，很可能他们会向你解释为何这种浪费是必要的（取决于他们所使用的方法）。如果你将绘制的作业移动路线图拿给他们看，他们很可能会惊呼道："这种作业类型真是太糟糕了，我们应当有所改变！"

标准化作业组合表

顾名思义，这种表格常被用来分析融合了多种作业的工作流程，其意图是展示同时发生的两个或多个活动之间的时间关系。它主要适用于综合了手工作业和机械作业的流程，此外，还可用于两个或多个操作员同时对同一产品作业的流程。举例来说，这种工具对以下流程特别适用：一名操作员把材料装载于一间由机器人操作的焊接工作站，并按下启动按钮，在机器人执行焊接作业期间，该操作员又对另一间工作站进行卸载和装载工作。我们发现，有许多人试图使用标准化作业表来分析所有类型的作业流程，但是，用它来分析不使用机器设备的单个操作员纯粹是在浪费时间和精力。除了如何填写表格之外，你从中学不到任何东西。

图 6-5 描绘的是使用自动循环机器人作业的流程。使用简单的标准化作业图

来分析这一作业流程的缺点在于，它无法显示在机器人循环启动之后的情况。很有可能存在操作员等候的浪费情形。或许操作员可以通过执行其他任务来"保持忙碌"，如准备好下一批零部件或"整理"工作区（我们发现有一名操作员将箱柜内的所有零部件都重新整理一遍，摆放得整整齐齐，这样虽然好看，却无任何价值）。此外，机器人作业的循环时间也不得而知。在这种情况下，使用标准化作业组合表进行分析则非常合适。

图 6-6 运用标准化作业组合表对同一作业进行了分析。按照从左至右的顺序逐个阅读图 6-6 中的作业步骤，你便会发现在整个作业循环中为执行下一作业步骤操作员需要走动的情形。在本例中，操作员用 1 秒的时间取 A 托架，花 2 秒钟走到机器旁边，用 6 秒的时间装载夹具，然后又花 2 秒的时间去取下一个零部件……直到第 11 步，所有零部件都被装载到机器人焊接机上为止。通过图中的虚线不难看出，机器循环的时间为 23 秒。

流程名称		日期			标准化作业组合表	生产节拍	人工 自动 走动
零部件名称		团队				76	
#	作业步骤	时间项目			作业时间（秒）		
		人工	自动	走动	10　20　30　40　50　60　70		
1	取A托架	1		2		等待时间	
2	装载夹具	6		2			
3	取B托架	1		3			
4	装载夹具	5		3			
5	取边支架	1		1			
6	装载夹具	3		1			
7	取加强杆	1		2			
8	装载夹具	8		2			
9	取支架	1		3			
10	装载夹具	5		3			
11	启动机器人作业	1	23	1			
12							
13							
14							
15							
	总计	33	23	23			

图 6-6 标准化作业组合表（与一台机器人一起作业）

从一人一机这种工作模式来看，这是相当简单的作业。更为复杂的作业可能需要一名操作员在工作小组内移动，并同时操控 3 ~ 4 台机器。和标准化作业图相似，标准化作业组合表将作业流程转化成一种视觉格式，以便我们可以清楚地看出作业、走动、等待之间的时间关系（该作业流程中的等待时间应当是我们改善的首要目标）。等待时间发生在操作员启动机器人循环之后，这一时间应当用来执行其他创造价值的活动。

图 6-7 显示的是相同的作业，但是增加了装载和卸载第二个自动化作业流程的任务。请注意，作业时间"缠绕"是指机器的作业时间超出了生产节拍，并与第二机器作业的启动时间重叠交错。这里，需要特别说明的一点是，第二台机器人在操作员准备好重新装载之前就已经完成作业循环（机器人拥有自动卸载的功能，这在丰田很常见）。在丰田看来，可以让机器等人，但决不可以让人等机器。记住，操作员最重要。

流程名称		日期			标准化作业组合表			生产节拍	人工 自动 走动
零部件名称		团队						76	
#	作业步骤	时间项目			作业时间（秒）				
		人工	自动	走动	10 20 30 40 50 60 70				
1	取A托架	1		2					
2	装载夹具	6		2					
3	取B托架	1		3					
4	装载夹具	5		3					
5	取边支架	1		1					
6	装载夹具	3		1					
7	取加强杆	1		3					
8	装载夹具	8		2					
9	取支架	1		3					
10	装载夹具	5		3					
11	启动机器人作业	1	23	1					
12	取电池座和托架	2		2					
13	装载夹具	10		2					
14	启动机器人2作业	1	45	2					
15									
	总计	46	68	29					

图 6-7 标准化作业合并图（与两台机器人一起作业）

> **小建议　操作员是最重要的资源**
>
> 丰田模式的理念是，公司最重要的资产是操作员，而不是机器。机器为人服务，而不是人为机器服务。丰田公司认为，让人浪费时间等待机器完成它的作业循环，是对人的不尊重。标准化作业组合表有助于我们理解人与机器的关系，从而有效地利用人力资源。

生产能力表

生产能力表（未提供图示）显示了流程中机械设备的生产能力。制作生产能力表时，不仅需要考虑设备的循环时间，即加工每件产品所需的时间，还要将更换工具和换模产生的计划停机时间考虑在内。这种表格最适用于涉及工具磨损和更换的机械加工作业，但同样也适用于需要将换模时间考虑在内的注模、冲压等作业。此外，生产能力表还是识别瓶颈作业的有效工具。

生产能力表与多数制造工程师为明确需购买的设备而制作的生产能力规划流程表相似，其主要目的是判断流程中的机械设备是否具备足够的生产能力以满足生产需求。生产能力计算应以可用运行时间、处理每件产品的循环时间以及由更换工具或其他换模需求而导致的时间损失为基础。

制定标准化作业面临的挑战

除了基于上文中提到的各种误解而制定标准化作业的情况外，其他挑战包括试图将整个"职务"标准化，而不是标准化职务中的具体工作及试图将含有变异性的工作任务进行标准化等。在当今企业中，我们经常看到一名员工执行多项任务的情形。

比如，一名员工的主要生产任务是生产某种产品，但与此同时，他还需要拿取必需的材料以及将成品送往下一作业流程。生产产品这一工作任务相当稳定和一致，因此很容易记录。但是其他任务又如何呢？这些任务随意性很强，或者需多次生产循环后才执行一次。你有何办法将这两种截然不同的工作任务纳入到同一标准化作业图中呢？答案显然是否定的，我们通常不这么做。生产产品这一工作任务是主要任务，同时也是创造价值的作业流程，因此它亟须实现标准化，以创造更高效、可循环往复的方法。在丰田公司，操作员通常无须自己取材料或运送成品，因为他们将这些活动从创造价值活动中分离出来，由专门的员工来负责，如材料搬运人员。同时，丰田公司还把材料运送这一作业流程实现了标准化。

本书第 4 章和第 5 章曾提出，为实现标准化作业流程，需要将变异隔离。下面的一则案例揭示了对内含变异的作业任务进行标准化时所面临的挑战。在这种情况下，我们需要先把流程中的变异分离或隔离，方可将作业流程标准化。

案例分析：一份工作，三项不同的工作任务

本案例中的"工作"是操作两台自动车床，把长钢筋切割并加工成不同的零部件。操作员的工作包含三项截然不同的任务。包含于这三项任务之中的变异使得这份工作几乎无法实现标准化。

第一项任务是执行工作站内质量检查，并处理机器（清除机器上的金属屑、搬运成品）。操作员每小时需要对特定数量的零部件进行质量检查。质量检查是可重复的工作，每小时重复一次（标准的循环时间）。

第二项任务是装载所需的原材料。这一任务同样也是可重复的，但是作业循环时间因生产的零部件和每种零部件循环时间的不同而不同。该工作任务的时间变异介于 1 小时和 2 小时之间。

第三项任务是在出现工具磨损和更换不同产品时，进行准备工作和工具更换。这项工作一般在几小时之内不会重复进行，而且它的变异幅度极大。

这些任务既包含非常稳定、一致的可重复作业，又包括变异幅度大、不一致的作业。当它们组合成一份工作时，很难将其打造成一个可重复的作业类型，因此根本无法实现标准化。此外，每名操作员需要负责两台机器，这无疑使情况更加复杂。如果其中一台机器正在准备过程中，而另一台机器需要材料，那么正在准备的机器只好等待。如果两台机器同时都在准备过程中，其中一台必然会出现等待处理的情况。在很多情况下，由此原因造成的时间损失可能长达数天。另外，如果两台机器都在正常运行，而第一项任务又不足以完全占据操作员的时

间，这同样会造成相当长的等候时间。由此可见，在该工作场景中，操作员和机器都会出现等候的浪费情形。

为了隔离变异，我们对工作任务进行了重新分配。其中，第一项任务分配给了一名员工，由他来负责处理10台机器，并执行质量检查作业。加载材料的任务由一名员工负责，他将负责10台机器的加载任务。此外，10台机器的准备任务由两名员工来负责。这一再分配形式"解放"了一名员工，因此，他们设置了小组负责人这一角色，以对流程提供额外的帮助。

此外，对工作任务的再分配还带来了其他的好处，如两名员工同时从事准备活动，降低了总体准备时间。总体准备时间的减少有助于降低批量、增加运行频率以及减少总体存货等。小组负责人这一职位的设置确保了每个工作岗位每天都不会出现空缺的情况，并且使产量更加稳定、一致。机器上还安装了安灯信号系统，在材料用完之前向材料加载员发出提示信号。安灯系统同时还会对即将发生的准备和工具更换发出预警信号，从而使得操作员可以为即将到来的任务提前做好准备，在实际需求发生前，核查工具和材料是否已经备妥。这些改变将该作业流程的总体产量提高了近30%。

> **误区　标准化作业是ISO要求的操作员手册吗**
>
> 现在，有许多公司追求ISO（国际标准化组织）认证。许多公司都在忙着定义ISO标准，因此，当我们开始实行标准化作业时，毫无疑问会遇到这样的问题："标准化作业是按照ISO的要求制定的流程控制文件吗？"尽管不是ISO专家，但我们毕竟也看到过各企业为了准备ISO相关的烦琐文件而疲于奔命的情形。在ISO审核时，许多企业选择撤下所有张贴的任何标准化文件，以防ISO审核人员唠叨，也有可能是由于对流程的任何改进，都需要更新烦琐的文件档案。我们曾看到一家公司在ISO审核之前，将所有有关标准化作业的文件全部撤掉，而在审核完毕之后，又重新将这些文件张贴回原来的位置（以取悦精益审核人员）。标准化作业是否是按照ISO要求制定的流程控制文件，主要取决于你的解读。
>
> 不要忘了，标准化作业是一种分析工具，它为持续改善创建了一条基

线。它不是操作员手册，也不是提供给操作员的培训工具。它是管理层用来审核和核查一般作业步骤的工具，因此必须不断进行更新。如果你确实将标准化作业当作一份控制作业的文件，则需要创建一个简单的体系，使其成为"活的文件"，并使它易于更新（如只有一个层级的审核程序）。

标准化作业的审核

如前文所述，认为将标准化作业文件张贴在工作场所是为了方便操作员在执行作业时参考的想法是很常见的一种误解。在丰田的作业场所，标准化作业文件是朝着通道向外粘贴的，操作员无法方便地看清张贴的内容。实际上，这些文件是为了方便小组负责人和团队领导者进行标准化作业的审核。

审核会不会像一种强制性的管理手段，迫使人们更视标准化作业为僵硬的官僚制度？在敌对的工作环境中，任何形式的审核都有可能造成冲突和矛盾。但是，在注重消除浪费以更好地服务客户的环境中，对标准化作业进行审核是维持流程稳定性的良好途径，它是管理层与员工之间的一种合作。受流程中出现的问题的影响，操作员经常出现偏离标准化作业的情况（采取一种权变措施，以应对问题）。管理层对标准化作业的审核有助于发现问题根源，以确保快速解决问题，重新建立标准化作业。

> **小建议　允许新方法有调整适应期**
>
> 工作方法的任何改变（标准化作业）都需要有一段调整适应期。由于人们已经习惯了老方法，因此很容易有回到熟悉模式的倾向。比如，当你从手动挡汽车换成自动挡汽车之后，你会下意识地伸手去够挡杆（结果却发现挡杆已经不复存在）。由此可见，在操作员适应新方法期间，有必要为其提供持续的支持。

在丰田公司，通常有两种情形会引发对标准化作业的审核工作。第一种情形是流程中出现问题：什么原因导致了瑕疵？什么原因导致操作员总是落后于进度？比照标准化作业，持续观察操作员作业几个循环，就可以发现问题所在。第二种情形便是到了应审核的时间。丰田公司专门制定了标准化作业审核日程表，就像他们还制定了预防性维修日程表一样。在丰田公司，你无须等到机器出现故障，就可以对其进行维护。同样，你也无须等到操作员出现错误，就可以对标准化作业进行审核。

对标准化作业进行审核有助于发现偏离标准方法的情形。当偏离情况发生时，我们通常会错误地将其归咎于操作员。但是经调查，我们可能会发现，之所以出现偏离情况，是由于某台设备发生故障或产品出现了问题。进行审核的目的就是为了找出问题的根本原因，并及时予以纠正。

丰田公司的许多作业流程都设置了可视化系统，以审核标准化作业。每个工作团队可能都配有一个告示板，上面带有名为"纸芝居"（kamishibai）的卡片。在NUMMI，团队领导者每天都会检查一个作业流程，观察其作业循环，核查其是否符合标准化作业。这样，他们至少每个月都可以将所有工作检查一遍。卡片上包含有关标准化作业绩效和标准化作业文件准确性的常见问题，同时还指出了与标准化作业不一致的地方，并提出了相应的对策。小组内的每个流程都有专门的卡槽，一旦核查完毕，卡片将被移动到相邻的空槽里。当核查出问题时，卡片黑色的一面将会向外放置，表示有问题亟须解决。副经理每天都会检查这些告示板，以确保核查工作的正常进行。他们会从告示板上任意选择一张卡片，拿到相应的标准化作业文件后，便与团队领导者一起对作业流程进行检查。全工厂大约有90个告示板。

现在，你可以将其与其他实行标准化作业的公司进行比较。在其他公司，通常是由工业工程师将标准化作业图填完，并将其张贴出来。有些公司的图表做得相当精美，上面还附带了各作业步骤的照片。他们通常将这些图表张贴到方便操作员查看的地方。尽管没人照其执行，但对参观者而言，这样做却赏心悦目，于是参观者发出了这样的赞叹："他们看起来可真精益啊。"

以标准化作业作为持续改进的基线

作业流程实现初步的标准化之后，真正的好戏才刚刚开始。此刻，我们应当思考的问题是："下一阶段的机会在哪儿？"这个问题比较复杂。我们必须重新思考我们的首要目标——以更少的成本创造更多的价值，换言之，利用更少的资源生产更多的零部件。然而，在谋求改进之前，我们必须先弄清楚改进会带来何种好处。改进必须以需求为前提，而不是因为可能做出改进。改进永远是有可能的！

比方说，如果继续减少准备时间，你将如何处理这些节省下来的时间？降低批量、增加灵活性是否重要呢？或者，你是否需要保持批量呢？我们经常看到企业致力于降低准备时间，结果确实显著地减少了准备时间，然而，由于对节省下来的时间缺乏规划，最终准备时间又慢慢地恢复到了原来的水平。这一现象同样适用于其他改进活动。一旦做出改进，必须及时对流程进行修改，维持改进成果，实现继续改进。改进的水平必须成为新的标准，以继续消除浪费。如果无须维持改进，则所获任何收益终将是昙花一现，不能持久。

> **小建议　新标准需要一段学习期**
>
> 在人们适应新方法的过程中，绩效的轻微下降实属常见的现象。不要急于"重回老路"。继续观察以确保员工按计划遵守新方法，并适时地进行微调。

以生产节拍作为设计参数

许多人对生产节拍和循环时间之间的区别感到困惑。生产节拍并不是一种工具，而是一种用来设计作业的概念，且可以衡量客户的需求速率。其计算方法为：生产节拍＝特定时间段内可用来生产的时间／该时间段所需零部件的数量。比如，你算出的数字显示，每3分钟必须生产一件零部件以满足客户的需求。看起来够简单明了吧？然而，经常有人对生产节拍产生误解。如果作业线生产多种产品，并且需求各异，那么如何确定生产节拍将是一个十分棘手的问题。

举例来说，如果一个班次的可用作业时间为400分钟，而对这种产品的需求为400件每班次，则每个零部件分到的时间（生产节拍）为1分钟。为满足这一需求，每个作业流程的循环时间必须为1分钟或更少。如果循环时间（在某项工作中完成全部任务的实际时间）比生产节拍长，则作业流程会遭遇瓶颈，因此需要更多的时间来满足生产计划。如果循环时间比生产节拍短，就会出现生产过剩或等候的浪费情形。

在这里，如何判断客户的需求成为一个主要的挑战。在多数情况下（除非你是丰田的供应商），需求的变化幅度非常大。在客户需求变化很大的情况下，又该如何来确定生产节拍呢？你必须清楚生产节拍是设计作业的一个"参照点"，想想看，不正确的参照点将产生多大的影响。

首先需要知道一点，如果循环时间——完成任务所需的作业时间——实现标准化，它就不会出现显著的变异。在上文的例子中，机器的循环时间为23秒，而操作员的作业和走动时间为56秒。人与机器人一起作业的时间为75秒，唯一影响这一时间的是操作员启动机器人的速度快慢。这意味着，如果不发生设备停工造成时间损失的情况，流程的产出就会相当稳定。如果需求的变化很大，那么这对作业流程的影响如何呢？没有影响。流程的循环时间的变化不会超过几秒钟。如果需求增加，那又该如何来满足呢？可以通过增加作业时间来应对（比如，如果需求并未增加太多，可以通过加班来解决）。将生产节拍用于参照点并不会改变这一现实。

那么，如何确定客户的需求和生产节拍呢？选择一个高到足以在多数时间满足客户需求的数量。比如，假设客户每月的需求在10 000和20 000之间变化，平均值为每月16 000。你该选择哪一数量呢？这需要依情况而定，但是通常我们建议选择一个较高的数量。原因如下：假设我们选择最高值20 000，并依此来计算生产节拍，必然会得到一个较小的数字（每件分配的时间较少）。然后将此生产节拍与流程循环时间进行比较，以确定两者之间的差距。选择的需求数量越高，所得出的差距也就越大。这一差距就是要实现生产节拍所必需的改进幅度，而改进的潜能则取决于流程中存在的浪费情形。

当你向丰田的精益老师提出这一令人进退维谷的难题时，他会回答说"没问题"，意思是流程中存在的浪费情形非常多，因此所需的改进空间完全可以实现。将客户需求的数量设置得过高存在一个风险，即为实现生产节拍需要付出更大的努力。或许你并不想过分地夸大需求数量（以降低生产节拍）而浪费努力，其实这并不是什么大问题。如果流程的改进超出了实际需求，你可以减少资源，或是增加销售量。

生产节拍是价值流中所有作业流程共同的"节拍"。作业流程平衡图是一种强大的可视化工具，可以帮助我们了解作业循环时间与生产节拍的差距。某些情况下，也可用来回答有关流程生产能力的"如果……将会怎么样"问题。图 6-8 就是用来比较价值流中的循环时间和生产节拍的作业流程平衡图。在本例中，公司希望提高产量，以满足客户可能增加的需求量（只是粗略估计的数量）。他们想知道，假设生产节拍为每个零部件 90 秒，要满足这一要求，需要进行多少改进。从图中我们可以看出，目前有两个作业步骤的循环时间高于预计的生产节拍。

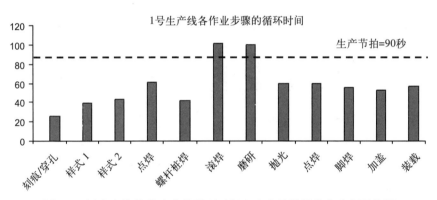

图 6-8　用来比较价值流中的循环时间和生产节拍的作业流程平衡图

如果要对这两个作业步骤进行改进，需要多少改进才能达到作业流程平衡的下一个稳定阶段？图 6-9 显示了作业流程平衡的下一个稳定阶段。在其他作业步骤中，作业循环时间在 60 秒上下的为数不少。将这两个作业步骤的循环时间减至 60 秒，将使得整个价值流实现以每个零部件 60 秒的速率流动。这是否意味着我们应该立即着手追求这一目标呢？实际上，如果我们真的这么做了，而以实际需求为基础的生产节拍高于 60 秒，那么就会出现生产过剩——最根本的浪费情形。

在将这两个作业步骤的循环时间缩短之后，我们判断满足需求所需的实际生产节拍为 80 秒。这样我们就可以对作业步骤进行再平衡，并减少作业步骤的总数量。在这种情况下，在将滚焊和磨研的作业时间减少后，所有作业步骤的时间加起来总计为 645 秒。如果我们用 645 秒除以生产节拍（80 秒），就得出 8 个作业步骤，而非原先的 12 个。因此，通过按照 80 秒的生产节拍进行再平衡，我们可以减少 1/3 的作业步骤。如果这些作业步骤都是人工流程，就等于减少了 4 个操作员（注意：这些"多余"的操作员可以用来建立小组负责人体系，对此我们将在本书第 10 章再做详细讨论）。有趣的是，如果我们按照 60 秒的生产节拍进行再平衡，将需要 11 名操作员（645÷60=10.75）。由此可见，如果无须更快的生产速度，盲目加快速度反而会增加成本。

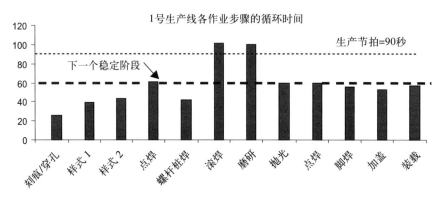

图 6-9 作业流程平衡图（显示下一个稳定阶段）

我们可以借助生产节拍来帮助我们决定如何设计工作，以及需要进行哪些改进以满足需求。如果你选择的生产节拍太长，则无法满足生产需求，这要比选择过短的生产节拍而导致生产过剩更为糟糕（假如你并未追加资源以满足需求）。产量过高时停止生产，总比产量过低时提高产量要来得容易。因此，在你犹豫不决时，我们建议你选择较高的需求和较短的生产节拍。

可视化控制的重要性

在开展标准化的过程中，实施可视化控制是最重要的一步。遗憾的是，它也是精益流程中最容易被忽视的一个方面。我们经常听到有人做出这样的评价："他们只不过是在执行 5S。"或许，这是由于我们经常援引的例子（即在工作区的地板上做标记，以标明垃圾箱等其他物品的位置）被他们视为"愚蠢"之举，是对员工智商的侮辱。另外一个例子就是用来识别物品适当的存放位置或某一位置应存放的材料类型的标志。管理者和员工经常对此做出如下反应:"我们知道那里应该放些什么。"然而,当被问及标准数量、最大或最小数量以及供应流程等具体信息时,他们的回答大多含混不清。

由图6-10可以看出,可视化控制的主要理由是定义预期的"正常"状态(标准),并快速地识别出偏离标准的情形。在上文中我们已经了解到,每一个工作区内都有许多不同的规范、程序和要求。员工不可能将这些东西全部记住,另外,将它们全部记录在笔记本上也无法帮助你实现即时了解。

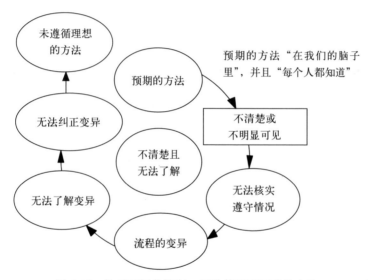

图6-10　缺乏可视化控制,导致使用不正确的方法

一种常见的情形是,人们认为自己"知道"标准,并认为任何视觉展示都是多余的、不必要的。但是经过仔细评估,很容易就可以判断出他们是否真正了解这些标准。要求不同的员工解释其需要遵循的具体方法,看看你能否判断实际状况与预期标准是否相符。下面的案例表明,如果不能快速、简单地核实员工是否遵守了各种标准,就无法发现异常情况,于是异常情况会继续存在下去。

下面的这个案例表明,当人们只是了解标准但并未将其直观显示出来时,会发生什么情况。

案例分析：创建涂装线状态模式的可视化标准

本案例中的分析对象为一条拥有三个不同颜色喷涂室的涂装线。主线可以分为三条支线，以供应三个喷涂室。由于所有分线都源于同一主线，因此装载于生产线的产品必须有正确的颜色和型号组合，以防任一喷涂室因为过载而阻塞了生产线。站在圆圈内仔细观察喷涂线发现，流向一个或两个喷涂室的产品流经常会因另一个喷涂室的过载而受阻。这将导致整个装载流程中断，而且系统数据显示，生产线的总中断时间相当长。涂装系统是整个工厂的限制性作业（涂装作业是全厂唯一一个所有产品都必须流经的作业流程），且整个涂装系统已经达到了生产极限，无疑使问题变得更加严重、迫切。

涂装部门经理和负责装载的员工一致认为，在生产线上装载的产品组合必须适当，双方甚至就应该采取怎样的组合达成了一致。然而，大家都发现，"他们"并未总是按这些规则行事（这里的"他们"带有神秘色彩，"他们"到底指的是谁）。经仔细检查双方约定的产品组合发现，这一理想的方法（尚未形成明确的标准）非常模糊、笼统。让我们来看一下其中的个别陈述："此种类型的产品每小时不得超过两个""产品应当符合下列三种型号之一""这种颜色的产品每小时不得超过6个"。显然，操作员根本不可能记住这些顺序（其中的变量太多了）。即便是有人能够记住，很可能也只是那些整日执行这些工作的人。这就产生了一个问题：一旦出现这些人员缺席的情况，其岗位将无人能顶替，因为这个圈子之外的人根本无法在短时间内弄清楚这些作业规则。

为此，工厂专门将3个熟悉这一作业流程的员工组成了一个工作小组，以开发一套可以满足颜色与型号的所有限制的产品装载模式。该小组几乎花了3天的时间，才最终确定了一个可以满足所有参数和条件的装载模式。如此复杂的模式，其记忆难度可想而知。制定作业规则都如此复杂，难怪操作员经常不遵守这些规则。

这个小组开发出了一个精巧的告示板，在上面绘制了模式图，并要求操作员移动一个以颜色编码的磁铁，以示作业完成。操作员对这一模式做出了积极的回应，因为这一模式的要求明确、清晰，他们也不会再因为未"遵守规则"而受到大声斥责了。涂装线的中止情况明显减少，且每天完成的涂装单位（每个单位包含多个子件）的数量从原来的80个提高到了110个以上。随着操作员对可视化标准的了解逐渐深入，他们又对这个告示板进行了多项改进，进一步明确了各项要求，使装载产品的组合更加均衡化（将在第 7 章中做详细探讨）。

标准化作业是一种消除浪费的工具

制定标准化作业是第一步。它不仅提供了执行工作的标准方法，而且分析标准化作业的过程也将揭示出作业流程中需要消除的浪费情形，而这本身就是标准化作业的一部分。在制定了标准化作业，并对操作员进行了适当的培训之后，必须对作业流程定期审核，以检查员工是否遵守了相应的标准，如果发现未遵守标准的情况，需查明原因。公司应当鼓励操作员提出可以改进流程的建议，并在对标准化作业的修订中将有益的建议体现出来。

一旦制定了相应的标准，应将标准条件通过可视化工具展示出来，以使偏离标准的情形明显可见。上文中有关涂装线的案例中，展示了所有人明显可见、简单易懂的可视化标准的强大作用。只有当这些可视化指标被用来执行可视化控制时，它们才会成为强大的工具，突显标准与实际情况之间的差距（见图 6-11）。遵守明确的标准，可以"拨云见日"，改进无间断流程并提高整体绩效。丰田公司非常重视可视化控制的使用，以确保员工遵守标准。一定要强调"使其可视化"的重要意义。

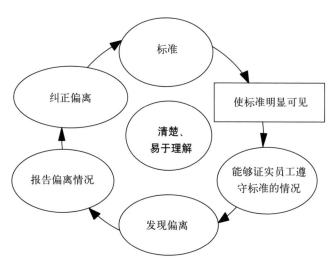

图 6-11 可视化标准为确保员工遵守正确的标准提供支持

反思问题

一如既往，让我们先拿着现状价值流图，亲自到作业现场体验整个流程。如果你已经开始执行改善，并创建了一些明确定义的连接，想必你也已经制定了标准。那么，从展望未来状态入手，在未来价值流图上画出各流程之间明确的连接。

1. 客户的需求确定了吗？生产节拍计算出来了吗？
   a. 找出当前用来监控每个作业步骤实现生产节拍的方法。
   b. 标准是否可以看见，且清楚易懂？如果不是，找出创建可视化标准必需的纠正措施，并将其添加到你的行动方案中。
   c. 是否衡量和记录了生产节拍标准的执行情况？如果没有，将此项目添加到你的行动方案中。
   d. 无法稳定、一致地实现生产节拍是流程不稳定的迹象之一。查明流程不稳定的原因，并找出降低不稳定性所必需的纠正措施，使流程至少有85%的时间符合标准（生产节拍）。

2. 各流程之间明确的、指定的和有控制措施的连接是供应商流程与客户流程共同约定的绩效预期（标准）。检查你的流程中的连接，并回答下列问题：
   a. 是否存在对标准的可视化控制？
      i. 期望是什么？
      ii. 应该何时执行？
      iii. 应由谁来执行？
      iv. 如何知道它是否成功完成？
   b. 当前实现目标（满足客户的需求）的能力如何？如果绩效低于85%，找出改进绩效的必备步骤，并制订相应的执行计划。

3. 找出一个无法一致地满足标准的流程。站在圆圈内，观察下列情况：
   a. 工作方法可重复吗（如果由于流程总是中断而导致无法记录作业步骤，则工作方法是不可重复的）？如果工作方法不可重复，列举产生变异的原因，以及稳定流程所必需的改正措施。

b. 作业流程因设备问题或质量相关问题而中断的时间是否超过了作业时间的 10%（不要忽视小问题，如装载、卸载固定装置的难度等）？制订计划以纠正导致流程中断的问题。

4. 在解决了流程中的主要问题，且流程变得可靠、稳定之后，站在圆圈内，继续研究作业流程，找出其中的浪费情形。

    a. 使用标准化作业图记录各作业步骤。

    b. 画一张工作区的图纸，标明每个作业步骤执行的地点。

    c. 指出浪费情形，并制订改进作业流程的计划，以减少浪费。

    d. 使用标准化作业图来说明建议实施的改变，并标明因缩短总循环时间而减少的浪费情形。

    e. 减少浪费（并缩短循环时间）对总作业循环和无间断流程有何影响？

5. 在第 5 章的反思问题中，你测量了每个作业步骤的循环时间。找出价值流中妨碍无间断流程的作业流程（超过生产节拍的作业循环时间，或者超出其他作业循环时间的作业流程），使用标准化作业分析工具，减少这些作业流程中的浪费情形。

The Toyota Way Fieldbook | 第 7 章

均衡化：向乌龟学习，不要像兔子

均衡化的矛盾

丰田模式中充满了各种各样的矛盾，其中最有悖常理的一个是均衡化的矛盾：缓慢而稳定胜过快速和不稳定，正如龟兔赛跑这则寓言故事讲述的道理一样（年长一些的丰田生产方式大师们经常引此为例）。乌龟爬得虽然慢，但贵在能够持之以恒，而兔子虽然一开始全力冲刺，但很快便筋疲力尽，而且还停下来打了个盹儿。在人们的工作方式方面，类似的情况也屡见不鲜。为了能够按时完成任务，人们不辞辛苦、拼命工作，但在任务完成后却又懈怠下来。丰田公司总是偏好缓慢但稳定的工作节奏。

除了稳定的工作量之外，均衡化的另一个方面是稳定的工作组合。在某些方面，这一点更加令人难以理解。在制造领域，如果你正在生产的零部件不止一种，比方说零部件 A 和零部件 B 的生产任务各占 50%，你自然会选择先大批量地生产零部件 A，然后再大批量地生产零部件 B。如果在零部件 A、B 之间进行切换还需要花费一定的准备时间，那么这种生产方式将更具有吸引力。尽管如此，丰田公司仍然倾向于将零部件 A、B 的生产交替进行，即 A、B、A、B……

这种均衡化的产品组合，与真正的单件流非常接近。

近年来，"按订单生产"非常盛行。诸如戴尔之类的公司在此方面居于领先地位，他们完全依据客户通过因特网下的订单来安排生产，几乎没有任何成品存货。遗憾的是，对装配业公司管用的方法不一定适用于供应商。戴尔希望供应商能够保持相当数量的存货，但是为此供应商必须花钱在戴尔装配厂附近租赁仓库。从丰田模式的视角来看，戴尔公司并未解决问题的根源，只是将问题转移给了其他公司。这必将在非精益的价值流中暴露出来，并最终导致供应商一方的成本提高、利润降低。

也许有人会问："如果丰田真正地实现了精益，它会不会像戴尔公司那样，完全按照客户订单依序生产呢？"毫无疑问，答案是否定的。客户下订单往往不稳定、难以预测。然而，丰田生产方式的基础却是稳定、均衡化的生产计划表。丰田公司还有一个与此相关的矛盾，即为了获得精益价值流，有时需要维持最昂贵的存货——成品存货。这样不仅可以确保按订单发货，还有助于创建一个均衡的生产计划表。在本章中，我们将讨论均衡生产计划表的原因和方法。

均衡化为资源规划提供了标准化的核心

如前文所述，"均衡化"这一术语的含义是"使均衡"或"使平稳"。与其他翻译过来的词语一样，译词往往会在概念意义上有些缺失。在大多数精益参考书目中，其含义是将特定的时间段内的产品组合平均化，以实现每天（或每数小时）都生产各种零部件的目标。客户通常并不是按照特定的批量来订购的，但公司却经常进行批量生产。因此，均衡化的概念是进行较小批量的生产，尽量与客户的实际消耗保持一致。

但这只是均衡化概念的一部分而已。将流程向理想的平稳生产推进，同样有助于流程实现最高的灵活性，并对不断变化的需求做出及时的反应。

我们从未见过客户每天都订购相同数量的相同产品组合。如果实际情况真有那么简单该多好啊！不断变化的需求为价值流带来了许多问题，即如何确保资源的分配与不断变化的需求保持一致。如果需求的波动幅度较大，那么就需要维持更高水平的存货，以适应需求的波动。当需求处于高峰时，设备的生产能力将略显不足，但是当需求处于低谷时，设备的产能又将处于过剩的状态。所需资源的数量通常设定在较高的水平，以满足处于高位的需求，而当需求下降时，又会发生资源过剩的情况。

客户需求的波动产生了"牛鞭效应"。擅长使用牛鞭的人只需轻轻抖动手腕，便会在鞭子的另一端产生巨大的破坏力。同样，末端流程的客户需求即使发生很小的变异，都会在整个价值流中产生涟漪，其影响在后续的每个作业步骤中不断增大。这种牛鞭效应对处于价值流末端的供应商或子流程的影响尤为明显。这一逐渐扩大的影响导致需要更多的资源（和成本），以满足更大幅度的波动。

这种情况使实行标准化作业更加困难。记得在标准化作业中，我们试图基于生产节拍（客户需求的速率），精确地平衡各作业步骤之间的工作任务。如果生产节拍随着牛鞭而上下起伏，那么工作任务的平衡和标准化作业每天都将出现剧烈的波动。当生产节拍总是不断变化时，怎么可能将作业标准化呢？这就需要第二种形式的均衡化：为了价值流的内部效益，迫使自己实行均衡化（同时向外推进到供应商）。这种需求的均衡化形成了一个标准化的核心，所有的资源需求都将以此为基础，并与之保持一致，如图 7-1 所示。

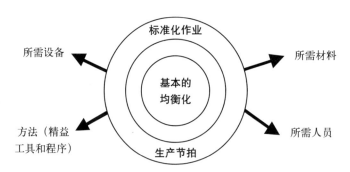

图 7-1　基本的均衡化是所有资源规划的核心

为什么迫使自己实行均衡化

生产均衡化是一种强加给自己的选择。我们之所以说"强加给自己"，是因为这是实行者有意识的选择，并且愿意承担这一选择所带来的负面影响。生产均衡化是指按照精确的时间安排，以小批量的形式灵活地执行各种产品的生产循环。这种灵活性对流程的要求极为苛刻。任何导致生产延误的问题都将立即在流程中显现出来，并导致无法完成生产计划。

比如，根据产品类型的生产均衡化需要每天以小批量的方式生产各种产品，即需要不断地在不同产品之间切换。更换材料、更换固定装置等必然需要一定的时间，因此，产品切换的时间就是损失的生产时间。如果切换流程并未实现标准化且精确度不够，大量的切换必然会导致生产损失，进而导致无法完成生产计划。从传统的大规模生产视角来看，任何生产时间的损失都是件坏事。而从整体精益体系的视角来看，小批量生产却是件好事。一旦选择了均衡化生产，除了降低切换时间之外，你将别无选择，因此必须实行有控制的、标准化的切换流程。

有些人不喜欢实行生产均衡化，因为将如此严格的要求引进到流程中，必然会带来执行压力，甚至存在无法完成生产计划的风险。规避风险是人类思维的本能反应，像这种刻意制造风险的做法有悖于常理。而这恰恰是丰田模式的精髓之处：我们必须使自己处于风险之中，当然这并不是随意而为之。它迫使我们精心地设立制度、勤奋地工作并对流程实行规范化的管理，以将风险降到最低水平。我们必须认识到，一旦我们决定实施精益，这将是我们终生的目标，要想实现真正的精益，需要我们坚持不懈地努力。

那么，我们为什么还要迫使自己实行这一制度呢？观察任何一个普通的作业流程，我们经常会听到"泡沫""波动"等字眼，意指需求的变化或价值流中的工作量的变动。许多管理人员花费了大量的时间来管理这些波动——试图通过调整资源的平衡，不断地解决由剧烈的波动而引发的各种紧急问题。他们总是期盼着能有一天可以赶上波动，使一切重返"正常"状态。遗憾的是，他们犹如身陷大海，总是一波未平，一波又起。这种连续不断的逐浪，不可避免地影响了对改进流程的投入。于是，管理层往往将更多的精力投入到遏制问题的发展中，而不是对作业流程的改进中。

平稳上游流程的需求

如果你面临的需求稳定一致，那又如何呢？这对你的流程有何影响？将一致的"客户"需求信号（这里之所以加引号，是因为均衡化针对的并不是"真正的"客户需求）引入价值流可以对整个流程起到稳定作用。平稳的流程使得我们可以对资源实行标准化，这极大地简化了流程的规划和控制。

让我们再来回顾一下本书第3章介绍的价值流模型，如图7-2所示。图中显示，未来价值流图中拥有一个均衡化"告示板"或"提示箱"。这是对均衡化的生产计划表进行可视化展示的一种常见方法。告示板上的每一个插槽都代表一个特定的时间段（比如上午8:00~8:15），在此期间，材料搬运人可以拿起一块看板，将其作为下一个订单交给先导作业步骤，并将依据上一个订单生产出来的产品取走。在实际生产中，有很多方法可以做到这一点，比如，每隔一小时就将订单粘贴到告示板上。尽管具体做法各种各样，但殊途同归，所有方法都是为同一个目的服务的——显示递送订单与收货之间的"节拍"时间，以及节拍时间内需要生产的数量。这是支持流程均衡化的一种机制。借此，先导作业步骤可以全天候地了解到自己是否领先或落后。

如果价值流的先导作业步骤遵循这一生产计划，会发生怎样的情况呢？先导作业步骤将消耗掉完成任务所需的零部件，然后从零部件超市中"提取"相应的零部件。由于先导作业步骤达到了均衡状态，提取也将实现均衡化。比如，在先导作业步骤有三种装配用的零部件——分别称为A、B和C，每种零部件分别用于不同的终端产品。如果各种终端产品的装配均实现了均衡化，那么A、B、C三种零部件的消耗也将实现均衡化，即A、B、C三种零部件的消耗将实现顺畅的循环。这使得我们可以在零部件超市中，将A、B、C三种零部件的库存维持在最低水平。反过来说，如果装配工人突然一整天都只使用零部件A，但供应商只在零部件超市中存储了零部件A一天用量的一部分，那么该装配作业将因缺乏零部件而中止。因此，一旦将生产系统实现了均衡化，就必须遵守均衡化的流程，否则，你将遇到零部件用光的问题。在补充零部件超市的生产启动之后，流程便会从超市中提取原材料，同时向供应商发出补货信号。同样，如果先导作业步骤实现了均衡化，那么发给供应商的信号也将达到平衡，从而减轻声名狼藉的牛鞭效应——客户工厂为了自己的便利，而自行改变生产计划，造成供应商的作业发生剧烈波动。实行了均衡化生产之后，供应商便可以清楚地知晓客户对它们的期待，并且能够充满信心地做出生产计划。现在，它们可以平衡资源以与已知的生产节拍保持一致，并且可以通过改进质量、降低成本来变得更加精益。

第 7 章 均衡化：向乌龟学习，不要像兔子 149

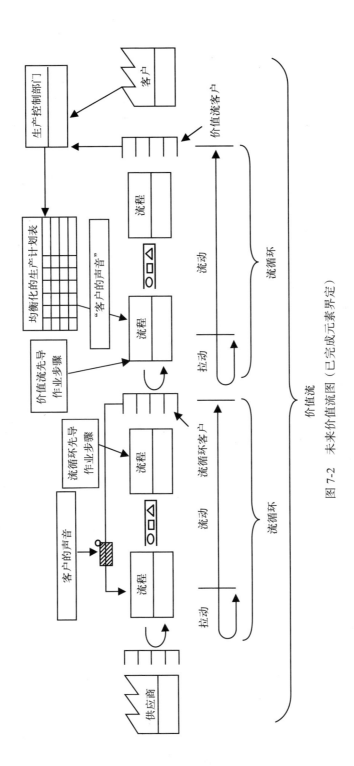

图 7-2 未来价值流流图（已完成元素界定）

我们经常听到有公司辩解说它们无法将流程均衡化，原因是客户的作业流程并未实现均衡化，因此，很难保证稳定的需求。其实，即使客户的作业流程未实现均衡化，生产控制部门仍然可以创建第一个流循环的均衡化的生产计划表。值得注意的是，生产控制部门拥有两个信息来源，可供其创建均衡化的生产计划表：其中一个为直接来自客户的信息——"按订单生产"的信号，第二个是来自成品超市的信息——"存货式生产"的信号。在精益生产方式中，经常使用这种方式来处理多种类的产品组合。对于客户需求量较大的产品一般采用存货式生产——将产品存储在零部件超市中，在交付给客户之后，通过看板系统进行补货。对于种类较少、不太容易预测的产品往往采用按订单生产的方式进行生产。在这种情况下，生产控制部门关注的是真实客户订单的流入量和来自超市的看板订单。通常还存在第三种安全缓冲存货，如果真实订单或看板订单无法满足一天的生产任务，则可以对其进行补货。通过将各种订单进行组合，生产控制部门就具备了创建均衡化的生产计划表的工具。

除了创建生产计划表外，通常不需要进行额外的外部计划安排或规划。对于存货式生产的产品，客户的需求（通过零部件超市来体现）对所有人明显可见。看板系统可以用来展示存货状态，并且可以用作控制正确数量的有效工具。看板可以置于一张告示板之上，直观地呈现存货的反向关系——每个看板代表存货一定水平的减少。按订单进行生产的产品同样也可以置于告示板上，以便可以清楚显示正在依据真实的订单生产的具体产品，并及时地对超市和安全库存进行补货。这样，确立优先事务的工作就变得简单而明了。丰田公司经常宣扬的"操作员可以自行安排他们的工作"，指的就是这种情形。操作员并不是在进行传统的计划安排——预测应当生产何种产品、何时生产——他们只是简单地利用可视化系统提供的信息和明确定义的决策流程来安排他们的生产。

如何创建基本均衡化的生产计划表

真正均衡化的生产计划表拥有稳定的节拍，每天都可以进行多轮循环，这是更为高级的精益实践。在本书第4章中我们曾提及，在稳定化阶段，必须实现最低水平的均衡化，这样才能为计算生产节拍和创建最基本的无间断流程创建基础。在初始阶段，节拍时间通常较长，往往以天为衡量单位，这是稳定性的基础，但它并非不可实现的挑战。过早地缩短生产节拍可能会浮现太多的问题，从而导致系统难以维持。

除了节拍时间的增量之外，还可以对以下三个方面实行均衡化：

1. 产品数量（产量）。这是指在明确的时间段（生产节拍）内，必须生产出的特定产品的数量。

2. 产品组合。这是指在生产节拍时间之内生产的各种型号产品的比重，亦即产品 A、B、C 等的数量。

3. 产品顺序。这是指产品数量和产品组合的生产顺序，可以是先生产一种型号，再生产另一种型号，如 A、A、A、B、B、B、C、C、C，或各种型号的产品间隔生产，如 A、C、A、B、A、C。

上述三个方面是按照实行均衡化的难度从小到大的顺序依次排列的。你或许需要从创建简单的产品数量和组合的均衡化开始，且初始阶段的节拍时间可能较长，如一个轮班或一天，具体情况依你的起点不同而定。众所周知，大家都在追求理想的单件流，并将井然有序的均衡化视为精益的缩影，但是这一目标对你而言可能太过遥远，主要取决于你的工厂的当前状态。毕竟，丰田公司花了 50 年的时间，才获得今天的成功，并且在很多方面，他们仍然在努力实现真正的精益。关键在于要敢于挑战自己的能力，只有伸展得足够广，才能获得较大的改进，但是需把握好分寸，防止出现伸展幅度过大而导致全盘失败的情况。

> **小建议　找出最重要的产品，以获得最大的收益**
>
> 　　由于某些产品的需求极低，或只是零星地出现，因此，对所有的产品都实行均衡化可能不切合实际。在开始分析各种产品，以确定实行均衡化的具体产品之前，或许有必要先隔离变异（参见本书第 3 章），或使用我们称之为"切片和切块"（slice and dice）的隔离技术（我们将在后面对这一技术进行详细探讨）。找出关键领域的关键产品，并从这些可以获得最大收益的产品开始实行均衡化。

首先回顾一下每一具体产品在过去 12 个月中的实际产量或销售额，由此我们可以确定高、低和平均需求量。我们可以将实际数字绘成图，以获得直观的视觉展示。这种方法要强于普通的数字罗列，因为这样更容易看出需求的"加权平均值"。简单的高低起伏形成高峰，但是多个高峰可能会扭曲平均值。因此，将实际数字绘制到图上，可帮助我们一眼看出最合适的均衡点。

平均需求量的最终定夺带有一些主观色彩。通常而言，丰田公司会选择需求高峰80%左右的水平作为平均需求量（除非该高峰是一个被隔离的变异），因为80%和100%之间的差距可以通过加班的方式（每周8小时）来解决。确定平均需求量是为了计算生产节拍。在第6章中，我们谈论了将生产节拍用于设计作业参数的情形。在决定平均需求量时，如果你对80%这一水平心存疑虑，最好选择稍高一些的平均需求量。在实际生产中，你所假定的每日需求量要么过高，要么过低，要么就正好（可能性不大）。问题在于，由于生产中变异情况的发生（云雾），在初始阶段很难确定正确的平均需求量。待流程稳定之后，"云雾"就会慢慢散开，正确的平均需求量将变得更加明显，也更容易做出调整。

> **误区** 避免由于考虑因素太多而在决策上优柔寡断
>
> 在这里，如果你试图找到一个正确的平均需求量，那就很容易陷入"优柔寡断"之中。有几个因素使我们不可能找到正确的平均需求量。首先，正如人们对共同基金的评论一样，"过去的表现并非未来表现的保证"。我们通常根据过去的结果来制订未来的计划，但是过去和未来将会有所不同。其次，大数法则告诉我们，观察的数据越多，任何一个点对整体的影响就越小。在分析产量年度汇总时，零星出现的峰值对于整体平均值的影响会变小。用外行的话来说，就是通过查看足够大的样本，便能过滤掉其中的"噪声"。再次，你正在分析的信息有可能是有错误的。它可能无法显示真实的需求，这些订单只是为执行"需求"，而通过物料需求规划（MRP）系统内部生成的数据。这些订单的数量受诸多因素的影响，而且这些数量未必反映真实的需求。最后，你将在后面看到，当你试图将全部产品组合均衡化时，必须进行一些轻微的调整，以实现有效的平衡。我们的建议是，为每个产品选择一个看似正确的平均需求量，然后开始对流程实行均衡化。我们可以保证，无论你分析得如何仔细，适当的调整都在所难免！

> **小建议　找出均衡化生产模式的倍数**
>
> 最佳生产模式以2的倍数为基准。这样可以得出每天、每2天、每4天，最多每6天的稳定形态。如果某个产品的每天需求量乘以6仍然太小而不可行的话，你就得降低准备时间，或将其转移到"其他"类别中，直到准备时间得以降低。在接下来的例子中，我们为需求量只及每日生产型产品需求量的1/2的产品创建了每2天的生产模式，为需求量只是每天生产型产品1/4的产品创建了每4天的生产模式。

均衡化的第一关是清除与"逐浪"相关联的浪费情形，这将有助于挖掘出一些工序的潜在生产能力。许多公司发现，初步的均衡化工作就可以令他们"赶上"订单，并且，按照最初的假设，他们现在已经是在过量生产了。如此一来，他们可以减少资源的投入，或是增加销售量（如果可能的话）。

让我们来看一个具体的例子。表7-1中的数据是根据某种真实情况简化而来的，但是这里所涉及的概念同样适用于更为复杂的情形。在本例中，我们将对10种零部件进行均衡化，分别命名为A～J，每一种零部件的需求各异。该流程同样还生产其他零部件，但是这些零部件的需求量极低，加在一起的每天平均需求量仅为125件，因此无法对单件零部件实行均衡化，只得把它们作为一个整体来处理。对所有产品（其中包括其他零部件）的每

表7-1　各项零部件的需求量

零部件	每日平均需求量
A	250
B	220
C	210
D	128
E	125
F	75
G	60
H	45
I	45
J	35
其他	125
总计	1 318

日需求总量进行均衡化。实际上，其他零部件的种类和数量经常发生变化，如果实际需求多于或少于计划之数量，我们可以通过增加或减少总运行时间来进行调整。调整不会对A～J零部件的均衡化效果产生任何影响。

根据这些要进行均衡化的产品的需求量，我们制定了一个生产模式，以使换模时间（虽然我们对换模流程进行了改进，但是目前其所需时间仍然高于期

望值)的影响降至最低。具体的生产安排如下：A～C零部件每天均进行生产（ED），D～F零部件每2天生产一次（EOD），而G～J零部件则需每4天生产一次（E4D）——是的，我们知道目标应该是每天都生产每种产品，但是我们还没有达到那种状态!

表7-2展示的是一种可能的均衡化模式。为了便于取整，我们对每日的需求量进行了微调，从1 318调整为1 325。如前所述，这样做无关紧要，因为其他零部件的需求量本身也会发生变动。这一形态分布更加均衡，并且每天都可以生产一些其他零部件，不过，有些天里其他零部件的产量会比较低。如果其他零部件的平均订单量超出这些数量，那么我们可以考虑采用另一种形态。

表7-2 可能的均衡化生产模式

	第1天	第2天	第3天	第4天	第5天	第6天	第7天	第8天
A (ED)	250	250	250	250	250	250	250	250
B (ED)	220	220	220	220	220	220	220	220
C (ED)	210	210	210	210	210	210	210	210
D (EOD)	256	0	256	0	256	0	256	0
E (EOD)	0	250	0	250	0	250	0	250
F (EOD)	150	0	150	0	150	0	150	0
G (E4D)	0	240	0	0	0	240	0	0
H (E4D)	0	0	0	180	0	0	0	180
I (E4D)	180	0	0	0	180	0	0	0
J (E4D)	0	0	140	0	0	0	140	0
其他	59	155	99	215	59	155	99	215
总计	1 325	1 325	1 325	1 325	1 325	1 325	1 325	1 325
目标	1 325	1 325	1 325	1 325	1 325	1 325	1 325	1 325

注：ED=每天；EOD=每2天；E4D=每4天。

表7-3展示的是另一种生产模式。这种生产模式将更多的ED和EOD放在同一天生产，ED零部件是每天必须生产的产品，EOD和E4D根据流程的需要进行交替生产。比如，在本例中，所有的EOD零部件都在同一天生产。当然，还可以有其他的生产模式，但无论何种形态，目的都是要达到表内各行的最佳平均量，即针对各个零部件进行均衡化，以及达到表内各列的最佳平均量，即针对每个节拍时间增量内的产品数量和产品组合进行均衡化。具体的生产顺序依据生产模式中所列的顺序执行（由A至J）。每种生产模式都有特定的循环周期，这

样便可以确保整个流程在一定时期内维持均衡化状态。本例中的生产模式的循环周期为 4 天，即每个产品每 4 天的产量达到均衡（总产量相同）。丰田通常以月为单位，但是其生产模式的重复周期通常为 1 天的倍数。值得注意的是，汽车装配主线生产模式的循环周期通常较短，具体情况以特定的汽车组合而定，但是对于以供应超市或选择性存货仓库为主要目的的支持性作业线而言，其生产模式虽然是由主线的生产模式衍生而来的，但是又与其有所差异。

表 7-3　另一种均衡化生产模式

	第 1 天	第 2 天	第 3 天	第 4 天	第 5 天	第 6 天	第 7 天	第 8 天
A（ED）	250	250	250	250	250	250	250	250
B（ED）	220	220	220	220	220	220	220	220
C（ED）	210	210	210	210	210	210	210	210
D（EOD）	256	0	256	0	256	0	256	0
E（EOD）	250	0	250	0	250	0	250	0
F（EOD）	150	0	150	0	150	0	150	0
G（E4D）	0	240	0	0	0	240	0	0
H（E4D）	0	0	0	180	0	0	0	180
I（E4D）	0	180	0	0	0	180	0	0
J（E4D）	0	0	0	140	0	0	0	140
其他	0	225	0	325	0	225	0	325
总计	1 336	1 325	1 336	1 325	1 336	1 325	1 336	1 325
目标	1 325	1 325	1 325	1 325	1 325	1 325	1 325	1 325

注：ED=每天；EOD=每 2 天；E4D=每 4 天。

注意，在第二种生产模式中，第 1 天、第 3 天、第 5 天和第 7 天的产品数量超出了每日的目标量，但这算不上什么大问题，因为超出量并未超出合理的限制范围（通常，最多为 10%）。在处理实际需求量时，很多情况下，得出的数字并不像本例中的数字那么平均。在初次尝试均衡化时，尽可能得出更接近的数字即可。当你有机会按照均衡化的生产计划表进行生产时，你会更清楚地了解真正的需求量，然后以此为根据对生产模式进行相应的调整。

计算出一个均衡化的生产计划表要比依据该计划表进行生产容易得多。一开始，你很可能会遇到阻挠你按计划生产的障碍。我们需要对这些障碍进行系统的识别和纠正，以便实现流程的稳定性（追踪导致无法均衡化的原因，并使用解决问题的方法予以清除）。现在，均衡化的生产计划表应当被视为"客户的声音"。然而，它并不是真正的客户，只是一种明确的协议，代表的是为了你的流程而被均衡化的客户的需求。

既然它是你的"客户"，你应当衡量并记录自己满足客户的能力。一旦出现你无法实现规定的产品数量、产品组合或产品顺序的情况，就等同于你"未履行订单"（也代表一位不满的客户，尽管你可能履行了实际的所有订单）。你必须训练员工将均衡化视为客户的声音，并将其当作价值流的主要目标之一。

渐进式均衡化和高级均衡化

恭喜你！达到精益之旅的这一阶段，你便可以开始享受精益的真正乐趣了。各个流程已经达到了稳定状态，并且已经建立了相互的连接，流程中出现了价值流，改进也实现了标准化，此时，你就可以开启持续改进的循环。没错，你需要再次开始新的循环，一次次循环往复，永无止境。好消息是，持续改进的螺旋循环模型中的每一个后续循环都会变得更加容易，因为你已经完成了大部分基础学习，并克服了变革的阻力。从现在开始，你所做的任何改进都将为整个流程带来直接的益处，换言之，与以往对整体结果毫无影响的"零星的"改进不同，此刻做出的改进将影响整个价值流的结果。

坏消息是，从此刻起，改进过程将是一个不断"紧缩"和提炼各作业步骤的持续循环，以降低提前期、提高灵活度和生产能力、降低存货水平以及强化企业的长期地位。现在，改进结果将是渐进式的，也就是说，由于对标准化流程的改进可以在已明确的部分发生，因此，改进的结果将是预先确定的改进量。由于整个系统已经确立，因此可以识别出理想的成果，且结果也有一定的保证。

这一方法将对整个价值流施压，最薄弱的环节将会出现问题，导致流程不稳。当流程中的薄弱环节被检测出来后，我们便可以集中资源解决这些问题。如本书第3章中持续改进的螺旋循环模型（见图3-4）所示，这一改进流程将不断循环往复，并且每一轮循环揭示出的问题也变得越来越小。由此可见，这是一个好消息、坏消息兼具的情境。坏消息是，这些问题越来越难以纠正。好消息是，流程中的改进将越来越重要，并且你的能力水平也会随着问题难易度的增加而提升。

渐进式均衡化

在价值流实现连接之后，我们应对流程中个别的点实行渐进式的紧缩流程。还记得如果先导作业步骤的生产速率改变，将会有何后果吗？它将为价值流中的所有其他流程树立一个新的速率。现在，如果我们对均衡化的生产计划表中的产品组合进行了调整，那么所有的流程都将进行相应的调整，以支持新的产品组合。

对价值流采用这种形式的渐进式均衡化或挤压会迫使所有流程都必须进行相应的改进，这种改进是一种有计划的、受控制的过程，它将以特定方式逐渐推动持续改进。比如，如果零部件超市中的存货减少了，它对供应流程的影响应当是可以预见的。它可能会导致更加频繁地换模，从而迫使我们进一步缩短换模时间。价值流中标准元素的每一个变化都将迫使所有流程进行改进，并带来特定的、预先确定的结果。

控制点

在价值流中，存在一些具体的"控制点"，它们可以影响价值流中的其他流程。由于价值流的各作业步骤之间相互连接，控制点的调整必然导致其他供应控制点的流程也需要做出相应的调整。控制点是价值流中必须严加管理的主要作业步骤，管理控制点不仅可以确保价值流得出稳定、一致的产出，而且有助于你更清楚地理解如何将整个价值流的收益最大化。

均衡化的生产计划表是一个非常重要的控制点，它为创建生产节拍提供了标准的核心。先导作业步骤便是通过这一生产节拍来设定所有其他作业流程必须遵守的节拍。了解控制点有助于管理人员有效地找出并解决流程中存在的问题、推动持续改进的继续进行。

如果先导作业步骤稳定、一致地产出理想数量的产品，能够生产出正确的产品组合，并能遵循均衡化的生产计划表中规定的顺序，那么价值流便可以稳定、一致地满足客户的需求（下一步将是降低成本）。然而，如果先导作业步骤无法达到均衡化的生产计划表的要求，那么需要站在圆圈内进行观察的第一个流程便是先导作业步骤。从这个有利的位置，我们可以判断出先导作业步骤是否获得了适当的材料供应。如果没有，就向上游寻找薄弱环节。如果供应良好，则对操作员进行观察，以判定他是否受到了下游作业的阻隔（规定是不允许出现生产过剩，因此，如果下游流程真的阻碍了先导作业步骤，这将十分明显）。在各流程之间创建明显的连接有助于快速识别出流程的受阻情况，从而简化流程的管理。

存货管理的控制点

存货管理的控制点是看板。减少系统中看板的数量，便能减少存货总量。看板与存货量的减少应当有条不紊地进行，或者通过对流程的改进来进行，或者用来迫使流程产生改进的需求。支持流程所需的存货量可以被作为衡量改进是否成功的标准。可持续的减少存货是流程强大的表现。

存货的周转率同样也会受到看板的影响。如果减少每个看板代表的零部件数量（及每个容器所盛装的零部件数量），看板的循环将会变得更加频繁，从而使存货以更快的速率流经作业流程。降低看板的数量还可以提高补货流程的灵活度，减少工作区的面积和浪费情形。系统中拥有更多的看板反而成了一种优势，这一点看起来有些奇怪。比如，如果一个产品的总库存水平为 2 000 件，使用 20 块看板，每块看板 100 件产品，胜过只使用 2 块看板，每块看板 1 000 件产品。如果系统中只有两块看板，就很难看出需求量，而且每次看板返回时，必须立即补货。

> **误区　将减少存货作为衡量改进是否成功的标准而不是目标**
>
> 许多人将减少存货作为精益活动的主要目标之一。这种做法是不正确的，因为有许多方法可以实现这一目标，其中包括人为地操纵存货量。实际上，我们最好以创建相互连接的无间断流程为目标，将存货作为衡量改进是否成功的标准。我们可以用看板来控制存货，并通过调节看板来衡量流程的有效性。这十分简单。通过看板来进行存货控制是一个标准化作业，可降低错误操纵存货的可能性。

均衡化的生产计划表决定补货作业

除了能够使所有流程更加顺畅之外，均衡化还确定了"节拍"时间。由于在明确的节拍时间内，材料的消耗按照一个标准的速率进行，因此我们可以创建一个明确的材料补货流程。材料补货流程从属于主要的创造价值作业流程，因此，在主要流程的标准化"核心"创建之前，不应尝试确立材料补货作业的"路线"或方法。

下文中的例子展示的是均衡化的生产计划表如何决定材料补货需求，并建立稳定、一致的材料需求。这样我们便可以对材料搬运人的作业进行标准化，其中包括在节拍时间或多个节拍时间内完成的路线。对补货数量进行标准化，并调整每个容器的盛放数量，以匹配每个节拍的要求。为了便于说明，我们假定该流程达到了高级均衡化的阶段，即可以严格按照规定的顺序进行生产，作业总时间为 8 小时，需求总量为 400 件，各种零部件的相对数量比率如表 7-4 所示。

表 7-4　各种零部件的相对数量比率

零部件名称	每 8 小时的产量	比率
A	200	4
B	100	2
C	50	1
D	50	1
总计	400	

根据各种零部件的需求数量和相对数量比率，重复进行的均衡化生产模式（将批量降至最低）应为：ABACABAD—ABACABAD—ABACABAD。

这一生产模式的重复节拍可以通过以下计算方法得出：用作业总时间（8 小时）除以总需求量（400 件），然后乘以每一个生产模式（节拍）生产的数量，即：

28 800 秒（8 个小时）/400 件 =72 秒 / 件

且

72 秒 / 件 ×8 件 / 节拍 =576 秒（9 分钟 36 秒）/ 节拍或 6.25 节拍 / 小时

假设我们需要材料搬运人每小时搬运一次材料（材料补货的节拍），则在每小时的材料补货循环内需要搬运的容器的数量如表7-5所示。

表7-5 每节拍搬运的容器的数量

零部件名称	比率	每小时的节拍数量	每小时的产量要求	每个容器盛放的数量	每个节拍搬运的容器数量
A	4	6.25	4×6.25=25	10	2.5
B	2	6.25	2×6.25=12.5	5	2.5
C	1	6.25	1×6.25=6.25	5	1.25
D	1	6.25	1×6.25=6.25	5	1.25

根据在每小时循环时间内材料搬运的要求，我们可以制定相应的标准化作业，包括具体的运送路线及运送路线上获得服务的其他流程。

> **小建议　根据当前的情况来设定你的节拍**
>
> 除非你的精益之旅进行得非常顺利，否则你绝不能一开始便将节拍设定为1小时。我们建议你采用减半推进的方式。如果当前你的材料搬运节拍为每天一次（或尚未制定节拍），你可以先采取将一轮班作为节拍。等到流程的作业能力提高、精进之后，再逐步将节拍减半。

产品种类繁多时的"切片切块"多维分析法

当你的流程需要同时生产5～10种产品时，均衡化生产应付起来游刃有余。但是，如果需要处理更多不同种类的成品，那该怎么办？有这样一家公司，它声称生产25 000种成品零部件，坚持认为不可做到均衡化。如何对种类如此繁多的产品进行均衡化生产呢？我们必须先采用所谓的"切片切块"多维分析法对其进行处理。这种方法可以将全部产品划分成多个具有相似特征的类别 [你也可以把这看作"分而治之"的方法（divide and conquer）]。

首先进行的"切片"是将具有相同特征和处理步骤的产品划分为不同的价值流"族"。这一分类方法将相似的产品归为一类，且减少了每一切片（类别）里的总体数量——可能由原来的25 000减少到现在的5000左右。将你所有种类的产品和流程看作一个长方形，通过将具有相同特征和处理步骤的产品划分成不同的价值流"族"，可以把这个长方形横切成片（见图7-3）。如果首先对最重要的价值流进行均衡化，便会取得最大的收获。

如果我们再对这些切片进行"切块"（见图7-4），便可以将5 000件产品中最重要的部分分离出来，从而将主要关注点进一步减少。将价值流"切块"同样还可以挑选出流程中最重要的部分，以便我们在精益工作初期重点关注。通常，切块应依据产品的产量来进行。按照这种方式，对产品组合进行分块后，我们一定能发现产品的产量可以分为三类：第一类是需求量最高的产品，第二类产品的需求量大约是第一类产品需求量的1/2，而第三类产品的需求量又是第二类产品需求量的1/2（上一节中所举均衡化例子中的数量是一个典型的例证）。通常而言，第一类中涉及产品的种类相对较少，但是占需求总量的比重却很大。你可能会认为这是帕累托法则（Pareto principle，即第4章中提及的80/20法则）在起作用，完全没错！这一方法可以帮助你将"最重要的少数"从"无足轻重的多数"中分离出来。

在这25 000种零部件中，需求量排在前100位的零部件总计占公司总销售额的35%！把这些产品分离出来，就已是一个很显著的缩减。进一步切片处理发现，最大需求量是排在第50位的需求量的10倍，于是我们决定先对需求量排名前50的（从25 000种产品中挑选出来的）产品实行均衡化生产。在沿着持续改进的螺旋循环进行的过程中，我们会针对具体的部分或层面（切片）进行改进，每完成一个循环我们就会处理下一个切片。在这前50种产品成功地实现均衡化生产之后，便可以促成一个稳定、一致的价值流，随后我们会继续挑选50种产品进行均衡化生产。

将每次进行均衡化生产的数量降低到50个，可以将需付出的努力降到最低，同时也可以使收获最大化。许多人错误地认为如果不能使所有的产品达到平

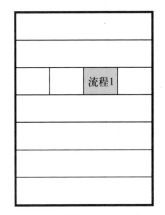

图7-3 把作业流程切片成多个价值流

图7-4 价值流切片，其中一部分已做切块处理

衡，就无法实行均衡化生产。实际上，这是一个很简单的数学问题：100%的产品全部无法实现均衡化生产，与25%的产品100%的时间内均衡化生产，孰轻孰重，一目了然。这不是一个要么有要么全无的命题。

随着作业流程能力的逐渐提高，你可以考虑对更小数量的产品进行均衡化。对所有产品实行均衡化生产可能永远都无法实现。"塞翁失马，焉知非福"，其实这样可能是最好的选择。试想一下：如果75%的产品实现了均衡化生产，意味着75%的资源需求同样也实现了均衡化，你便可以将余下的25%的资源时间（人力和设备）分配给"依需而定"的产品。这样，均衡化生产与非均衡化生产的产品之间就可以实现材料共享，而且你可以轻易地将额外的需求纳入材料补货计算。

案例分析：对一家橱柜定制工厂的工作负荷进行均衡化

这家工厂各个流程的工作负荷波动都很大，波动视产品而定，这带来了许多问题，包括质量不佳（工人们总是赶工造成的）、生产线中断及难以预计的生产计划表。由于产品定制化的特性，工厂认为无法实现流程的标准化作业。

在处理这类性质的问题时，其复杂程度往往令人望而却步。工作负荷的涟漪效应（想象一下，蛇在吞下老鼠之后，腹间的鼓胀缓慢下行的状态）导致各种问题层叠交错、错综复杂。这家工厂曾试图解决一些外围问题（即出现"问题"的地方），并制订了详细的计划，将人力调配到问题比较突出的地方，但是，问题源于生产系统的核心，这样做根本于事无补。其实，他们也认识到了这一点，只不过认为这个问题无法改进，因为每一个产品、每一份订单的订购量及各种零部件（橱柜、门、抽屉）的组合明显不同。在他们看来，生产计划表是由客户决定的，因此他们根本无法将工作负荷均衡化。

为了解决这个问题，第一步要停止将产品视为"与某个零部件相关"或"与某个工作相关"，要立足于作业内容，并根据作业内容对价值流中流程的影响来看待产品。如果能退一步来看，你会发现无论产品本身还是流程都存在一些共同点。在本例中，我们首先找出了多数"作业"或订单中可以影响工作负荷的共同因素，这些因素主要包括橱柜、抽屉、隔板、门及其他零部件和镶边。我们同样还找出了所有产品中能够影响工作负荷的共同特征，其中主要为上漆作业的种类。上漆作业主要有两种：染色和着色。进一步分析表明，这两种上漆作业还可以继续细分。染色有抛光和不抛光之分，而着色则有浅色和深色之分。

仔细观察价值流发现，给产品染色或着色的上漆作业流程是决定生存节拍的先导作业步骤。所有的产品最终都会聚集在上漆作业加载区，并且经过此流程之后，各种产品就变成了已完成的订单产品。对先导作业步骤的工作负荷进行均衡化，不仅可以为后续流程带来平稳的工作负荷（其中包括上漆作业流程），而且可以向上游供货作业流程发出均衡化的信号。

此时，我们会再一次遇到这个问题：当所有产品各不相同时，如何实现均衡化？通过站在圆圈内观察，我们发现，上漆作业的类型、需要上漆的表面面积是影响工作负荷的主要因素。工作人员也证实：抛光染色作业比不抛光染色作业需要更多的工作量，而深色着色作业要比浅色着色作业更难，因为深色着色作业需要"亮光"处理。我们还发现，表面面积较大的零部件需要较长的作业时间。此外，许多零部件虽然表面面积不大，但是由于体积狭小同样需要较长的作业时间。显然，最好的解决办法就是创建一个均衡组合的有序生产模式。但是，当每份工作都不相同时，如何做到这一点呢？

这个团队，尤其是已被这一问题困扰多年的监管员，很难被说服。我们所需要的是一个可变的标准，即制定一个允许变异的标准。我们将对变异方法进行界定，以确保其稳定、一致（标准化的变异）。

对生产数据的分析显示，75%的上漆作业属于染色作业，其他25%为着色作业。抛光染色作业（难度较大的作业）大约占全部染色作业的25%。而着色作业则分布较为平均，其中浅色着色作业（较容易的作业）稍多一些。据此，我们就可以根据上漆作业的颜色和类型，为创建产品组合确立一个主要的均衡化因素。由于每天的实际组合无须与平均值匹配，于是，我们又为该生产模式增加了一些次要的条件。比如，常规的生产模式为：

STU, STU, SOLL, STU, STU, STUB, STU, SOLD, STU, STU

STU=染色，不抛光

STUB=染色，抛光

SOLL=着色，浅色

SOLD=着色，深色

但是，由于浅色着色作业与不抛光染色作业相似，因此它们在该生产模式中可以互换。我们的目标就是在保证各种作业类型的比例正确的同时，尽可能创造稳定、一致的工作负荷。

这一生产模式的第二层次是个别零部件。精益团队判定，由于需要特殊处理，镶边往往是任何工作最先处理的产品。将小型零部件置于工作末端则是因为它们的工作负荷较小，并且可以用于不同工作之间的"间隔装置"，以进行颜色更换等。此外，不同工作之间放置了两个空货架，以隔离出一片区域，防止各种工作相互打扰。我们制定的生产模式妥当地安排了各种工作的产品规格和表面面积组合。与前面的上漆作业一样，某些作业类型非常相似，可以按照规定的情况进行互换（标准化的变异）。

各种组件的生产模式为：边角——橱柜——门——橱柜——抽屉——隔板——门——橱柜——抽屉/门——如有需要，继续重复——其他零部件——间隔装置——间隔装置（下一工作）镶边……

基于上漆作业的类型（由于工作负荷的原因），我们还制定了第二层次的规则。比如，如果橱柜较小，便可以在一个货架上放置两个；如果体积较大，则一个货架上只能放置一个（如果是抛光染色和深色着色作业，无论其大小如何，一个货架上只能放置一个）。对于进行不抛光染色和浅色着色作业的门，一个货架上可以放置6扇，而对于进行抛光染色和深色着色作业的门，一个货架上可以放置4扇。相同的道理也适用于抽屉和隔板。

在本案例中，生产数量很难界定。组件、货架和工作的数量都存在变异。这家工厂曾经设定过每天完成25项工作的目标，于是，尽管工作总量会发生变异，但我们仍将此设为目标。而这些变异可以通过对每天的工作总时间进行微调来解决，因此不会影响到全天工作量的平衡。本例中包含两个层次的产品组合：以上漆作业为基础的第一层次组合和个别零部件的第二层次组合。第一层次的产品组合主要为满足客户的订单和工作量而服务，而第二层次的产品组合则为均衡工作负荷而服务。上漆作业的订单顺序有助于实现工作负荷的均衡化，个别零部件的有序处理具有同样的功效。

这些改变是树立标准化作业和流程的基础。工作负荷均衡化降低了作业线中断的次数，而且使其他作业流程更加顺畅。接下来的连接工作可以使该工厂经常发生的工作堆积情形减少。

在产品定制化的环境下，很难找到一个准确的绩效衡量方法，总是会有一些变异因素，造成衡量方法不准。在这种情况下，必须建立长期的观点，设定更宽的时间窗（比如1个月），这样就能使变异均衡化。换言之，以实现总销售金额所需的总时间作为衡量标准，每月我们都可以看到绩效的改进。如果以6个月为衡量期间，变异可以得到进一步平衡，且可以看到明显的均值漂移。

均衡化需要全企业的共同努力

在试图向各企业传授均衡化的生产模式和方法时，我们最常见到的反应是："销售部门有自己的动机，它在公司始终处于第一位。它销售一切能推销出去的东西，而我们制造部门必须按照它的期望进行生产。但是，销售情况每周的变化很大，变化幅度有时甚至达到了100%。"然而，经过仔细研究数据，我们通常发现，实际需求要比制造部门所看到的平稳得多。

在一家制造多种不同类型文件柜的办公家具制造公司，客户的订单非常不稳定。而公司的政策是100%按订单生产，因此在接到订单之后，制造部门总是像救火一样急于赶工。这导致在生产的各个阶段都产生了大量的存货，并且流程缺乏明确的生产节拍。当被问及给订购文件柜的客户多久的提前期时，他们给出的答案是6~8周。于是，这家公司总是在订单接踵而至之后疯狂地赶工，而却在6~8周的提前期里未进行任何创造价值的活动。为什么不用这一缓冲时间来平衡生产计划表呢？如果存在成品的文件柜存货，至少是高产量的文件柜存货，则完全可以将6~8周的提前期缩短，使生产计划表均衡化，以创造更为高效的流程。实际上，这家公司围绕三大产品系列价值流对生产进行了重组，并使用一些成品产品存货来均衡生产计划表，结果不仅释放了公司1/4的产能以开发新业务，还极大地降低了总体存货水平、提前期和总成本。

要实现一项看似合理的计划，并不像听起来那么简单。家具制造公司不仅需要改变销售人员下单的方式，还要改变配送流程和生产控制部门安排生产的方式。这些任务由不同的职能部门负责，这些部门实行既定的方式已经有多年历史。他们不相信新的生产方式能够行得通，并预言这一方式最终将以失败告终。

克服这些阻力需要对未来状态充满强烈的愿景并得到高层的大力支持。

为了实现每月或每季度的销售任务,销售团队通常设有专门的奖励制度。为了获得奖励,销售人员通常采取打折促销的方式,以期在奖励结束之前完成销售任务,但这样容易导致销售状态起伏不定的情形。在丰田公司,销售团队同样也非常清楚均衡化生产的重要性。尽管丰田公司的制造部门也会经常抱怨销售部门为其带来的麻烦与困扰,但是据我们观察,它们之间的合作比其他公司要多很多。公司高层非常鼓励这种合作,因为他们深知销售模式对均衡化生产计划表——丰田生产方式赖以生存的基础——的重要影响。

从整个体系和企业的角度来思考问题,做起来实属不易。在使生产计划表均衡化——精益体系的基础——的过程中,学会从整个价值流的角度来思考问题尤为重要。

案例分析:对工程单位的生产计划表进行均衡化

大多数知识性作业都具有起伏不定的特性,因此你无法像制造业的作业流程那样,为这些单位创建生产计划表。然而,丰田公司找到了一个均衡新产品设计工作负荷的方法,均衡化程度远比其他竞争对手高出许多。

第一,你需要使作业流程达到一定的稳定水平。丰田公司制定了一个稳定的开发流程,流程中设有明确的阶段,每一阶段都具有标准的时间量和设计时数。

第二,这使丰田可以在计划初期就创建一个有计划的生产计划表,并严格照此执行。大体上,丰田每两年更新一次车型,每四年推出一种主要的新款。鉴于此,并不是所有车都按照相同的方式进行全面更新。它们将其摊开,以便一年中大约有1/4的款式会得到更新。

第三,对于每一款车型的开发计划,丰田都有明确的人力规划。在计划定义阶段,只投入少量的高级设计师,随着计划的逐渐深入,所投入的设计师数量也会逐渐达到峰值,设计完成并进入发布期后,只留下相对少量的设计师完成剩余工作。同样,这一规划也是以丰田在设计流程中的既有稳定性为基础的。丰田的许多竞争对手在发布新款时,总是派遣大批设计人员前往工厂。丰田拥有如此计划周详的作业流程,并且在概念阶段充分完成高质量设计工作,这样就确保了新车型发布的顺利进行，因此，在发布阶段，大多数设计师早已开始了另一款车型的研发计划。

第四，丰田通常借助于其子公司和附属机构来应付计划的高峰阶段，这些帮助既包括由联系密切的合约公司提供的技术人员和计算机辅助设计专家，也包括由供应商、丰田车体株式会社（Toyota Auto Body）等附属公司派来的大量设计人员。如此一来，丰田公司便可以在保持核心设计师在原岗位的同时，灵活引进其他设计师。标准化的设计流程和标准化的设计使得丰田的设计师和参与计划的附属机构的人员实现无缝连接，共同致力于新车型的开发。

第五，丰田对大量的设计信息实行错峰发布的方法。比如，其竞争对手往往将所有车体数据一次性全部交给模具设计师，让他们根据所有的数据资料进行冲压模具设计。而丰田公司则是随着车体每一部分的发展，分批地将车体数据直接交给模具设计部门，而后再由模具设计部门把数据传递给模具制造部门。每个部门都非常清楚，哪些资料可以在下一步骤未完成之前提前公布。这一流程与单件流类似，与大批量的发布车体设计数据的方法相比，更加均衡化。

反思问题

产品数量和产品组合的基本均衡化是建立流程稳定性和无间断流程的必要基础。使用你的现状价值流图作为向导，找出流程中一直无法达到预期状况的作业步骤。

1. 这些作业步骤是否受到外部客户变异的影响？
   a. 每日的需求是否存在变化？
   b. 判定波动幅度（将每日的需求量绘成图）。波动幅度超过10%的变异必须予以降低。
   c. 找出当前调动资源（人力、材料和机器）以应对这些波动的办法，以及你在满足需求方面的成效（对工作效率和交付客户方面进行评估）。

2. 建立"均衡化的生产计划表"需要在前期付出大量的努力，并尽心尽力地维持。
   a. 评估变异的影响，并判断对产品流程实行均衡化是否有所帮助。
   b. 对于目前妨碍你更频繁、稳定地进行小批量生产的问题，你是否愿意投入精力予以解决？

3. 如果你正在实行按库存生产的方式，你应该建立一个成品超市，以缓解客户需求变异所带来的真正压力。

   a. 确定产品的日平均需求量。

   b. 为每一种产品设定一个生产节拍。将需求数量排在前 10%～20% 的产品设定为每日生产产品。

   c. 确定其他产品重复生产的节拍，创立生产模式。思考均衡化流程所需的产品组合和产品顺序。

4. 均衡化的生产计划表就是你进行生产的标准。衡量你在实现标准方面的有效性，消除影响你进行稳定、一致的生产的障碍，以实现均衡化的生产计划表。请注意：不要由于无法实现计划表而改变计划，你应该纠正流程的弱点。

5. 如果流程能够持续保持较高水平的生产能力，必须逐渐提高门槛。评估你的价值流，并思考下列问题：

   a. 你知道你的价值流的"控制点"在哪里吗？

   b. 你是否衡量并管理这些控制点？

   c. 控制点的何种变化会影响整个价值流？

   d. 这些变化如何影响价值流（可能会中断的环节在哪儿）？

   e. 你能否在发生这些变化之前，对价值流中的薄弱环节采取纠正措施？

6. 均衡化为所有资源的合理调配提供了一个"标准的核心"。根据你的均衡化的生产计划表，分配其他元素。

   a. 材料补货：生产设备的所有材料补货作业都是以各个流程稳定、一致的需求作为基础的。这决定了材料补货的节拍，是制定补货策略的基础，其中包括供应商稳定的供货。

   b. 人力：均衡化的生产计划表是确定生产节拍的基础，而生产节拍又是标准化作业的必备因素。为所有作业流程制定标准化作业，并确定所需人员的数量。

   c. 设备：标准化作业同时也是设备需求的基础。基于均衡化的生产计划表，调整设备的需求量，使其与人力和作业相一致。

第 8 章　The Toyota Way Fieldbook

建立一种暂停作业
以解决问题的文化

经常有人问我们："与其他汽车制造公司相比，丰田汽车的质量总是更胜一筹，丰田是如何做到这一点的？"尽管这一问题无法通过三言两语回答清楚，但是可以说，这在很大程度上要归功于丰田的内建质检原则和解决问题机制。在丰田，一旦出现问题，员工会立即暂停作业以解决问题，而不是将问题向后推，留给下一流程来解决。从表面看来，这一看法非常符合逻辑，如果你遇到了问题，最好是立即停下来把它解决掉，以防其再次发生，确保长期的工作效率。而实际上，当人们面对"量化的生产目标"时，他们更为关注的是短期目标，即每天不惜任何代价地完成既定生产目标。大规模生产制度注重的是生产出大批量的产品，而精益生产制度关注的是消除浪费。

实际上，并非丰田想暂停生产线。过多的生产线中断将会严重降低产量和盈利能力，因此，如果频繁地暂停生产线，其后果将不堪设想。如果你奉行的是暂停生产线以解决问题的理念，就必须努力地解决各种问题，否则你将继续面对糟糕的结果。奉行这一理念需要极大的勇气和对长期目标深入的理解。经过多年不懈的努力，丰田建立了一个暂停生产线以获取长期收益的生产方式，并通过创建一个能够迅速识别、反映和解决问题的支持架构，将暂停生产线的负面影响降到了最低。

形成文化

近20年来，人们对质量的要求越来越高。每个人都很清楚，要想在激烈的市场竞争中立于不败之地，必须具有稳定生产高质量产品的能力。企业对六西格玛的兴趣（每100万个产品中只有3个瑕疵品的质量水平的诱惑）至少有助于让企业认识到：在当今社会，提供高质量的产品已经成为在竞争中求生存的必备条件之一。现在的问题不在于是否有必要提供质量优良的产品，而在于"我们如何才能做到这一点"。最佳的着手点就是从自身做起。如果你想学习丰田的经验，首先必须弄清楚丰田如何及为何能取得今天的成就。

图8-1与我们在前面章节中探讨的模型相似，但是在本章中，我们用它来说明出现问题时暂停生产线的必要性。降低单位成本的传统方法令我们形成了永远不要中断生产线的观念，因为在理论上，更高的产量就等同于更低的单位生产成本。根据这种生产观念，生产过程中出现的任何问题都可以稍后再解决，而质量问题由其他检查和遏制工作来负责控制。这一错误的观念使员工们形成一种心态，认为识别问题和找出可能的解决办法并不重要。他们可能知道解决问题的好方法，但懒得去实施，因为上级告诉他们："别担心，在下游生产线会有人来解决这一问题的，你只需做好自己的工作就行了。"在这种情况下，质量控制部门必须承担起找出问题（并揪出相关责任人）的责任，并且，由于质量检查人员往往被视为"警察"或"缉毒人员"，他们一旦将问题上报，就会招致相关员工的憎恨。从长远的角度来看，这种制度不利于员工之间相互协作和相互尊重——而这恰恰是丰田模式的两个非常重要的因素。

图8-2展示的是丰田消除浪费的核心理念。注意，所有的例子都是以同一核心理念为出发点的。如果以消除浪费（这里指的是改善行动造成的浪费）作为着眼点，那么，这一理念的自然延伸便是制定一个一开始就做到高质量的原则。丰田制定了专门的支持制度，为员工提供识别问题和解决问题的工具与资源。当

然，暂停整个生产线的压力使人们产生一种紧迫感，大家必须齐心协力地把问题永久根除，否则生产线将频繁中断，造成更多的浪费。员工们知道，在出现问题时，他们会得到支持，由于不必担心会遭到惩罚，他们可以形成良好的合作关系，共同致力于提高绩效的目标。

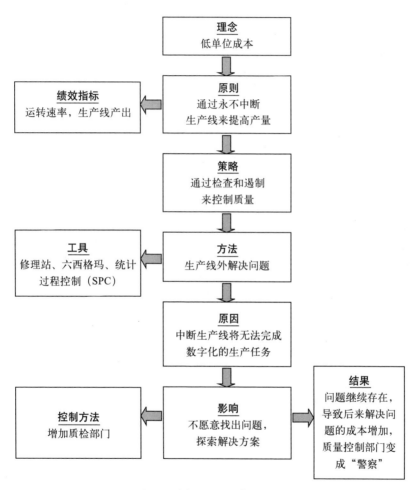

图 8-1　纠正问题的传统方法

根据丰田优异的财务业绩和富于传奇色彩的质量水平来看，毫无疑问，"暂停生产线以解决问题"的方法是行之有效的。然而，由于某些原因，不惜任何代价确保生产线照常运行的观点在许多企业仍然盛行。"文化"往往成了"替罪羊"。那么，如何来改变文化呢？又该如何改变那些从企业创立之初起便形成的习惯呢？

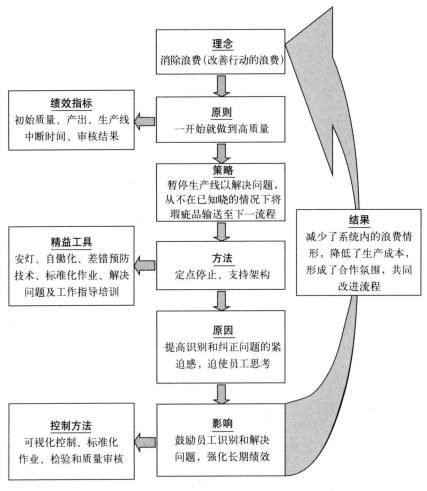

图 8-2 丰田公司的方法：暂停生产线以解决问题

改变文化是个相当大的挑战。在开始改变文化之前，必须明白文化不是一蹴而就的，它是在漫长的时间内沉积下来的。它源于需要，并必须有支持其发展的制度才能形成。如果缺乏支持架构，只能形成一种自给自足的文化，即"人人为己"的文化。

案例分析：暂停生产线不只是拉动信号灯与铃声的绳索

作者：大卫·梅尔

　　下列情景发生于美国一家汽车制造商的某汽车装配厂里，当时，我正在那里向他们传授精益生产的方法。对于一个深受丰田模式熏陶的人而言，这里发生的情况令我难以接受，我感到十分焦虑。正如巴甫洛夫实验里的小狗一样，深受丰田模式影响的人，也会出现条件反射。出现问题时，我会习惯性地去寻找潜在的问题并解决问题。尽管我当时所在的这家工厂并未实行丰田模式，而我也无须对此情况负责，但我还是按照丰田模式做出了反应。

　　在离开丰田后，我意识到自己经常会做出这种条件反射性的行为。每当我参观其他工厂的工作区时，我总是能够在"问题"浮现之前，察觉到潜在的问题和采取纠正措施的必要。令人失望的是，我同样还注意到，工厂的领导者似乎对这些状况丝毫不以为意。我们一起走过已经出现问题或存在潜在问题的作业环节，他们似乎对此浑然不知。我在心里呐喊："等等，这里有问题。必须立即解决它，否则后果将会很严重。"但是，我发现这些问题被掩盖了起来，迷失在"云雾"之中，因此，没有立即解决问题的紧迫性。同时，我还意识到流程中存在太多的问题，令我不知所措。后来我了解到实际上领导层对此也颇为茫然，而且根本没有任何支持架构。问题无处不在，员工们只是勉强支撑而已。就在那时，我真正明白了丰田生产方式的价值所在。

　　我曾为美国三大汽车制造商的一家工厂担任顾问，在考察该工厂的最终汽车装配线（有时我们称之为"金钱线"）时，我发现在副驾驶员座椅位置下的地毯上有一条裂缝。当时，我正和一位监管员站在一起。我的第一反应是赶紧找到一个暂停生产线的方法。当然这里不像丰田，没有任何的信号灯或警示铃的拉绳，于是我将裂缝指给了监管员，等待他做出反应。他看了看，并最终确认地毯上确实有条裂缝，但是，随后他却未采取任何措施。我心里非常着急，同时又感到困惑不已。我问他我们应当怎么做，他告诉我这个问题将在修理区得以解决。我又问他我们是否应当寻找问题的源头，以防同样的问题再次发生，而他只是耸了耸肩，并轻描淡写地回答说："他们可能已经注意到这个问题了。"

　　这是我第一次遇到这种情况，我不知道该如何应对，但是我的内心却异常着急。这是一个非常严重的潜在问题,至少应当暂停生产线,并中止对这辆车的装配,因为一旦继续对其作业,等到维修区时,在此作业步骤之后的所有内部装饰作业都需要被"移除"。据我所知,这种主要的维修作业,不仅成本高昂,而且维修之后的质量水平肯定要比原来低。返工和重新更换内部装饰及座椅很容易造成日后出现"嘎吱嘎吱"的响声,而这是客户最讨厌的问题。

最后,我们彻底离开了出现问题的作业步骤,既没有到生产线末端查看,确保员工发现问题并进行维修(防止问题流入客户手中),也没有去寻找问题的源头,以防问题再次发生。我们就这样离开了。

后来,我明白了许多深层次的问题。比如,如果一位监管员(或其他人)发现了问题并将其指给了相关员工,这名员工可能会向工会投诉,声称这名监管员干扰了他的正常工作。尽管指控最后可能会因为缺乏实质证据而不了了之,但是处理这个投诉远比延后解决问题更加麻烦、棘手。管理层与员工之间的敌对情绪已存在多年,并严重妨碍了双方之间的合作(尽管我确实见过真心谋求改善的个别员工)。因此,如果这家工厂想要实行"暂停生产线以解决问题"的方法,必须改变这种文化氛围。

你不能只是简单地向员工宣布"从今天开始,我们将改变我们的文化",然后就期待着文化突然改变。有许多棘手的问题需要考虑好对策。比如,如何改变那些已在公司摸爬滚打多年,并深谙如何在旧制度下生存的监管员?如何改变评估员工的既有方式和心态?如果根据产出来评估员工,他们会如何回应?你不能简单地决定从今天起,我们将暂停生产线以解决问题,还有许多地方需要你下功夫去改变。

为了有效地树立"暂停生产线以解决问题"的文化和制度,你必须做到下列事项。需要指出的是,所谓"暂停生产线",是指暂停机器或暂停生产流程,亦即发现问题后,立即暂停作业。

1. 弄清楚企业当前的文化及其形成的原因。
2. 树立明确的改革愿景。
3. 注意对员工的尊重。
4. 合理确定流程的稳定性。

5. 制定暂停生产线的方法。
6. 流程必须能够从听觉和视觉上显示出问题所在的精确位置（忘记呼叫系统吧）。
7. 当生产线暂停时，委派专人去解决问题。
8. 界定解决问题的人员的角色和解决步骤。
9. 改变只注重数量的评估方式，使其更加重视内在质量。
10. 传授人们解决问题的方法。
11. 提高问题的紧迫性，使员工认识到解决问题的必要性。

自働化的作用：自我监控的机器

"自働化"一词可以粗略地翻译为"智能机器"，专指机器侦测问题并停止作业的能力。它可以让机器在不需要人员持续直接监控的情况下保持正常运转，并在发现问题时发出警报。幸运的是，当今许多机器制造商都将自我侦测功能融入机器。和丰田的其他许多理念一样，自働化这一理念并不仅仅是指自我侦测并中断作业的功能。

丰田理念的核心思想是尊重员工及他们所提供的价值。只有人才可以思考和解决问题。自动化只是用来减轻员工负担的一种手段，而不能成为他们的主宰。能够自我检测并自动中断作业的机器使人们免除了操作员持续不断地监控机器的负担，使得他们可以更好地利用他们的聪明才智，从事更有益的事情（如创造价值的活动）。

在丰田的肯塔基乔治城工厂（TMMK）流传着这样一则故事：一名记者要报道丰田和这家工厂，但是当他参观完车门装配线和零部件复位线后，他发现这里与其他汽车工厂不同，这里没有使用机器人作业。记者不禁产生了疑问：这样做会不会降低工厂的生产效率呢？TMMK的总裁耐心地解释了机器人的局限性。它们不能思考，不会感觉。而对于车门的安装流程而言，员工对客户需求的感知，并按照客户的要求进行安装是非常重要的一个因素。关车门时，应该是什么样的感觉？应该发出什么样的声音？目前，机器人还无法感知到。因此，虽然使用人工的劳动成本可能会高一些，但是人类的感知功能可以带来更高价值的总体收益。

要想使用自働化，必须了解流程中哪里存在浪费情形。你的流程中是否存在需要员工持续监控的机器？这是否造成了员工等待的浪费情形？为了弄清楚真实的情况，你必须对流程进行仔细的观察。很早之前，人们就已经意识到让操作员站在那里等候机器是一种不理想的状态，于是，很多情况下，操作员会以"忙碌的工作"来填补这段时间。你可能不会发现任何实际等待浪费情形的存在，因此，你需要观察的是在机器运行期间操作员所进行的活动，这些活动是创造价值的活动吗？

请注意流程中是否有机器需要补充原料，但因无人注意到这一点而造成机器闲置的情形？我们经常发现自动进料的机器由于进料卡住或材料用尽而造成机器等待的情形，这也属于一种浪费。我们应当给机器装备感知设备以及能够发出听得见的警报声和看得见的信号的安灯系统，以便在需要进料时通知操作员（最好是在材料用尽之前）。

> **误区　堆叠信号灯可能不是有效的安灯**
>
> 当安灯和自働化的概念广为人知的时候，我们开始看到各家工厂纷纷在机器上"堆叠信号灯"。人们通常将一组五颜六色的信号灯安装在机器上，用作安灯。这一做法存在很多问题。首先，人们常常无视这些信号灯。环顾整个工作区，我们可以看到许多不同颜色的信号灯亮起，但我们却看不到有人对此做出具体的反应。信号灯的大量使用，使人们的敏感度大大降低。其次，对于这些信号灯的含义缺乏统一的界定。当我们询问员工这些信号灯的含义时，得到的答案各不相同。最后，当这些信号灯亮起时，不会发出任何声音，因此很容易被人们忽视。而警报声就不容易被忽略了（顺便提一句，丰田的安灯系统针对不同的问题，会发出不同的曲调，比如，贝多芬的经典曲目《致爱丽丝》代表监管员叫停或生产线中断）。
>
> 遗憾的是，人们错误地认为只要安装了信号灯，就代表他们实行了安灯系统，实现了自働化，但事实恰恰相反，这种情况是未深入理解安灯的目的、不懂得反思其缺点，便盲目应用精益工具的典型案例。在使用任何精益工具之前，我们必须对其评估，以判定所使用工具能否实现其设计功能。

解决问题的循环

在制定任何制度之前,你必须理解解决问题的完整循环,从识别问题到解决问题再到预防问题。图 8-3 直观地描绘了解决问题的循环。在丰田,这一循环非常具有代表性。

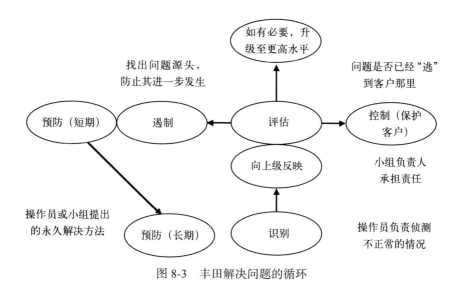

图 8-3 丰田解决问题的循环

一天内,这一循环将会重复多次。问题不断浮现并得以纠正,对生产流程的影响降到最低(我们将在后面探讨"定点暂停"制度,并将在图 8-4 中进行说明)。你可以将这些循环中的步骤视为"连锁事件",每一事件的发生必然会导致后续事件的发生。解决问题的过程就像是篮球比赛时的合作与协调。

识别

这一过程的第一步就是要找出流程中存在的非正常的情形。由于流程已经制定了人人都可轻松辨别的可视化标准(参见本书第 6 章),就不难识别出流程中存在的问题。比如,一名操作员正在执行某项作业任务,但意识到自己无法在规定的时间(生产节拍)内完成该任务。由于整个生产线实行同步的标准化作业,而且地板上也明确地标明了每个作业步骤,因此操作员非常清楚自己能否在规定时间内完成任务。如果操作员在完成作业之前就超出了时间界限,则说明他的进度落后了，必须寻求帮助。

让我们再来看一个有关质量问题的例子。首先，如果员工要判断自己是否生产出了一件瑕疵品，将需要一个比照点——你猜对了，这个比照点就是标准。此外，只要操作员未超过生产节拍，他就可以自行解决一些小问题。这些"规则"也是标准的一部分，同时，这些规则涉及操作员何时必须做出寻求帮助的决策，这对下一步骤而言至关重要，因此必须界定明确的标准。

向上级反映

如果情况超出了事先界定的控制范围，员工必须将问题向上级反映，并寻求支持。他可以通过"拉动绳索"或其他手段来发出求助的信号。丰田公司所使用的安灯装置可以快速地通知专门的支持人员（小组负责人和团队领导者）发生问题的具体位置（工作站）。安灯装置通常使用可以听得见的警报声和可以看得见的信号来显示出现问题的具体位置。

在许多试图实行安灯系统的公司，员工往往不愿意承认他们需要帮助，因为他们害怕自己将要为此承担责任。这些公司的领导者通常根据员工需要支持的频率来判断员工的能力（"好的员工"不会频繁地暂停生产线）。这一点对于树立正确的企业文化至关重要：领导者必须清楚地认识到，他们的职责是为员工提供支持，并最终找出更好的方法，以便每位员工都可以有效地工作。如果员工或领导者心生怨念，那么安灯系统将失去原有的效力。

在领导者对操作员的求助做出反应后，他必须从操作员手中接过解决问题的责任。操作员需要向领导者说明情况，并在领导者明白之后重返工作岗位，继续正常工作。从此刻起，领导者应当承担起遏制问题的责任（他可能需要与工作小组共同协作，以永久性地解决问题）。

评估

在接过解决问题的责任之后，领导者要做的第一件事就是对事态进行评估。这是一个孤立的问题，还是一个主要的问题？如果问题是封闭性的，可以轻松地得到控制，并且领导者已经接管了这一问题，那么他首先需要考虑的是重启生产线或在生产线真正中断之前进行干预。如果问题比较严重，或问题的源头无法查明（如起源于其他部门的质量问题），那么生产线将有可能中断，直至问题得以解除。

如果相关领导者无法立即重新启动生产线，那么必须将问题向上一级反映。当然，这一重复进行的上报循环是根据事先制定的标准来进行的。比如，在小组负责人必须将问题升级并上报上一级领导者之前，他有充足的时间来查明和解决问题。在团队领导者做出反应之后，他也有一定的时间来解决问题，如果仍然未能解决问题，那么他必须将问题上报给经理。随着问题严重程度的不断提升，上报的等级也必须相应提高。这种做法确保了较大的问题得到足够的重视，且更高级别领导者无须处理那些低级别领导者即可解决的小问题。由此可见，领导者的作用是确保解决问题所需的资源能够及时到位，并采取改进行动以防问题再次发生。

控制

这一做法首先要考虑的是将问题控制在工作站内，并确保问题不会流向客户。领导者通常需要检查下游的作业流程，以核查问题是否已逃遁到客户那里。暂停生产线可以有效地控制问题的蔓延。暂停生产线，直到问题得到有效的控制和解决正是这一制度的关键点之一。暂停生产线是一个重大决策，这么做可以使问题立即得到重视，而这正是问题的关键。在传统的生产制度下，暂停生产线将会导致负面的关注，因此大家竭力避免这种情况的发生，或者，即使需要暂停生产线，也会尽量避免引起别人的关注。而丰田模式则不同，从某种意义上而言，它会因问题被迫得以浮现而感到"庆幸"并鼓励员工这么做，因为这样可以确保问题得以解决。当然，这并不是说丰田乐意看到员工犯错，而是当问题原因被查明并得以解决后，大家都清楚，长期看来，这样更有利于流程的健康发展。

遏制

领导者必须查明问题的根源，以便遏制其发展。对于质量问题，领导者需要有条不紊地视察整条生产线，以期找出问题的源头。熟悉流程可以帮助领导者快速定位问题所在。比如，如果某个零部件安装不当，领导者可以直接走到负责安装该零部件的操作员那里，以找出发生问题的根源。如果问题具有很大的随意性，或只是偶尔发生，那么领导者必须逐个检查每个流程，直至找到问题的根源。如果瑕疵品只是随机地出现，那么领导者可能需要在继续寻找问题根源的同时，决定重新启动生产线。这一决策通常需要由团队领导者及以上的领导者做出，具体情况应视问题的严重程度而定。

对问题实施遏制措施的另一个目的是找出问题的相关参数：它何时/何地开始出现，将在何地终止？这不仅有助于查明问题的根源，而且可以确保所有瑕疵品得以矫正。当发现流程中存在更为严重的问题时，需要多位领导者共同协作，每位领导者负责一部分的遏制活动。

预防

在问题得以有效控制和遏制并恢复正常生产之后，工作的重点将转移到预防上。在某些情况下，预防措施只是短期性质的，即这些措施只是临时的，在实施了更为有效的（长期）对策之后，这些措施便会失去效力。为了防止问题再度发生，小组负责人应负责执行这些短期的预防措施。而长期的、永久性的解决方案则需要由整个小组共同制订，所有的小组成员都有责任制订有效的解决方案。由此可见，解决问题的过程通常用来查找问题的根源，并制订有效的、永久的解决方案。

> **小建议**　在实行暂停生产线以解决问题的方法之前，先建立稳定性和支持制度
>
> 我们将在后文中看到，丰田并不会在拉动安灯系统的绳索之后立即暂停生产线。在绳索拉动之后和生产线暂停之前有一段非常短的时间间隔（5～30秒），以便小组负责人可以迅速地做出反应，判断是否有必要暂停生产线。这一系统具有相当高的敏感度，并且需要能力极强、反应迅速的支持架构。很显然，丰田公司目前的能力水平并非一蹴而就的。首先，流程必须达到高度的稳定性，以防流程出现断断续续的情形；其次，需要投资建立小组负责人架构，以对安灯系统发出的信号立即做出反应。你可以照此方式继续推进安灯系统，以具备对流程中的问题迅速做出反应的能力。如果你在流程尚未达到合理的稳定状态时便急于实行暂停生产线以解决问题的方法，那样会使支持系统负担过重，进而导致生产迅速陷入混乱不堪的状态。

将生产线暂停时间降至最低

丰田公司制定了一个能够在不暂停生产线的情况下识别问题并向上级反映的制度。在识别出问题并拉动安灯系统的绳索后,便会响起警报声,并亮起一盏黄灯。生产线将继续向前推进直到位于工作区末端的"定点暂停"点(见图8-4)。定点暂停制度对于减少由于员工落后于工作进度而造成的生产线实际暂停时间非常有效。整个工作区的地板上放置了明显的标记,以标明标准化作业相应的作业步骤。如果领导者反应迅速,并在到达定点暂停点之前通过拉动安灯绳的方式重新设置了生产线,那么生产线便可以继续正常运行而无须暂停。如果无法及时赶到生产线,或领导者判定问题必须暂停生产线,那么生产线将在到达定点暂停点时暂停,且安灯变成红色。

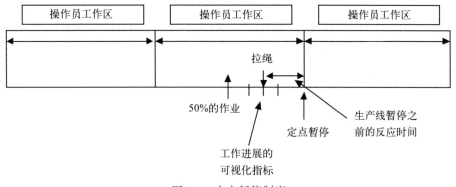

图8-4 定点暂停制度

这种方法可以解决许多较小的问题,而无须反复暂停和启动生产线。此外,值得一提的是,每次暂停生产线都会使问题加重,因为生产线上的每名员工在生产线重新启动后,都需要进行调整以与生产线保持同步。

丰田公司的装配线通常比较长,并且在角落处蜿蜒曲折,因此可以看作由多段直线段和U形的拐角构成。在这里,暂停生产线实际上只是暂停生产线的某一段而已,某一段生产线的暂停并不会影响到生产线的其他部分(见图8-5)。如前所述,即使是短暂地暂停生产线也会对整个流程产生影响。想象一下整个交通因红灯而暂停的情况,当红灯变成绿灯时,会发生什么情况?所有车都会同时启动吗?当然不是,它们通常是一个接一个地启动,直到所有的车都移动起来。当我们试图重新启动流程时，也会发生同样的情况。为此，丰田在每个拐角位置设置了小而有限的缓冲，以吸收部分生产线短暂的暂停带来的影响（缓冲时间总计不超过 10 分钟）。如果一名操作员启动了安灯系统，并且领导者在汽车进入下一工作区之前及时地做出了反应，那么生产线实际上并不会因此而暂停。如果问题较为严重，且无法在到达此工作区的末端之前得以解决，则该段生产线将会被暂停（如 A 段），但是如果缓冲区里仍有产品，生产线的其他部分（如 B 段和 C 段）可以继续作业。如果暂停时间超过了缓冲区的吸收能力，下一段生产线将会因缺货而中断。当然，这些缓冲量比较小，因此不会出现因存货而隐藏了较大问题的情况。

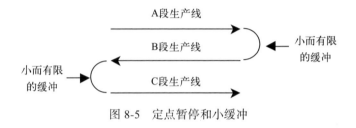

图 8-5　定点暂停和小缓冲

📖 案例分析：将暂停生产线以解决问题的方法用于促进精益发展的奖励

通用汽车公司或许是丰田之外最有机会学习丰田生产方式的一家企业了。它与丰田合资创建了 NUMMI——这是丰田公司首次将丰田生产方式应用于日本境外的装配厂。通用汽车公司可以自由进入 NUMMI，包括选派多名员工到此工作一年或多年。在最初开始学习丰田生产方式的时候，通用汽车公司只是照搬他们的员工在 NUMMI 看到的一切，但是很快发现这样行不通。比如，安灯系统在通用汽车公司并不像在丰田那样有效。通用汽车公司还投资于一些最先进的技术，如定点暂停制度等，但是仍然收效甚微。员工并未使用这种方法来中断生产线，使问题浮现出来并予以解决。

在位于密歇根州的凯迪拉克生产工厂，通用汽车公司使用了一个聪明的办法。他们在定点暂停系统上安装了安灯系统，但是并未开启自动暂停生产线的功能，而是开始致力于改进流程的稳定性和传授各种各样的精益方法，如标准化作业和如何训练有素地使用看板制度等。他们设置了工作组，然后通过一个评估程序来对工厂里的所有工作组进行评估。评估涉及方方面面，如该小组是否训练有素地使用看板制度、遵循标准化作业、及时地解决生产线上的问题等。只有在评估中获得高分的工作组才可以启用自动暂停生产线的功能。整个过程明显可见。每个达到这一里程碑的工作组都会进行庆祝，因此，每个工作组都会努力争取获得这一荣耀。通过这种方法，暂停生产线的制度逐渐开始发挥作用。

将质量检查内建于每一项工作之中

这是一个非常有趣的矛盾：检查并不是一项创造价值的活动，但是丰田却强调将自我检查作业内建于所有标准化作业之中。表面看来，这似乎有些自相矛盾，然而经过深入观察，你便会发现这其实是一种折中：检查虽然不能创造价值，但是可以防止发生更大的浪费。我们必须清楚地认识到这一点：丰田不会轻易地为作业流程添加任何浪费情形，它们始终努力将浪费降到最低。有多种方法可以将质量检查内建于作业流程中，从而实现浪费最小化、价值最大化。

有关质量，每一名操作员都肩负着以下三项责任：

1. 检查流入的产品，以确保其没有瑕疵。
2. 核查自己制造的产品，以确保其没有瑕疵。
3. 绝不在事先知晓的情况下让瑕疵品流入下一作业流程。

第一项责任，检查流入的产品，可以在零部件或操作员的动作中完成。比如，当操作员完成一个作业循环之后，返回下一辆汽车的过程中，他可以边走边查看具体的项目。他拿起一个零部件，并不是漫无目的的行为——他这么做是为了核查该零部件是否正确且没有瑕疵。这项检查责任是公司对每名员工正确执行每项工作的预期之一。这种检查并不是通常意义上的彻底检查，它们往往快速而具体。100%的质检工作往往在局部装配线或主要的作业流程（如车身焊接、车身涂漆或底盘生产等）的终端进行。

重点关注向来问题频发的具体区域有助于提高这一检查流程的效率（使用数据）。其他检查可以在零部件安装或拆卸时进行。培训员工在执行作业时学会关注某一具体的作业位置，这一点非常重要。在本书第 11 章中，我们将详细探讨丰田公司的"工作指导培训",这是丰田用来培训员工的方法。

每名员工还可以通过同样的方式检查自己生产的产品。员工可以在将产品从机器上取出或送交下一流程的过程中,针对产品的关键质检点进行检查。对于比较关键的作业流程或经常发生失误的工作任务,员工在检查完一件产品之后,通常会大声地喊出"Yoshi"(意思是好的,不错)。这有点类似于飞行员在进行完飞行前检查之后喊出的"Check"。标准化作业要求每名操作员在完成一项检查任务后,必须指着被检查的物品,大声喊出"Yoshi",表明"我已完成了对这件产品的检查"。用手指着检查的物品,是一个视觉信号,旨在告诉领导者员工自己对该物品已经执行了检查步骤(在标准化作业规定的听觉通知外,辅以视觉通知)。如果检查工作只是通过视觉来进行的,那么根本就无法知道员工是否真的按照检查步骤对产品进行了视觉检查。此外,用手指这一肢体动作是有目的的行为,而有目的的行为必然需要大脑关注。因此,通过使用喊出"Yoshi"这种检查方法,员工就不会轻易地遗漏掉某些检查步骤。另一种类似的做法是在每一件检查完毕的物品上用色笔进行标记,当然,这种做法只适用于可以用色笔进行标记的物品。这种做标记的方法同样有助于避免漏掉应该检查的部分。

当然,暂停生产线的主要目的之一便是防止瑕疵品流入下一作业流程。即便是拥有各种配套制度和支持架构,暂停生产线以解决问题也仍然是最难灌输的理念之一。人们似乎极其不愿意承认失败或能力不足。小批量生产的好处之一是,如果一件瑕疵品在某个工作站被遗漏,下一作业流程的操作员仍然会执行检查工作,从问题发生点到下游作业流程中的问题发现点之间的反馈循环时间非常短。比如,从丰田汽车车体的焊接作业到负责零部件安装的员工发现车体有一个漏洞未焊接好,这之间可能只相隔一小时或更短的时间。而传统的大规模生产制度下,反馈循环时间往往长达一周或者更长。

> **提示　不要制定员工无法遵循的规则**
>
> 　　这一点适用于多种情况,但是这里我们要强调的是"决不在事先知晓的情况下让瑕疵品流入下一作业流程"这一规则。你不能只是告诉员工不要这么做,如果他们发现瑕疵品怎么办?他们该向谁反映?瑕疵品应放在何处?如果未能明确这些问题,员工将会感到困惑和矛盾。他们也希望能遵循规章

> 制度，把事情做对，但是如果无法遵守规章制度并有效完成工作，他们会选择完成工作但违反规定。仔细观察实际情况，亲自做做看，不要武断地认为员工之所以违反规则是因为他们粗心大意、满不在乎。或许是因为缺乏良好的支持系统，无法帮助员工遵循规则。

差错预防技术

运用差错预防技术（Poka Yoke）可以帮助员工预防错误的发生。Poka Yoke一词通常翻译为"防误"或"防错"。与其说它是一种精益"工具"，莫不如把它当作一种思考和评估错误的方法。根据这一理念，人们并非有意犯错或错误地执行工作，而是存在各种各样的原因造成错误发生。

丰田模式对于出错原因的看法与其他公司大相径庭。在绝大多数与我们打交道的公司里，人们一致认为"人会犯错"，同时认为"如果人们多加注意就不会犯那么多错误"。传统思想倾向于将错误归因于"人的失误"，而丰田模式则始终认为错误是由于用来执行工作的制度或方法存在问题造成的。简而言之，错误是由当前的工作方法造成的。

思维方式的差异将错误的责任从人转移到了方法，同时也把错误的归咎对象从人转移到了系统。当员工不用担心遭受责备时，他们便可以将更大精力投入到制定更为有效的系统和解决问题中来，而不是忙于为自己辩解。在丰田，当出现问题时，管理层向员工道歉的情形非常常见，因为制定有效的、能够预防差错的制度是管理层的责任。在你的公司，可曾出现过员工犯错而管理层向他道歉的情形？

通过下面的案例，我们可以看出大多数企业的思维模式。

🎬 案例分析：传真订单的错误

在一次改进办公室订单处理能力的活动中发现，订单审核工作经常发生延误数天的现象，究其原因，是在向经销商传真订单时的错误所致。按照规定，这些订单在提交生产之前，必须返还给经销商进行检查和核准。正常的程序是先将先前核准的提案传真给经销商以做最终的审核。从经销商处获得批复需要两天的时间。如果不慎将提案错误地发送给了别的经销商，只有等到两天后才能追查经销商是否已经批准，但是在追查中却发现，经销商根本就没有收到任何传真。经过调查传真发送记录才发现，由于疏忽，传真实际上被错误地发送给了其他经销商。

进一步调查显示，某些员工出错的次数明显高于他人，并由此得出结论："这些员工太过粗心大意。"对此，公司的解决方案是责令员工在传真机旁贴上"注意""小心""核查传真是否发送正确"等醒目的提示语。当然，这并未有效地解决问题，于是，他们得出了这样的结论：某些员工总会出现问题，因此需要进行更多的检查。

当我们向他们建议丰田模式的思维方式时，得到的回应是："人为过失是事实，你根本无法消除人为过失。"这恰恰是问题所在：制度的制定者往往对制度非常熟悉，并想当然地认为别人也是如此。制定者（甚至使用制度多年的人）始终认为他们的制度简单且容易理解。他们很难认识到他人对于该制度的看法可能会有所不同，而且每个人的能力也不一样。于是，任何表现不够好的员工都被认定为能力不足，很少有人会考虑制度的问题。下面，我们一起来分析一下此案例中的工作方法，找出导致错误的真正原因。

由于该办公室每天收发的传真数量较大，因此他们共使用了4台传真机。每台传真机可以储存100个传真号码，并可以通过快捷键代码来进行自动拨号。传真机后面张贴了一张所有经销商列表，以便员工可以查询经销商及其代码（如图8-6所示）。该列表由三张纸构成，每张纸都非常大（50厘米×50厘米）。他们还将该列表张贴到了传真机后面的墙上，距员工的作业位置较远。

整页长宽各50厘米

经销商名称	经销商区域	经销商地址	经销商代表	电话号码	传真号码	预先设定的传真代码
A+橱柜	西南地区	阿拉斯加艾尼镇肖特大街111号	约翰·史密斯	888-555-1212	888-555-1213	3号传真机-#49
卓越橱柜	东部地区	密西西比约尔镇西大街555号	乔治·琼斯	877-222-2222	877-222-1234	2号传真机-#32

图8-6 经销商列表样本

在我们评估员工执行工作的方法并试图理解问题发生的原因时，我们发现，尽管可以获得执行工作所需的全部信息，但是信息的陈列方式却不利于具体工作的执行。让我们评估一下此工作的作业步骤：

1. 查看订单并找出经销商。
2. 在经销商列表上找到经销商。
3. 浏览页面，找到给该经销商发传真所需的传真机和传真代码（记住这些信息）。
4. 找到传真机。
5. 输入正确的传真代码，并发送传真。

经过对此工作方法的评估，我们发现在每个作业步骤都有可能发生错误。员工可能在订单上找出了经销商的名字，但在经销商列单上却找错了经销商。在浏览经销商信息以寻找其传真代码时，有可能出现看错行的情形（由于经销商列表张贴在传真机后面，因此无法用手指横着画，以防出错）。看完列单上的信息返回传真机时，员工需要记住正确的传真机和经销商的传真代码，有可能找到了正确的传真机却输入了错误的代码，或者虽然记住了正确的代码却找错了传真机，又或者完全忘记了刚刚看过的信息。

管理层的结论是，员工在浏览经销商列表时应当认真、仔细，而且记住传真机编号和传真代码应当非常简单。当他们考察这一制度时，之所以总结说一切都非常容易，主要是因为他们只需执行一次任务，只要正确无误，便可以证明系统没有问题。如果他们成千上万次地执行这一流程，并且有时十分匆忙，就会发现他们自己也会多次出错。这是管理层的思维方式存在的常见误区之一。执行一次任务，不出错很容易做到，但是成千上万次地执行任务而不出错的情况却实属少见。

为了简化这一工作任务以减少错误，让我们分析出错的潜在原因。

错误：将经销商与传真机和传真代码错误地配对。

为什么会出现这一错误？

1. 这两条信息位于宽度达50厘米的列表的两端。
2. 列表上的各行信息之间缺少视觉划分，造成员工很容易看错行。
3. 列表位于传真机后面，导致员工无法用手指横着画至最后一栏以防出错。

解决方案：重新编排列表，使经销商名称与传真代码相邻，这样可以将看错行的可能降至最低。此外，隔行使用阴影表示，这样便可以轻松地将目光锁定在正确的一行，如图8-7所示。

经销商名称	预先设定的传真代码	经销商区域	经销商地址	经销商代表	电话号码	传真号码
A+橱柜	3号传真机-#49	西南地区	阿拉斯加艾尼镇肖特大街111号	约翰·史密斯	888-555-1212	888-555-1213
卓越橱柜	2号传真机-#32	东部地区	密西西比约尔镇西大街555号	乔治·琼斯	877-222-2222	877-222-1234

图8-7 重新编排的经销商列单

错误：员工未能使用指定的传真机。

为什么会出现这一问题？

经销商列表张贴于传真机后面，员工需要记住指定的传真机并找到正确的传真机。图8-8展示了这一情形。

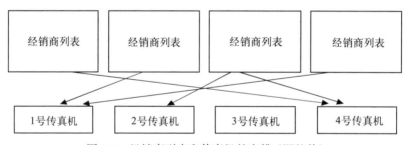

图8-8 经销商列表和传真机的安排（调整前）

解决方案：按照指定的传真机将经销商列表进行分组，并且将列表置于传真机前方，以便员工可以用手指追踪每一行信息。新的布局如图8-9所示。

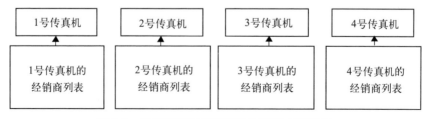

图8-9 经销商列表和传真机的安排（调整后）

执行这些改进后，错误发生的频率显著降低。此外，我们还发现原先的传真代码编码有误，即使员工输入了正确的传真代码，也会将传真错误地发送给别的经销商。

你或许会问："你们是否考虑过采用一个验证流程，以确保正确的经销商收到传真？"实际上，这一方法已经被启用，但是要记住，这一"解决方案"与生产出产品之后进行检查相似，它属于额外的作业步骤，不仅不会解决出错的根本原因，而且会增加成本。这一方法只能应用于至关重要的流程，并且只有在解决了根本原因之后方可执行。

制定有效预防错误的方法的关键在于，理解错误如何或为何发生。你是否理解导致错误的情形？错误是随机产生的还是反复出现的？是人人都犯过此错误还是只是一位员工犯错？如果只是个别员工犯错，那么这种错误可以通过评估标准化作业，确保没有漏掉任何作业步骤来予以解决。如果人人都犯此错误，则可能是由单一原因造成的，如缺少某项信息，或某一作业步骤不清楚等。不要误以为每一个错误都需要制定一项措施来防止其再度发生。

通过学习下面的案例，我们将了解到解决任何问题都可以有多种方法，因此你应该鼓励你的员工充分发挥他们的创造力，寻求更有效、成本更低的解决方法。环顾四周，你可以试着把其他问题的解决方式应用到目前面临的问题上。维克罗（Velcro）这一产品的创意就是源于对某些难缠的"芒刺"的观察，后来，这一"问题"被转化为许多其他问题的解决方案。

案例分析：预防差错的方法不止一种

在丰田公司位于乔治城的工厂，零部件的喷涂作业实行了均衡化的颜色组合和顺序，即一个零部件涂白色，下一个零部件可能为蓝色，接下来是黑色，然后又是白色。相邻的颜色有可能相同，但具体的颜色组合应视各种情况而定。喷漆系统需要颜料不间断地循环，并且每名喷涂工人一次只能使用一只喷枪。每次更换颜色时，喷涂工人就需要通过快速断开装置中断颜料的供应，然后切换至另一种颜色。喷涂工人先是打开喷枪，让颜料管线冲流片刻，然后开始喷涂下一个零部件。由于各个零部件的喷涂颜色不断变换，喷涂工人同样也需要不断地中断和重新连接颜料管线。差错预防技术的一个关键因素在于认识到人们的行为方式就像电流一样，他们往往会选择阻力最小的道路。在此案例中，喷涂工人想避免不断更换颜料管线的麻烦。

每一个喷涂工作站有三名喷涂工人。在第一个喷涂工人对一个零部件实施完喷涂作业之后，后续的喷涂工人可以清楚地看到输送进来的零部件的颜色（及颜色组合）。有时会出现这种情况，即一个白色零部件后面是一个红色零部件，接下来又是白色。喷涂工人看到一会儿还得使用白色颜料管线，于是他便将白色颜料管线拿在手中（而不是将其挂回墙上），以便于喷涂完红色颜料之后继续使用。有时，喷涂工人会违反规则，手中同时拿着多条已断开的颜料管线，从而造成他错误地将一种颜色的颜料管线连接至另一种颜色颜料管线的快速断开装置，这会造成整个系统的两种颜色的颜料混合在一起，后果非常严重。这种情况每年都会多次发生，因此而造成的劳动力、材料、废物处理等浪费情形总值超过了8万美元，其中尚未包括客户（装配线）的成本。

在小组负责人为每位喷涂工人手工调配"颜料锅"里的颜料，以重启喷涂作业线时，喷涂作业线将会暂停。喷涂作业线的暂停经常导致装配线缺乏零部件，这是非常严重的问题。为了防止错误再次发生，他们曾经提出过以下几种解决方案：

1. 告知每位喷涂工人：标准化作业明确规定无论何时只能取下一条颜料管线，必须遵守标准化作业的要求。结果可想而知，这种告诉员工正确工作方法的防错方法难以奏效。

2. 在每一个工作站里张贴告示："任何时候，只能从墙上取下一条颜料管线。"这种防错方法（张贴有关规定或工作方法的通知）比较常见，但同样难以奏效。多数人都认为明确可见的标示将会防止错误发生，这种想法看似符合逻辑。然而，人们往往并不是恶意地违反规定（大多数情况如此），但是他们总是会自我开脱："我认为我不会犯错，因此我违反规定也没什么问题。"

3. 在每一根颜料管线上贴上标签。喷出的颜料会很快将标签覆盖，并最终导致根本无法辨认。

4. 在白色颜料管线的QD上装置一个"盖"，喷涂工人只有将盖子打开，才可以将其与管线连接。这种措施的依据是过去发生的错误大多数是将白色颜料与其他颜色的颜料混合造成的。由于 40% 的汽车是白色的，因此颜色组合中同时出现多个白色零部件的概率就高些。在白色管线的 QD 上装上一个盖子是为了让喷涂工人在切换白色管线时能"想"一下（这与在质检完毕后喊一声"Yoshi"是同样的道理）。这种"解决方法"同样没有效果，因为它并不能防止接错管线的情况发生，反而增加了工作难度（40% 的喷涂作业需要揭盖子）。

上述四种防错方法从告知或分享信息，到张贴规则通知，再到试图通过自我检查来预防错误，逐步升级，这些方法也许能防止部分错误的发生，但不能防止所有错误。

在这些预防错误的方法失败之后，有人建议使用一种名为"花生"的装置。它可以使颜料在喷枪内进行再循环，从而免除断开颜料管线的麻烦。这是一种非常有效的预防方法，但缺点是它使喷枪的重量增加了大约一磅，从人体工程学角度来看，这是一大劣势。此外，它高昂的成本也是个问题，将整个喷涂作业线装备上这种装置大约需要 1 万美元，成本较高。

经过观察发现，喷涂工人违反规定的作业方法并不是出于恶意，而是减轻自身负担的一种自然反应，况且他们认为自己绝不会犯错。在这种情况下，我们需要一种能够使作业人员不需要采取任何有意识行为的防差错方法，换言之，使他们别无选择，只能遵守规定。

喷涂工人中断和连接颜料管线，就像将钥匙插入锁孔里开门一样，我们据此想出了一种解决方法。如果我们将每条颜料管线调整成只能使用一种 QD，情况如何呢？如果每种 QD 和每条颜料管线的组合就像一把钥匙只能开一把锁，会怎么样？QD 就像锁，而颜料管线就像钥匙。一位工匠用一块 1.25 厘米见方的钢片打造了一个模型样本，安装于 QD 的前端，每种颜色都有一种独特的卡槽（见图 8-10）。然后，他为每条颜料管线制作了一个带有独特钉栓结构的套管，不同管线的钉栓与不同 QD 的卡槽相吻合，就像一把钥匙配一把锁一样。为了验证这种方法应用起来是否方便，我们在一个工作站中安装了这套模型进行检测。经过一番改进之后，我们为所有工作站都配备了这种装置，全部采用同样的锁孔/钥匙配对。

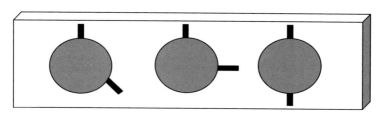

图 8-10　锁孔/钥匙的防差错装置

当然,这一方法也并非完全能防止错误的发生。实际上,任何系统的防错方法都有可能被击破(如同电脑黑客能破解安全系统一样)。在此案例中,如果钉栓断掉或被移除,这种装置便会失去效力。为了防止这种情况的发生,小组负责人在每天换班前检查中添加了钉栓检查这项任务,以确保一切按正常的作业秩序进行。

这一简单的解决方案的成本为:材料加人工总计大约200美元,此外,套管只是使喷枪增加了几十克的重量,在人体工程学方面的影响微不足道。这一方法以零复发率的优异结果完美地防止了错误的再次发生。

在预防错误方面,有几个重点值得注意,其中决定成败的关键因素是你的心态。差错预防技术和工具应非常简单且方便使用。最大的挑战在于找出发生错误的根本原因,并发挥你的想象力将其消除。

差错预防技术也是有等级之分的。最高级别是彻底地防止了错误的发生。但是,彻底消除错误往往是不实际的。只要人们动脑筋,任何制度或方法都有可能被人们设法绕过或穿越。如果实施的防错方法本身就存在问题或非常麻烦,人们就会设法迂回解决。如果你制定的对策比错误本身更糟糕,人们肯定不会执行。

如果无法彻底防止错误的发生(大多数情况下如此),那么,何不尝试在问题发生时将其发现?侦测设备和方法十分常见(自动化设备就是其中之一)。这种设备可以侦测出受损的零部件,或向操作员发出信号警示某个零部件缺失。尽管问题被发现时工具可能已经损坏,并且一些零部件也受到了不同程度的破坏,但及时地侦测出问题毕竟可以让我们迅速地采取改进措施,以防进一步的损失,并确保流程的正常运行。

> **误区　切莫过度使用差错预防技术**
>
> 遗憾的是，许多东西都是过犹不及的。我们发现，人们对差错预防技术的要求越来越高。在许多企业，差错预防装置是由设计师设计出来的，并未征求一线员工的意见。这些装置极其复杂，提高了工作的复杂程度。我们曾见过许多本来只需要15秒即可完成的作业，却需要另外花费25秒甚至更多的时间来准备差错预防装置。例如，一个铸造出来的零部件需要先加载一些夹子和滑轨，然后放进差错预防装置里，固定好之后才能进行反复的检测，判断其应用性能。在反复检测完成之后，将零部件松开，并从固定装置中取出。这一检测过程花费的时间几乎是实际作业所需时间的2倍。更为糟糕的是，经过这一精细的检测过程后，有些零部件仍有可能漏网，并最终导致有瑕疵的零部件流向客户。此外，装置的复杂性增加了员工理解如何运行该装置、出错后如何重启等其他问题的难度。我们应当尝试找出简单而有效的差错预防方法。

无论如何，我们都必须防止任何有瑕疵的产品（或错误）给客户带来不利的影响。即使采用了有效的差错预防技术，我们仍然不能掉以轻心。因此，必须设置保护性的"关口"，以确保客户不受伤害。如前所述，通过自我质量检查和检查他人产品关键部分的做法，每名员工都起到了"关口"的作用。检查点（关口）越多，就越能降低瑕疵品（问题）流入下一流程的可能性。

下面列举的是可能导致错误或遗漏的原因，尽管这些原因并不全面，但至少包含了常见的主要原因：

1. 违反规定的工作方法（在实行差错预防技术之前，必须先对作业进行标准化）。

    a. 省略作业步骤。

    b. 不按规定的顺序执行。

2. 遗漏零部件（或作业所需的组件）。
3. 不合适的零部件（特别要注意那些可互相替换的零部件）。
4. 错误的准备（错误的工具或设备）。

5. 信息或文献错误。

6. 移位错误（注意较长的字符串）。

7. 错误解读之类的错误（注意相似的描述、数字和外表）。

8. 识别出了错误，但未能将其隔离或予以纠正。

需要注意的是，预防错误并非只是预防瑕疵品，它适用于任何违反规定标准的作业行为和错误。比如，材料搬运人忘记了收取某个产品，或设计师忘记了将关键信息打印出来。考虑一下我们都非常熟悉的一个例子。

你开车驶入一家你最喜爱的免下车快餐店，在点餐的时候，你注意到随着你说出所点的食品，收银员键入电脑上之后，屏幕上会立即显示出你的菜单。同时，屏幕还有一行小提示："本屏幕用来确保订单准确。"换言之，订单的输入可能发生错误。那么，错误是如何发生的呢？或许是由于收银员未能听清你的订单，或许客户订购了错误的食品或错误的数量（你的企业也可能出现这些错误）。或者收银员输入时按错了键（请注意，所有的收银机内都预先设置好了各种产品的代码——这是一个差错预防、节省时间的范例），或者输入了不正确的订购数量。

发生错误有多种可能，我们现在才刚刚起步而已。还记得在"过去"，朝着食品准备区大声喊出订单的情形吗？这是另一个容易出错的地方，因为订单可能被喊错，或者听错，或者有一方漏掉了部分订单。现在，许多饭店都在厨房区安装了显示屏，以便在服务员键入订单的同时，订单就可以在厨房显示屏上显示，这样就消除了因误解或遗忘而产生的差错。接下来便是食物的实际准备，这是最容易出错的地方。出错的情况与不符合正常标准的订单直接相关（尽管饭店承诺你可以"按照你的喜好来点餐"）。你是否要求不放蛋黄酱或多加泡菜？对这些非标准饮食的制备工作有可能就会发生错误。那些"特殊要求"是否和标准区分开来？如何为这些特殊要求加上可视化的标志，以防出错？有这么多可能出错的地方，难怪订单总会出错。

创建支持架构

在大多数传统的作业模式下，每天都在发生各种各样的问题，但员工很少将此通知领导者（主要取决于员工的个人喜好）。我们曾经见到这样的场面：机器不运转，瑕疵品堆积如山，甚至连操作员都因某些原因而离开了工作区，却没有任何回应。问题太过分散，几乎处处存在，令领导者不堪重负。

丰田公司与其他公司的一个主要区别在于它的支持架构，以及利用支持架构有效地控制问题，以保证生产体系正常运行的方法。有关小组负责人及团队领导者的角色和职责，以及如何选取适当的人员来承担相应的角色，我们将在本书第10章再做详细探讨。现在，我们只需认识到这些支持型角色的一个重要方面就是他们的"控制范围"。如果每当发生问题就暂停生产线，那么一位领导者绝不足以应付数十位员工的需求。同样，这又是一个需要折中的问题：增加非直接创造价值的额外员工的数量（浪费），以消除更大的浪费情形。丰田模式中充满了以短期投资换取长期收益的情形。

反思问题

1. 花些时间反思一下你的企业在内建质量和"第一次就把事情做好"方面的企业文化。

    a. 你的企业文化是如何看待员工和错误的？是否认为员工故意犯错、粗心大意，或真的存在"坏"员工？仔细聆听他们的谈话，并在心里记下他们的想法。

    b. 你相信有些错误是由于粗心大意而造成的吗？

    c. 为了影响整个组织，你需要如何改变你的思维模式和行为方式？

    d. 公司是否期望员工参与识别和解决侦测到的问题？

2. 在巡视流程时，留心观察出现问题时的具体情况。

    a. 你如何知道存在问题的？你是否能（从视觉上）看出违反标准的情况？

    b. 侦测到问题的员工是如何知道那是个问题的？他是否有参照的标准，还是仅凭"经验"做出判断？

    c. 问题是如何处理的？员工能否在工作场所向上级反映，或者他是否需要寻求帮助？

    d. 对于反映上来的问题，是否有规定的应对标准？

e. 应对标准中是否包括确认问题不会影响到客户，如果是，是否采取了遏制措施以防止问题流向客户？

f. 应对标准中是否包括查明导致问题发生的原因及改进措施，以防问题再次发生？

g. 解决问题过程的总应对时间是多少？由于系统效率低下而导致的总损失是多少？

h. 为了改进你的系统，你的执行计划中需要增加哪些行动？

3. 内建质量的基础是标准化作业。评估你的标准化作业流程并回答以下问题：

a. 标准化作业是否清楚、易于理解？

b. 每项工作中是否包含对流入产品的质检？是否已基于历史数据识别出了关键检查区（检查容易出现问题的部分）？

c. 每项工作是否已经识别出了关键质检点，在完成工作之前，是否对其进行了核查？

d. 你的生产方式是否允许员工在发现问题时暂停流程？

e. 该方式是否会自动将问题向上级反映，以确保采取必要的改进措施？

4. 下一次发生由员工"犯错"导致的问题时，对应对的改进行动进行评估。

a. 除了提醒员工正确的方法、张贴告示、对员工进行再培训之外，解决问题的对策是否还包含其他措施？如果没有，这说明未能找出真正的原因，同时也未能找出有效的解决方案。

b. 是否向员工征求了解决问题的方案？

c. 评估问题真正的根本原因（参见有关解决问题的章节）。为了防止其他人犯同样或类似的错误，需要采取什么措施？

d. 在预防错误方面，你试图达到什么水平？是张贴告示，侦测已发生的问题，还是预防问题的发生？

e. 在你的行动计划中增加一项内容：向公司的领导层讲解如何分析问题的根本原因和预防差错。

第 9 章 | The Toyota Way Fieldbook

使技术与员工和精益流程相匹配

倒退到算盘时代

"精益反对技术进步""那些精益老顽固总是诋毁信息技术""如果让那些追求精益的梦想家说了算,我们就得将所有电脑砸烂,就连钢笔对他们而言可能都太高科技了,他们需要的只是铅笔和纸"。我们经常听到这些言论,它们通常出自那些一心想着采用新技术,却被精益的实施者无情拒绝的 IT 专业人士。在他们眼中,丰田不相信任何类型的高科技,他们甚至将丰田想象为一个人人腰间挎着算盘的企业。

我们千万不要受这种偏激的想法的影响。丰田实际上是一家以技术为导向的企业,并且可以说是世界上最有经验的先进技术的使用者。虽然我们未曾将丰田使用技术的情况与其他公司进行对比,但是我们可以负责任地告诉你,他们不仅使用新技术,而且大量使用,如机器人、超级计算机、台式计算机、射频扫描技术、SAP 系统、暗灯工厂(lights-out factory,即工厂中不再需要用人来操作或处理设备及其他制造功能),不胜枚举。丰田产品中包含的技术足以为证——丰田是世界上第一家大规模生产混合驱动汽车的公司,这种汽车里装载了大量的计算机芯片，此外，日本境内的丰田汽车都装有 GPS 导航系统。

实际上，导致人们对丰田产生误解的原因很简单。丰田并不是竭力避免高科技，只是丰田看待技术的方式与众不同而已。当精益专家建议某公司停止按照原来的方式使用 MRP，或关闭自动存储与取货系统，或停止对高科技喷漆房的投资时，他们并不是要你停止使用技术，而是建议你停止以产生浪费的方式来使用技术。暂停使用技术是为了思考如何能更好地使用技术。

让我们一起来回顾一下丰田和素有日本"发明家之王"之称的丰田佐吉的历史。丰田以自动化生产者起家，当时，丰田佐吉打算发明出可以自动纺织的动力织布机。但是，他并未成立一家研发实验室，力求制造出最先进、最昂贵和最奇异的动力织布机，他只是想要一种简单且廉价的织布机，以减轻家乡女性纺织的重担。他用木头制造出了第一台丰田织布机，他不怕脏、不怕累，努力学习蒸汽发动机技术。

当丰田汽车公司刚刚涉足混合动力技术领域时，公司尚未确立成为世界上先进混合动力技术的领军企业的目标。公司只是成立了一个名为"G21"的技术小组，该小组干劲十足，负责创新地思考制造汽车的新方法和面向 21 世纪设计汽车的新方法。20 世纪 90 年代初，丰田在财务和市场渗透率方面的成功达到了巅峰，然而，公司主席丰田英二（Eiji Toyoda）却一直在宣传危机感。在丰田公司的一次董事会上，他提出这样的问题："我们是否应继续按照现有的生产方式生产汽车？凭借当前的研发水平，我们能在 21 世纪立足吗？"这促使 G21 开始致力于研发 21 世纪的概念车。公司还专门指派了一名高级设计师来领导 G21，经过详尽的调研，并在新任总裁奥田浩史（Hiroshi Okuda）的激励下，该团队认为，混合动力发动机是传统发动机与真正未来燃料电池或其他可再生资源之间的良好折中。混合动力发动机是现实问题的实用解决方案，而且它不会招来其他问题。

由此可见，丰田的发展史并未规避新技术，而是在强调新技术的使用必须满足实用的目的。丰田通常通过创造价值的流程来实现这一目的。只有当新技术适于实现这一目的时，丰田才会考虑实施。这就是精益思维对于技术的看法。

如同本书中所涵盖的其他内容一样，对于如何评判技术或如何按照精益的方式实施技术，并没有详尽的解释说明。所谓的"精益技术"并不存在，存在的只是依赖各种技术支持的精益体系。在本章中，我们将探讨思考及采纳新技术的方法。

案例分析：丰田的技术落伍了吗

丰田有一个非常有意思的政策，即允许竞争对手参观他们的工厂。比如，位于乔治城的工厂经常举办"汽车标杆"之旅和每月一度的"公开信息研讨会"。参观者可以和丰田公司的员工交谈并询问有关丰田如何行事的具体问题。其中一种特别的观光之旅允许参观者到生产车间参观，可以"观看他们想了解的任何东西"。

在一次参观之旅活动中，参观者中包含了一些来自美国三大汽车生产商的工厂管理者，其中一位对他的同事说："来看看这个技术，我们工厂至少15年前就已经停止使用了！"这一"过时"的技术立即成为他们关注的焦点，他们甚至忘了去观察丰田生产方式中那些正令他们自己的工厂一筹莫展的其他因素。其中一位参观者不小心走进了机器人工作区，并停止了机器人的工作。问题发生不到一分钟，甚至连这位参观者还没弄明白发生了什么情况的时候，一名小组负责人就已经走过来重新启动了机器人，因此避免了任何生产损失的发生。导游向这位工厂管理者指出了这种情况，并询问他，如果他的工厂发生这种情况，大概需要多久能重新启动机器人或生产线。他回答说："或许需要10分钟或者15分钟。"然后就继续抱怨这过时的技术，丝毫没有体会到技术并不重要，重要的是使用技术和整个体系的人。

丰田机器人的可靠度和正常运行时间比美国三大汽车制造商的机器人要高出许多。其灵活的整体车身生产线可以灵活自如地在客车、小卡车和一般轿车的车体间切换，轻松满足任何订单的需求而不会产生任何延误，令业界同行羡慕不已。丰田工厂中到处都是协调一致的机器人，任何机器人出现故障，整条车身生产线都将出问题，但是它们很少出现故障。大多数汽车生产商关心技术过时问题。丰田认为技术最糟糕的时期是实施初期，只有通过不断的维护与持续的改善，技术才能得以不断进步。

你如何看待技术、员工与流程

任何见解的出发点都应是你的信念以及你所珍视的东西。如果你认为技术能够解决你目前面临的问题，或者你希望成为街上拥有最高科技的玩具的小孩儿，那么你将无法实现精益。

丰田模式始终坚持以客户为出发点。他们首先关注的是客户的需求，然后思考什么样的流程能够在为客户创造价值的同时，产生最少的浪费。他们随后认识到，任何经过精心打造的流程都将存在多种浪费情形。消除流程中存在的浪费需要花费时间和精力：这是一个持续改善的学习过程，且只有那些在流程中工作并管理此流程的人方能不断对流程做出改进。

这种见解是一种信念。丰田模式的原则就是一套有关什么行得通的信念，同时它也是丰田文化的一部分。因此，任何新技术都必须与企业的制度和理念相适应：

- 新技术对创造价值的流程有何贡献？
- 新技术对消除浪费有何帮助？
- 新技术是否有助于建立一个能够根据需求调节生产的灵活系统？
- 新技术能否为人们在工作中不断改进流程提供支持？
- 在最灵活、最简单的新技术的帮助下，系统中的员工能否挑战自我，以完成生产目标？
- 员工是否会过度依赖新技术，而不再为改进流程进行深入思考？

下面的案例分析显示了两种截然不同的信念如何得出截然不同的结果。丰田公司在制定标准化的越库（cross-docking）系统的过程中，采取了以流程为导向的观点，该制度遵循丰田生产方式的原则，实现了供应商与装配厂的无缝连接。很显然，技术在丰田并未起到主要的作用。而一家美国的主要汽车制造商则采取了以技术为导向的观点，将信息技术系统置于中心地位，希望信息技术系统能够将招标过程中以低廉的价格胜出的形形色色的物流供应商整合到一起。结果不出所料，丰田物流系统具有更优异的绩效。

案例分析：技术信念和越库系统

丰田公司为了在北美建立一个精益越库系统，不惜投入大量的时间和金钱。他们成立了一家合资企业——特兰富力运输有限公司（Transfreight）。当然，该公司并不是由丰田直接控股，而是由丰田旗下的三井贸易公司（Mitsui）与 TNT

物流公司合资创办，后来三井收购了 TNT，使其成为特兰富力的唯一股东。简单说来，越库就像一个链接盒子。在本案例中，每天都有满载着各种零部件的大卡车从分布于全国各地的供应商处将零部件运往料场。各种零部件在流经料场后，被重新组合成不同的产品组合，再以卡车将适当数量的零部件送往装配厂，供1~2小时的装配作业使用，这种零部件运送作业每天进行12次。如果令卡车每天分12次从各地供应商那儿取货，然后直接运往装配厂，必然会造成卡车运输空间的浪费，因为大多数时候卡车都将无法满载。

丰田公司认为越库作业是装配厂的延伸——一条从供应商直接到为汽车装配零部件的员工的精益价值链。这个流程每天都会运送成千上万个零部件，因此是一个非常容易出错的复杂流程。流程中的每一个作业步骤都有紧凑时间间隔，任一步骤的延误都会导致整个系统受影响。为了确保流程正常运转，必须有创意地应用丰田生产方式。该流程必须是一个把浪费情形减至最少的顺畅流程，而且需要实行可视化控制，以便员工可以在适当的时间做出适当的决策。此外，为了保证一致的时间，流程必须实行标准化作业。卡车司机同时需要承担检查员的责任，负责核查是否从供应商处收取了所有正确的零部件。

为此，丰田成立了多个工作小组，并对他们进行了严格的培训。小组负责人负责仔细检查每个点的作业情况，以防漏掉任何一个错误。每一名员工都需要思考如何持续地改善流程。

其结果是，员工们找到了一个不需要高科技的解决方案。比如，他们制定了标签制度，即当满载着从供应商处运来的零部件的货板从卡车上卸下来时，便被立即贴上了特定的标签，标签上列举了零部件的编号、数量及送往装配厂的主要路线等关键信息。根据零部件送往装配厂的主要路线，转运区被分成了一些具体的存放区域，另外，还有一片区域留着储存那些需要重新包装或需要等待一日或几日才能运送的零部件。因此，零部件在转运区的存放位置不同，标签的颜色也不同。这些标签卡片就放置在带有多个卡槽的大型可视化告示板上，卡槽的分布体现了转运区根据供应商支线和送往装配厂的主要线路而进行的存放区域划分。特兰富力公司的一名监管员表示：

我们对越库作业的管理流程完全是通过人工操作来进行的。当然，我们也会使用（微软）Access 和 Excel 软件，但大部分工作仍是人工操作。我们未使用任何优化软件，也未使用射频技术进行货物扫描。我的意思是，尽管我们也有计算体积、里程等数据的系统，但是我们的流程大体上都是人工操作。

现在让我们来看一下丰田的一个美国竞争对手的情况，该公司效仿丰田的即时生产制，制定了一个越库制度。和丰田公司一样，该公司同样也成立了一家合资企业，并持有该企业 60% 的股份。这家合资企业的一位监管员曾这样描述他们企业的目的：

我们公司的愿景以我们的 IT 技术为中心。这一技术是一个全球整合系统，可以提供流入和流出的可视化服务，凭借此系统，我们实现了对所有材料和产品的可视化控制。我们还拥有全球性的数据库管理系统和仓储数据库管理系统，因此，我们公司是所有数据的处理中心。此外，我们还可以与任何公司的系统实现即插即用，无论是 SAP、i2、CAPS，还是 Manugistics。最后是供应商、物流公司或合作伙伴的配合。而这也是我们实施六西格玛管理的主要原因之一。我们将为所有公司和所有的合作伙伴提供流程管理服务。这就是我们的机会。

有趣的是，丰田对特兰富力的每一个越库作业都投入巨资，以帮助它们实行丰田生产方式，而那家美国的合资企业却让实行越库作业、相互竞争的物流公司竞标争取不同的零部件的取送业务。特兰富力拥有多个越库料场，并且所有料场都实行统一的管理原则。而那家美国合资企业的物料运送作业则由多家不同的物流企业共同负责，但是每家企业都有着自己的越库管理方法，这就是他们必须拥有"即插即用"功能的原因——每一家物流企业都使用不同的软件。软件是这家美国汽车制造商与物流供应商之间的连接。对于丰田而言，它通过一条紧密相连的纽带将流程中的供应商、越库货场和装配厂联系在一起。由于各个环节均使用相同的流程和信息技术，因此，无须使用即插即用功能。

对比这家美国汽车制造商的 8 个越库料场与特兰富力公司的 5 个越库料场的劳动生产率、叉车的利用率、拖车/牵引车比率、成功达到生产节拍的次数等主要业绩指标，我们不难发现，特兰富力公司的越库系统总体绩效要明显优于这家美国汽车制造商的越库系统。显然，技术并不是决定企业成败的关键因素。

调整技术以适应你的员工和经营理念

在上文的越库案例中,特兰富力公司显然并未使用非常精密的"供应链解决方案"软件,但这是否就意味着这套软件不"精益"呢?其实不然,长期以来,丰田一直在仔细评估各种软件解决方案,并逐渐将其融入流程之中,但前提条件是必须经过认真的筛选。在系统中采用新的软件就像进行器官移植一样,如果所移植器官与身体不匹配,身体便会排斥所移植的器官,出现"罢工"的情况。

格伦·乌明戈(Glen Uminger)负责管理丰田在北美的大部分物流系统。他认为更高级的信息技术在优化卡车的收取和投送路线方面肯定能发挥更大的作用。这一系统非常适合特兰富力的原因在于,该公司使用的是已经为丰田服务了十余年的传统的人工系统。卡车路线通常由人工来安排,借助于公司内部简单的、能够清晰展示数据和路线的信息系统。由于丰田大力推行均衡化,设计卡车行车路线是一项比较容易的任务。如果装配厂拥有稳定、均衡的生产力,那么它对于其供应系统也会产生稳定、均衡的需求。如果你了解每天运送到工厂的零部件的数量和运送频率,那就可以相当容易地制定出每天都相同的运送路线。然而,装配厂的生产仍然会出现意外的波动情形,因此,格伦认为路线规划软件可能要比人工安排更快、更好地完成工作。他这样解释道:

3年前,我亲自选取了一套商用进货物流软件程序,把它引进丰田,并通过实时数据来进行实际测试,以判断其效益。在这一过程中,我遇到了来自丰田汽车公司(日本总部)的强大阻力,因为他们不喜欢用软件来做计划,而且担心美国人会过度依赖软件而忘记了其背后所蕴含的逻辑推理和原则。他们认为人能够制订出最佳的计划,并逐渐对其进行灵活的调整。但是我认为,我们正在运营一个非常复杂的网络,没有人能够考虑到以坚实的丰田生产方式原则为中心的所有数学可能性。经过实时数据的验证,证明我的想法是正确的,而丰田汽车公司也迅速启动了内部系统开发项目,开发出一套既具有很高的优化功能,又遵守丰田生产方式原则的软件。在此期间,丰田汽车公司的程序开发员与安捷伦公司(Agilent)的肖恩·金博士(Dr. Sean Kim)建立了联系。一段时间过后,丰田汽车公司发现自己研发的软件无法超越安捷伦公司的软件,于是丰田决定采纳安捷伦公司开发的优化系统,并将其融入到我们的新路线规划系统(SMAP)之中,该系统计划两个月后正式启用。我们和欧洲的工厂今年已经在试用此软件。

从表面看来,这似乎是一则有关刻板的官僚主义的故事,领导者墨守成规、反对变革:"过去,我们一直用人工做得很好,你为什么就做不到呢?"实际上,丰田公司的这些因循守旧者是在保护丰田模式——丰田竞争优势的精髓。如果他们随意地批准任何根据某个简单的商务案例而提出的采用新软件的请求,恐怕不久丰田便会到处充斥着各种相互联系的软件,他们最担心的情况也会成为现实:丰田的小组成员"将过度依赖软件,并已经忘记了软件背后所蕴含的逻辑推理和原则"。到那时,丰田将和竞争对手们没有什么分别。

因此,他们迫使格伦·乌明戈必须为他提出的见解进行有力的辩护,继续努力思考问题,并提出符合丰田生产方式原则的解决方案。经过3年的努力,格伦说:

我们始终在寻找成本最低而又满足丰田生产方式基本原则的解决方案。实际看来,我们并未真正地牺牲工厂交货频率、提前期、均衡化等绩效水平,但是我们确实在以最有效的方式实现所有目标,不断进步。不错,我们一直在寻求降低成本的生产方式,但是与此同时,我们会尽力确保我们坚持丰田生产方式的基本原则。我们的SMAP系统(内置了安捷伦公司提供的优化软件)为我们提供了一个可以动态地规划路线的全新工具,通过使用"如果……怎么样"的情境,令我们有更多的时间进行深入研究,以确保我们采取可综合考虑所有目标、服务和成本的最佳路线。每年我们会更改路线8次。我们有多种规划路线的方式,有时候效率较低的短程路线如果能避免出现过长的路线,使长途路线再也不必为低数量、近距离的供应商而绕道取远,那么这样的短程路线就是可取的。

同时,我们的整个系统也变得更加强大,我们不仅降低了整个系统的成本,而且无须搬运额外的容器,制定高效的路线……我们的团队不辞辛苦地观察、测试并开发这一工具。几个月后,我们对这一工具所付出的所有努力终将有所回报。

这与我们在其他公司见到的采用新技术的情况有所不同。在丰田,我们看到的是一支团队孜孜不倦地致力于制订符合流程和丰田生产方式基本原则的解决方案。他们只是丰田后勤系统中的一个团体，而非专业的信息技术团队。他们并未完全依赖企业外部的软件提供商，而是使用他们提供的软件，并与他们一起钻研数年，以使该软件符合丰田生产方式，其中包括软件的显示形式必须满足丰田公司严格的可视化管理标准，最后才正式启用。尽管这一软件的规划周期较长，但是我们可以放心地预测其实施工作将会非常顺利，而且如果成功的话，它将成为丰田一项新的全球标准——当然，有待于不断地改进、完善。

对比不同的技术采纳模型

在思考丰田采纳新技术的过程中，我们将传统公司采纳技术的模型与丰田的精益模型进行了对比。一般说来，传统公司采纳新技术的模型有两种——一种是硬件自动化，另一种是用以进行规划、日程安排和决策的信息技术系统。在下文中，我们将分别介绍这两种模型。

从问世至今，自动化已经有数百年的历史，称不上新鲜事物了。任何从事自动化工作的工程师都知道实行自动化的具体步骤。首先进行成本收益分析，其中成本是摊余成本，收益主要是节省的劳动成本。如果节省的劳动成本超过了摊余成本，那么自动化便值得继续推行。实际上，在进行这一分析时，人们经常将自己对这一技术的偏爱隐藏其中，因为机器人与人不同，它不会顶嘴或威胁成立工会。通过编程向机器人下达一道指令之后，机器人便会执行指令，而无须任何解释。许多工程师就是依靠为各家工厂逐步推行自动化而谋生的。自动化设备往往需要从公司外部购买，而工程师担当的角色就是外部设备供应商的技术联络人。

观察图9-1中所描绘的传统自动化流程图。显然，这一流程的基本原则是通过实行自动化，使人员脱离流程，以降低劳动成本。具体方法是对各项工作分别进行成本/收益分析，然后对收益超过成本的工作进行自动化。通过这种方式，固定的资本成本取代了可变的劳动成本。当然，这种方式也会造成一些负面影响，如用自动化取代员工导致工作无保障、劳资纠纷、大量需要维护的复杂且固定的机器设备、技术工人成本上升、设备故障或停工期等问题。此外，如果销售下降，管理层将无法摆脱固定的技术成本。

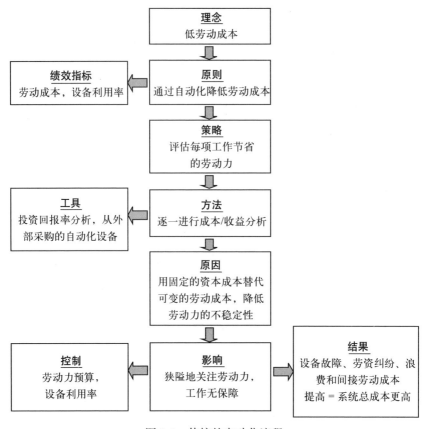

图 9-1 传统的自动化流程

从精益的视角而言，技术往往是不可靠的，缺乏灵活性，并且容易导致生产过剩的情况。导致生产过剩的原因是技术并不完全可靠，公司必须使其"保持忙碌"，方能解释技术耗费的成本。在存货堆积如山已成为常态的生产环境中，人们注重的只是设备不停地生产，而往往忽视了生产过剩这一重大浪费情形。

将此流程与精益自働化流程（见图9-2）进行对比。精益生产模式的理念关注的是降低整个系统的总浪费。任何新技术必须以丰田生产方式为基础，并且应被视为人机系统。设备必须为员工改善和实现精益流程提供支持。任何新技术必须满足特定需求并适用于整个丰田生产方式。这通常意味着需要从改进和完善较为简单、更偏向人工作业的系统入手。在进行一项重要的技术投资之前，先看一看此系统能为你带来何种收益。对非精益的系统实行自动化看似可能会节省部分成本，但是往往会导致浪费增加、创建更精益的系统的动机降低的情况，从长期来看，反而造成了更多的浪费。首先，你应当尽力在人工系统中"挤"出更多的东西，然后看看该系统的某些具体能力是否可以做进一步改进。这时，技术便成为一种解决方案，因为灵活、可靠、低成本的人机系统有助于满足生产节拍。

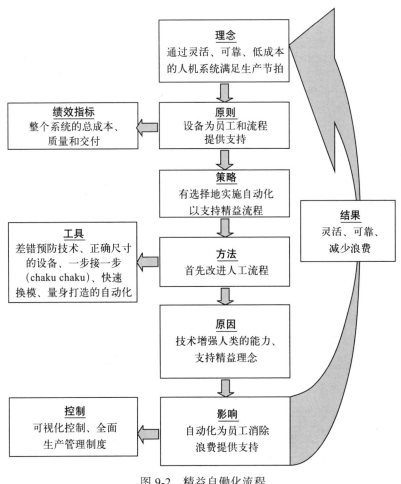

图9-2 精益自働化流程

在丰田，生产工程部门负责为工厂引进新的生产设备。学习丰田生产方式是任何初级生产工程师工作指导培训的一部分，而且设备的设计和挑选必须以支持丰田生产方式为前提。举例来说，所有设备都必须进行差错预防设置，具体方法是在设备中设计安装各种传感器，一旦流程中出现异常，这些传感器便会发出安灯警报。自动化的水平通常视员工的需要而定。一步接一步指的是机器设备可以自动弹出成品，因此员工只需装载和收取弹出的零部件即可。所选设备应当大小适中，符合单件流流程的需求，此外，设备的设计必须支持快速换模。这些设备必须专门定制，一般很难从公开市场上买到。实际上，生产工程部门开发出了大量的新技术，以供丰田工厂使用。他们和入选的外部供应商协力合作，共同致力于研制符合丰田生产方式的设备。此外，这些外部供应商不仅与丰田关系密切，而且对丰田模式有深入的了解。

案例分析：使用正确规格而非超规格的技术

规模经济使我们认识到，一台大型的高科技机器将比多台小型、简单的机器更高效。一家生产核燃料棒配件的公司制造了金属网格来盛放燃料棒。每经过一阶段的处理，金属网格都需要进行清理。于是，该公司购置了一台配有压力和热度测量装置的巨大清洗机。然而，当来自不同流程的金属网格争相需要清洗的时候，该清洗机却遇到了瓶颈，造成了严重的等候浪费情形。

作为精益改革的一部分，公司专门为网格作业成立了工作小组，而清洗机成了流程中的一个主要障碍，因为大清洗机需要大批量作业。为此，精益团队曾询问流程工程部门是否有可能使用更小、更简单的清洗机。起初，他们回答说："绝对不可能。"但是在精益团队的一再坚持下，最终他们的结论是工业用的强力洗碗机就行得通。于是，他们购买了多个工业用强力洗碗机，并将其安装在流程中，这样不仅极大地降低了批量，而且解决了瓶颈问题。

在查看其他类型的信息技术系统时，我们也发现了类似的情况。传统的信息技术设计（见图9-3）是一种推动式的系统，其理念假设是更多的信息和精密的分析终归要好于人为的简单的判断。信息技术系统通常以由上至下控制流程的管理理念为基础。掌握了正确的信息和正确的分析方法，便可以利用信息技术系统合理地规划和控制流程。

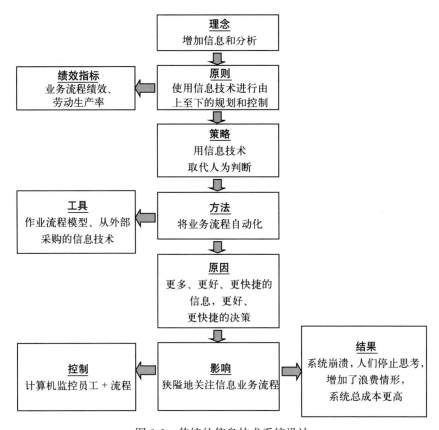

图 9-3　传统的信息技术系统设计

带着一些抽象的目的，人们开发出了通用的信息技术，并将其推向了使用者，希望他们能够按照信息技术规定的业务流程标准调整自己的流程。通过信息技术系统改进的"业务流程"大多以将正确的数据输入信息技术系统为目的（如每次移动存货时，都要将正确的信息扫描进信息技术系统中）。

其结果往往导致人们只是狭隘地关注改进信息技术业务流程，而忽略了仔细检查实际作业流程。人们停止了思考，并开始听从信息技术系统的支配，如此一来，不仅减少了改进，而且增加了更多的浪费情形。

《丰田模式》一书讲述了这样一个有关供应链可视化软件的故事：该软件的设计用途是使存货明显可见。当供应链团队对此软件进行测试时，他们发现工厂中的业务流程很粗糙、杂乱无序、缺乏收集实时存货数据的良好流程，因此无法通过计算机系统获取存货的实际情况。计算机系统被用来显示各个工厂中的存货情况，供应商可以通过该系统了解到何时存货水平达到了最低触点，以便他们及时将零部件存货补充至最高水平。这是原始的拉动式制度。为了鼓励供应商遵守这一制度，计算机会自动计算其绩效指标，以衡量存货有多少时间维持在最低与最高水平之间。

反观丰田，数十年来一直在关注实施实际的拉动式制度。它们致力于制造正确体积的容器和放置容器的货架，并对每个箱柜盛放多少零部件、库存中可以存放多少箱柜都有严格的限制。它们印刷了看板卡片，并使之与箱柜的生产数量相匹配。没有卡片意味着没有生产，也就不能再有更多的存货。丰田还致力于提高生产设备的可靠性、内建质量和操作员培训。通过持续改善，它们努力将存货水平降至最低，因此根本没有必要收集流程中每个阶段的实时存货数据——这本身就是一种浪费。换言之，它们致力于开发真正的生产流程，并通过简单的通信工具和标准流程将生产流程连接起来。它们对将数据输入计算机中的非创造价值的"业务流程"并不感兴趣。有趣的是，将这些人工系统发展到极致后，丰田也开始向电子看板系统推进。但是它们将这些电子看板与人工看板同时并用，这样既实现了对流程的可视化控制，又可以享受现代计算机技术带来的好处。

> **误区　过度依赖信息技术系统将增加浪费**
>
> 　　企业采用信息技术最常见的例子便是希望借此能"实时"地"追踪"和"理解"实际存货水平。材料的每一次交易都被"扫描"进系统中（这项任务通常由创造价值的操作员来执行——这无形中增加了浪费），以便他们能够获取"准确的"存货信息。实际上，由于多种原因，如发生差错和遗漏的情况等，这种做法根本行不通，因此必须设立全职的"巡回计数员"，反复检查存货水平，以核查系统中统计的存货水平是否有误，并对存货水平进行相应的调整。除此之外，每年还必须对库存中所有产品进行一两次全面清点，这是一项既耗时又折磨人的工作，可能需要几天（有时在周末进行）才能完成。
>
> 　　相对而言，丰田利用看板系统来控制存货，并监督看板。每年需要进行两次实际存货清点工作，但是生产作业最多只需暂停几个小时而已（储藏室可能需要花费一整天的时间，因为那里的产品各式各样、数量众多）。总体而言，使用"旧式"的卡片来控制存货不仅造价低，而且更为有效。近年

来，丰田开始采用电子看板系统来向供应商发送拉动式信号，甚至还将其应用到了装配厂生产线旁存货的补给中来。但是，在装配厂中仍然保留了原来的人工看板系统，以提供零部件使用情况的视觉显示。

传统的提供可视化功能的供应链管理软件实际上是以由上往下的控制理念为基础，其信念是如果最高管理层掌握了他们所需的所有信息，便可以控制系统。而看板系统则是以局部控制理念为基础。在这种系统里，工作场所被视为一系列客户与供应商的关系，在客户有需要时，他们可以通过看板通知供应商他们所需之物品。而高层管理人员需要亲临工作现场，以亲自观察的方式来核查整个生产体系，如图9-4所示。

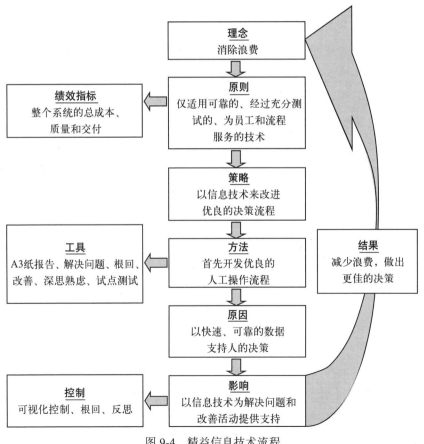

图9-4 精益信息技术流程

正如本章前文中提到的安捷伦公司软件的例子，在丰田，新信息技术必须面对很高的引入门槛。采用安捷伦公司软件的过程对于丰田公司而言已经司空见惯，它们往往遵循图 9-4 中所呈现的精益信息技术逻辑流程。仅是抽象地说明信息技术可以使流程实现自动化或提供更多、更好的信息还不够，必须明确指出它将如何创造价值、如何为深思熟虑且经过时间考验的流程提供支持。通常而言，只有在人工作业流程完善到一定程度之后，方可实行自动化。技术可以为人的决策提供支持，但无法取而代之。此外，技术不应成为停止思考和停止注重改善的借口，相反，它应当为人员消除浪费提供支持。

> **提示　始终坚持亲自核查实际情况**
>
> 在我们正在提高某流程的稳定性、解决运行效率的问题时，团队中的生产计划员经常抱怨说该流程进度"落后了"。经过实地观察，我们发现流程中并不存在等候处理的零部件。从传统丰田模式的视角而言，如果上游流程供货不足，或下游流程满档，那么作业流程就不能被视为进度落后。这一点是明显可见的，且通过查看工作区和观察作业流程间的连接处很容易就可以判断出来。我们颇感困惑，于是询问那位生产计划员认为这台机器进度落后的原因。我们得到的回答是："系统就是这么说的！"他指的是 MRP 系统显示流程中存在按计划应该完成而实际未完成的作业。仅使用系统中的信息而不核查相应流程的实际信息将会得出错误的假设，从而误导解决"问题"的工作。

正确地运用技术

表面上看，丰田是一家以工程设计为主导的公司，而实际上是一家以技术为基础的公司。创新性产品与流程技术是丰田取得成功的核心元素，而创造并成功实施创新性产品与流程技术的核心元素则是员工。

下面的案例说明，"流程与员工才能赋予技术价值"。在这个案例中，丰田的一个竞争者（我们将其称为 AmCar）在产品自动化与流程设计方面的技术远远超过丰田。一些宣传报告中列出了丰田无力完成的项目，这让丰田也感到有些紧张。但事实却与这些夸大其词的宣传报告大相径庭。AmCar 没有有效地应用这项技术,其产品的开发与提前期远远落后于丰田,在推出新车与质量方面也存在不少问题。直到 AmCar 聘请了一些曾在丰田任职的员工,教会了他们使用这项技术的丰田模式后,该公司才开始取得一些积极进展。

因此,我们一再重申,尽管技术在丰田公司发挥着至关重要的作用,但必须配合正确的环境使用。技术是整个体系中的一个重要元素,但整个体系并不仅仅是将一些技术元素组合到一起而已。体系中还包括执行工作的流程以及在流程中执行工作的员工。我们不仅要考虑选择哪项技术,而且要着眼整个体系的设计与实施方法。你必须认真规划,在如何经营企业的广义理念下考虑问题。

案例分析:流程与员工才能赋予技术价值

20 世纪 90 年代初期,AmCar 开始在产品开发阶段运用制作模拟技术,旨在使用计算机技术协助产品设计工作,从而优化制造体系。当时有几个软件包可供选择。在软件设计竞赛中,DELMIA 凭借其设计的 CATIA 软件包胜出,AmCar 于是决定使用这项技术。DELMIA 的软件程序组中包含很多模块,但 AmCar 采取的方法以产品开发为核心,重点强调套装软件的设计——各部分如何在不妨碍可用空间的前提下互相搭配。制作工艺强调的重点是工厂的布局。流程设备的具体设计被外包给供应商,由其主要负责设备的设计工作,而他们与 AmCar 的产品设计师之间并没有密切的互动交流。

公司并未实现将设计与制作体系真正整合的最初承诺。不仅如此,主要功能团队之间也未能实现一体化(采购部门与供应部门也是如此——大多数组件供应商也同时负责组件/系统的设计工作)。一些团队会检查装配工作,但仅仅是在各自负责的功能区内进行(如车身工程设计),而且检查流程进行的时间往往比较晚(设计冻结很久后才进行)。这样的结果是大量的问题发现得太晚,需要对工作流程与一些组件进行更改,因而造成了产品推出的时间延迟,也就延迟了大批量生产的时间。另外,公司并没有将工作重点放在制定一体化的跨职能设计评估流程上(与工程设计同时进行),而是重点强调技术的开发。结果,尽管软件技术十分先进,但公司的进步却陷入了困境。

2000年，公司从丰田公司北美工厂聘任了一批新员工，为AmCar的质量改进运动提供支持。当时，AmCar面临着业务亏损、质量问题严重、保修成本过高的艰难局面，迫切需要实行彻底的变革。一位有管理产品推出经验的丰田前员工立即发现，在产品开发阶段AmCar并没有应用计算机模拟技术来预测制作过程中发生的问题。丰田公司将这项工作称为"数字建造"（digital build）模拟。从某种意义上来说，汽车是在计算机上虚拟建造而成的。跨职能的团队严格应用丰田公司的解决问题方法，仔细评估了制作与装配汽车过程中可能发生的问题。

2001年年末，密歇根州安娜堡的丰田技术中心（Toyota Technical Center）同AmCar公司共同参与了一场技术共享研讨会。20世纪90年代末曾经举办过一场标杆研讨会，丰田公司通过该会议上的了解，认为AmCar在数字设计领域的进步非常迅速。然而，在2001年年末的研讨会上，丰田的代表却发现AmCar在这一领域没有取得什么进展，这令他们惊讶不已。丰田表示，这项活动是缩短整个开发提前期的一个关键性因素。

2002年年初，通过进行另一项更为详尽的差距分析，AmCar公司的高层管理人员建议实行同步工程流程（simultaneous engineering，SE）和数字装配流程（digital assembly，DA）。为支持这些工作，2002年AmCar公司实施了一项更为严格的问题管理流程，同时施加压力，要求提早完成设计/流程冻结，执行检验活动，并实施整体产品/流程的改进工作（每项工作都采取丰田公司的工序）。这些基础工作旨在加强所需的纪律要求，使工作有条不紊地进行，从而为SE和DA工作提供支持。

2002年年末，公司完成了SE和DA的草拟流程，2004年年初，又选择了试点区实施试验项目。最初的工作重点强调业务流程与行为方面，而不是强调技术。各个零部件的数字化照片被放入CATIA，创建出每个工作站的数字模型。参与者包括全部的工程/设计区、高级制作组、采购与原材料团队、各个制造工厂的代表、质量团队（服务、保修、纠错等方面）、人体工程学与安全，以及工业工程等领域。这些工作在设计冻结期前几个月就开始进行，一直持续至制作出原型（跨越3个阶段）为止。各项工作进行得紧张有序，在试点区共找出了2 000多个问题。与此同时，公司立即开展了紧张的问题管理流程，记录下所观察到的问题，并对解决问题的具体期限做出了严格的规定。

最初的工作成果令人欢欣鼓舞。为试点区制作原型的工作比通常更加顺利——发现了几个重大的问题，并在开始制作原型前找出了对策。为试点区绘制问题曲线的工作比之前的项目几乎提前了9个月进行。

本案例中有趣的一点是，AmCar是应用CATIA技术的行业领头羊，如前所述，其技术水平令丰田都感到紧张。然而，他们在技术的实际应用方面却被丰田公司远远甩在后面。AmCar从其聘任的曾在丰田公司任职的员工身上学到了以下经验：

1. 技术应当为一个有效的流程提供支持，而不能尽力用技术去代替流程。
2. 通过其他标准化活动来建立纪律，然后将此纪律应用于流程。
3. 跨职能的参与和最低决策层的信息输入，将更好地运用技术提供的信息。
4. 创建一个试点区/学习生产线来模拟成果：测试，测试，再测试，然后推出产品。
5. 通过成果和支持性数据得到高层管理人员的支持。
6. 继续改善流程的工作。

反思问题

1. 你的公司是否被卷入了技术竞赛？
2. 你是否认为必须拥有最新、最快、最精密的技术才能保持竞争优势？
3. 你是否忽略了这样的事实——技术的目的是为人员与流程服务？
4. 你是期待用技术来解决问题，还是先找出有效的解决方案，然后应用技术为员工提供支持（减轻其负担）？
5. 你是否对技术进行了大力投资，结果却发现整体业绩没有改善，而由于投入的成本太高（或者不愿承认失败），现在又难以放弃技术，陷入骑虎难下的境地？
6. 如果此刻你的办公桌上正放着一摞技术提案，请重新对当前情况进行评估，要求提案人证明该技术系统如何为员工提供支持：
   a. 设计技术时如何体现技术使用者的参与？

b. 提案人是否实践了"现地现物"的原则（到工作现场实地查看作业流程），并对目前正在执行的流程方法进行研究？

c. 建议采用新技术之前是否尽最大努力杜绝目前流程中存在的浪费情况？

d. 是否同信息技术提供商建立了密切的关系，以便它们迎合你的员工和流程的需求，开发出专门的技术？

e. 是否规划了试点区，以便在全方位实施技术之前对该技术的效果进行验证？

第四篇

培养杰出的员工和合作伙伴

The Toyota Way Fieldbook | 第 10 章

培养彻底了解公司体系的领导者

成功始于领导能力

我们开始同一些公司合作，探索实施精益模式时，它们常常想让我们参观它们的工厂，看看它们应用精益原则所取得的成绩。一般情况是这样的："7年前我们就开始了精益之旅。我们聘任了一名顾问，由他负责为我们整理制定一些培训资料，然后我们将此培训项目推广至每间工厂。项目重点是由外部顾问领导的一些改善活动。同时我们要求每间工厂任命一名内部促进人员，学习并保持流程的顺利进行。有一个工厂力争上游、全力以赴，成了全公司的一个精益模范。但也存在其他的一些工厂，除了在顾问带领下进行了初始活动外没有任何进展。"

当我们询问在实施精益计划的进程中导致各个工厂之间差异如此巨大的原因时，得到的答案几乎一模一样："模范工厂的经理干劲十足，人际关系能力非常突出。他及其领导的团队对工作全力投入，不遗余力。"遗憾的是，后来的情况往往是："接着他离开这里寻求其他的发展机会，工厂业绩开始走下坡路。"

显而易见，成与败的区别始于领导力。领导力从最高层的领导者开始，但最终执行流程的是那些为创造价值的员工提供支持的中层管理人员。在许多机构中，这些"中层管理人员"仅仅被视为保持工作秩序正常运转的一个必需品。而这些职位的任职人员通常将自己的工作视为"向上攀爬的一个阶梯"，是暂时性的需要，或者说是前往更加重要、更有利可图的工作机会的一个通道而已。当然，更具天赋或雄心的人都不愿意窝在"沟渠里"而施展不开手脚。考虑到培养精于丰田生产方式的领导者需要很长时间，这一点成了丰田内部和其他公司共同面临的挑战。

很遗憾，在当今的许多公司中，一线领导者（中层管理人员或监管员）常常被视为"交通警察"，甚至更糟糕地被视为"保姆"。人们认为，真正的领导力必须来自高层，他们做出英明的决策，再层层传达下来。监管员仅仅需要处理些小问题，保证一切事务处于控制范围内即可。这种短浅的视角会导致这样的看法，即一线领导者是一种间接成本，因此应当保持在最低水平。监管员分布得十分稀疏，其肩负的责任也很宽泛（我们看到过责任范围覆盖多个班次，管理60多个人的监管员）。

丰田对于一线领导者的视角截然不同，给予他们高度重视。他们被视为丰田模式的关键元素，被寄予比多数公司高得多的期待。丰田期待团队领导者（监管员）能够在小组中对每一名小组成员亲自给予培养与指导，因此小组领导与组员的比率通常是1∶20，或者可能高达1∶30。

本章中，我们将探讨一些领导者必须掌握或学习的基本技能，并介绍丰田的领导结构。我们将在本书第20章集中讨论高层领导能力，而本章中我们将重点讨论被人们忽视的中层管理人员（人们有时将之消极地称为"冰冻的中层"）。高层的领导方针在这一层次被转换为行动，因而责任也就止于此。中层管理人员被冰冻的原因，在于他们常被卡在高层的命令及远见卓识与一线战区的现实生产之间的位置。

丰田领导能力的重要意义

丰田的组织结构相对来说比较平坦，没有过多的管理层次。在丰田的成功中，领导者的确扮演着至关重要的角色，但过多的管理层次是没有必要的，因为领导者可以培养并指导其他人员完成许多任务，而这些任务在其他公司中往往也是由领导者完成的。虽然丰田的管理层次比较少，但处于公司底部的领导者的控制范围非常小，所以工作团队中领导者的人数比竞争对手公司中更多。丰田的理念是将责任尽可能分散到最低的层次。丰田对于负责生产的同人具有很高的期待，小组负责人的责任范围很广，一名团队领导者就经营着一笔"小型业务"。丰田期待所有的领导者都肩负重要的职责，因此在你的机构中领导者的选择及其之后的培养工作应该是最重要的考虑因素之一。

通常情况下，公司将重点放在培养领导者的"义务"或"责任"上，而不是放在期待上。这种做法类似于实施精益工具而忽略精益理念。人们常常问"小组负责人或者团队领导者的工作职能是什么"，而不是"领导者的目标或期待是什么"，结果，分派给领导者的任务是"当安灯系统发出故障警报信号时赶去处理"或者"将数据制成图表然后张贴在黑板上"，等等。这些活动对于支持体系发展是必要的，但它们只是表面的要求，并没有体现出领导能力的精髓。

在丰田，一线生产的领导者主要包含小组负责人（薪水按小时计算的生产工人，其肩负着直接支持生产线的重要责任）和团队领导者，后者是领取固定工资的监管员，为整个团队的运作提供支持。小组负责人和团队领导者的基本职责包括以下3项：

1. 支持公司运转。
2. 推进制度实施。
3. 领导变革。

团队领导者对丰田生产方式的实施与持续发展起着关键的作用。许多人向团队领导者汇报工作，因此他们会对许多人的工作和进展情况施加影响。工作流程要想获得成功，团队领导者必须发挥积极的作用。

团队领导者的作用绝不仅仅是一名"监管员"，公司对他们的期待是他们能够起先锋模范作用，为团队工作指引方向。当然，根据工作流程的不同需求，各地区团队领导者的具体角色也不尽相同，但是所有的领导者都需要灵活变通，为实现预期结果乐意承担任何必要的工作。团队领导者的工作要求领导者有能力对高层次的工作需要（工作职责与公司目标）做出阐释，并将它们传达给团队成员，以期达到每天的目标（包括领导能力、教学能力和岗位专业知识）。

丰田对于领导力的期待是能够有效培养员工，从而使工作业绩不断提高。要实现这一目标，需要对所有员工灌输丰田文化，不断培养和栽培有能力的人员，集中力量巩固丰田生产方式。基于以下4项主要业绩成果，评估领导者的效率：

1. 安全，包括人体工程学规范、减少伤害和改善工作场所的设计。
2. 质量，包括培训、工作进程改良和解决问题。
3. 生产力，包含始终如一地满足客户需求和资源的管理。
4. 成本，即满足其他3个标准的同时控制并缩减总成本。

丰田认为，随着这些领域中整体业绩的提高，人们的技能和能力也在提高。然而，还存在一些二级的指示指标，如团队的培训计划（显示领导者对于技能发展的重要性）、员工调查（显示员工士气与民心）、团队成员对建议体系的参与水平（显示领导者对于员工活动提供的支持），以及出席记录（显示员工士气与民心）等。

> **小建议　关注预期结果，而不是领导者的日常工作任务**
>
> 卓有成效的领导力的标志包括团队内部高昂的士气和团队目标的一贯实现。体现领导力的重点指标应当是对员工的栽培。当然，领导者必须完成他的每日工作职责，但是领导者的真正工作在于培养出有能力实现更多工作成果的员工。实际上，团队内的每一名成员都必须能够胜任领导者的角色，即使仅仅是负责各自领域的日常活动。为实现这一目标，领导者应制定正确的结构模式，同时提供指导，并组织一些能够为员工成长提供机会的活动。

丰田公司乔治城工厂生产线的领导结构

丰田公司对与生产相关的领导者给予高度的重视，因为这些领导者直接为企业的核心——创造价值的活动提供支持。丰田的领导结构采用"倒金字塔"的模型，领导者（在一般公司，他们通常位于金字塔的顶端，支持他们的是企业的工人）位于最底端，为企业的大多数人员提供支持。图10-1按照汇报职责的顺序展示了这种组织结构，但若按照提供支持的层级来看，则应为这种结构的倒置状态。

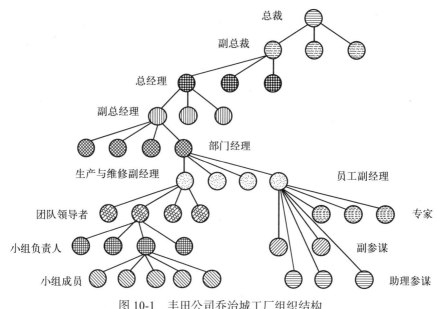

图10-1　丰田公司乔治城工厂组织结构

负责生产的员工被分配到不同的团队，根据工作领域的不同需求，每个团队人数从20到30人不等。团队领导者负责管理整个团队，一般向这个管理层次直接汇报的人数最多（尽管小组负责人是团队支持结构中的一个重要部分）。团队领导者是"管理"的第一层次，是一个可领取固定工资的工作职位（美国的丰田工厂实行这种制度）。团队内部分为各个小组，每组由5~7人组成。根据区域的不同，每个小组的确切人数也不尽相同。每个小组中有一名全职的小组负责人，这是一个按小时领取薪水的工作职位，薪水额比小组成员略高。上述两个工作职位——团队领导者和小组负责人——对工厂内生产相关的一切活动肩负着直接的责任。

位于团队领导者之上的是副经理，他们通常每人负责4~6名团队领导者，平均分配到两个班次。所有副经理都要向一名部门经理汇报工作。副经理对于日常生产活动负有直接责任，其大部分工作时间在实际工作现场度过。经理对于生产活动也负有直接责任，但并不处理日常事务。只有当问题扩大化，生产出现重大失误，特别是可能发生对客户供货不足的潜在风险时，经理才会出面处理。

根据某一部门分配的员工人数不同（例如，装配部拥有更多员工），副总经理下面向其汇报工作的经理人数也不相同。根据部门大小，一般来说是 2～4 位经理向一名副总经理汇报工作。通常总经理对于整个"职能范围"负责，可能是全部的车辆生产，或者发动机工厂，或者参谋职能。一般来说经理不参与生产工作现场日常活动的处理工作，但公司期待他们定期巡视工作现场，寻找教学与指导的机会。

最后，是几位副总裁和一位总裁。

这种结构可能看起来有相当浓重的管理色彩，但实际上处于高层的领导者人数在迅速减少（3～5 位较低层次的领导者只对应 1 位较高层次的领导者）。这种领导结构可以支持几千名员工共事协作。

乔治城工厂的员工总人数一度达到近 7 000 人，是北美地区最大的丰田工厂。工厂建立之初并未采用这种组织结构。当时工厂只设立了少数几个管理层次，不存在副经理的职位，经理和总裁之间也没有其他的管理层次。当时这种做法很可能是为了便于机构内部高层领导者的发展，随着工厂的不断壮大赋予这些领导者更多的责任。在工厂创建期间，丰田为领导队伍中的每一名成员都配了一名日本培训员，为他们的工作提供支持并向他们讲授丰田模式的具体内容。每一位高层领导和一位日本同级别领导共同参与决策。随着能力水平不断提高，乔治城工厂对日本支持的需求逐步减少，几年过后，长期分派的日本管理者的人数所占比重已经降为不到 2%。

丰田公司乔治城工厂参谋领导结构

丰田的办公室参谋结构或工程职位结构与其生产线领导结构类似，只不过这里通常没有团队领导者或者小组负责人。这种结构与许多公司使用的结构也差不多，但职位头衔比较少。办公室参谋包括"副参谋"和"助理参谋"，他们负责非技术性的工作，还有"专业人士"，他们掌握特殊的技能，负责担任生产技术、设备维护、保证设备符合安全与环境要求、会计工作、人力资源以及其他要求技术水平的职位等。

由助理参谋与专业人士组成的小组向副经理汇报工作,几名副经理再向部门经理汇报工作。如果在生产部门,经理可以既负责管理生产员工,又负责管理参谋员工。一些需要大量技术支持的部门可能专门为参谋员工设立一名单独的经理。

领导者的必备条件

丰田从美国战时人力资源委员会的一些材料中借鉴了一些领导理念。丰田讲授的许多技能在业内培训机构(TWI)的培训资料中都有具体说明,如工作关系、工作方法、工作指导等(参见第 11 章)。TWI 提出了领导者必备的 5 个特点,我们在此又加上了第 6 个,或许也是最为重要的一个特点,即领导的意愿和愿望。虽然这一点听起来有些奇怪,因为我们的确见到过没有领导愿望的人处在领导的位置上,他们暂时填补在这一职位,将之仅仅视为通向另一个工作的通道。但是,如果没有领导的愿望,其他任何领导技能都没有用武之地。

下面我们列出了 TWI 定义的领导者需具备的 5 个特点和我们后来添加的一个特点。

领导的意愿和愿望

首先列出的这一特点也许看起来平淡无奇,但事实上,拥有一个工作或职务的愿望与真正担任领导的愿望是有很大差别的。其他特点是成为一名优秀领导者的必要条件,但一个人刚刚就任领导岗位时并不需要具备全部这些特点。他们只需拥有学习的意愿和愿望,即可在今后的工作中逐步培养其他技能。如今的领导角色与过去的"监管员"角色迥然不同。领导必须有能力激发并鼓励员工,以取得更大的成就。

岗位专业知识

岗位专业知识,即在某一领域进行工作所需的专门信息和技能。领导者应该对材料、机器、工具和生产步骤都有所了解。此外，还应具有其领域内各项作业的技术知识，了解执行各项作业应该采用的正确方法。如果不具备这一能力，领导者则无法保证工作按标准正确执行。丰田之外的其他公司常常忽略对领导者的这项要求，因为按照人们平常的想法，领导者只需具备一般的管理技能，即可弥补在岗位专业知识方面的欠缺。

岗位责任

领导者必须了解自己担任的角色。也就是说，他们必须及时了解公司政策、工作流程、健康与安全规定、公司计划和各部门关系等信息。此外，领导者还必须深入理解公司政策和程序，将它们传达给组员，并保证它们得以正确实施。

不断提高的能力

领导者必须时常对工作区进行分析，通过合并、重新部署并简化任务等方式，提高材料、机器和人力资源的使用效率。领导者的主要角色是鼓励其员工在思维和行动方面实现不断提升。公司内部的大部分员工都要向团队领导者汇报工作，因此团队领导者在团队内部推广的活动可以带动大多数人的进步并获得效益。许多平日里的细小改进要比少数的大规模改进更加重要。

领导能力

领导者必须能够与团队成员合作共事，从而实现公司目标。领导者必须有能力将公司的总体目标"翻译"成其团队必须执行的具体活动，只有这样才能取得成功。他们的角色好比体育教练，要制订出"比赛战略计划"，并协助团队执行计划。他们还要为团队成员提供支持和指导。此外，领导必须有能力为培训需求做出计划和安排，并追踪培训的实施情况，确保培训的成功举行。

教学能力

领导者的主要责任之一就是教会他人。无论一个人具有多么精湛的技能、多么渊博的知识，如果不具备教学能力，则无法将之传授给他人。而如果技能和知识没有传授给他人，公司的发展与壮大也就无从谈起。

> **小建议** 一些人是天生的领导者，另一些人可以学习这些领导技能
>
> 的确，每个人具备的技能不同，有些人看起来天生就是当领导的料。但实际上，如果拥有当领导的愿望，加以指导和练习，领导技能完全可以通过学习培养起来。迈克尔·乔丹当年未能入选他所在高中的篮球队，但他凭借内心的十足干劲和不断的练习，一举成为有史以来最优秀的篮球运动员。领导技能也是如此。一个人的本性可能无法改变（例如内向还是外向的性格），但可能学习一些技能，将职位期待的特性最大化地彰显出来，将职位不期待的特性尽量隐藏起来（这根据特定任务有所不同）。许多不同的领导"风格"都是行之有效的，每一位领导者都可以通过学习，使自己的领导技能发挥得最为出色。唯一无法教会的因素就是领导的愿望。

一个典型工作日中团队领导者的职责

对于负责生产的团队领导者来说，一个工作日被分解为三个不同阶段，每个阶段的工作重点各不相同。对于领导者来说，在工人们上班开启生产线之前，一天的工作就开始了。他们必须保证所有资源准备就绪——包括员工、机器和材料等各个方面。一天中的第二阶段包含在生产过程中进行的活动和需要履行的职责，而第三阶段则是在生产结束、工人下班后领导者的职责。表 10-1 概述了领导者一整天的工作职责，在此我们不再赘述，我们仅仅介绍一下团队领导者和小组负责人在工作日的第一阶段，即工人上班之前应履行的职责。

团队领导者（group leader，GL）应在生产开启前至少 30 分钟到岗。领导者应在各个领域为其他员工做出表率，特别是要做到办事迅速、按时出勤，全力投入工作以保证团队的成功。工厂每天会发布一个大型的出勤情况记录，上面显示了所有预定的休假，整个团队的成员均可看到。通过查看这一记录，团队领导者对预定的缺席情况有所了解，并提前一天为这些缺席人员拟订应对计划。如果发生未经事先安排的缺席情况，要求小组负责人在工人上班前 30 分钟进行报告。然后，团队领导者对人员配备情况进行评估，并做出相应的工作调整。团队领导者再将出席情况上报给副经理，他手中有整个部门的出勤情况一览表。

表 10-1　丰田工作团队的日常活动

时间	小组成员	小组负责人	团队领导者
工人开始上班前 15~30 分钟	指定的小组成员和小组负责人，负责设备启动工作 • 执行设备启动工序 • 检查设备状况 • 确认手动工具与工作区准备就绪 • 巡查机器，保证为生产工作准备就绪 • 检验首例产品 • 确认材料供应水平（原材料） • 汇报任何出现的问题与异常状况 • 在工人上班前保证生产工作准备就绪	指定的小组设备启动工作 • 保证开启小组的成员准时到岗 • 查看小组负责人的换岗日志 • 对前班出现的任何问题进行后续追踪 • 审核开启工序工作情况 • 应对开启工作中出现的任何问题 • 核实开前一岗的生产线状况 • 收集看板生产流程指示看板 • 核实每人生产需求 • 依据看板决定设备更换需求 • 保证在工人上班前生产工作准备就绪	必须在工人开始上班前 30 分钟抵达 • 查看每日出勤情况记录 • 听取人员缺席情况报告 • 对人员配备情况做出调整 • 将人员出席情况通报副经理 • 查看团队领导者的换岗日志 • 对前一岗出现的任何问题进行后续追踪 • 必要时联系维修事宜 • 采取措施对开启工作中出现生产中断可能导致的情况 • 向副经理报告可能导致生产应急计划 • 必要时执行生产应急计划 • 审核开启生产情况 • 核实一岗生产线状况 • 工人上班前 5 分钟到达工作区 • 核实开启工作与出席情况准确无误
开始上班	• 核实第一阶段的工作部署 • 到指定工作地点报到 • 工人开始上班时工作准备就绪	• 填写缺席的小组成员情况（由现任生产线上的小组负责人填写） • 离线小组负责人交接责任 • 保证生产顺利开启 • 保证所有小组成员准时到位 • 保证小组成员遵守安全条例 • 保证小组成员遵循标准化作业要求	• 核实负责生产的小组负责人人数是否足够 • 根据需要重新分派离线小组负责人 • 必要时承担小组负责人的工作职责 • 核实所有小组负责人是否准时到岗 • 记录任何未计划出现的缺席或迟到行为

（续）

时间	小组成员	小组负责人	团队领导者
开始上班至休息时间	• 履行例行工作职责 • 遵循标准化作业要求 • 按要求收集生产相关数据 • 根据指示进行设备更换 • 发生问题时激活安灯系统	• 小组成员激活安灯系统后，对发生的问题采取应对措施 • 采取措施应对任何设备停工的情况 • 向团队领导汇报任何出现的问题 • 每小时查看生产成果 • 在追踪板上进行记录 • 每小时执行质量审核 • 查看报废品与返工保留区 • 查看生产看板与材料看板状况 • 安排任何设备更换工作 • 对顾客流程报告的问题采取应对措施 • 在小组负责人换岗日志上记录发生的任何问题	• 小组成员激活安灯系统后，对发生的问题采取应对措施 • 采取措施应对任何设备停工的情况 • 向副经理汇报任何出现的大问题 • 每小时查看生产成果 • 查看报废品与返工保留区 • 对顾客流程报告的问题采取应对措施 • 在工作区巡视，查看以下情况： • 团队成员是否遵守安全条例，不安全的情况 • 产品质量 • 材料/工序流程——确保遵循标准化作业要求。特别注意生产缺货或过量生产的情形（发生这类情况即表明存在问题） • 材料库存水平 • 5S 状态 • 有害废物的储存与处理
正常生产（无问题发生）	• 进行小组负责人角色培训（由团队领导者负责安排）	• 留在工作区附近 • 更新生产情况追踪图表 • 支持持续改善的活动 • 准备质量圈活动 • 核实消耗类供应品的库存情况（手套、安全用品供应等）	• 必要时通知小组负责人离开工作区 • 参加每天的质量与生产例会 • 支持持续改善的活动 • 处理小组成员提出的改善建议 • 完成日常文书工作任务分配 • 为交流会准备信息资料

第 10 章　培养彻底了解公司体系的领导者

	内容 A	内容 B	内容 C
（续上页）	• 在团队领导者换岗日志上记录发生的任何问题 • 研究持续改善的工作 • 为重大生产问题制订应急计划	• 重新订购供应品 • 相互培训小组成员 • 进行团队领导者角色培训	
休息时间	• 应对任何生产问题 • 休息时间为 10 分钟 • 对小组成员提出的任何要求进行追踪	• 如果出现生产问题，可能另行安排休息时间 • 小组负责人必须处理任何生产线上发生的问题 • 休息时间为 10 分钟 • 可进行与小组成员同样的活动	• 如果出现生产问题，可能另行安排休息时间 • 小组成员必须完成当前的生产周期后方可休息 • 休息时间为 10 分钟 • 一些人打扑克，一些人打乒乓球或者进行其他活动 • 可以追踪工作改进建议 • 可以拜访其他工作区的朋友 • 必须返回休息区参加交流会
交流会（休息时间结束后 5 分钟）	• 团队领导者就如下相关信息进行交流： 　公司新闻或变动情况 　生产、安全和质量问题 　与团队相关的信息 　持续改善工作的评估与变动 　为小组成员和小组负责人颁发建议奖 　任何其他新闻或信息	• 团队领导者缺席时由小组负责人主持会议 • 小组负责人向小组成员传达信息	• 必须轮到休息区参加会议——有酬工作时 • 小组成员可以发布通知或者提出要求
重新开启生产	• 保证生产顺利开启 • 核实所有小组成员是否准时到位	• 保证生产顺利开启 • 保证所有小组成员准时到位 • 保证小组成员遵守安全条例 • 保证小组成员遵循标准化作业要求	• 核实轮岗职位 • 到指定工作地点报到 • 生产线开启时准备工作就绪

（续）

时间	小组成员	小组负责人	团队领导者
午餐时间	• 与上午休息时间相同 • 团队成员可以召开质量圈会议 • 可以进行团队联谊活动 • 重新开启生产，与休息时间后情况相同	• 与上午休息时间相同 • 小组负责人可能主持质量圈会议 • 重新开启生产，与休息时间后情况相同	• 与上午休息时间相同 • 团队领导者可能参加质量圈会议 • 按照规定参加其他午餐会议 • 重新开启生产，与休息时间后情况相同
下午的交流会	• 与上午的交流会相同 • 重新开启生产，与休息时间后情况相同	• 与上午的交流会相同 • 重新开启生产，与休息时间后情况相同	• 与上午的交流会相同 • 通告每天加班需求（不同工作区可能有所差异） • 加班工作分配
工人下班	• 完成生产需求 • 为下一岗准备工作区 • 需要完成每天的生产文书5S要求 • 完成每天的5S要求 • 同小组负责人核实工作完成情况	• 确保生产完成 • 核实当天工作结束时的生产水平 • 收集小组成员的生产文书 • 准备下一岗生产报告 • 完成小组负责人换岗日志	• 确保生产完成 • 完成下班业绩追踪图 • 与维修部协调任何维修事宜 • 参加每月换岗会议 • 完成团队领导者工作区的5S要求 • 最后巡视工作区
需要时加班	• 义务生产加班 • 经团队领导者同意，小组成员可以加班从事质量圈活动或持续改善的工作	• 义务生产加班 • 必要时为小组成员提供支持	• 义务生产加班 • 必要时为小组成员提供支持 • 参加部门安全与质量会议

许多生产区中的设备需要在生产之前进行安装或者巡查，以保证一切生产设备准备就绪。团队领导者负责安排人员提前开工，进行设备审核与检查。发生任何问题应及时向团队领导者汇报，以便在工人开始上班前予以改正（由于生产流程环环相扣，准备工作至关重要）。此外，还应对材料进行检查，如果发生材料短缺的情况或者其他问题，应及时予以解决。通常这一过程需要在 30 分钟之内完成（注意：在丰田公司乔治城工厂，在假期停工期内，一些人员会在前一个周末提前到岗，进行设备的运行测试。必须保证需要时生产设备时刻准备就绪）。

小组负责人（team leader，TL）在工人上班前的准备工作中扮演着不可或缺的角色，通常团队中每天至少安排一名小组负责人提前到岗。在这一时段，拥有大量设备的工作区可能需要额外的支持。各小组负责人保证将收集生产数据的表格放到工作区，并确保操作员使用的所有工具与用品准备就绪。

此外，团队领导者与小组负责人每人都有换岗日志。由于各个班次之间存在时间差——第一岗和第二岗间隔 2 小时，第二岗和第一岗间隔 4 小时——两岗工人进行直接交流的机会比较少，因此有关安全、质量、设备、顾客的事宜与问题等信息需要以书面形式记录下来，实现共享（注意：如果使用换岗日志，一定不要将涉及员工的个人信息或机密信息，或者对某些个人或班次工作情况的不满等信息，写到人人可见的位置上）。对于上一班次报告的任何与生产流程相关的问题应立即进行调查并予以改正。换岗日志是不同班次间进行交流的一个十分重要的工具。

工人上班前 30 分钟内，团队领导者问候陆续到岗的其他小组成员，并观察是否存在潜在问题。团队领导者应轮流询问每个小组成员的状况，及时察觉任何生理或心理上的问题。如果在上班前 5 分钟仍有小组成员尚未到岗，团队领导者可以通知小组负责人对人员配备进行调整。

创建生产领导结构

许多人常常犯这样的错误，即将丰田的领导机构同他们自己公司或者传统产业机构的领导机构进行比较，误认为小组负责人的角色"像个流动的临时工"或者"像个工头"，或者"像个多用途员工"。他们还误认为目前公司中的监管员与团队领导者的职责类似。虽然这些职务的确有些相似之处，但存在着巨大差异。小组负责人的确"经常流动",按照需要临时填补缺席组员的职位,但这只是为了支持标准化作业要求,因为各职位必须随时有人在岗,否则标准化作业就无法进行。小组负责人可以承担小组内的任何工作,从这个角度上说,可以称得上是个"多用途员工"。但实际上,小组负责人虽可以代替因病假或其他原因缺席的员工进行工作,但小组负责人工作的精髓是为小组或团队发展提供支持。如果小组负责人全职甚至只是兼职承担某项生产工作,就无法为小组工作提供支持,也无法对安灯故障警报采取及时的应对措施。

小组结构是丰田生产方式的核心,那么其他追求精益的机构如何能够在完全不同的环境中仿效这种领导结构呢?首先的问题是:"这些领导人员从哪里来?"如果增加员工,势必要增加成本,这种做法是不可取的。要建立公司的领导结构,我们建议你立足现状,在你目前的人员配备中找到所需的资源。

实质上,你的人员配备水平是完全可以满足生产需要的,此外还会规划出一些"额外人手"来应对计划内与计划外的缺席情况,以及造成七种浪费状况的其他多个问题。例如,我们知道,因休假而缺席的员工平均达到10%~15%。

当一名员工休假时,可用劳动时间就会减少,这通常会导致生产损失。而当全部员工悉数到岗时(人人就位),可用劳动力超过了实际需求,生产运作则能够"弥补"之前的不足状况。由于生产运作没有实现标准化作业,当发生缺席情况时,通常可以调用人手,不进行某项运作继续维持生产。而在无法采取这种做法的环境中,公司通常会雇用一些"流动临时工"来填补这些职位。临时工也可能承担些额外职责,但其主要责任就是为缺席人员做替补。当无人缺席时,这些人基本上是无用的,我们就曾见过这样的情况,临时工一天的时间都在读报纸!不论如何,目前的公司结构中都配置了一些额外的员工,其预期员工会出现缺席的情况,并设法使人员配置水平达到平衡。

人们还使用一些其他指标(如加班工作)来决定是否有增加员工的必要。这其实是一个错误的假设,因为在一个非标准化作业的生产运作中,每个人都没有得到充分利用。实际上,每个人的可用时间可能都要闲置10%~25%(甚至更多)。由于缺少标准化作业,各个工序之间相对孤立,因此机构无法捕捉这些时间,创建新的领导结构模式。

我们并不建议你立即吸纳丰田公司的领导结构模式,而是应该从生产运作入手，即稳固生产、创建流程等工作。我们一般建议你在执行标准化作业后再建立领导结构，原因是只有到那时我们才能了解资源需求，将每个人的可用闲置时间进行整合，直到可以将一个人从生产运作中释放出来。例如，如果每个人的可用时间闲置20%，再消除生产运作中额外的浪费因素，则每4~5人中就会有一人"多余"出来。做出改进后，既捕捉了工人闲置的时间，又可以从生产运作中腾出人手。你也许会问："如果我现在已经需要大量人员加班工作，又怎么能说我公司的生产运作中存在'多余'的员工呢？"实际上，在每个公司的生产运作中（包括丰田在内），都存在大量的资源浪费现象。如果能减少这些浪费，所需资源也会相应减少。既然这样，第一个目标就是建立一个无须加班即能满足客户需求的生产流程。我们可能还需要进行一些后续的改进工作来腾出额外的人手，创建出领导结构模式。

标准化作业初步建立以后，下一项可能进行的改进工作就会变得十分明朗。你可以问自己这样一个问题："如果可以在保持现有员工人数的前提下，通过改变领导结构和利用员工的方式来实现生产力提高25%，这是否有足够的吸引力呢？"这就是建立领导结构模式的目标。不要仅仅因为丰田有小组负责人，你就在自己的公司中设立小组负责人，你应该创建一个可以在安全、质量、生产力和成本方面都取得进步的结构模式。

我们从未见过生产运作中因为现存员工人数不够而无法创建领导结构模式的情况（我们已经见过多家公司的生产运作）。这就是杜绝浪费和进行标准化作业的力量。你必须进行持续改善的工作，直到可以将浪费的时间整合，创造出新机会。面对这一挑战时，日本的老师常常会说："没有问题。"这并不是说你不费什么气力即可取得成功，而是表明任何体制下都存在严重的浪费现象，因此整合浪费的目标是完全可能实现的。

领导干部的选拔

在日本，加入丰田，承担生产线上小组成员责任的员工（按小时计酬）通常会在一个岗位上服务至少10年的时间。然后，如果他们工作胜任并有兴趣担任领导，则会晋升到小组负责人级别。在小组负责人岗位上继续工作10~15年后，小组负责人即掌握了成为团队领导者必备的技能。这将是许多人的最终岗位，但也有一些团队领导者会晋升到总领班的职位（大概相当于副经理）。总领班负责监管并协调团队领导者的活动。从生产领域跨至工程领域或管理领域的情况鲜有发生（不过也的确存在）。

这样的体系在丰田模式发展到成熟阶段的公司是行之有效的，但大多数刚刚开启精益之旅的公司没有如此充裕的时间。即使在日本本土之外的丰田公司中，也常常无法保证员工都经历如此缓慢长久的培养过程。在乔治城工厂和其他日本本土之外的丰田公司的启动阶段，在生产开启之前是不可能花费如此多的时间来培养领导者的。新领导需要更加直接的指导，在今后工作中才能逐步培养自己的能力。

通常我们在美国看到的情况是，一名大学应届毕业生稍加培训就被推上领导的职位，几乎没有接受过任何的指导。更糟糕的是，这些人员的流动性太大——两年似乎就称得上是较长的任期了。此外，也没有适当的体系来应对这种情况。每一名新领导者必须"摸出行业门道"，然后找出方法来解决日常问题。我们都看到过新领导就任时的混乱局面，他会建立一些新的预期与流程，对事务的处理有一套自己的原则方式。

另一种方案是尽可能从公司内部提升领导人员，但坦率地讲，由于领导岗位存在诸多挑战，很难找到胜任且乐意承担这一责任的人选。公司员工不难看出，监管员并没有得到必需的工具与资源，而且领导工作需要面临的繁杂事务与薪水的差距并不成正比（在某些情况下，"晋升"反而意味着总收入的降低，因为担任领导职位没有加班费）。

那么，你应该怎么做呢？第一步是认识到团队领导者和小组负责人的重要作用。不能仅仅将这些岗位视为向上晋升的垫脚石或者没人愿意干的工作。为帮助你更好地理解丰田高度重视的领导技能，我们为你提供了下面的案例，介绍一下丰田公司肯塔基州乔治城工厂在创立之初所采用的初步筛选与招聘流程。

案例分析：丰田公司乔治城工厂团队领导者与小组负责人的筛选程序

开办一家新工厂具有一定的优势。你将拥有崭新的开始，可以挑选出最胜任的人员，没有任何过去的历史需要进行删除或者改动。当然，它也同时存在一些劣势。经验基础十分有限。培训需求巨大，而最后可能还没有选拔出胜任工作的恰当人选。于是，人人都拥有崭新的开始，但却不具备必要的技能。

小组负责人与团队领导者的选拔对于新创办的工厂来说至关重要，因此丰田公司制定了一套全面而详细的筛选程序。丰田公司承诺在州内雇用生产人员。来自肯塔基州各地的应征者源源不断，总数超过了10万人（这一数字还在不断增加，但首批应征人数约为10万人）。为了从这批数字庞大的应征者中筛选出具备基本技能的人员，公司进行了一系列的淘汰程序。

应征者首先要参加普通的能力倾向测试，测试时间大约两小时，丰田公司将使用测试结果作为第一个筛选工具。通过测试的选定群组（具体人数我们不得而知）进入下一关的考核。丰田公司寻找的是既懂生产又有维修经验的"技术工人"，因此具有维修背景的人员被安排参加NOCTI（美国职业能力测试机构）举行的测试，测试形式为笔试，历时6小时，主要测试应试者的专门技术水平。然后，丰田公司会对应征生产职位的候选人进行相同的选拔。

第二个主要的筛选程序叫作"工作的一天"——这是由训练有素的筛选人员协助并监控、历时8小时的评估程序。评估重点是从最初这批候选人中识别出具有潜力的领导者，它强调基本的领导技能〔稍后，当聘用重点转移到寻找小组成员（生产线工人）时，"工作的一天"其中一项内容是在一个模拟工作场所进行4个小时的"工作"——这是真正的体力劳动〕。"工作的一天"既包含个人活动又包含团队活动，其目的是对每一位候选人的具体技能进行评估。这些技能包括：

- 技术知识（基本的生产实践知识）。
- 专门技能与资质（基本工具的使用）。
- 解决问题的能力（包括识别问题与解决问题的能力，考察个人独立工作与团队工作两种情况）。
- 团队精神（在团队中工作的能力）。
- 批判性思维。
- 交流技巧（口头与书面表达的能力）。

这一程序将候选人群中最优秀的人才筛选出来，进入到下一轮附加领导能力评估的选拔。本轮评估历时 8 个小时之久（也许本轮测试的目的之一是判断应征者是否非常想争取到这份工作，是否愿意投入如此长的时间来参加本轮筛选程序）。本轮进行的活动内容与第一天类似，但尤其强调领导力。对于那些未通过本轮选拔的人员，今后丰田公司将考虑他们是否适合小组成员，甚至小组负责人的角色。由于丰田公司需要首先确定团队领导者和小组负责人的人选，通过本轮选拔的人员则可谓"平步青云"，省略了很多中间步骤而一举成为最有希望的人选。本轮测试主要筛选出具备如下技能的人员：

- 解决问题的高级能力（笔试内容为真实案例）。
- 培训能力（筛选人员的实际培训）。
- 组织技能和时间管理能力（规划、优先安排重要事务和分派任务）。
- 协助促进能力（领导团队活动）。
- 团队精神（对这一能力的观察贯穿筛选程序的始终）。
- 个人领导力（案例实践）。
- 团队领导力（领导一个团队的能力）。
- 批判性思维。
- 交流技巧（口头与书面表达的能力）。

最后，通过几轮筛选的人员被安排进行面试。面试并不是普通的个人面试，而是群组面试。每个生产部门的代表对候选人的得分及申请职位进行评估，对某个候选人感兴趣的人员参加面试。

面试提问的问题比较详细，会询问候选人过去工作经历中发生过的实例。这一过程被称为"有的放矢的选择"，因为面试目的就是要从候选人过去的经历中找出并锁定具体的技能与行为（参见本书第 11 章中有关面试程序的实例）。丰田公司认为，一个人过去行为与能力的具体实例是预示其未来工作表现与能力的一个重要指标。面试问题并不是像"你觉得在那个项目中你的表现如何"之类的简单问题，而是主要倾向于了解候选人过去的行动。例如，"请讲述一下你在工作中发现问题的情况""你发现了什么问题？""你是怎样发现这个问题的？""你采取了什么应对措施？"。（也可能提问得更详细些，例如，"你告诉了谁？""你是否提出了解决方案?"以及"如果是,你提出的解决方案是什么?"。)这些问题旨在判断一个人识别问题的能力,以及他能否积极主动地解决问题。此外,面试官还会观察"行事准则"。例如:"你通知了适当的人员还是在无人指导的情况下采取了行动?""你是同他人一起去解决问题还是靠一己之力解决?"二者都未必是这个问题的最佳答案,但一般来讲,人们更倾向那些能够同他人合作的人员。

通过 NOCTI 考试(测试技术水平)的技术工人应征者也要完成"工作的一天"评估程序,公司还要安排他们进行附加测试,来考验他们的具体实务能力,如焊接、电子、电力、水力和气动技能等。这些是为保证候选人的技术水平而进行的实地测试项目。

筛选程序总共计时(不包括开车时间)约为 40 小时。通过筛选后,如果丰田有兴趣为候选人提供职位,候选人要进行全面的体检与药物筛查(这需要再花上 4 个小时),检查通过后才获得正式录用。

培养领导者

你也许无法像丰田公司那样投入如此多的时间来进行领导者选拔的程序(作为投资激励政策的一部分,丰田公司的确得到了州就业服务部的支持),但你应该借鉴这些理念,为我所用。领导者的角色绝不仅仅是一个了解"工作岗位"、能够履行工作职责的人。领导者必须同时具备其他技能。如果你能够改进本公司的选拔程序,识别出技能水平最优秀的人员,你同样也可以建立一个指导程序,来实现对领导者的持续栽培。

培养领导者与培训操作员并没有明显的不同。首先要对工作岗位及必备技能进行定义。你可以根据工作岗位的"核心能力"来培养领导者实施标准化作业。例如,领导者必须能够胜任持续改善的工作。他可以以解决问题为原则进行方法教导,或者协助质量圈活动的举行。领导者必须深入了解其工作职责。你可以明确说明领导者必须执行的工作任务。对于潜在的领导者,你可以赋予他们一些职责,测试并培养他们在任何领域的技能。

前面我们概述了领导者必备的领导技巧与能力。你应该在一个矩阵中标明每一项个人技能、活动或义务，形成一份多功能的培训员工时间表（参见本书第11章）。接下来，你可以对受训人员在每个领域内的个人能力进行评估，并及时发现培训缺口。

公司应根据每位受训人员的需要制订一个详细的培训计划。例如，如果受训人员协助团队活动有困难，培训时则应重点强调这一技能的培养。公司可以让受训人员从领导小型的小组活动做起，随着领导技能的提高和自信心的增强，逐步过渡到更重要的一些活动。

有些情况下可能需要（甚至必须）对受训人员进行外部培训。丰田公司对每一个领导岗位都设立了核心培训要求（参见本书第11章），培训可能在公司进行，也可能包括参加工作组或研讨会等内容。对员工进行内部培养是现任领导者的职责。具体做法是对受训人员进行日常辅导或者允许"学员"在领导者的指导下承担一些责任（而不仅仅是委派任务）。领导者对于受训者工作表现的诚实评估与持续不断的反馈意见十分重要。

工作指导培训方法（本书第11章）也可以用于领导培训的一个模型。首先，培训人员（即领导者）应多次说明、展示或示范所需的技巧或行为。然后，学员获得一个机会，在培训人员的指导下亲自实践活动。培训人员应对学员的表现进行评估，评估满意后即可让学员独自执行一些工作任务。而后，培训人员将继续监控学员工作的进展情况，并逐步减少对学员的指导。

这是一个漫长的过程，并非两周的培训课程过后即可放手将工作完全移交。领导者要想不断培养自己的员工，则应时刻为培养更多领导者做准备。如果等到真正需要时再进行培训，将没有充足的时间。因此，这一培训过程必须是一个持续不断、时刻进行的过程。

> **小建议　　如果不进行规划，注定会以失败告终**
>
> 培养领导能力必须制订规划。你可以将丰田公司筛选程序中的主要考察点用于工作岗位要求，并使用TWI所定义的领导者能力标准，对潜在的领导者进行需求评估。明确每项领导技能的具体活动与培训内容，并创建出完成培训时间表。如果你无法制订领导者培训规划教会他人完成工作必备的技能，则无法成功履行作为领导者的一个重要职责。

领导者的接替计划

领导力的培养应建立一个接替计划。每位领导者都应培养一些下属职员，保证当发生领导层变动时能够顺利实现过渡。实际上，培训下属职员最主要的目的是强化公司体系，并最大限度地挖掘每位员工的潜能。领导者本身也会从中大获裨益，因为胜任领导工作的人员越多，你就越无须事必躬亲，担心每一个细节的工作。此外，为增强公司的整体实力，让员工具备踏上领导职位必备的技能，这也是明智的做法。我们建议在每个领导层次上应至少培训出两名人员，随时准备晋升领导职位。当然，如果培养出更多胜任领导职位的员工则更为理想，但至少要保证两名。

在员工中进行民意测验，了解哪些人乐意接受领导职位的培训。一定要对所有表达兴趣的人员都予以考虑。同每个人坐下来讨论培训计划，并说明在培训过程中需要做出一些个人牺牲。了解他们各自的兴趣所在及优缺点。一定不要想当然地以为他们的技能水平可达到合格标准，必须在特定的情况下与他们直接接触，这样才能做出判断。

明智的做法是首先培养那些能力缺口最少的人员，以便在最短时间内培养出合格人员。但长期来看，我们应该给每个人均等发展的机会。这同工作指导培训的培训计划类似——时刻着眼迫切需求，并投入最少的努力来满足这一需求。一旦满足迫切需求，则应继续培养他人，拓展资质的广度。

> **小建议　有时让员工体验领导职位也是个行之有效的方法**
>
> 对员工进行领导职位的培训有一个好处，即可以让他们有机会设身处地地了解当领导者的状况。他们可能会发现领导职位比他们想象得更具挑战性，因此对担任领导职务的你更加欣赏与钦佩。此外，他们可能会因而成为你的盟友，帮助他人了解你的职位所面临的挑战。因此当有人抱怨说"他们（管理层）从不听取我的意见"时，这些接受过领导职位培训的人员知道情况并不是听起来这么简单。此外，由于这些人了解领导者面临的诸多挑战，当你的领导工作出现错误时，他们也表现得更加宽容。不要害怕去培养公司中的一些"爱惹麻烦的人"。在培训他们的过程中，你也许会得到强大的盟友。

反思问题

在机构内部培养和栽培领导者的能力对于精益文化的发展是至关重要的。丰田公司投入了大量时间和精力来培养领导者，因为领导者是支持整个公司体系的中坚力量。下面我们为你列出了一些问题，帮助你对自己培养本公司领导所履行的职责进行评估。

1. 反思公司内部的领导能力。对培养和栽培领导者的方法进行评估。找出你下一年度需要做的3项工作并将其列举出来，以改进现行的领导培训程序。
2. 基于以下这些标准，为公司领导者制定一个恰当的业绩期望值：
   a. 培养员工的效率（员工人数、技能内容、完成时间）。
   b. 解决问题的能力和改进流程的能力（根据流程方法判断成果）。
   c. 领导变革的能力。
   d. 领导并宣传公司文化的能力。
   e. 栽培其他领导者的能力。
3. 评估公司的领导板凳深度。在你的机构中，准备好踏上每个领导职位的后备人才有多少人？
   a. 制订一项计划，在下一年度中为每个领导职位至少培养出两位后备人才。
   b. 制定策略来维持公司的领导板凳深度（长期计划）。
4. 评估你目前的领导选拔程序。
   a. 在选拔下一位领导之前，对现行的领导选拔程序做出一项改进。
   b. 指出预期的领导技能与特征，并制订计划，使它们成为你今后筛选标准的一部分。

第 11 章　　The Toyota Way Fieldbook

培养杰出的团队成员

我们不只制造汽车，也在塑造人

"一分耕耘，一分收获"的道理适用于我们生活的大多数领域。公司中团队成员的培养尤其如此。如果你对这一资源投入得少，得到的回报自然也少。丰田模式的核心理念是，员工才是真正最重要的资产。丰田的领导者常常说他们"不只制造汽车，也在塑造人"。他们所表达的含义是，在制造汽车、改进生产流程的过程之中，员工也在不断学习和成长。丰田将公司对员工的理念比作照管花园。准备与照管土壤、播种浇水、在种子成长过程中养护土壤、除草、灌溉，一直到果实最终成熟。这个形象的比喻体现的是一个需要专心致志、耐心十足和悉心照料的过程。你必须一直专心致志地关注种子成长，耐心十足地等待收获，悉心照料并培育植株。

员工将实现你对他们的预期。当我们同公司合作时，通常只需询问管理者，即可立刻判断公司员工的素质。我们可能会听到如下评论："我们这里很难招聘到优秀的员工"，或者"我公司提供的薪水不高，所以员工素质也不高"。谈及员工时，我们经常听到管理者使用"保姆"一类的词来描述自己的领导职位。当然，这的确表明在该公司效力的员工"很差劲"。但实际上，真正差劲的人是管理者！如果管理者认为员工很差劲，那么员工就会实现这一预期，真的表现得很差劲。

幸运的是，我们也碰到过一些公司的管理者这样说："我们这里的员工非常优秀。我们很幸运。"同这样的管理者散步时，其自豪之情溢于言表，真心地为公司员工及他们所取得的成就而感到自豪。当然，这样的管理者并不是生活在象牙塔中，也不是生活在幻境世界里，只是他们对情况的感知角度不同而已。这里的工作并不比其他公司更具吸引力，提供的薪水也不比其他公司高出许多，福利待遇也与其他公司没什么差别，但这里的员工却"非常优秀"。

当我们开始同该公司的员工合作共事时，我们发现他们都很相似，有着基本的需求。要培养杰出的员工，不仅仅需要为他们提供较高的薪水和较好的福利待遇。你也许为员工提供了各种额外津贴，但没有为他们营造出一个合适的环境，让他们实现充分发展。作为管理者，关键是你对员工本质的真实看法，以及员工对你的意义何在。只有时刻照料土壤，精心培育种子，才能够收获果实，为你提供生存的需要！丰田模式的各个层面秉承的一贯理念是，一切都从你的想法开始。

> **误区　你如何称呼员工**
>
> 要判断你和你的领导团队对员工的看法是否有误，一个明显的标志就是在公司常规会议和规划会议上对员工的称呼方式。我们经常听到领导者使用"heads"来称呼员工（就像清点人数时使用的那样），还有"bodies"，或者更糟的称呼"warm bodies"（这意味着仅仅需要员工活着，会呼吸即可）。这些称呼并无恶意，你甚至可能自己都没有意识到，但他们却表明了你内心深处对员工价值的看法。难道他们只是填补职务空缺的"身躯"吗？你希望员工上班时有人在门口核对他们的人头吗？你所做的工作是在使这一最优秀的资产缩水，还是使它不断创造价值、不断发展呢？

从选拔正确的员工开始

有效的选拔程序有助于"修剪作物"，找出适合你的企业文化和公司需求的最佳人选。读到这里你可能会想："我们已经拥有这些员工，一些差劲的员工我们也无法摆脱,真是无可奈何。"不要气馁。即使应用世界上最佳的选拔程序,仍然免不了会让一些坏种子从中通过。最后你必须充分利用现有的资源,力求实现最大的收益。选拔程序主要是针对一些可培养的技能和品质进行筛选。但每个公司都会面临职员离职、必须找人接替的情况。花些工夫制定优秀的选拔程序,有助于减少今后培养这些技能所需的时间。

丰田公司乔治城工厂采用的选拔程序是基于这样的理念:一个人过去的行为是反映其未来行为的一个有效的指标。选拔程序非常漫长,评估者有很多机会可以了解到潜在候选人在不同情况下的表现,从而对其行为进行全方位的评估。这些情况包括模拟工作实践活动(参见本书第10章)和一次注重考察实际工作经历的面试。我们在《丰田模式》一书中已有讨论,选拔程序包含多个阶段,首先对数百名甚至数千名应征者进行淘汰测试,通过测试的人员再去参加能力倾向测试。在此,我们将重点讨论筛选出子集之后,这少数候选人后面要进行的面试阶段。

选拔程序主要针对如下技能进行考查,力求筛选出合格的团队成员:

1. 适合岗位的动机。候选人的个人动机是否与公司契合?工作内容和工作环境是否让他们满意?你也许会发现该候选人更适合其他的岗位或工作。

2. 合作精神。候选人是否有能力同他人共事,积极参与活动而不独断专行,能否赢得他人的合作与支持?

3. 领导才能。对于团队成员来讲这一品质并不是特别重要,但它包括向他人表达想法的能力和需要时赢得他人支持的能力。丰田的确喜欢培养领导者(本书第10章中已有所介绍),因此在选拔时倾向物色有领导潜能的人。

4. 进取心。候选人是否主动为实现目标而承担比最低要求标准更多的工作,还是等待别人告诉他应该做什么工作?候选人是否未经允许即逾越工作职责主动采取行动(这是不可取的)?

5. 工作能力。候选人是否曾做过这类工作?如果没有,是否有过相似的工作经历(如承担家庭维修工作、为教堂或民间团体发行业务通信等)?

6. 适应能力。丰田模式建立在持续改善的基础之上,也就是说要不断进行变革。员工需要有能力处理各种不同情况,承担不同任务,与不同的人打交道。

7. 发现问题和解决问题的能力。许多人都能够发现问题。他们能否提出解决问题的方案？是否期待别人来帮助他们解决问题？

8. 工作节奏。丰田使用模拟工作体验来评估候选人的工作节奏。这种做法可以让候选人了解未来的工作需求，保证他们知道自己竞争的是什么职位，以便丰田评估他们是否适合这一职位。

9. 交流技巧。候选人的口头表达是否清晰？能否有效地交流想法？能否理解问题并做出明确回答？

在第 10 章中描述的模拟工作实践活动中，评估人员会就候选人的上述品质逐项评估。如果候选人通过了筛选流程，还将在面试过程中进一步接受这些项目的评估。你的公司也许无法在选拔程序中采用模拟的"工作的一天"活动，因此面试将是你的主要筛选工具。丰田的面试过程比大多数公司更加残酷。面试问题具体详细，要求对信息的掌握透彻而深入，候选人往往无法对此做出充分准备。一般面试官不止一人，主要由对某候选人感兴趣的部门代表和人力资源部的一名职员共同进行面试。

在候选人进行完自我介绍，概述了工作经历和教育背景后，面试的提问环节就开始了。提问的目的是通过具体问题引导候选人做出诚实的回答。我们都知道在面试中如何做出圆满的回答。例如，若面试官问："你为什么想要离开目前的工作岗位？"候选人则会回答："嗯，我觉得目前的工作挑战性不够强，我想要找一个能够发挥我的技能，同时为公司效劳的工作。"为更加了解候选人目前的工作关系与状况，丰田公司的面试主要针对实际情况进行提问。下面我们列出一些丰田面试的典型问题实例。注意在面试时面试官会要求候选人描述具体的活动，并围绕该活动询问整个过程。这些问题不是主观的"感觉"类型的提问，而是客观的"行动"类型的问题。

"请讲述一下你在现任（或前任）工作中发现问题的情况。发现了什么问题？"（等待候选人作答）"你采取了什么应对措施？你告诉了谁？你需要在他人的帮助下解决问题，还是能够靠一己之力解决？解决问题了吗？你的解决方案是什么？"

这一连串问题旨在确定一个人发现问题与解决问题的能力。若进一步观察，我们会发现一些问题与进取心（是否采取行动、行动是否恰当）、领导才能和合作精神相关。注意这些问题不一定都有一个"圆满的"回答。例如，如果候选人回答说自己未解决问题，面试官则会提出其他问题来判断该候选人解决问题的技能。如果候选人回答说需要在他人帮助下解决问题，这表明他们乐意与他人合作共事，是个不错的回答。如果候选人回答说不需要他人帮助，其实也是个不错的回答。试图做出"圆满的"回答的候选人常常是在自找麻烦。

例如，当面试官询问有关候选人同他人和睦相处的能力（合作精神）时，候选人可能回答说："哦，我和每个人相处得都很好。我真的从没有遇到过任何麻烦。"但是，我们都知道，同任何人都未产生过分歧，事实上是不可能的。考察重点是对这种情况的处理方式。如果一个人同他人产生了分歧，但能够有效地处理问题，这才是值得称道的。

如果候选人想不出来任何回答，面试官可以询问类似的问题。例如："请讲述一下你在工作中为他人着想的方式。"同样，我们询问的不是候选人的观点或者主观感情，而是要了解实际发生的情况。

用这种方法来判断一个人的个性与能力是非常有效的。这一评估体系中设置了许多制约与平衡的因素，但即使这样，也难免不时有些与公司文化不契合的人侥幸通过测试。

让团队成员融入你的公司文化

第一天上班的职场新人通常都会满怀希望，表现出"积极的态度"。令这些希望与积极态度逐渐转变成遗憾与消极态度的，是来自公司的一些做法。其实，通过我们的努力，也可以将这种积极的态度保持下去，并使之发展得更好。从上文的介绍中我们看到，丰田公司投入了巨大的精力来发现并选拔最优秀的人才（选择最佳的种子）。为了将他们融入丰田文化（准备土壤，浇灌种子），丰田也做出了同样多的努力。丰田将这一过程称为"融入"，融入过程分两个阶段进行。

上班第一天，新员工应到培训室报到，人力资源部和培训部将在此开始向他们介绍丰田模式的流程。第一阶段历时两周，在这期间新员工从未去过实际工作的地点！培训人员向他们介绍丰田文化、丰田生产方式以及公司政策和程序，其中包括一般的安全和人体工程学等规则。新员工也会参与模拟工作活动，目的是"磨炼其工作能力"或者从体力上调整其状态，以便日后适应实际工作。工作能力的磨炼最开始可能包括一小时的工作和两小时的讲习课程。在今后两周内强度逐渐增加，直到员工可以胜任一整天的工作（第二阶段，他们将在工作地点开展实际工作，但工作量较少）。

新员工也可能认为丰田文化不适合自己，随时可以决定退出。在融入的第一阶段，培训人员会向新员工详细说明公司政策与规则，让新员工认真对待公司的预期。

完成引导阶段后，新员工前往实际工作区。现在他们开始进入融入工作团队的第二阶段。这一阶段没有固定的时间限制，然而公司对员工应学习的工作量和每名员工在团队中的参与程度设有一定的预期。团队领导者手中有一张核查表，上面列出了下列各项，核查表须经小组负责人和团队领导者签字后，再返还给人力资源部。

- 团队领导者对新员工表示欢迎并简单介绍团队情况。
- 说明团队与部门政策及工作程序。
- 将新员工介绍给团队其他成员（可能会举行一次由公司出资赞助的联谊活动，以增强团队成员对新员工的了解）。
- 安全概述，包括安全疏散与紧急撤离程序等。
- 制订培训规划。
  - 最初的工作是一些"新手"工作（比较简单的工作任务）。
  - 开始从事一两小时的工作，然后是离线工作一两小时。
  - 决定培训目标——3个月内掌握3项工作。
- 长期融入小组活动和团队活动。
  - 质量圈。
  - 5S。
  - 上班前和上班后的工作职责。
  - 建议体系和持续改善工作。
- 指导与培养。

根据团队需求，每个团队的具体情况略有差异，但遵循相同的总体模式。

完全地融入丰田文化可能需要一年或者更长的时间，但这期间公司设有一些标志性阶段，对新员工的工作进展进行评估。如果评估结果令人满意，员工将得到加薪机会。所有新员工均有 6 个月的试用期。试用期期间公司会对工作进展及出勤情况进行评估（若出勤情况差，该员工毫无疑问将被开除出团队）。

团队领导者肩负着教导与训练新员工的责任，为培训设定预期要求，但通常进行实际培训工作的是小组负责人（不过团队领导者也是一位经验丰富的培训人员，也可能承担一些实际培训工作）。丰田公司所有的培训均采用一种非常特别的方法，名为"工作指导培训"。

工作指导培训：培养杰出技能水平的关键

我们同来自不同公司的员工谈话时，最常听到的一个抱怨就是公司缺乏有效的培训体系。我们发现，虽然学习执行工作的正确方法十分重要，但公司往往存在侥幸心理，没有给予它足够的重视。公司的培训方法前后不一致，也没有特别指定专门的培训人员——即使指明了专门的培训人员，他们往往都未曾接受过正式的培训——对培训员工的具体要求也没有进行明确的说明。培训员工并没有放到领导职责的重要位置上（领导者分布的密度太小，无法抽出时间来顾及每个员工的个人需求）。我们能写出一整本书来描述员工培训工作的差劲状况，但下面的例子可以概括说明这个问题。

一天下午，我们在参观一家工厂时，对一项操作任务进行观察，试图了解其流程与平衡模式。我们对具体情况不是十分明白，因此决定向一名操作员（姑且称她为玛丽）询问。我们走近玛丽时，她十分惊讶，表现得不知所措。我们请玛丽叙述一下工作要点。她惊讶地说："我今天刚刚开始工作，我真的不知道。"这倒也没关系，因为在她旁边还有一名员工在工作，我们心想，此人一定是负责培训的人员。我们问玛丽："你的同事应该知道吧？"玛丽回答说："她昨天才开始工作！"事实上，我们经常会发现一名没有什么经验（技能水平、产品知识、质量要求和安全规范）的员工在"教导"另一名员工。因此，员工告诉我们说执行工作时"每个人都有自己的方式"，也就不足为奇了。

既然知识与技能的传授对企业的成功至关重要，为什么公司却对员工培如此轻视呢？为什么公司持有这样的看法，觉得只需"假以时日"员工就能自行学会必备的技能呢？我们在工作区看到，领导者遇到问题时，常常告诉我们说"学习技能是要花些时间的，通常几个月就能学会"。而在员工学习期间，问题仍然天天继续，公司则耐心地等待着员工真正掌握技能那一时刻的到来。当然，如果员工最终也没能掌握技能，则被公司视为差劲的员工，或者爱惹麻烦的人，而领导者则将面临无法摆脱的问题。这时领导者会说："我尽力告诫他们，但他们就是不听。他们只按照自己的方式行事。"他们当然会按照自己的方式行事！没有接受有效的培训与指导，人们会逐步形成自己的方式，而这往往并不是公司中意的方式（每个人都按照自己的方式行事）。

公司普遍使用的员工培训方法包含下列几种：

- "自己努力决定沉浮"的方法。这是从前教游泳时常常采用的方法。将学员扔进水里，如果想活命，他就得学会游泳。不幸的是，这种方法也被普遍用于工作之中。实际上，我们曾听到过员工这样说："我们体会过完全靠自己艰苦奋斗的那种辛酸，他们也应该尝尝这种滋味！"
- "假以时日，他们就会学会"的方法。这种方法的理念是，只要给新员工一些时间，他就会懂得如何执行这项工作并越做越好。这和上一条"自己努力决定沉浮"的方法相关，因为员工尚未完全沉没，如果头仍在水面之上，则能够学会游泳。不幸的是，在员工学习期间，公司必须继续付出业绩拙劣的代价。
- "微波炉"速成法。只需30秒，菜就做好了！这种培训通常是这样进行的："首先这样做，然后这样做，最后这样做。有没有什么问题？"（我们经常看到培养内部精益统筹人时采用这种"微波炉"式的速成法。送他们去参加为期1～2周的培训课程，他们就摇身一变，成为精益专家了。）
- "找到最佳员工，然后跟随他左右"的方法。很遗憾，"最佳员工"也许并不是个优秀的培训人员。他也许也不愿意承担培训他人的责任。这一方法存在的另一个问题是没有形成培训体系。你如何能知道"培训人员"所采取的工作方法是正确的？你如何能知道他会清晰地解释工作方法？他真的了解这一岗位要求的所有质量与安全标准吗？

> **小建议 亲自承担培训与培养员工的责任**
>
> 目前人们时刻在谈论"员工是最重要的资产",听起来管理者和领导者理应将员工培训放在更加举足轻重的位置上。然而,许多管理者却将这一职责移交给他人,然后乐观地期待着公司能够培训出最佳的员工。其实,管理者应该亲自负责,建立一套行之有效的培训方法,并保证培训取得成功。管理者应制订计划,对培训人员(包括自己)进行培训,亲自跟踪培训过程,确保培训方法合理完善,并对培训结果进行检验。你对培训过程的亲自关注将向员工表明:他们的成功对你来说十分重要。

经实践检验,丰田的培训方法是行之有效的,50多年来,公司一直使用这套方法,培训出大批优秀的员工。这套方法为丰田带来了巨大收益,其基本理念最初于第二次世界大战期间在美国推行,至今仍然具有现实指导意义。第二次世界大战结束后,丰田和日本许多其他公司获得了美国的援助。美国战时人力资源委员会的一个分支TWI为其提供了培训材料。这些资料起初被用来支持战时军需品和其他产品的生产。当时,许多技能熟练的工人都上战场服役,因此必须制定一套有效的培训程序,快速而高效地培训技能不纯熟的人员来执行工作。TWI的培训材料包含工作关系、工作方法(这也许是标准化作业和杜绝浪费的基础)和工作指导培训等内容。丰田吸纳了工作指导培训的原则,将其作为公司主要的员工培训方法。

丰田目前所采用的员工培训方法基本上是20世纪40年代在美国制定的培训材料的翻版,丰田只不过增加了一些小细节。而今丰田已经用这套培训材料有效地培训了千万名员工,并凭借这些员工的努力制造出了世界上质量最好的汽车。

这套方法虽然简单,但卓有成效。出于某种原因,第二次世界大战后美国的多家公司放弃了这种方法,也许是因为当初这些培训材料是针对顶替上战场服役的工人工作的那些"技能不纯熟的"人员而制定的。战争结束后,"技能纯熟的"工人们返回了工作岗位,于是公司觉得不必再使用如此基础的培训方法了。丰田却并不这样认为,而是将其视为培养杰出团队成员的一个基本工具。

丰田要求所有领导者都要学习"工作指导培训"的方法。丰田的许多其他培训课程也采用此课程的安排格局与结构，课程分 5 次进行，每次 2 小时，共计 10 小时。主持课程的培训人员获得过丰田颁发的"大师培训员"证书，具有杰出的培训技巧和大量的工作经验。课程的结构遵循基本的培训模式：首先，培训人员讲解并演示工作方法；其次，学员亲自尝试实践，指导员在旁给予指导。也就是说，此课程要求学员找出一项实务工作并在指导员和其他学员的指导下，在教室进行示范。培训示范活动尽可能在工作区进行。下文我们将为你概述工作指导培训方法的大体流程。你可以在任何一家大型图书馆中找到培训的原始资料，还有一些提供 TWI 专门培训的机构。我们的建议是，你可以阅读下面的信息来了解这一方法的具体内容，但如果尝试应用此方法，则必须提前进行系统的学习。

你将发现这种方法需要培训人员和学员都投入大量的时间和精力，也许这也是很多公司对此方法弃之不用的原因。我们不断听到这样的理由：员工"太忙"，无法花费这么多的时间进行培训。这也许会形成一个无休止的恶性循环：没有得到合格培训的员工会在质量和安全等方面出现更多问题，整体工作业绩前后不一；处理这些问题又会占用领导者大量的时间，因此他们没有充足的时间进行员工培训。这让我们想起从前的一个修理传动装置的商业广告。广告中，维修技师说："你可以现在付我钱，也可以将来出了大毛病后再付我钱。"员工的培训也是如此，前期的投资将为后期带来丰厚的利润。如果你选择在员工教育和培训上走捷径，将来必然会付出更大的代价。

分析工作岗位

培训过程的第一步是对工作岗位进行分析，并制定一张名为"工作分析表"（见图 11-1）的培训辅助工具。这张表是根据标准化作业的要求制定的，但由于其目标是有效地进行员工培训，因此在分析工作时，要将培训的因素考虑在内。例如，标准化作业图上较高层次的作业步骤也许会被分解为两个或多个"培训步骤"。使用这些更细化的步骤来教导学员，不会让他们觉得课程难以消化。将工作分解成细化的培训步骤是需要技巧的，而这种技巧需要在实践的积累中不断磨炼。在培训过程中，培训人员应观察学员表现，判断其掌握的程度。如果培训人员发现学员学习得很吃力，则应对培训方法做出适当调整。

工作分析表 日期 ______________		
	小组负责人	监管员
工作区 ______________	工作岗位 ______________	填表人 ______________

重要步骤	关键点 安全：避免伤害、人体工程学规范、危险点 质量：避免质量缺陷、检查点、标准 技巧：有效运转、特殊方法 成本：合理使用原材料	确立为关键点的理由
步骤 #		
步骤 #		
步骤 #		
步骤 #		

LEAN ASSOCIATES, INC.

图 11-1　工作分析表

决定培训步骤后（TWI 将之称为“重要步骤”，丰田将之称为“主要步骤”），再对每个步骤进行分析，确定“关键点”。这些关键点是工作指导培训方法的核心，旨在对工作的下列重要方面进行解释说明：

- 安全。
- 质量。
- 成本。
- 诀窍与技法。

这些关键点对成功完成工作至关重要，因此一定要认真考虑。大多数情况下，确定这些关键点的依据是从发生过问题的领域中总结的以往经验以及执行工作的正确方法，从而预防问题的再次发生。在确定新工作或新流程的关键点时，一定要对工作进行评估，并试着评估潜在的问题领域。在实际执行新工作或新流程时，还可能根据工作执行的结果增加关键点。

> **小建议　使用关键点明确说明执行某任务的正确方法**
>
> 关键点的说明应该采用"如何做某事"而不是"不能做某事"的方式。使用肯定句进行说明的效果更好。例如，如果工作中接触一个夹点（pinch point）有受伤的风险，不要说"避免接触夹点"，而应该说"工作时你的双手应该放在这个位置和这个位置"。在培训的下一阶段，对关键点的理由进行解释和说明时，则可以说明确定此关键点的目的是"避免接触夹点"。

操作示范

要开始实际的培训，首先要进行工作区的准备，并确保投入足够的时间进行培训活动。在许多公司，培训活动匆匆进行，这让员工感觉其培训只不过是个补充项目。一定要保证提前准备好一切，包括培训用具和安全设备等，并按照你心中的预期筹备工作场所，以便员工今后能够保持这一标准。你的这些行动将为员工设置预期标准，如果学员初到工作区的感觉是这里杂乱无章、秩序混乱，他们则认为这种状况是符合你的预期标准的。关于你本人和工作区，你想向学员传达的信息是：你胜任工作，准备妥当，要求高质量的工作，因此你必须将这些展现出来。

培训某个学员执行某项工作时，至少要分三个不同阶段：第一步，教导学员重要步骤，说明具体要做什么；第二步，一边演示这些步骤，一边解释每个关键点，说明执行步骤的方法；第三步，再次演示这些步骤，强调关键点，并说明确定关键点的理由。说明理由可以证明关键点的重要性，并帮助受训人员了解他们所执行的工作的重要意义。

TWI 的培训方法要求培训人员对每个重要步骤进行"说明、展示和讲解"。意思是要向学员说明步骤是什么，为他们展示执行步骤的方法，并在展示过程中进行讲解，使学员明确实际的做法。展示动作可以做得夸张一些，并不时停顿下来，给学员提供近距离观察的机会，或者重复演示步骤，让学员理解得更加透彻明白。在第一个培训周期，培训员只需说明自己正在执行的步骤，无须添加其他信息。例如，"第一个重要步骤是……"，在此无须解释关键点或者确定关键点的理由。后面的阶段中会对此进行一一说明。学员可能会感觉奇怪，害怕自己仅有这一次观察工作的机会（"微波炉"法），担心无法学到细节。作为培训人员，你应该让他们放心，保证会将所有重要信息教给他们，但一次只教一部分。你还应向他们保证会花上足够的培训时间，让他们成功学会所传授的技能。在第二个培训周期，培训人员重新进行工作演示，同时说明重要步骤及每个步骤中需要注意的关键点。这里要再次强调，关键点说明的是有关如何执行步骤的关键信息。如果有效完成了工作分析，则已经确定了关键点。关键点至关重要，它关系到员工能否在成功完成任务的同时，将质量、安全和生产力等方面的问题减至最低水平。它们与个人喜好或行事风格无关，是通过实践经验得出的基本要求。如果你成功地确定了关键点并将之传授给受训学员，你的工作效果一定会显著提高。绝不要在这个步骤上走捷径！

在第三个培训周期，培训员重复演示工作方法，重复强调重要步骤和关键点，并说明确定为关键点的各个理由。这些理由应包括避免意外情况和遵循质量标准要求，以及不正确的工作方法对客户或者下一个工作流程造成的不利影响。帮助受训人员了解其工作在"公司全局"中的作用。你在强调一项工作的重要意义时，实际上也在强调执行该工作的工作人员的重要性。人人都乐意知道自己所从事的工作很重要、很有意义。

根据工作的复杂程度及所需时间的长短不同，可能有必要将培训分割成多个节次进行。工作指导方法强调在任何一节课中所讲授的知识量都"不能超出学员的掌握能力"。具体课程量受多种因素影响，但基本原则是一节培训课的时间保持在 30 分钟至一小时之间。如果一节课中涵盖的信息量太大，则会令学员感到不堪重负。

尝试执行工作

培训人员对一项工作（或部分工作）进行完整示范后，则会要求学员亲自实践，但学员无须解释他们所做的工作。这对培训人员来说是个关键时刻。培训人员必须认真观察，发现错误及时纠正，或者为学员提供帮助。学员初次尝试时可能会采用错误的工作方法或者养成错误习惯，如果没有尽早纠正，后期则很难纠正。培训人员必须为学员提供指导，但也要注意指导方式，不要太过霸道。这是个很微妙的界限，往往由学员个人进行定义。这一阶段可能需要经过几个工作周期才能完成。

学员具备了执行某项工作的基本技能后，培训人员则会要求学员一边解释每个操作步骤，一边执行工作。培训人员已经确定学员具备执行每个步骤的能力，现在想确定学员的理解领会程度（培训人员也已确定学员执行每个关键点的方法是正确无误的，要确定对关键点的理解领会程度）。

学员第三次执行工作时，培训人员继续从旁提供协助，并纠正错误。这次要求学员对每个操作步骤和关键点都进行解释。在这一阶段，培训人员必须判断受训学员是否有能力独自完成工作，需要得到多少支持。绝不要让学员自己评估工作能力。人人都不愿意给别人留下自己"没懂"的印象，因此都会说自己理解了工作。每位学员的能力不同，学习速度也有差异。培训人员必须因人制宜，真实地评估每位学员的具体情况。

如上所述，关键点是工作中最重要的部分，执行工作时必须严格遵守。它们不只是有用的注意事项，或者"你可以采用这种或那种做法"之类的建议措施。关键点关系到完成工作的成败。通过讲解确定关键点的理由，培训人员可帮助员工理解他们所从事工作的重要意义。我们发现，在信息不足的情况下，员工会形成自己的一套做事方法。关键点让员工对所学技能有了正确的理解，因此他们在执行工作时就不会偏离正确的方法。

> **误区　绝不要让学员自己判断是否准备就绪，开始承担任务**
>
> 许多培训人员常常犯这样一个错误，他们询问受训学员："你觉得自己现在准备就绪，可以开始工作了吗？"培训人员应该经过对受训学员的认真观察后，再做出这个重要判断。大多数受训学员（特别是新员工）都会回答说已准备就绪，因为他们害怕如果说没准备好，会让别人觉得自己无能。此外，询问受训学员实际上是将理解的责任加之学员身上。培训人员必须为培训结果承担责任。

学员承担工作，培训员提供支持

当学员展现出足够的能力，可以完全胜任工作后，培训人员则会让学员自己执行工作。但这并不是说："好了，现在你的培训结束，开始自立吧。"通常情况下，培训人员会继续在旁提供一些协助。在丰田（和许多其他公司），学员常常只负责执行全部工作的一个部分。他们也许具备了工作能力和工作知识，但无法按照要求的速度（生产线速度）来执行工作。在此情况下，学员执行部分工作，培训人员执行剩下的那部分。这样，培训人员必要时可从旁进行更多指导，并确保学员工作符合安全规范和质量标准。随着学员的技能水平逐渐提高，培训人员将让他们承担更多工作，直到最终由学员完全独自承担工作。

学习曲线继续照此进行，培训人员逐步减少对学员工作的支持，后续追踪也逐渐减少。如果培训人员有事必须离开学员，他们会安排其他人员在离开时为学员提供支持。不应该让学员产生他们在"独自工作"的感觉。最初让学员开始承担工作时，必须强调他们应全神贯注保证成功完成任务，符合安全规范并达到质量目标。随着学员的工作速度不断提高，培训重点应转向实现生产力目标（同时保证安全和质量标准）。切记，通过这些培训课程，你实际上是在为未来的工作预期奠定基础。如果你的预期很低或者没有明确表达出你的预期，则无法实现所期望的结果。

制订培训计划，追踪工作表现

了解你所在工作区的需要，评估目前可用的资源与技术水平，为未来的变更制订计划，这些都是非常关键的步骤。我们不能存在侥幸心理，或者"随遇而安、毫无章法"地进行工作。为此丰田公司对 TWI 培训材料做出了重大改进。原来的培训材料在介绍培训计划时，只简单地说明其对各项工作技能来说"需要或不需要"，并确定了完成培训的日期。

图 11-2 展示了丰田公司的"多职责员工培训时间表"（TWI 称之为"培训时间表"）。丰田公司要求所有员工都能了解并执行多项工作任务，因此培训计划的重点是培养多职责的员工。

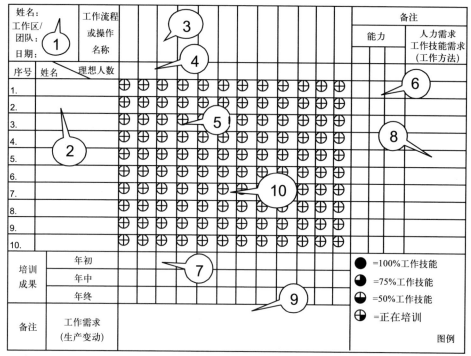

图 11-2 多职责员工培训时间表

填写"多职责员工培训时间表"的方法如下：

1. 监管员填写其姓名、工作区或团队名称以及日期。通常培训规划是在年初制订的，但如果现在刚刚开始，就填上今天的日期。

2. 列出所有员工的姓名。如果员工人数超出 10 人，可额外增加表格。通常每个小组的员工人数为 4~7 名，一张表格即可将其全部列出。

3. 填写工作流程或操作名称。

4. 理想人数是为保证工作岗位上时刻有人工作，每个岗位需要培训的人数。例如，如果 3 个操作程序相同，你至少需要培训 3 名工作人员。对于难度较大的工作，培训的员工人数最好超过最低要求。监管员负责决定每个岗位的理想人数。

5. 四分圆直观地描述了每个员工从事某项工作的技能。空白的圆圈表明未开始进行这项技能的培训。1/4 阴影的圆圈表明该员工目前正在接受此技能的培训，但绝不应该让他单独执行工作，因为他并没有完全掌握安全规范和质量要求。1/2 阴影的圆圈表明该员工可以单独执行工作，但需要从旁进行监督。该员工可能工作速度太慢，无法单独将工作完成。3/4 阴影的圆圈表明该员工执行工作时几乎不需监督，但也许对工作的某些方面还缺乏充分理解。该员工大多数情况下可单独工作。全部阴影的圆圈表明该员工已接受了全方位的培训，充分掌握安全规范和质量规则，无须监督，并可以保持要求的工作速度。一些人使用全部阴影的圆圈来表明该员工已具备培训其他人员的能力，但这需要该员工事先学完全部的工作指导培训课程。

6. 在最后一栏中对每名员工的能力进行汇总。通常情况下，监管员会在年初、年中和年终进行评估，判断评估计划的实施效果如何，以便监管员追踪每位员工的工作进展情况。

7. 计算出每项工作完成全方位培训的员工总人数，填写在表格下方的空格里。这样，监管员即可监督培训进程，保证每项工作的培训人数达到理想人数。

8. 在此标明任何额外的人力需求或工作技能需求。一些员工可能仅在执行某些任务时有些小问题，也要在此对其进行说明。

9. 在此标明任何未来的工作需求（生产变动）情况。例如，是否会增加生产，或者某位主要员工是否会休假离岗。

10. 如果要求某员工或岗位培训在固定日期前进行，则在该处增加日期。这些日期用来安排实际的培训日程。具体时间安排以当前需求和长远需求为准。

图 11-3 是一份填完的表格实例。培训人员和监管员一同对培训进展情况即每名员工的技能水平进行评估。对于领导者来说，试图粉饰和美化评估结果的行为是没有任何好处的。拙劣的工作技能会在未来测定工作表现时反映出来，而拥有杰出技能的员工则是领导者的既得利益。若在培训程序上走捷径，则无法实现期待的长期效益。此外，如果领导者对培训工作没有给予足够重视，员工会觉得他们个人也没有得到重视。这必然会导致员工形成"消极的态度"。

姓名: Ron Coleman 工作区/团队: 框架部 日期: 2002年8月15日		工作流程或操作名称	锯床 (2)	HPP	黏合与暗销结合	框架夹钳 (2)	准备检查	特殊作业	钻床	裁板锯	贴边胶带	零部件	备注			
													能力			人力需求 工作技能需求 (工作方法)
序号	姓名	理想人数	4	6	6	6	6	6	6	4	4		1月	6月	12月	
1.	Ron Coleman（监管员）		●	●	●	●	●	●	●	⊕	⊕		10	10		
2.	Eddie Day (小组负责人)		●	●	●	◐	●	●	⊕	⊕	⊕		3	4		
3.	Jeffe Goedde (小组负责人)		●	●	●	◐ 7月12日	●	●	●	⊕	⊕		3	5		
4.	Bradley Alvey		⊕	●	●	●	●	●	●	⊕	⊕		2	4		
5.	Tina Brooks		●	●	●	●	●	●	●	⊕	⊕		6	7		
6.	Clark Campbell		⊕	●	●	●	●	●	⊕	⊕	⊕		3	4		
7.	Willie Coleman		⊕	●	●	●	●	●	●	⊕	⊕		1	4		
8.	Denis Daniel		⊕ 8月1日	●	●	◐ 7月10日	●	◐ 7月25日	⊕	⊕	⊕		1	2		
9.			⊕	⊕	⊕	⊕	⊕	⊕	⊕	⊕	⊕					
10.			⊕	⊕	⊕	⊕	⊕	⊕	⊕	⊕	⊕					
培训成果		年初	3	3	3	1	3	2	3	5	3		● =100% 工作技能			
		年中	5	4	4	2	4	4	4	6	4		◐ =75% 工作技能			
		年终											◐ =50% 工作技能			
备注		工作需求 (生产变动)	年度增加订单10%										⊕ =正在培训			图例

△ LEAN ASSOCIATES, INC.

图 11-3 填完的多职责员工培训时间表实例

立足长远利益培养团队成员

不可否认，日复一日，一些日常工作会逐渐变得乏味，员工最初的工作激情也会逐渐淡去。那些不需要高技能水平的重复性工作更是如此。要保证员工继续积极地投身于工作，获得更强的满足感，公司不能仅仅为员工支付薪水了事。丰田意识到了这种需求，于是为员工提供了许多机会，使其充分发挥创造力并培养他们更优秀的技能。

丰田模式致力于促进所有员工的成长与发展。丰田在设施与时间上毫不吝惜对员工的投资，乔治城工厂设有一个规模庞大的培训与发展部，还拥有制造工人、办公人员和技术人员的培训课程所使用的全套设施。培训课程包括选修课和必修课。选修课员工可以在非工作时间自行选择学习，必修课则是在工作时间内进行培训（当然，如果领取薪水的员工在工作时间参加培训课，必须将培训期间耽误的工作进度赶上）。图 11-4 以矩阵形式列出了每个职位的核心课程（工作必修课）和选修课程。

丰田鼓励全体员工积极参与各种活动和项目。参与全凭自愿，但大多数员工都很喜欢这些活动，因为它们为其提供了一个追求个人发展、在工作要求之外充分发挥创造力的平台。这些活动五花八门，包括关于员工建议体系、质量圈、领导力开发等活动以及各种各样的团队改进活动等。

培训与发展课程							
课程名	学时	经理与副经理	团队领导者	小组负责人	小组成员	专业人士（工程师）	助理参谋
融入	18	C	C	C	C	C	C
冲突管理	16	C	E			E	
辅助会议有效技巧	16	C	C	C	E*	C	E
让他人倾听的说话方式	16	E	E			E	E
改善工作入门	18	C	C	C		C	E
解决问题方法入门	16	C	C	C	E*	C	C
工作指导培训	10	E	C	C	E*	E	
工作关系	10	C	C			E	
作为丰田生产体系指导的领导人职责	10	E	E	E		E	
领导力	16	C	C	E*		E	
倾听	16	E	E	E	E	E	E
PDCA 应用	24	C					
PDCA 入门	24	C					
效能理念	10	C					
解决问题实用技能	16	C					
解决问题二级技能	18	C	C	C		C	E
撰写计划书/文件	10	C	C			C	C
质量圈协助工作技巧	8	E	E	E	E	E	E
参与质量圈	8				E	E	
质量圈宣传	4	C	C			E	
标准化作业入门	8	C	C	C		C	E
办公室标准化作业	8	E				C	C
建议体系培训	2	C	C	E	E	E	E
目的明确的选拔（面试）	9	E	C	E		E	
工作地点交流	16	E	C	E*		E	
C=核心课程（必修）							
E=选修课							
E*=预备晋升必修课程							

图 11-4 核心课程与选修课程培训矩阵表

质量圈

质量圈是丰田公司改善活动的一个至关重要的组成部分，在日本本土的丰田公司尤其如此。质量圈曾经在 20 世纪 80 年代的美国质量运动中昙花一现，当时它被视为参与式管理的一个工具，然而结果却令人失望不已。开会时按小时计酬的工人讨论的大部分议题都围绕着物质享受，例如，提议安装自动饮水机等。不可否认，质量圈会议上也提出过一些改进质量的建议，并在公司内部进行广泛宣传，但实在是凤毛麟角。最终这个"风靡一时的管理风尚"逐渐淡出人们的视野。又一个好想法破灭了。这其中到底遗漏了什么呢？本质上讲，丰田模式的所有基本理念全部被遗漏了。训练有素的员工，小组负责人的角色，培训经验丰富、负责指导工作的团队领导者，持续改进的公司文化以及标准化作业等精益工具，全部被遗漏了。管理层推行一种"从上至下"的管理文化，对员工施以"微波炉式"的解决问题方法培训，然后就期待这些培训不足的员工能突然想出一些优秀项目，创造出奇迹来。

在丰田公司，质量圈从来不是"风靡一时的风尚"。几十年来，质量圈一直是丰田用于提高生产力和进行质量改进的一个管理工具，至今它仍被视为高度发展的丰田生产方式的一个重要标志。就这一点而言，美国的丰田公司仍处在发展阶段。

是否参加质量圈会议全凭员工自愿，但丰田公司的大多数员工都会选择参加，因为他们想参与到改善工作区的工作中来。质量圈会议是提高质量、进行其他工作改进的良好方式，也是促进团队合作、培养个人能力的绝佳契机。质量圈的成员们各司其职，有人做会议记录，有人保证会议准时召开，有人负责协助会议顺利进行。通常情况下由小组负责人主持质量圈会议，但也可能为小组成员提供发展机会，让其担任主持角色。小组负责人应负责确定管理层预期的成果，对每次会议进行规划，明确对小组的预期，并同工程部、维修部等其他部门进行协调工作。

质量圈负责确立目标，并保证在规定日期前完成任务，而团队领导者则担任顾问与咨询的角色。团队领导者的主要任务是保证质量圈会议讨论的议题有意义（可促进小组与团队发展），会议时间运用得机智而富有成效。团队领导者每周向协调人了解质量圈会议的最新信息，并提供必要的支持与指导。每周分配给各小组每人一小时的带薪时间（付加班费）参加质量圈会议或者从事其他分配的工作。小组可选择上班前或下班后举行会议，可以边吃工作餐边举行会议。大多数质量圈会议讨论的议题都和工作区相关，因此许多会议就在实际工作地点举行（工作现场）。

一项活动结束时，组织质量圈会议的团队会向管理层做出一个简短报告，介绍活动内容及其取得的成果。管理层会借此机会向团队表示感谢，感谢他们为改进操作流程而做出的努力。另外，质量圈会议上提出的建议也有资格获得丰田建议体系（参见下文）颁发的奖金。如此一来，质量圈会议的成员可根据参会的时间获得报酬，提出改进工作的想法也可获得奖金。每年的最佳质量圈项目会评选出白金、金、银、铜奖，并举行正式的报告会，向丰田副总裁介绍获奖详情。每间美国工厂选出一名白金奖得主，前往日本的丰田公司国际质量圈会议做报告。2004年，丰田公司乔治城工厂中有22%的员工自愿参加质量圈会议，但公司目标数字为40%~50%。在日本，80%以上的参与程度十分多见。参加质量圈活动，既可以充分发挥和运用自己的能力，又能为所做的努力收获奖励，绝不亏本。

案例分析：工作活动帮助员工增强个人能力，获得满足感

丰田公司乔治城工厂中有一名女员工非常羞涩，不喜欢在众人面前讲话。但在丰田文化中，公开发言是非常普遍的活动。我们每天都要进行讨论，报告工作区出现的问题，还要经常向管理层汇报质量圈活动和持续改善活动取得的成果。由于害怕公开讲话，这名员工宁愿避开这些活动（大多数活动都是自愿参加的）。她虽对晋级机会感兴趣，但无法克服自己心中的畏惧。

最终她被人说服参加了一个质量圈会议，轮到她做报告时，她害怕极了。虽然她带着笔记，但当时头脑中一片空白，硬着头皮完成了报告。这件事给了她一些鼓舞，于是她又参加了另一场质量圈会议，最后她的报告水平得以提高。几年后，她调任另一项工作。我们后来再见面时，她告诉我们说她参加了狮子会（Lions Club），担任特别活动协调员——这个职位要求她每次会议上都要做活动报告！能够克服自己的胆怯，并参与到工作之外感兴趣的活动中来，她倍感自豪。

丰田的建议体系

丰田的建议体系与大多数传统建议体系不同，它的前提是，员工本质上都

想改善工作环境，正是每名员工所做的贡献保证了公司长期的持续改善。丰田懂得，员工提出的建议最终会为公司带来利润，但更为重要的是，让员工提建议可以培养员工的主人翁意识，让员工觉得可以在一定程度上掌控自己的命运。这样的感觉会提升员工的整体满意度。建议体系的意义不仅仅在于为公司节省资金。

员工建议体系具备一些关键要素。首先，它简单易行（从提交建议到批准程序，各方面都很简单）。其次，执行建议的责任尽可能保留在最低级别。通过这种方式，丰田得以实现较高的提建议比率（每年每人约提交10条建议）和较高的建议批准与执行比率（超过90%）。

公司的每名员工均可提交建议（但领取固定薪水的员工只有在提出其工作职责范围之外的建议时，才能领取报酬），且建议既可以由个人提出，也可以由团队提出。提交建议的程序十分简单。只需在一页纸的表格上列出建议人的姓名和部门名称，对现状进行简单说明并提出改进方案。建议人负责确定该建议可能影响到的各个领域，包括安全、质量、节约时间、降低成本以及在其他方面无形的改进。员工将填完的表格上交给监管员，监管员同员工进行探讨，确保提出的想法清楚易懂，并包含必要的信息。

监管员在丰田的建议体系中扮演着重要角色。大多数情况下，监管员掌握着批准建议实施与为建议支付报酬的权利。监管员可以批准金额在16美元以下的所有建议，而这大约占全部建议的85%或者更多。必须注意的是，批准建议实施与批准支付建议报酬是有区别的。监管员应在批准建议并为建议实施提供支持后，再将建议提交，申请报酬。监管员可以批准大多数建议的实施，而无须得到他人批准（除非有时需要另一岗位监管员的批准，且要保证实施建议所需的成本在监管员的职权范围内，实施建议产生的变动不会影响到目前的流程所使用的设备）。

许多建议是无形的资产，也就是说，很难直接计算出其潜在效益。例如，建议防范可能的安全风险，建议改正可能发生的错误，或者纠正目前已经发生的错误等。通常，这些建议节省下来的潜在成本难以计算，或者可能金额太小不值得花费精力计算。对于这类建议，不需要计算其实施收益是否大于成本。所有经批准实施的建议均可获得至少10美元的报酬。

如果某建议可能节约的金额较大，建议人和其监管员将收集必要的支持材料，来证明实际节省的金额。建议人负责收集数据，但监管员通常需要为其提供指导，以保证支持材料完整准确。

支付金额超过16美元的建议需要得到上级的批准，支付金额越大，要求的批准层级也越高。上一级监管可批准支付报酬的最高金额为100美元。部门经理可批准的最高金额为250美元，副总经理可批准的最高金额为500美元。如果为某建议支付的报酬超过500美元，则必须得到建议指导委员会（Suggestion Steering Committee）的批准。该委员会由区域经理、总经理、会计和项目管理人组成。例如，如果认为某建议可获得500美元的报酬，则需经过"链式"的各层批准，直到上报给整个工厂的建议指导委员会。这种复杂的批准程序可能会阻碍支付报酬的程序，但对实施过程不会造成影响。如果监管员认为某个想法很好，就会决定立即实施。对于重大建议，则必须在实施3个月后，收集数据核实其成效，再提交报告去申请报酬。

丰田公司有关建议体系的其他细节则属行政性质。总体说来，建议体系力求简单，希望所有员工使用，消除了许多制度中的常见障碍——难以获取和填写表格，建议想法必须"实施效益大于成本"，所有建议都要经过烦冗的批准程序，"小"的想法普遍不被接受，等等。最重要的是，丰田公司上下形成了同一种思维模式，人人都可提出建议，为公司的成功和发展做贡献。尽管丰田的建议体系重视小想法，但取得了巨大的收益：7∶1的投资回报率十分常见。

> **小建议　如果程序约束太多，则会限制员工的参与热情**
>
> 在丰田公司，持续改善工作中设置的约束非常少。而在许多其他公司，管理层会对想法提供"指导"或者"约束"。具体情形包括不改进即将从工厂中淘汰或移除的流程，将一些想法视为"不太重要"等。丰田对生产操作的改善具体到每一个细节，而且从不认为任何建议的想法"太小"或者"不重要"。如果对何时提建议、建议内容或者建议的重要程度都设有约束，则员工参与的热情就不高。丰田公司对于建议想法的要求是可接受即可，除此之外没有任何其他约束。这传达了一个前后一致的信息：持续改善就是要没有任何限制，不断发展。而如果设立约束，则传达的信息是：一些建议是可接受的，但必须由管理层决定。

培养团队成员承担领导角色

选拔团队成员担任领导角色并对其进行培养，是丰田公司内部的一项重要事务。领导者负责以丰田模式教导他人。他们必须将信息传达给下一代员工。此外，他们还负责维持日常生产运作并进行持续改善工作。领导者会对潜在领导者所具备的质量和发展潜能进行认真考量。像所有其他重要决策一样，丰田公司投入了巨大精力，力求英明地选拔出未来的领导者。同时，候选人与领导者也投入了大量时间和努力，确保做出最佳决策。

有兴趣晋升小组负责人职位的小组成员必须提出正式的申请，参加晋升前的选拔流程。要成为候选人，团队成员必须具有良好的出勤记录，且在最近的业绩评估中至少一次"达标"。有过任何重大过失的团队成员，都没有资格参与选拔流程。

所有未来的小组负责人必须参加特别培训，培养他们在解决问题、工作指导培训和辅助会议（见图11-4）等方面的技能。这些课程的长度为10～16学时不等（总计42学时），每位学员利用自己的业余时间参加（无薪）。每门课程都要求学员在工作场所完成实践活动，经团队领导者评估实践结果后，递交给培训部门进行终审。培训部对学员的每门课程进行最后打分，以此作为与其他候选人进行能力比较的依据。

与团队成员相处的能力是体现小组负责人角色的一个重要方面，在同事评估程序中，工作团队中的其他小组成员会对每位候选人进行评估。同事们会以人际关系、出席情况、工作知识和安全工作习惯等指标对候选人进行评估。这种做法的目的并不是要进行人气测试，而是要让所有同事都能参与到评估程序中来。在许多公司，员工常常抱怨说管理层只是"选出他们中意的人"。同事评估程序则有助于平衡潜在的管理层偏向。

最后，各候选人参加培训课程的分数、同事评估和业绩评估的结果被提交给同一部门，进行综合比较（某些情况下，选拔条件仅限于一些拥有特殊工作技能的人员），表现最佳的候选人被安排参加面试。面试类似于上文介绍的录用新员工的面试，并进行打分。最后将各项得分列在一个矩阵表中，经团队领导者、部门经理、人力资源部的一名代表（再次避免个人偏向）达成共识，做出最终决定。

通过选拔程序后，新任的小组负责人会接受该职务各方面的专业培训。许多团队领导者会设立选拔前培训程序，让团队成员在晋升之前培养必备的技能。这样，他就可以在小组负责人缺席时承担其工作，而且大多数情况下，该团队成员直接与小组负责人共事，以便学习小组负责人的工作事务。小组负责人的工作任务和必备技能列在一张多职责员工培训时间表上，所有晋升前的候选人都要经过培训，执行表中所列各项任务。这就保证了员工可以无缝担任新领导一职。

此外，提前对员工进行领导角色的培训还有其他益处。受训人员有机会体验新的挑战，并从中获得个人成长与发展。他们还有机会进行角色"试水"，决定这是不是他们真正感兴趣的工作职位（有些人到后期才发现自己并不适合领导工作，角色试水则有助于减少这种情况的发生）。这也让员工有机会"亲身体验"领导职位，理解领导者的工作任务。这样，即使他们一直未能得到晋升机会，也会更加尊重领导者的角色，更加理解领导者的难处。

联谊活动增强团队凝聚力

"联谊活动"是丰田公司赞助支持的一项活动。该活动旨在通过一项与工作不相关的活动使团队成员聚在一起，希望团队成员联系得更加紧密，从而增强团队凝聚力。丰田公司为每个团队提供一笔基金（按每人每季度一定的金额），用于组织活动的种子基金，或者支付活动的全部花费。公司建议联谊活动每月举行，活动内容可以十分简单，如一起吃比萨午餐，或者去游乐园进行一日游（带家属），或者去当地的餐馆吃一顿，或者举办一场慈善活动。大多数团队会组织花费不一、复杂程度不同的各种活动。通常团队内会有一些员工主动参与筹划活动，但实际要举办什么活动则由整个团队成员来选择。团队领导者负责对这些活动进行监督，保证其符合公司的具体规则。例如，有些活动可能不太妥当，公司无法为其提供赞助。

这些活动为员工提供了工作时间之外互相了解的好机会，让大家可以联系得更为紧密。大多数员工都对每月一次的联谊活动心怀期待。

投资发展公司各个领域的技能

迄今为止，我们所举的例子主要是重复性的生产工作，但其实同样的原则也适用于公司的其他职务。丰田模式关注的是行为，而行为会反映出员工的工作态度。培养员工所强调的重点是实际"执行"工作或者实际"进行"流程改善活动。公司内部专业人员的培训和培养也必须采用相似的方法。

经过对专业人员的仔细观察，我们发现其教育和培训大多始于大学教育。他们想必已经在大学学习了基本的专业知识、专业规范甚至职业道德。他们仍然有很多地方需要学习，但在学校里已经学习了本专业的基本工具。工作后，好的公司会为他们提供继续教育的诸多机会，针对该公司应用的技术提供专门的培训课程（例如，公司专门的计算机系统或人事政策）。公司还可能要求某类员工必须参加领导力课程、交流课程或者解决问题课程的培训。公司还经常鼓励员工回到学校继续深造，更新他们的一些具体技能。

这些都是非常好的举措。但员工要执行实际工作，应接受哪些具体培训？员工要改善公司流程，又应接受哪些具体培训呢？

根据TWI制定的工作指导培训原则，首先，必须对重要任务进行工作分析，确立关键点，并说明关键点确立的原因。这种做法的前提是，对工作（包括工作标准）进行明确的定义。其次，必须进行准备，向受训人员示范操作。再次，必须向受训人员提供亲自尝试执行工作的机会，但需要有监管员的监督。最后，必须让员工在监管员监督下实际执行工作，监管员为其提供支持。

这听起来像不像你的公司中培训专业人员的方式呢？需要强调的一点是，丰田公司并不认为大学通识教育能够培养出可立刻走上工作岗位的专业人员。事实上，情况正好相反，丰田常常认为有必要改掉他们在进入公司之前养成的一些坏习惯。学校里学到的有关工作的许多想法和信念也许是与丰田模式相悖的。

下面我们来看看培养一名机身设计工程师（如车门工程师）的例子。他的主要职责是钢质机身零部件的设计。设计流程的第一步是款式设计，即产品外观的艺术形式。接着，他需要将款式设计转换成计算机辅助设计数据，然后设计所有的结构组件。设计完毕后，工作将继续进行，转移到钢模设计师和钢模制造人员手中，最后产品完成生产。

1. 按照严格的选拔程序（与我们之前描述的按时计酬的工人选拔程序类似）进行工程师的选拔。在日本，丰田公司从几所一流学府（如东京大学、京都大学）中招聘毕业生，并让这些学校的校友执行部分筛选工作。面试在招聘流程中同等重要。

2. 公司招聘的一群工程师先要进行为期一年的总体方向培训，再接受公司为他们分派的特定任务。具体培训项目包括：

   a. 为期 1 个月的公司总体介绍。

   b. 在丰田某工厂从事手工劳动 3～4 个月（最好是制造他们将来可能设计的汽车部件）。

   c. 在汽车经销商处销售汽车 2～3 个月（了解客户的想法）。

   d. 分派到工作区。

   e. 在工作区进行"新手"培训方案（监管员从旁指导，亲手实践工程体验）。

3. 在各自特定领域进行为期两年的集中在职培训，监管员从旁指导。工程师需自己制作计算机辅助设计图，因此他们必须在此期间学习该系统。

4. 至少需要 3 年时间方可成为机身设计领域特定门类的初级工程师（如车门工程师）。

5. 至少具备 8 年的工作经验方可成为高级工程师，负责领导他人。这时可以指派该工程师进行其相关门类的工作（如保险杠）。

6. 需要 10～12 年的锻炼，方可成为员工领导者。

我们将之称为"倒 T 式"的培训模式，工程师首先进行短期的一般培训，然后花费很长时间获得其专业门类的深入体验。深入体验的最初阶段是"新手"培训计划，由监管员从旁指导。这期间要学习的东西很多，无法绘制出一张工作任务分析表，来列举出全部的工作内容，这是需要花费多年的时间进行学习的。但监管员主要是负责教学工作。培训工作的方方面面都体现了丰田公司的总体理念：从部分工作做起，逐步在监管员陪同下执行全部工作，监管员对其工作表现进行反馈，并给予必要的支持。"新手"培训计划颇具挑战，目的是为这些工程师提供一个学习机会，了解如何从事工程项目。最初的定位阶段（一年）过后，接下来的两年则重点培养其专业门类中的具体工作。受训人员所做的一切工作均在一位经验丰富的工程师监督下进行，就好像师徒关系一样。

丰田文化的一个内容是：每一位领导者都担任着教师的角色。教学方法是边做边学。教师会给学员布置具体的任务，监督其进展情况，并提出具体的反馈意见，以便学员在今后工作中做出改进。而学员则观察教师执行类似的工作，一边观察一边学习。与许多其他公司不同，丰田为工程的每个方面都制定了详细的方法，使学生学习起来更加容易。例如，车门工程设计制定了详细的工程核对清单，其中包括从工程与制造角度看一个好的车门设计应具备的具体工程特点。这为教学工作提供了很大便利。

教学内容不仅限于具体的工程作业，而且包括如何思考问题、如何交流想法、如何获得他人的信息输入、如何进行团队合作、如何在A3纸上做出报告（参见第18章）、如何观察制作流程、如何制定标准，等等。在学校中学到的专业人员的培养方式对丰田来说太过抽象。在丰田，人们以丰田模式来学习先进的生产流程。虽然表面看来，工程师的工作仅限于汽车的某个具体的零部件，但事实上，他们必须负责该部件从设计到投放市场的全过程。因此，他们要学习在这一流程（历时多年）中适合每个阶段的具体方法。两三年后，他们仅仅经历过一次产品开发的流程。丰田的工程设计流程非常先进，已经发展到高度成熟的阶段。因此，在流程的每个阶段都有很多内容需要学习。此外，还要学习丰田模式在解决问题、决策和交流方面的一般方法。必须经过6～10年，从事过几个项目后，他们才能适应整个流程。

简而言之，执行简单的手工劳动、任务周期为1～3分钟的操作员所接受的工作指导培训，即丰田培训观的一个缩影。在任何一项工作中，要了解执行工作的正确方法，都有很多东西值得学习。因此，必须制定正确的方法和工作标准，方能保证教学工作的顺利进行。相反，如果没有制定标准，公司则只能将员工扔进水里，期待最好的结果了。

反思问题

要培养适合你公司文化并为构建你的公司体系贡献力量的员工，首先要从选拔程序开始。接着，在他们成为公司员工后，还要对这些人员进行融入公司的培训。下面我们为你列出了一些问题，帮助你对在招聘并培养最佳素质的员工方面所履行的职责进行如实的评估。

1. 评估你目前的员工选拔流程，并制订具体规划，改善薄弱环节。
   a. 是否制定了一个预选流程，将潜在候选人的人数缩减至最为理想的水平？如果没有或者预选流程效果不显著，制订一个计划，在下一年度进行改进。
   b. 列出招聘时采用的主要选拔标准。这些重要的标准在你的选拔流程中是否有所体现？如果没有，制订详细的计划，将这些标准纳入你的选拔流程。
   c. 标准的制定应以实际行为和能力的预期为基础。你的选拔标准能否筛选出具备公司期望的行为与能力的候选人？找出有必要进行改动的地方，创建一个以候选人行为和能力为依据的选拔流程。

2. 对员工个人未来行为的预期应该在员工就职后前几天确立，并持续几个月的时间。评估在这一关键时期内你的机构所采用的方法。
   a. 在融入过程中，你是否从一开始就确立了公司对他的预期？
   b. 你是否亲自对新员工表示关注，将他们视为团队的重要组成部分，还是将他们交给人力资源部的负责人，根据公司规则为他们分派任务？
   c. 高层领导者是否参与了融入过程？
   d. 公司的监管员是否亲自负责新员工融入团队的工作，还是将此责任移交给他人承担？
   e. 是否制订了详细的培训计划，并同每名新员工进行探讨？
   f. 你手中是否有一份核查清单，确保融入过程的所有方面顺利完成？

3. 对你目前采用的培训流程进行评估。
   a. 对员工进行问卷调查，让员工用"完全不同意"至"非常同意"的不同程度词来表达对下列表述的态度，从而对整个培训流程进行评估：
      i. 我感觉就任目前的工作已经得到了充分的培训。
      ii. 公司采用的培训方法效果显著。
      iii. 培训我的人员是一位优秀的培训师。
      iv. 指导我工作的监管员（或生产线领导者）了解我的工作职责，具备培训他人的能力。

v. 人们在这里学习用自己的方法执行工作。

b. 制订详细计划来改善你的培训方法。

 i. 公司是否将工作指导培训作为主要培训方法，还是会使用其他的培训流程？

 ii. 制订一项计划，培养所有领导者的培训技巧。

 iii. 制订计划保证未来的所有领导者就职前都要接受培训。

 iv. 每 6 个月对员工进行一次问卷调查，检验你计划的成效。

4. 通过测定人员的保留率和整体流程能力（安全、质量和生产力），可确定公司选拔程序、融入工作和培训的总体成效。

 a. 根据这些指标，你公司流程的评估结果如何？

 b. 具体指明改进这些领域的必要步骤。

第 12 章　The Toyota Way Fieldbook

将供应商和合作伙伴发展为企业的外延

在全球竞争环境中的供应商伙伴

在当前环境下谈论供应商"伙伴关系"实属不易。西方国家的各公司都将目光投向中国、印度、越南、俄罗斯、东欧及其他低收入国家零部件的低廉价格，因而很难想象企业会关注价格之外的因素。供应商采用自动化、合并工厂甚至精益技术等各种手段来降低成本，但在西方公司购买生产原材料的价格比在中国偏远地区一个成品零件的销售价格还要高的情况下，供应商所做的这些努力似乎都是徒劳的。如果目前的问题是基于成本进行竞争，而解决方案是追逐全世界最低的价格，那么供应链的问题则变成了一道简单的物流练习题：获取最新的软件，采用最优化运营模式，找出成本最低的方法，使零部件与物流的总成本达到最佳水平。

但是，一些人会批评这种做法，认为这样难以保证产品质量。低收入国家的收入低是有理由的：其员工素质不如发达国家高，因此无法生产出一贯优质的产品，而质量是进入现代化企业的敲门砖。但这种观点也在逐渐瓦解。低收入国家的教育水平越来越高，工人们刻苦努力且经常长时间工作。而且他们勤奋好学,其学习曲线的增长速度简直令人难以置信。

因此,如果无法打败他们,那就与他们联合吧。当然,对于一些商品部件(甚至价格高昂的部件与工具)来说,这是必然的结论。但丰田的核心组件并未采用这种方式。几十年来,丰田慷慨地投资于供应商伙伴关系,任何新加入的供应商都必须通过严格的测试,以证明其有能力逐步融入到伙伴关系的网络中。目前的供应商如果工作出色,丰田也不会为追求更便宜的选择而解除与它们的合作关系,因此,这些供应商与丰田自己的员工一样,拥有工作保障。

短期的节约成本与长期的伙伴关系

丰田为何要进行这些投资呢?为什么要牺牲短期降低成本的好处,去发展长期的供应商伙伴关系呢?这是一个复杂的问题,需要从几个方面进行回答。

第一,是质量的问题。质量不仅仅指拥有最先进的生产设备和通过ISO 9000质量管理体系认证,保证质量的首先是执行创造价值工作的员工。从本书第8章和第11章中我们了解到,对员工进行职务要求的具体步骤培训,仅仅是保证质量的一小部分。应培训他们及时发现质量问题,有问题立即通知小组负责人,参与解决问题,并找出发生问题的根本原因,定期进行改善工作等,这些需要建立起重视质量的公司文化。如果在中国雇用一家公司制作零部件,即使你能够核查其质量程序,视察其生产设备,仍然对决定产品质量的员工知之甚少。丰田希望其供应商与丰田的文化具有兼容性,通过持续改善工作发现并消除问题。

发生在20世纪80年代的质量运动(主要由日本模式取得的大成功而掀起),标志着买卖双方敌对关系的结束。大多数大公司所销售产品的大部分零部件都是从其他供应商手中购买而来的,于是销售产品的最终质量与供应商出售的每个零部件的质量息息相关。供应商质量问题成为公司采购部与之解约的主要依据。实际上,对质量投资也会将成本降至最低,因为这节省了反复检查、返工以及质量保证的费用。更为重要的是,如果产品质量上乘,消费者则会再次光顾。将供应商视为合作伙伴是保证公司长期成功的关键。象征公司质量的至高标准马尔科姆·鲍德里奇国家质量奖(Malcolm Baldridge National Quality Award)也将"与主要供应商及客户的合作关系和交流机制"作为该奖项的一条主要衡量标准。

第二，是产品与流程的工程设计。丰田公司之所以能一直在市场上立于不败之地，主要在于其制造流程的总体设计质量、精确度和灵活性。在设计与工程的各个阶段将产品与流程整合，对产品的生命周期会产生巨大的影响。若能把好质量关，严抓每个环节，直到生产线下线的最后一辆车都保持质量一流，会为公司赢得更大利润。相反，倘若在第一辆车出厂前就存在工程错误，即使在最后一辆车下线多年后，高昂的保修成本仍能置公司于死地。由于供应商负责制造汽车零部件，因此，要保证高质量的设计和制作水平，可以同供应商密切合作，或者由供应商独立保证。不仅要整合丰田公司和其供应商的工程设计，还要对供应商的产品和流程的工程进行整合，这是一个重要的成功要素，需要进行多年的投资才能保证实现。

第三，是精确而灵敏的即时生产体系。前面已经谈到，即时生产不仅仅意味着减少库存量。它要将问题暴露出来，让员工予以解决。即时生产是一个"脆弱"的供应链体系。丰田将这一体系及其根本理念延展至供应商环节。供应商实际上是装配线的一个延伸，从原材料到送货，整个价值流中任何位置上出现的浪费都要算作浪费，必须将之杜绝。自创办之日起，丰田公司一直在学习杜绝浪费的方法。如果供应商不具备这一能力，则会在整个价值链中形成薄弱环节。丰田要求每一个环节都同样实力雄厚，同样有能力。不要忘了，精益的含义是要将稳定的流程进行连接。供应商必须稳定，并连接到你工厂的稳定流程。

第四，丰田要求创新。丰田获得长期成功的核心要素就在于不断创新——产品创新、流程创新，以及企业中随处可见的无数细小的改善。丰田为其供应商设立了具体的创新目标。例如，电装公司（Denso）致力于汽车散热器和交流发电机的项目，设立的目标是让这些产品的性价比连续十年处于行业领先地位。[⊖]到十年的关口时，他们又进行了大刀阔斧的改进，力求在下一个十年期内继续保持领先。丰田同供应商合作，制订具体的研发投资计划，将创新技术"置于架上"，保持丰田在车胎、电池、空调控制系统、排气系统、润滑油等方面的技术一直处于领军地位。所谓"置于架上"，是指这些技术都经过验证，准备就绪，总工程师可以随时从架上挑选出一个，设计成大规模生产的汽车。

⊖ A. Ward, J.K. Liker, D.Sobek, and J. Cristiano, "The Second Toyota Paradox: How Delaying Decisions Can Make Better Cars Faster" *Sloan Management Review*, Spring, 1995:43-61.

第五，丰田意识到，丰田企业体系的整体财务状况取决于企业体系各部分的财务状况。虽然薄弱的供应商也能进行质量检查，建立库存，实现优质零部件的即时运输，并提供价格折扣，但薄弱的供应商终究会在某个时刻被淘汰出局。丰田需要实力雄厚、强有力的供应商，这样才能为丰田的整个企业体系贡献力量。

也许我们还可以列出第六、第七、第八个理由。关键是，要使供应商的能力同你公司自身的内部能力实现契合，需要做大量的工作。这种做法带来的巨大收益要远远胜于追求廉价带来的短期成本节省。

"困惑"是对目前许多公司面临的状况最恰当的描述。投资供应商伙伴关系能否带来回报？"伙伴关系"是否真的能保证最佳质量，最终为公司带来竞争优势？伙伴关系是否意味着我们对供应商不够严厉，会被他们占便宜？供应商伙伴关系是否封锁了公司寻求全球最低成本的机会？要获得长期的竞争优势，应该采取哪些措施，才能使供应商伙伴关系发挥得淋漓尽致呢？

要解决这些问题，让我们近距离观察一下丰田的供应商管理模式。丰田供应商伙伴关系带来的益处为人们提供了可供借鉴的实例。例如，20世纪90年代中叶，丰田同各个供应商紧密合作，将凯美瑞的制造总成本降低了25%以上。为应对低收入国家汽车公司的竞争，丰田要求其供应商在21世纪成本竞争力建设计划（CCC21）中推出下一款新车型时将成本降低大约30%。供应商通过艰辛的努力，基本完成了这一目标。虽然这看起来很残酷，但最后供应商却告诉我们说，与其他汽车公司相比，它们更喜欢同丰田合作（也喜欢同本田合作）。⊖它们是如何做到的呢？

丰田模式下的供应商伙伴

当丰田在北美开设第一家工厂时，人们质疑它能否将促成日本巨大成功的供应体系复制出来。丰田选择在当地进行采购有诸多原因：来自美国政府的压力、即时生产的运营理念、为购买丰田汽车和卡车的社区做贡献的理念，等等。

⊖ 根据2004年规划展望机构（Planning Perspectives）对223家供应商所做的基准调查结果，丰田和本田继续被评为供货商最乐意与之合作的汽车公司。这两家公司的得分在每个评分类别中都处在领先位置，包括更为可靠、交流方式更有效、更关注供应商收益等。

在北美，在日本历时几十年建立的关系必须在短短几年时间内建立起来。针对这种情况，丰田通过与传统日本供应商创办合资企业、慎重选择当地供应商等策略，开始着手开发当地资源。

这种做法的挑战在于，丰田并不满足于仅仅找到能够制造零部件的公司。丰田需要建立一个详尽的供应商关系体系，这一体系的基本特点包括一套复杂的系统、控制手段和文化关联。许多研究供应链管理的文章都强调，要使用目标定价之类的特殊工具或者举办工作改善研讨会，或者通过巧妙应用信息技术来减少存货。然而丰田另辟蹊径，建立了更深层次的关系基础，让持续发展的策略取得成功。

我们将丰田的供应链视为一个金字塔模式⊖，称为"供应商伙伴关系等级体系"。使用"等级体系"一词的原因是，这七个等级的一些特色是构成其他等级的基础（见图12-1）。

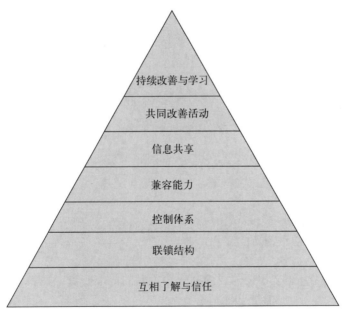

图12-1　供应商伙伴关系等级体系

⊖ 《丰田模式》一书中介绍了一个类似的模型，名为"供应链需求等级体系"。制定此模型的目的是描述供应商的需求，从而将它们变成公司的好伙伴。该模型的观点是要建立有利于双方的深层次供应商伙伴关系。丰田公司和本田公司都应用了该模型，并取得了良好的效果。参见 *Harvard Business Review*, December, 2004,by Jeffrey Liker and Thomas Choi, "Building Deep Supplier Partnerships", pp 104-113.

举例来说，许多公司试图为供应商制定度量标准，以改善供应商的工作绩效。著名的平衡计分卡声称自己是供应链的解决方案，可以显著改善质量、成本和交付等环节。但是，实施平衡计分卡时，公司和供应商往往是一种冲突抵触、相互对抗的关系。这样的状况使平衡计分卡变成了一种苛刻的评估系统，其目的是找出业绩不佳的供应商。因此，供应商往往会通过短期行为安抚客户，不去从根本上解决问题，而是试图粉饰业绩。

相反，尽管丰田公司也采用严格的评估系统来控制供应商业绩，但这建立在与供应商坦诚交流和相互信任的基础之上。简而言之，没有相互理解的基础和支持合作行为的结构模式，跃进式地采取特殊的控制体系，则会导致双方的博弈，使供应商采取短期的应对措施。

当然，供应商伙伴关系并不全是轻松愉悦、没有压力的。丰田对于合作伙伴的态度并不总是软弱无力、宽容仁慈的。正如《丰田模式》一书中所言，丰田公司对待供应商的态度可以用公平、高期待和挑战三个词来概括。做生意当然要以赚钱为目标，但不能以牺牲供应商为代价。丰田生产方式的创始人大野耐一说过：

母公司通过欺负供应商而实现经营业绩的做法与丰田生产方式的精神是格格不入的。

这里的关键词是"母公司"。它意味着领导与长期的合作关系，意味着信任、关心和双方共同健康发展，但同时，它也意味着纪律、挑战与不断进步。

供应商伙伴关系的七个特点

下面我们要介绍丰田公司供应商伙伴关系的七个特点，如表 12-1 所示。我们将从下至上逐一讨论你需要采取哪些步骤，才能在伙伴关系中实现这些要素。

表 12-1　供应商伙伴关系的关键要素

伙伴关系特点	关键要素
持续改善与学习	・分享经验 ・PDCA 管理系统 ・每年的成本降低额

（续）

伙伴关系特点	关键要素
共同改善活动	• VA/VE（价值分析/价值工程） • 供应商培养 • 研究团队
信息共享	• 准确收集数据与发布数据 • 通用的语言 • 及时交流
兼容能力	• 优秀的工程 • 优秀的生产运作 • 解决问题的技巧
控制体系	• 评估系统 • 反馈 • 目标定价 • 成本管理模式
联锁结构	• 联盟结构 • 相互依赖的流程 • 平行采购
互相了解	• 致力于共同繁荣 • 尊重彼此的能力 • 现地现物（实际场所、实际零部件）

互相了解

伙伴关系的基础从互相了解开始，但要做到这一点并非易事。公司了解其供应伙伴是什么含义呢？对于丰田来说，就是现地现物。现地现物体现了丰田的核心理念，直接去现场观察，深入了解情况。问题在于你是否乐意投入工作，亲力亲为，并付诸努力。

丰田刚开始同 Metalsa 公司（一家制造车架与车身零件的生产商，总部位于墨西哥的蒙特里市）合作时，先花费了一些时间和公司的高级管理层接触，想了解该公司的理念。丰田了解到，Metalsa 最初是一家家族企业，至今家族在公司中仍然具有相当的影响力。更重要的是，丰田了解到，Metalsa 强调聘用最优秀的员工，营造积极向上的工作文化。Metalsa 将招聘视为公司的一项核心活动，候选人要通过严格的筛选程序——其中包括到未来员工的家中拜访，了解他们在家庭环境中的状态。Metalsa 大力投资于员工培训，将员工的素质视为公司主要的竞争优势。

来自丰田公司的供应商工程师团队在参观 Metalsa 工厂时，Metalsa 为他们在展示大厅举办了例行的车架与其他产品预展。不同寻常的状况是，丰田的这群工程师立即投入了工作，他们仔细推敲每一个焊接点，热切地讨论焊点的质量和车身底盘的设计。显然，丰田这位客户和其他客户有所不同。在工程阶段，Metalsa 得到了一笔大业务，为丰田将在得克萨斯州圣安东尼奥建立的工厂生产的坦途（Tundra）负责车身底盘的全部工作。为支持此项目，丰田要求 Metalsa 组建大型的工程师团队，专门致力于该项目，并保证他们在日本学习很长一段时间。丰田要求 Metalsa 任命一位全职的工程师，驻守在丰田技术中心（TTC）附近的密歇根州，并任命一位（后来增加为两位）工程师全职驻守在日本，同丰田公司的工程师合作共事。

对丰田来说，将如此大的业务提供给一个新供应商，是非常罕见的状况。但是，丰田向墨西哥政府承诺，他们会在墨西哥购买更多的产品，并建造车辆，以此来交换优惠的关税待遇。做出这个决定后，丰田开始着手寻找公司文化与之兼容的供应商。然后，丰田和供应商则开始了长期的、资源密集型的互相了解过程。这种投资可能会历时数十年。

Metalsa 在未获得任何报酬的情况下进行了大力投资，它选派了许多工程师与丰田共事，打造模范标准，学习同丰田合作……你可能会觉得 Metalsa 会对此情况表示担忧。然而正相反，Metalsa 的高级行政人员将增加丰田业务定位为公司最重要的战略目标之一。他们甚至主动提出要在边界附近建造一间专门为丰田生产零部件的工厂（但丰田拒绝了这一建议）。这是什么原因呢？他们知道丰田会是个备受推崇、值得信赖的客户，如果 Metalsa 成为丰田的供应商，他们在业内的知名度会大幅提升。此外，他们在与丰田合作的过程中，会学到许多东西，大获裨益。

丰田的供应商对丰田的赞美之情溢于言表，它们将丰田描述为一个值得信赖、实力雄厚的客户。同丰田的长期合作不仅提升了它们为丰田供货的能力，而且使它们的全部公司业务从中受益。丰田的一家供应商这样说道：

丰田的员工来到我们公司，同我们并肩合作，帮助我们显著地改进了生产系统。从商业角度说，丰田非常注重实用性。他们来到公司，对生产系统进行评估，并设法降低其成本……我们同丰田的最初合作是为他们在加拿大开设的工厂生产一种零部件，随着业绩的不断改善，我们也得到了回报，现在我们几乎包揽了整个驾驶员座舱的业务。在我们合作的所有汽车公司中，丰田是最好的客户。

多家公司都有一些合作多年的供应商。客户和供应商彼此认识，但是"互相了解"的含义不仅仅是相互熟识这么简单。你和你的供应商真的互相了解彼此的工作吗？你详细了解它们的生产流程，能够帮助其进行改进工作吗？你的供应商或客户互相尊重，你理解其流程并能提出有用的建议吗？伙伴关系中是否存在信任——信任每一方都能够帮助另一方取得成功？

联锁结构

对一个产品实行招标时，你想传达的消息是，这些供应商都能够制造出客户想要的产品。举例来说，我们虽是房屋的所有人，却不会和家里购买的电灯泡的生产商建立亲密的关系。灯泡生产商充其量只能使其产品进入好市多之类的采购与零售机构。但是，如果要为房子装修，我们可能想认识干活儿的木匠。为一个复杂产品（如汽车）采购定制的零部件，从一只电灯泡到车身底盘或者座椅之类的装配部件，是非常复杂的过程。

丰田最初决定在肯塔基州乔治城建造汽车厂时，它们需要找到一个就近采购汽车座椅的地方。汽车座椅所占体积大，结构复杂，且变化多样。因此，为所有可能的汽车座椅建立库存是不现实的。这样不仅从成本上来说不划算，且会导致汽车装配工人走来走去挑选座椅的情况。而丰田要求供应商将汽车座椅按照汽车从装配线下线的顺序送达。要满足这一要求，一个可能的方法是要求座椅的供应商具有足够的存货，但是如果采取了那种方法，丰田的座椅供应商又无法实现降低成本的目标。而且，堆积如山的存货也会有质量隐患。因此，丰田要求其供应商按照装配线上丰田订单的实际顺序来制造座椅。

丰田想从一家美国公司手里采购这个昂贵的汽车组件。与多家公司进行了广泛的讨论后，丰田选择了江森自控公司。后来，江森自控的工厂成了人们广泛研究丰田模式即时生产体系的模范工厂。但千万不要忘了，这并不是不费吹灰之力就能实现的，需要付出艰辛的努力。

丰田刚开始同江森自控公司位于乔治城的工厂商量合作时，江森自控不仅承诺要和丰田合作，而且准备将厂房扩大，以满足丰田的需求。出乎意料的是，丰田却说只有江森自控不扩建厂房，才能将这笔业务交付给该公司。丰田要求江森自控减少库存，利用目前的厂房来容纳增加的业务量。鉴于江森自控当时实行大规模生产的模式，这几乎是不可能完成的任务。但是，在丰田的帮助下，江森自控实现了这一目标，并开始对丰田公司的理念有所了解。不过丰田公司认为江森自控按照装配线顺序以即时生产的方式交付座椅还不足以令人满意，江森自控需要建立一个与丰田文化兼容的体系——有能力按照即时生产的方式制造并交付，建立持续改善的体系，逐渐杜绝浪费。只有达到这些要求，丰田公司和江森自控的工厂才能真正实现共同繁荣。

当丰田为乔治城工厂带来第二家座椅供应商时，丰田的理念变得更加明朗。尽管丰田努力培养江森自控，但丰田的政策是绝不只依赖一家供应商。一直以来，丰田要求每个汽车组件至少要有2家可能的供应商。供应商的数目并不需要有10家那么多，但丰田的确希望供应商之间进行激烈竞争，从而促进持续改善。每家供应商获得一个产品的业务，并在该车型的生命周期内一直保有该业务，直到推出新款。届时丰田会重新进行招标。现任供应商可能具有明显优势，除非发生其他情况，并成为丰田更换产品供应商的理由。历经时日，表现不佳的供应商失去丰田的部分业务份额，而业绩优秀的供应商获得更多丰田的业务份额，这种情况是可能发生的。

丰田对江森自控进行了大力投资，指导该公司应用丰田生产方式。因此，如果一家公司不具备相似的能力，能够制造并交付质量上乘的产品，采用即时生产的模式，并按照丰田装配线要求的顺序提供座椅等重要组件，丰田是不会考虑增加供应商的。于是，丰田让江森自控和Araco组建合资企业，Araco是丰田公司在日本的主要座椅供应商，丰田持有其70%的股权。1994年，江森自控和Araco组建的合资企业Trim Masters, Inc.（TMI）宣告成立。江森控股是最大的单一股东，持有40%的股权，而丰田和Araco一起拥有控股权。

上面讲述了丰田同供应商伙伴间的联锁结构，这样的例子不胜枚举。它们之间的关系更像婚姻，而不是随便的约会而已。技术体系、社会体系和文化体系等，都紧密地交织在一起。它超越了制造领域，设计产品开发体系。供应商仅仅业绩优秀还不够，而应作为丰田历经锤炼的精益体系的一个无缝的外延。在TMI的例子中，丰田对公司持有所有权和控股权，这进一步强化了联锁结构。而对于江森控股来说，获得业务的一个条件是它们必须投资一个丰田业务部门，并在该部门和江森自控的其他部门之间设立坚固的防火墙。该结构强化了同丰田公司相互依赖的工作流程。

投资相互依赖的工作流程，不仅仅指客户对供应商提出一系列要求，还意味着它们采取的工作方式应相互适应、彼此契合。如果客户要求以即时生产模式进行材料的交付，则供应商应具备即时生产的能力，而不是从库存中装运材料进行交付。如果客户能迅速变更不同的产品组合，则供应商也必须具备这种能力。如果客户挑选产品的时间紧迫，则供应商必须有相应的结构，保证产品运达码头，并在紧迫的时间段内提前做好产品检查。换言之，设计、制作、检验和交付产品的流程应该是无缝的，仿佛每一方是另一方的外延一样。

控制体系

伙伴关系给人的印象是平等的关系。"信任"一词表明，丰田允许供应商自行其是，但一切都要以事实为依据。对于丰田而言，供应商扮演的角色至关重要，因此丰田不会采取不干涉的放任方法——丰田绝不会对零部件的可靠度和产品质量坐视不管。信任与有效的控制体系是一个硬币的正反两面。丰田具有一套复杂的体系，负责评估、目标设定和业绩监控等工作。

丰田为供应商提供的各种零部件设有一个中央控制中心，其作用有些像一家管理得法的机场中的控制塔。丰田了解各零部件供应商的即时生产状况。生产控制系统对任何一家供应商的任何重要交付业绩指标都了如指掌。你若想让采购部为你提供一段时期内质量、成本、交付方面的业绩图表，也能够满足你的要求。

如果出现运输失误、质量问题、标签错误或者任何设备故障，都会立刻显露出来。然后，丰田会立刻拿起电话，要求供应商过来查看，解释发生问题的原因并提出计划的对策。丰田要求供应商必须在指示器发出预警信号，供应商工作对生产产生严重威胁前，对质量、成本或交付等方面的任何问题立即做出反应。

但是，不能仅仅让初级工程师处理这些问题，丰田要求供应商的最高行政级别的人员亲自参与问题的解决。丰田认为，利用解决这些问题的机会，可以对供应商进行教育。

例如，丰田公司的一位产品开发部副总裁援引了一个供应商的例子。这家供应商提供的产品出现了一个与设计相关的质量问题。丰田要求供应商的副总经理到丰田技术中心来商量对策。副总经理出席讨论会时，很明显对出现的问题、发生问题的原因及解决对策并没有详细的了解。他只是眨眨眼睛、点点头，向丰田的行政人员保证说会立即去处理问题。这位副总经理没有去亲自查看实际发生的问题，准备得如此不充分就来参会，这让丰田的副总裁深感震惊。副总裁要求他回去查明真正的问题所在，然后再来开会。

丰田副总裁的做法就是在教育这家供应商。他对这个具体事件并不感兴趣，他完全可以让一个较低级别的工程师同供应商的工程师商谈此事。他借此机会进行实物教学，指明了作为丰田供应商的行政人员应当扮演的恰当角色。他们必须对此负责，以身示范。

丰田对其供应商的控制也扩展到积极降低成本的行动。丰田不仅为其供应商设定目标，而且认真监督供应商降低成本的进展情况，以保证目标的实现。举例来说，丰田的供应商 TMI 公司会参加每个新车型的竞标（大约四五年一次），丰田对它的期待是在新车型推出后每年将价格降低 3%～4%。2000 年左右，丰田实行的降低成本计划力度空前，令人望而生畏，其目标是让美国的供应商达到与国外的全球供应商价格相近的水平。丰田的供应商认为，它们应当遵循丰田生产方式或者类似的公司理念，在降低成本方面应当比国外的普通供应商做得更加出色，从而弥补工资水平和原料成本的差距。这项计划的名称是 21 世纪成本竞争力建设计划（CCC21），工作重点是成为 21 世纪全世界降低成本的先锋。该计划并不是为现存产品设立的目标，而是针对为丰田推出的下一个新车型制作的新产品。而对 TMI 而言，该计划意味着要在下一个新车型推出之前（大约 3 年时间内）将产品价格降低大约 30%。

按照大多数标准来评价，TMI 的精益程度已经相当之高，它如何又能在如此短的时间内，以如此大的力度降低价格呢？首先，必须接受这个事实：这就是目标，必须付出十分的努力，力求实现这一目标。然后，它们需要制订一个计划。采用的方法是"方针管理"（hoshin kanri），也叫"政策部署"，是指高级管理层设立高层目标，下一个级别提出支持这些高层目标的目标，并绘图说明他们制定的目标与高层目标之间的关系。照这样逐级进行下去，直到最后一个级别，即普通员工。不同部门的计划图和工作进展图在公司的"作战室"中清楚地展示出来。

丰田公司提出的苛刻的降价要求成为这一计划的工作重点，每个人都清楚自己的职责，努力为降价的目标提供支持。12位不同部门的经理组成了一个团队，团队成员每周在"作战室"会面，评估工作进展情况，并了解为实现某计划而实施的具体措施和对策。由于在实施工厂的生产运作时已经进行了大幅度降低成本的工作，因此最大的机会在于同丰田的产品开发部合作，致力于新产品的工程设计。TMI公司采用精湛的生产技术，付出不断努力，稳定地、有条不紊地实现了目标。它们了解，如果丰田公司看到了它们为实现目标而付出的艰辛努力，即使它们无法完全实现降低成本的目标，丰田也不会对它们施以惩罚。由于丰田公司密切监督其工作进程，它们知道，丰田会了解它们投入了多少心血。

目标定价是一种严格的控制形式。众所周知，日本公司在为产品确定成本时，采用的是倒推的方法。而美国公司则是先计算成本，再加上边际利润，然后确定销售价格。日本企业的做法是，首先了解产品的市场价格，其次算出为实现期望利润可以承受的成本额。因此它们为供应商确立目标价格，即车辆预算额范围内能够向供应商支付的单位价格。美国汽车公司完全学会了这种做法，为供应商设定目标价格，但在定价时缺乏丰田公司和本田公司的丰富经验，没有为供应商留出获利空间。此外，它们没有协助供应商降低成本，以满足目标定价的需求。一位提供刹车系统的供应商说：

> 美国汽车三巨头（福特、通用、克莱斯勒）实行的目标定价等同于"榨干供应商的每一滴血"。我曾经询问过它们是如何制定目标价格的。得到的答复如下——沉默。没有任何依据。完全是看掌管财务的家伙如何进行资金分配。它们并不了解我们降低成本的方式，它们只是想要得到结果。

丰田公司拥有一个合理的体系，为供应商设立目标价格，并同供应商合作，力求实现目标。此外，当供应商尽全力后仍无法实现目标价格时，丰田也十分通情达理，公道地对待它们。因此，供应商普遍认为丰田是一个非常公正的好客户。丰田的目的并不是完全控制供应商，也不是要将它们逼得无路可走，而是要同供应商合作，实现互惠互利。

通过本章最后德尔菲（Delphi）的案例我们将会了解到，目标定价体系建立的基础是成本管理模型。丰田不仅要管理价格，还要实施对成本的管理。他们希望目标价格能够反映出真实的成本。如果丰田将价格降低10%，则希望供应商的现实情况也能将成本降低10%。为实现这一目标，丰田制定了现实的成本模型，反映出原材料、空间、库存、零部件加工和日常管理经费的各项成本。例如，他们知道冲压加工的成本与压制过程中钢模的击打次数成比例，于是，他们确定了二者之间的关系，并将之纳入模型。模型的各个参数来自供应商、丰田各工厂和公共信息资料。借助这些模型，丰田能够估算出某个具体零件所需的成本，产品工程师也可以重新设计产品，评估其对成本产生的影响。此外，供应商的产品开发工程师也可以借助这些模型，提出建议并估算这些建议能够降低多少成本。

丰田公司最重要的控制工具也许是旧时的自由市场竞争机制。不过，丰田如何才能既拥有长期与之合作的供应商，又能够同时引入竞争机制呢？这个问题的答案是"平行采购"。也就是说，不只从一家供应商采购，而是拥有多家供应商。丰田采购每一个部件都要寻找三四家顶尖的供应商，并同这些供应商保持业务联系。对于某个特定的车型来说，其中一家供应商会获得该车型生命周期中的全部业务。但这并不保证在该车型推出下一个版本时该供应商仍能获得丰田的业务。如果供应商业绩表现不佳，或者竞争者做得更好，则可能丧失业务机会。

你的供应商是如何评价你的控制体系的？它是否让供应商做得更好，从而实现远大的目标？你是否对供应商的成本有足够、详细的了解，能够为其设立实际可行的目标，并了解实现这些目标的真实难度？

兼容能力

近年来，越来越多的公司开始从中国、印度等低收入国家进行产品采购。我们认识一些汽车公司和供应商，其设立了在中国采购数十亿美元产品的目标，仿佛这个目标本身就是一项了不起的成就似的。不过，至少短期来看，丰田不会选择这样做。丰田因其杰出的工程水平与制造工艺而享有盛名，将供应商视为其技术能力的外延。供应商仅仅具备按照工程设计书制造零件的能力还不够。它们必须能够在产品设计和生产流程上创新，并在产品开发的全程同丰田密切合作。供应商在产品开发的过程中扮演着不同角色，从按照一般规格（黑盒子）生产到设计零部件，再到根据设计图要求制造零件等，但无论扮演哪种角色，供应商都必须能够同丰田的工程师实现无缝合作。

对于日本的丰田公司而言，电装公司和爱信精机（Aisin Seiki）之类的丰田的亲密合作伙伴完全可以独立进行汽车组件的设计工作，它们通常能够在收到丰田制定的具体规格之前就预测出丰田的需求。但是在美国，人们却觉得这种方法相当罕见，主要原因是美国的供应商对其客户的了解并未达到电装公司和爱信精机对丰田的了解程度，另外它们也缺乏具体的技术能力。美国的供应商常常觉得同丰田的工程师共事很新奇，与同美国汽车三巨头合作的方式大不相同。位于密歇根安娜堡的丰田技术中心的一位行政人员说道：

> 日本的一些员工在丰田母公司中成长多年后，又到丰田的各家供应商那里去工作，因此，他们已经对丰田的文化非常了解。在日本，丰田和供应商互相了解各自的能力。德尔菲和其他的大公司会对日本丰田的高级管理层说："我们乐意同美国丰田技术中心合作。"而美国供应商的销售人员则会来到日本，对丰田的高级管理层说些他们想听到的话。但是，通常美国供应商交付的产品并不能兑现销售人员当初的承诺。与丰田对日本供应商的期待对比而言，美国供应商的能力还是有些欠缺。

但这并不是说美国供应商的技术水平薄弱，或者总体能力不足，而是它们不了解在产品开发与生产准备方面的丰田模式。例如，丰田的供应商说丰田常常在表达具体规格时比较模糊，特别是在一个新车型开发之初更是如此。它们也许不会讲清楚铰链在开合时的具体摩擦力、阻力、松紧度，而是说："这与'感觉'有关，很难量化。"——随着工作的进展，再对其进行调整。日本丰田公司也习惯为供应商提供不明确的规格说明，实际上，这种做法在"客座工程师"体系中极为常见。丰田的一级供应商通常会让一群设计工程师到丰田的工程办公室进行全职工作约3年的时间。他们同母公司的工程师合作共事，详细地学习丰田的产品开发流程。久而久之，他们会对整个流程及工作语言有深入的了解。他们了解丰田的所有新车项目开始的时间，以及这些项目的基本目标，甚至能够在丰田提出要求前就交出设计构想。

目前，丰田加快了其同步工程行动的步伐，在车型的概念阶段、车身尚未设计出来前，就向供应商了解其制造能力。美国的供应商由于与丰田合作的历史较短，缺乏对丰田文化的深入了解，因此在实行公布工程行动的早期阶段，它们无法按照丰田不明确的规格水平进行生产。丰田的采购部门组建了一个新的团队，来帮助美国供应商参与到同步工程计划中来。丰田公司北美地区采购部的一位行政人员说：

日本同步工程的程度非常高，丰田的工程师必须在项目初期提供模糊的规格说明。有经验的供应商即使靠这种不确定的规格说明也知道如何满足丰田的设计与制作需求，但经验不足的供应商则不了解同步工程的时间安排以及应该采取的方法。我们（丰田北美地区总部）的作用是同供应商共同探讨丰田的技术信息，尽力帮助供应商完全实现丰田早期提出的模糊的需求。如果能了解这些技术信息，供应商是具备所需的技术能力的，因此我们就要帮助它们获得信息，并为它们解释这些信息。

当然，并不是所有的供应商都具备这一能力。它们的美国客户与丰田要求的信息不同，因此不会一直保留详细的制造数据，但丰田需要用这些数据进行规格设计，于是造成了丰田公司和供应商双方都很沮丧的局面。在丰田技术中心工作的一位年轻的美国车身工程师解释道：

与新供应商合作非常困难，特别是获取公差数据时更是难上加难。为使它们制造的零部件与我们的车身设计契合，我们需要将公差控制在两个契合点之间。供应商会来找我们，说无法达到我们要求的公差水平。但我们知道其他供应商可以实现更小的公差。于是我们让它们说明原因，可它们根本就没有数据。最近还有一次，供应商很明显是在捏造数据。它们提供了好几百个零部件的数据，然后算出平均数，所有零部件的公差恰好是 0.5——我们知道那是绝对不可能的，肯定是它们捏造的数据。"亲自前去查看"是最重要的——这是我们的行事原则。在这一过程中，我们教会它们数据要求是什么，以及我们收集与分析数据的方法。

丰田公司继续进行大力投资，力求教会美国公司丰田的模式，美国供应商的能力也在逐步增强。丰田对密歇根的技术中心投入了大笔资金，该技术中心的规模不断扩大，丰田的多家供应商也大力投资于密歇根的研发中心。2005年丰田出产的"亚洲龙"（Avalon）是第一款主要在美国进行工程设计的车型。日本的丰田公司的工程师也参与了大量工作，但车型的开发完全是在密歇根。15年来，培养北美地区的工程能力一直是丰田的工作重点，而且在下一个15年间仍然会保持如此。

现在我们要讨论的问题是：丰田能否整理一下工厂，将供应零部件的任务转移到一个低收入国家，放弃这些投资呢？这将不仅仅是闲置成本的问题。关键在于，丰田的产品开发流程精益程度如此之高，速度如此之快，所以要求供应商与其步伐一致，每天为丰田提供生产所需的关键物品。如果供应商失去了这种能力，则等于失去了丰田的一个核心竞争优势。

现在该轮到你了：你的公司是否积极致力于缩短产品开发的提前期？你是否实施了同步工程行动，使设计处在行业前列？你是否有兴趣采购最高质量的零件，同时供应商能和你的公司实现无缝合作？如果你对这些问题的答复是肯定的，则值得对供应商的技术能力进行认真的考虑。成败的关键在于你公司的"工程设计文化"与供应商的文化是否契合。零部件不仅仅是零部件，工程设计也不仅仅是工程设计。

信息共享

在丰田美国公司学习同供应商合作的早期阶段，采用的方法似乎是共享的信息越多越好："如果我们为供应商提供大量信息，它们对我们会有充分的了解，因此会成为与我们平等的伙伴。"丰田也强烈赞成信息共享，但要求共享的信息更具有针对性。丰田的结构高度清晰：会议规定了具体的时间和地点，议程清楚明了，信息与数据共享形式清晰。

在密歇根的丰田技术中心设有一间"深入设计室"（design-in），互相竞争的供应商同处一室，为丰田的同一项工程工作。深入设计要求供应商进行最大程度的参与。目的是让供应商设计自己的组件，安装到丰田汽车中。供应商也可以在单独的房间中工作，以保证自己的设计不被他人窃取。然而，天窗、后视镜、车锁等可分离的车身功能性零部件则基本上是由供应商在各自的公司中设计完成的。我们将这类零件称为设计与开发流程需求（request for design and development process，RDDP）零部件。车顶内衬和中央落地控制台也可以被视为 RDDP。举例来说，由于丰田的管理层认为供应商已经对车锁的机制有了非常专业的了解，他们只为供应商提供最基本的规格数据，就让供应商进行设计。这些 RDDP 零部件可以独立出来，随时安装。不过丰田的工程师仍然密切参与人机界面的工作，且必须执行车身钣金区和装潢的工作，以便确定这些零部件的大小。对深入设计的零部件，供应商必须在丰田技术中心进行设计工作。而 RDDP 零部件则自由度比较高，供应商无须待在丰田技术中心。深入设计的零件必须在丰田的计算机辅助设计系统上进行设计，同时需要同丰田的工程师进行经常的交流，而 RDDP 则可以在供应商自己的系统上完成，不需要过多的交流。

显然，当供应商参与到"深入设计"的流程中，且工程师在现场工作时，他们和丰田的工程师会进行频繁的交流。但是这种交流的性质与"泛滥模型"（inundation model）迥然不同。大多数交流是丰田负责某个组件系统的专业工程师同供应商负责此系统的工程师进行的交流，而且交流的重点是技术性问题。与大多数公司的情况不同，他们之间非创造价值的交流非常少。丰田要求供应商工程师学习丰田的计算机辅助设计系统。丰田的工程师不需要将核心的工程设计工作委托给专业的计算机辅助设计专业人员去做，自己就可以执行计算机辅助设计的工作。丰田公司希望供应商的工程师也具备这一素质。因此，供应商的工程师大多数时间都在进行工程设计工作——这种情况在许多公司中实属罕见。

为完善汽车的开发与制造流程，必须进行大量的信息共享。但是，要实现丰田公司要求的降低成本的目标，不能单单靠改进制造工艺。例如，丰田估计其 70% 的采购人员都用在产品开发和推出阶段。尤其在产品开发的初期，每个公司将最为敏感的私有信息拿出来公开讨论，实现信息共享。只有在互相信任的氛围中，才能公开分享信息。

你的公司是否和重要的供应商建立了这种相互信任的关系，能够实现技信息的公开共享呢？你的公司与供应商之间的交流中创造价值的技术交流占有多大的比重（这个问题的意思是要将注意力放在能够立即转换成工程设计与决策的技术交流上）？你的公司是否明确指定了同每个供应商进行合作的技术联系人员？你的技术联系人员是否对产品有深入了解，并有权进行决策？你的工程师和供应商是否使用同一种语言，保证能够实现有效、及时而准确的交流？

共同改善活动

我们了解的许多美国供应商在获得第一笔丰田的业务时都会很高兴，即使这仅仅是一个小额的启动合约，没有多少利润可图。其中的原因不仅在于丰田为它们提供了新的销售渠道，还因为它们了解作为丰田公司的零部件供应商，将获得许多学习和改进的机会，而且这将提升它们在业内的知名度。丰田不仅向供应商采购零部件，还注重培养供应商的能力。与丰田签订业务合约就好像是接到了一所一流大学的录取通知书——丰田在汽车行业中堪称出类拔萃。丰田指导其供应商学习精益方法的目标不只是为教会它们如何使用具体的工具或方法，而是要教会它们一种处理问题和改进流程的思维方式。

丰田使用的方法是在实践和体验中学习。丰田公司有一些培训课程（如丰田生产方式的培训），但这些培训课程多是简短的概况介绍。讲解丰田生产方式的更好方法是在供应商的工厂中执行项目。例如，在20世纪90年代，丰田建立了"丰田供应商支持中心"（TSSC），这是一家独立的、丰田独家所有的股份公司，负责指导供应商实施丰田生产方式。采用的方法是同供应商合作，在一条生产线上建立丰田生产方式。丰田同一群供应商的工程师和管理人员共同创建这种模型，让他们通过实践和体验直接学习丰田生产方式。实行这种模型后，则由供应商负责维持其运营情况，丰田偶尔为其提供指导。有意思的是，丰田把TSSC从采购关系中分离出来，甚至将它变成丰田旗下的一家子公司。TSSC的目标是通过实践与示范进行教学，丰田并不希望供应商对其小心提防，担心随时可能被要求进一步降低价格。整个教学流程历时6~9个月，在这期间丰田会重点针对一条生产线系列，对供应商进行集中的指导。一般经过这一教学流程后，供应商会取得生产力翻番、质量提高、库存与提前期显著减少等成果。

最近，TSSC将重点从免费咨询服务转移到收费咨询服务，仅限非汽车行业。

此外，TSSC将从前的部分业务转移至一个内部的操作管理发展部（Operations Management Development Division），该部门主要负责对美国丰田的员工按照丰田生产方式进行内部培训。有趣的是，操作管理发展部采用的一个培训方式是将丰田员工送到供应商的公司去执行一个项目。这么做的理由是，如果学员在丰田执行项目，受到监管员的批评时，他们在同事面前会感觉很尴尬，因此，学员在供应商的工厂中接受培训则避免了这一状况，因为周围没有他们的同事在场。显而易见，培训也能够使供应商从中受益。

丰田采购部目前负责供应商的培养工作，但仍将丰田生产方式指导从业务关系中分离出来。节省成本的任务并未采取"五五分成"的方法。丰田采购部的一位行政人员解释说：

> 总之，所有供应商都需要迎接降低成本的挑战。我们将降低成本的挑战与某种改善或支持活动分离出来。我们可能会派一位丰田生产方式的专家每月到供应商的工厂中工作两天，实现其长期发展，但我们并不要求供应商将具体改善活动节省下来的成本同丰田共享。我们为供应商制定每年降低成本的目标，因此改善活动节省的成本也是实现此目标的一部分。我们的工程师并不理解他们协助供应商进行的改善活动与丰田采购的商业行为之间的关系，他们觉得投入的时间没有产生任何经济效益。

全球最大的汽车零部件供应商德尔菲与丰田公司的关系即战略性供应商关系的一个范例。德尔菲强大的公司规模和技术水平有能力在全球范围内为丰田公司提供支持，因此丰田决定投资培训德尔菲的员工。德尔菲模仿本田公司和丰田公司，为二级和三级供应商建立了自己的供应商培训计划，并要求丰田公司选派一位丰田生产方式的专家，在德尔菲全职工作3年。丰田没有同意3年的提议，但同意任命一位最高级专家到德尔菲全职工作两年。德尔菲希望这名专家能驻在公司总部，但丰田坚持将他分配到某个具体部门，以便在作业现场深入参与供应商的培养活动。丰田的负责人解释说：

> 我们派公司的丰田生产方式专家到德尔菲，协助其供应商支持工程师了解丰田的思维模式和方法，但是我们需要他两年后返回丰田。他们申请将两年的任

命期延长，但我们建议他们可以派一位高级工程师或者一名团队成员到丰田的操作管理发展部，按照丰田培训工程师的方式接受培训——项目公司就在此执行项目，因此通过观察就能够取得进步。这是一种非常传统的师生教学法。

作为供应商培养活动的补充，有价值的工程活动通常在产品开发的早期阶段进行。在产品正式生产之前，有许多机会可以降低成本，如使用通用的零部件、通过减少零部件数目等方式实现产品的精简，强化产品设计，力求减少装配线的劳动力需求等。产品生产后，价值分析的过程类似于重新进行产品设计，以实现进一步降低成本的目的。长期以来，丰田通过重新设计产品，得以将车辆的成本降低了几十亿美元。这一成果是通过产品开发职能实现的，而且丰田会同供应商分享节省成本的成果。

显然，丰田培养供应商的方法是独树一帜的。首先，丰田公司自身也是一个精益的典范，堪称精益模式的领军企业，因此它们有东西可教。但也许更为重要的是，丰田在一种合作与学习的氛围中进行教学，立足全局，使供应商取得进步。丰田的目标不只是独立的项目以及从该项目中得到的收益，因为无论如何丰田都能实现其每年的降价目标。丰田的教学目的是让供应商既能够以低价向丰田供应产品，同时自身也能从中获利。

你的公司能否为供应商提供指导？公司自身是否具备协助供应商改善的能力？你是否乐意进行投资，让供应商取得更大进步，从而为你的公司提供成本更低、质量更好、交付更及时的产品？

持续改善与学习

供应商伙伴关系等级体系的前六个基础等级所取得的成果为第七个等级——持续改善与学习——奠定了基础。人们通常觉得学习是一种个人行为，而倘若这些个人离开了公司或者调任其他工作职务，公司便失去了他们的所学。公司要保留个人所学已经颇具挑战，而要将学习变成企业行为则似乎更是不可能实现的任务。然而，丰田却发展了这一核心能力。

具备了坚实的基础，企业学习的关键则在于开发标准化流程，并对其进行改进与完善。如果没有设立标准，学习则无法进行。但标准化不仅指单纯的程序文件，还包括正确的工作方法这种隐性知识的共享。

丰田一方面将供应商视为公司能力的外延，另一方面又将它们视为一个独立的单位。乍一看这种说法似乎自相矛盾，但事实并非如此。一方面，丰田不会将自己的方式或者生产方式强加给供应商，倘若供应商可以有效地应用不同的生产方式实现丰田要求的成本、质量与交付目标，也是可以的；另一方面，供应商在产品开发和制作以及许多特别的实践活动方面，与丰田持有相同的理念。在产品开发方面，必须在时间安排、测试方法、说明产品性能的方法，甚至技术用语上都实现完全的同步。这样做的结果是，丰田和其供应商逐渐形成共同的理念、语言和方法。

美国的供应商迅速意识到，要实现丰田苛刻的业绩要求，必须学习精益的制造方法。通过参加各种各样的供应商培训活动，它们从丰田这位客户身上学习了很多东西，因此形成了一个标准。表面看来丰田的许多行为是短期的降低成本的举措，其实这也是对学习的投资。丰田认为，21世纪成本竞争力建设计划（CCC21）不只是一个降低价格的计划，同时也希望借此为供应商营造一个颇具挑战的成长环境：

> 如果我们找到供应商，要求它们将产品价格降低5%，它们会同意降价，牺牲部分利润。但是，如果要降价30%，它们则无法维持生存。供应商只能尽力对每个环节进行彻底的改革，力求实现这一宏伟目标。我们将同供应商合作，共同实现降价30%的目标。我们不会看着它们孤立无援而置之不理。在某些情况下，你当然无法实现降价30%的目标。如果是一个简单的零件，需要的劳动力很少，则无法实现降价30%的目标。因此我们的评价标准是：你是否付出了辛苦的努力？你是否核查了从原材料到货物运输的每个步骤？你是否处处精打细算？如果这些问题的答案是肯定的，那么即使我们只将价格降低了20%，我们双方仍然都是赢家。采购部了解从原材料到产品出厂每一步的成本。

培养每一家独立供应商来满足丰田在北美地区的需求，这只是创设延伸的精益企业的第一步。完成这一步后，接下来就要将这些独立的供应商连成一个真正的供应商网络。这是十分艰难的工作，我们称之为"精益学习企业网"。

早在很久以前，日本的丰田公司开发了"自主研修组"(jishuken)[⊖]，或者叫研究组，作为同供应商共同学习的一种方式。而今，丰田组织顶尖的供应商加入研究团队。按照丰田的风格，这些都是"在实践中学习"的过程。丰田认为应最小限度地使用课堂培训的方法。重要的学习发生在工厂现场的实际项目中，供应商必须取得学习的所有权。

丰田公司也同美国供应商组织了相似的自主研修组活动（称为"工厂开发活动"），尝试了各种形式。它们发现必须将供应商按照实践丰田生产方式的技术水平进行分组，因为各个供应商的水平差异很大。这些工厂开发活动为供应商提供了在不同的供应商环境下亲自实践丰田生产方式的机会。此外，丰田的各供应商也在活动中开始建立彼此的联系，就好像是一个俱乐部的成员一样。

这些活动是由丰田公司的供应商联盟"六月禾州汽车业制造商协会"（Bluegrass Automotive Manufacturing Association，BAMA）组织举办的。丰田公司在肯塔基州的第一家装配厂开业时，BAMA 即在此宣告成立，目前其成员已经涵盖整个北美地区。BAMA 的成员是丰田的核心供应商，它们每年定期参加会议，分享实践经验、最新信息和重要事务等。协会中还设有专门处理具体事务（如合资工程）的委员会。丰田会在这些会议上向供应商提供一些重要信息，因此参加这些会议非常重要。当然，更为重要的是同各供应商建立起关系网络。

总而言之，一家精益的扩展企业要想在竞争中立于不败之地，其最终装配工必须具备杰出的领导能力，最终装配工及供应商之间必须结成伙伴关系，企业必须建立持续改善的文化，且合作伙伴之间必须能够进行共同学习。要实现这些目标，最起码的要求是企业必须具备一群稳定的供应商，它们已经了解生产操作的共同理念，且能够形成更广阔的供应商网络。

建立精益的扩展企业

向丰田公司学习高效供应体系的一些公司往往想越过发展供应商伙伴关系这一艰难的阶段，希望通过供应链软件和大幅降低价格的方法来寻找捷径。丰田

⊖ 日文翻译：ji（自己）、shu（自主）、ken（研修）。换言之，供应商必须在丰田的指导下，把握机会，自主学习。

公司在北美地区的经营策略为建立成功的精益学习型企业提供了范例，其整个流程可以总结为以下几步。

成为精益客户的模范

你自身尚未掌握的内容，如何去教会供应商？

为在北美地区发展丰田的管理模式，教会美国的管理人员丰田模式的理念，丰田公司投入了巨大心血。我们经常听到美国汽车装配厂的供应商抱怨说，那些汽车厂常常要求它们完成汽车厂自身不做或者做不到的任务。如用特定的方式记载生产流程、客户方流程效率低下，导致供应商成本升高，等等。例如，一家供应商抱怨说：

> 我们将供应商的产品开发成本包含在单价之中。但（美国汽车公司）常常在计划正式发布后三番两次重新设计汽车的主题，致使我们在工程设计阶段的成本达到300万美元。而我们最初在计算单价时的预算仅为100万美元。美国汽车公司似乎根本就不了解有预算这一说，常常令我们大幅超出预算金额，似乎觉得一切都是免费的。

我们很难去改变基本的运营习惯，进行改善。因此，如果能够仅仅通过对供应商提出苛刻要求，即可避免企业内部实行变革，这对企业来说是相当具有诱惑力的做法。但是，要求供应商完成客户方无法实现的任务，这无疑会令供应商觉得客户方很虚伪。客户方应该首先自己做到，再对供应商提要求。

认清你的核心能力

外包需要的不仅是简单地制定购买决策。

外包可以降低成本，增强企业的灵活度，但企业必须认真考虑应该保留哪些能力。丰田公司将工作重心放在发展核心能力上，将大量的车辆开发与制造工作外包。但是，丰田对于公司核心能力的定义要比许多其他的汽车公司宽泛得多。丰田从事汽车销售、设计及制造业务。关键问题在于：丰田将汽车业务的80%外包给供应商，由其控制丰田及所有竞争公司的零件技术，丰田公司如何才能脱颖而出，凭借卓越表现，在竞争中立于不败之地呢？如果某项技术是汽车的核心技术，丰田公司则希望成为这项技术的专家，将之做到全世界最高水平。丰田希望同供应商共同学习，但绝不会将任何关键领域的所有核心知识与责任交予供应商。

例如，近年来丰田最大规模的开发项目是普锐斯混合动力汽车。其计算机系统的一个核心部件叫作绝缘栅双极型晶体管，这是一个将电池电压升高，并将之转换为驱动汽车电子发动机的交流电的切换装置。丰田的工程师并不擅长设计或制造半导体元件，但丰田没有将这个重要元件外包，而是着手进行研发，并建立了一家崭新的工厂来制造此元件——一切工作都在普锐斯开发项目紧迫的提前期内完成。丰田将混合动力汽车视为未来发展的下一步。一旦丰田内部具备了这项专门技术，则可以有选择性地将元件制造工作外包出去。

简言之，倘若一家公司不具备控制技术的内部能力，就会受供应商控制。由于供应商是自由的机构，可以向任何人提供该技术，因此母公司无法将该技术用于自身的竞争优势。此外，除非你具备研发制作某个零件的能力，否则很难了解该零件的成本结构。

发展你的核心供应商

保证供应商的体系和理念与你公司的体系和理念兼容，且其生产操作的杰出表现可与你公司匹敌。

供应链的强度取决于其最弱环节的强度。如果供应商的实力无法达到你公司内部的生产运作能力，则必须培养它们，使之达到这一水平。显然，你无法同时培养几百家供应商，从主要组件到基础零件面面俱到——进行指导。丰田公司制定了一个阶梯式的供应商结构。最高层供应主要组件或者甚至是送至发动机和装配厂的组件。丰田公司将同这些供应商进行最密切的合作，并期望这些供应商能够管理下一级供应商。此外，如果低层的供应商为公司提供重要原材料、零部件或者通用零件，丰田对这些供应商也实行直接管理。举例来说，丰田对钢的规格要求非常精确，因此指示其供应商同与丰田联系密切的指定钢供应商合作，以求发展。

如果你刚刚开启精益之旅，仍处在公司内部精益的进程中，则必须从小做起，做出明智选择。你公司内部的精益专家应首先修复公司中运作效果不佳的体系。刚开始你可以选择几个项目,同几家最重要的供应商进行合作。如果供应商的精益程度和你的公司不相上下,你还可以从它们身上学到一些东西,也算不上是什么稀奇事。

利用控制体系实现持续改善

精简公司的官僚体制与程序,将之控制在管理供应商关系所需的最低水平。

我们看到,丰田将工作重点放在对供应基础的控制上,其关注程度要超出一般人的想象。它们在合资企业中推行所有权制度,将专门从事其业务的部门分割开来,认真做出评估,并设立严格的质量要求,使供应商各方面步入正轨。某个供应商临时出现一点儿小问题,则会有一群丰田的工程师前去帮忙,协助解决。

在供应商眼中,美国汽车三巨头的公司程序官僚作风严重,且施行强制的高压政策。丰田也采用了同样严格的质量方法与程序,但供应商却将之视为一家授权性的公司。一家美国汽车内饰供应商这样描述与丰田公司的合作:

> 需要解决问题时,丰田公司并不像美国汽车三巨头那样,来到这里进行15次详细的流程能力研究。它们只是说:"从这里和那里去掉一些材料就行了——我们走吧。"11年来,我从来没有为丰田公司制作过一个原型工具。下护板、车身底板、仪表板等,都同之前的规格极为相似,不需要重新制作原型工具。发生问题时,它们会认真查看问题,提出解决方案——强调改善,而不是指责。

此外,丰田的成本管理体系远比大多数竞争对手更加复杂详尽。丰田使用成本模型(本章末尾德尔菲的案例中将就此讨论)来估算供应商的成本,并在设计产品时设定一个目标成本。这些成本模型非常复杂精密,依据供应商提供的高质量数据制作而成。供应商必须相信,丰田不会滥用这些数据损害供应商的利益。

倾向递增的方法

与新供应商合作时,应从小做起,有选择性地外包。

将大笔业务交付于一家新的、未经测试过的供应商,是非常冒险的行为。

你的公司和供应商将难以学习如何合作共事。如果你已经建立了一个能力水平高的供应商网络，各供应商能够在产品开发和制造流程改善方面实现真正的合作，你一定不愿意让二流的供应商污染这个网络。当引进一家新供应商时，你可以从头开始培训它实行精益模式，开始只交给它小额的订单，让它制作不太重要的零部件，对它进行测试，使之逐渐融入你的供应商网络。

丰田技术中心举过一个车前灯的例子。他们不会将整个车前灯的业务交给一个全新的供应商，而是先让该供应商负责雾灯的制作。一家在北美地区经营的法国供应商维里奥（Valio）公司得到了制作雾灯的业务，接着，该供应商尽力争取制作整个车前灯的业务。丰田当时觉得维里奥尚不能胜任这一工作。但维里奥表现得非常出色，于是丰田考虑在推出下一款新车型时将车前灯的业务交给维里奥。

丰田也曾有过一个外包失败的例子。当时，丰田的采购部选择了一家美国公司负责汽车尾灯的业务，理由是这家公司的竞标价格较低。后来，丰田发现，该公司之所以能以如此低廉的价格竞标，是因为它准备在一家墨西哥的工厂中制造车尾灯，利用那里廉价的劳动力优势。这家墨西哥工厂从未接受过测试，就开始为丰田制作零件。正式投产后，其废品率大大超标。本来丰田的工程师依据工程和制造能力水平推荐了另一家供应商，现在出现的这种情况令他们大发雷霆。虽然丰田不负责支付修理成本，而且该供应商仍想继续保住这笔业务，乐意继续以较低价格提供车尾灯，但丰田还是决定将这笔业务转交给另一家供应商。这样做虽然成本较高，但为保证能向汽车装配厂源源不断地提供质量可靠的车尾灯，花费多些也是值得的。这个例子成了丰田的一个值得借鉴的实例。为追逐低廉价格而将业务外包给国外供应商的做法是极其荒谬的。

建立企业共同学习机制

共同学习，并在标准化程序中理解所学内容。

只有当企业中的伙伴共同学习，并在标准化程序中真正将所学内容理解并掌握时，才能达到精益企业的最高层次。但是，达到这一水平并不能一蹴而就。你可以效仿丰田的供应商协会，但也许会觉得那仅仅是客户和供应商之间多了一次会面，或者多了一次互访而已。实际上，丰田在美国的供应商协会最初阶段就是如此。直到丰田开始展示供应商联盟可以通过改进项目为供应商创造价值后，人们才将供应商协会视为一个真正有助于学习与提高的手段。

在最初阶段，效仿丰田举办的自主研修组活动是比效仿供应商协会更加行之有效的方法。选择3~5家彼此非竞争关系的最佳供应商，让它们结成用户团队，然后在每家公司的工厂中从事项目工作。这样一来，人人都能从中学习，工厂也能取得进步。

供应商管理的传统模式与精益模式对比

在全球经济竞争日益激烈的背景下，公司面临着多重压力：降低成本的压力、空前的质量水平要求、应对利基市场要求做出的灵活反应等。而这一切都要求公司以高速度去实现。随着公司规模扩大，官僚主义色彩加重，觉得难以适应这些压力时，如果能将这些变革需求推给供应商，不失为一个绝妙的主意。这也许意味着使用一些新技术实行在线反向拍卖（reverse online auction），或者去低收入国家采购零部件等。但是，这些短期的解决方案也会产生一系列问题。供应链的基础并未变得更加精益、更加完善，实际上反而变得更加薄弱。使用蛮力只是顾及了眼前利益，不久你的公司就会支付巨额的保修索赔费用，且由于产品质量差而逐渐失去市场占有率。

图12-2显示了这些公司同"卖主"（供应商）之间关系所遵循的传统模式，其理念是追逐低廉的价格。它们认为，卖主就是卖主，如果没有压力则会肆意抬高价格，降低服务质量。因此，采购员的职责是针对这种想法对供应商采取强硬态度，将价格压到最低水平。在线反向拍卖等机制就是对供应商施加价格压力的有力方法。供应商可以直接看到竞争状况，为了"获胜"，供应商会不断降低竞标价格，不仅比其他竞标人出价更低，而且有时甚至低于自身的制造成本。德尔菲将这个模式下的买主称为"狩猎者和采集者"（参见P301的案例分析）。它们没有从专业角度对供应商进行深入了解，好像手拿着一根大棒外出狩猎，并将战利品带回来。

当供应商为赢得竞标被迫报出低价后，它们必须找到赚钱的方法。一个方法是对所需的工程设计变动或者对任何特殊服务收费。或者，供应商可能将产品与流程的投资减至最低额度。采购部门为尽力避免这种状况的发生，则会对供应商评估，使用评估数字来打击供应商。供应商时刻面临威胁，担心公司将产品业务转移给低收入国家报价更低的供应商。基于价格的采购可以带来短期的成本节省，但这样做会产生很多始料未及的负面影响，如零部件缺货、质量问题、高额保修成本、产品创新投入少等，长期来看，这些因素反而会使总成本升高。

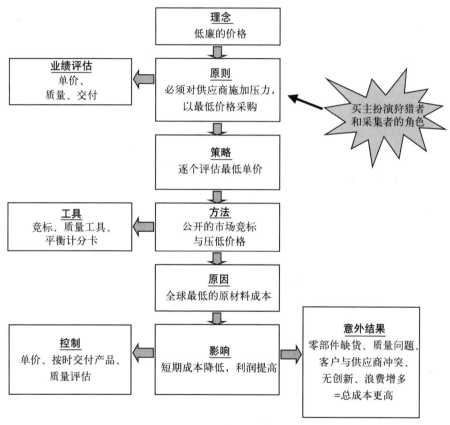

图 12-2　传统的供应商管理模式

丰田并没有力求成为价格低廉的汽车制造商，其目标是生产出市场价格合理、消费者认为物有所值的汽车。为什么这一差别如此重要呢？因为这一理念表明，降低成本的努力不应当仅仅单方向追逐最低成本。丰田制定的是目标成本，而不仅仅是目标价格。目标成本的含义是供应商必须保证在客户支付的零件价格中，供应商的成本为自身留有利润空间。图 12-3 显示了精益的供应链流程。

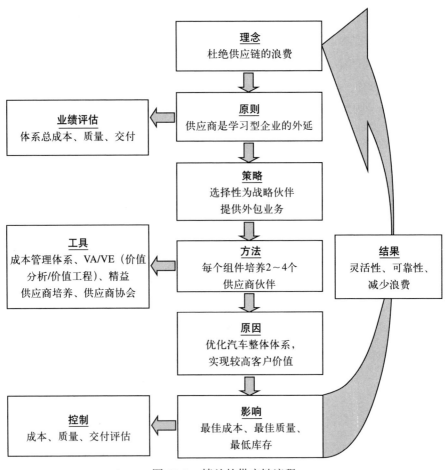

图 12-3 精益的供应链流程

丰田是否在积极寻找中国和其他低收入国家的低成本供应商，来替代美国的供应商伙伴呢？也许偶尔会在这些地区采购某个商业部件，但这并不是丰田策略的核心内容。一位丰田北美地区的采购人员解释说：

二级和三级供应商通过将从海外采购节省下来的成本转嫁到我们这里，我们也从中受益。但是我们很少考虑直接采取这种做法，因为供应链太过复杂，风险很高。遥远的距离与政治环境的不同造成了供应链的高度复杂性。我们最初采用的方法是尽量了解竞争程度。我们拥有全球汽车项目，因此可以同欧洲及丰田亚太地区合作，了解丰田的竞争水平如何，并鼓励北美地区的丰田员工努力达到这一水平。

我们必须意识到，要发展供应商伙伴关系的这些特点，并没有一个"放之四海而皆准"的策略。有些公司可以从信息共享开始，有些公司可能从培养供应商开始。但是，一定不要忘了发展所有这些特点都要着眼体系的长远未来。最终目标应该是创建一个精益的学习型企业。

案例分析：在德尔菲建立精益的供应链

德尔菲是汽车电子器件、运输组件及系统技术的全球领军企业，年销售额约 280 亿美元，拥有 18.5 万名员工，在全球 40 个国家有 171 个制造基地。德尔菲从 4000 多家直接原料供应商进行采购。自 1999 年成为一家独立公司后，德尔菲立即开启了精益之旅。公司将减少影响公司生产运作的浪费情形与高成本定为首要任务。德尔菲前任副董事长唐纳德·L. 朗克尔（Donald L. Runkle）常说："建立精益企业是计划 A！我们没有计划 B！"

德尔菲精益之旅的第一个步骤是重点关注制造基地。多年来，它们一直在研究丰田生产方式，并秉承其理念行事。德尔菲制定并记载了自己的体系、结构及流程，命名为"德尔菲制造方式"（DMS）。这是一个全球通用的生产方式，包含所有功能领域，重点强调创造精益的产品，进行精益采购以及实现精益的内部与外部制造。

尽管前进的道路上困难重重，但历经时日，德尔菲收获了巨大的成功。精益理念已经在大多数工厂中渗透得相当深入。每家工厂都做出了巨大的努力，其中 20 家工厂凭借制造的优异表现被授予"新乡奖"（Shingo Prize），备受瞩目。德尔菲鼓励各工厂申请该奖项，这既能够为工厂确立一个长远的奋斗目标，又能使工厂的成就得到认可，并提高在外界的知名度。"德尔菲制造方式"得到了公司上下的大力支持，公司董事长和首席执行官巴腾堡（Battenberg）也对其深表赞许，传达的信息十分明确：公司必须选择德尔菲制造方式。

2002 年，德尔菲聘用 R. 大卫·尼尔森（R. David Nelson）担任公司全球供应管理副总裁，负责将公司的精益理念在供应基地推广。尼尔森曾任本田美国公司的采购部副总裁，因此对"本田模式"有深入的了解。他将这种理念带到约翰·迪尔（John Deere）公司，将一个传统的采购机构转变为一条精益的供应链。

凭借这一背景，尼尔森当之无愧是帮助德尔菲将"德尔菲制造方式"推广至所谓"外部制造"的恰当人选。德尔菲避免使用"供应商"这一名词，意在强调无论是在公司内部还是公司外部制造，制造的质量都非常重要。

目前，"内部制造"约占德尔菲总成本的30%，而"外部制造"要占到50%。德尔菲每年采购的商品额约为140亿美元。因此，机会非常明显。

"德尔菲制造方式"是一个拥有强大培训计划和内部精益专长的体系，已经发展得十分成熟。除此之外，德尔菲还拥有其他两个特色，也有助于创建精益的供应链。一是德尔菲拥有一群曾就任丰田的顾问，二是丰田为德尔菲提供直接支持，已经成为德尔菲的一个主要客户。实际上，丰田之前已指派了一名采购部的丰田生产方式专家到德尔菲全职工作两年，按照丰田培养供应商的模式为其提供指导。

本案例展示了正在发展中的德尔菲的战略采购体系。案例反映的是德尔菲的精益供应链实行大约三年后的进展情况。大卫·尼尔森的团队认为，同丰田相比，他们的工作尚处在"萌芽期"。但是，德尔菲认为其前进的方向是正确的，而且他们采用的方法全面而广泛，涉及了精益供应链的各个方面。

尼尔森从本田学到，强有力的成本管理体系是精益供应链的基石，而成本管理体系的核心则是主要制作流程的一套模型。将各种投入成本放到模型中，则可以估算出制造某个组件的总成本。这些模型非常详尽，能够准确反映出制作某个零件所需的实际成本。尼尔森聘请了一位丰田的前任经理，他有25年以上的采购经验，非常了解丰田的成本管理体系。他担任德尔菲的成本管理体系总负责人，成为内部专家，效仿丰田建立了一套成本管理体系，并担任指导。公司为他分配了一个由30名全职人员组成的团队，他们担负着学习并推广成本管理体系的使命。德尔菲将这套成本管理体系视为其精益供应链的基石。

根据这位丰田老员工的预测，需要五六年的时间才能达到精益供应链可接受的最低标准。计划实施近3年后，即2004年，他觉得德尔菲的运作已经走上了正轨。这位成本管理专家认为，要想取得成功，最基本的要求是有高级主管的鼎力支持，就德尔菲而言，巴腾堡和大卫·尼尔森对精益供应链的支持使之满足这一条件。

高层管理团队清楚，德尔菲的供应商数目过多，无法建立集中的精益供应链。于是，他们鼓励德尔菲同致力于降低成本、与德尔菲志同道合的供应商建立密切的伙伴关系。因此,德尔菲开始寻找"战略性的供应商伙伴"。事实证明,这项任务比当初的设想艰难得多。公司需要与候选供应商的首席执政官轮流会面,向他们说明作为战略性供应商需要面临的挑战。事实上,在德尔菲面谈的供应商中,约有10%选择不加入精益之旅。经过两年左右的时间,公司发展了一批"核心"供应商与"近核心"供应商,未来还有很多工作需要做。

与此同时,公司还组建了一个供应商发展工程团队,公司清楚,无法等多年后再去指导供应商实施精益生产,于是它制定了一个可能成为战略性供应商的列表。德尔菲最开始同部分核心供应商合作共事,两年后已经同70家供应商共同实施了精益项目。采用的方法是通过公司的供应商支持中心,效仿本田公司的最佳业务模型与丰田公司的精益方法,推行精益制度。

通过这一方法,德尔菲选出了目标模型领域。来自德尔菲公司内部的精益专家和曾经在丰田任职的外部顾问共同担任教师的角色。他们并不在供应商的工厂中任职,仅仅为其提供指导。方法如下:

1. 获得供应商首席执政官的坚定承诺。

2. 首席执政官必须指派一位内部精益理念提倡者(全职或兼职,根据公司规模而定)。

3. 选择一个产品系列。

4. 绘制目前与未来状态图,并制订详细的行动计划。

5. 在"作战室"中张贴图形、计划与关键评估指标。

6. 执行计划。

7. 德尔菲的教师定期到工作现场检查,评估工作进展情况,并与"作战室"中的工作计划做比较。

8. 德尔菲希望和供应商分享产品成本节省带来的效益(通常仅针对具体的产品系列,实施五五分成)。

如德尔菲所料,这些项目取得的成效同本田、丰田和德尔菲工厂的项目成果类似——所有主要评估标准都取得了两位数甚至三位数的增长。传统的观点认为,精益供应商发展工程的内容只是节省成本。但是,精益的观点认为,它是在发展伙伴关系,建立相互间的信任,造就高能力的供应商。

德尔菲的大多数二级供应商都是比较小的公司（如年销售额在 1.5 亿美元左右的供应商）。通常，公司的首席执政官就是创始人。这些供应商往往知道精益制造的概念，偶尔也应用过一些精益工具。但从来没有体验过精益体系的强大力量，在亲自体验丰田生产方式的真正实力后，他们无不感到惊奇不已。这是一次截然不同的体验，为企业整体业务的运作带来了"双赢"的合作方法。德尔菲鼓励一些这样的供应商申请"新乡奖"。

德尔菲是全面实施精益供应链方法的榜样，其方法包括 9 个相互依赖的层面：

1. 战略性采购（选择具有广阔研发预期的供应商）。
2. 精益供应商培养工程。
3. 成本管理（对成本具体元素的深入了解）。
4. 推出无缺陷的新款产品。
5. 质量（案例分析时 ppm 值低于 20，更严重的问题则 ppm 值要求更低）。
6. 系统基础设施（信息技术）。
7. 人员培养（德尔菲公司的每一位供应商管理人员都要接受 80 小时的培训，学习成本管理和精益方法）。
8. 供应商关系（改变心态，将供应商视为宝贵资产，而不是一次性的商品）。
9. 交流。

许多公司只热衷于精益流程的几个层面，例如："我们着手进行供应培养吧。"但德尔菲的结论是，这些层面都是相互依赖的策略。要建立起真正的精益供应链，需要有合适的供应商，具备恰当的能力和健全的内部采购团队，且那些供应商必须了解实际成本。

德尔菲面临的最大挑战是从以价格为依据的传统采购方法（来自通用汽车）向战略性的采购方法（来自丰田与本田公司）转变。从前，德尔菲依赖竞争报价手段获得最低价格。而今，公司着眼全局，注重延伸的价值流优点。这一过程的部分内容就是从重视价格转向重视实际成本。

2004 年，公司制定了宏伟的 3 年目标：

1. 质量 ppm 值保持在个位数，推出无缺陷的产品。

2. 更换款式时实现30%的成本节省，注重总成本。
3. 同核心供应商及近核心供应商发展精益流程。
4. 投资及业务范围的产品协调。
5. 加快设计周期。
6. 尽早了解产品技术。
7. 同边缘供应商终止关系。

远离边缘供应商看来是理所应当的事情，但德尔菲的采购人员并不一直这样做。

为了挑选战略性供应商，德尔菲制定了一个矩阵，将商品分成四个类别：核心产品、近核心产品、利基产品和普通产品。对于核心产品和近核心产品，德尔菲逐步发展了一群战略性供应商，并效仿丰田和本田公司，同这些供应商签订了一份主供应协议。几页的协议上列出了双方的合作原则（如召回与保修职责、财务条款、研发职责、长期向供应商采购的承诺等）。主供应协议并不是一个具体零件的具体合约，而是就双方的行为制定的一套详细的约定。制定了该协议后，采购决策水到渠成，无须投入什么精力。成本模型基本上已将供应商锁定在一个固定的价格上。

德尔菲的成本管理总监将成本管理的概念描述为"现实改善"。但以价格为依据的采购并不是建立在现实基础上的。在大多数情况下，市场价格确立后，采购者随意选择一个降价目标（如下一年度全线产品降价5%）。而丰田的体系建立在成本管理模型的基础之上，可以真实地反映出实际成本，其目标价格也是根据顾客乐意为汽车支付的价格而确定的。丰田确立了目标利润，并在汽车研发时力求满足成本目标的要求。丰田同时为供应商确立了需要达到的成本目标，要求供应商在研发组件时必须实现这些目标，且为供应商自身留有获利空间。丰田要求降价时，是基于对零部件实际成本的了解而提出的要求，因此丰田清楚在哪个环节上供应商可以降低成本，也清楚在哪个环节上供应商可能面临亏损的风险。价格十分重要，但价格背后的是成本，而成本背后则是现实。

采购人员必须训练有素，眼光独到，能够敏锐地捕捉到降低成本的机会。

成本管理的最终形式是成本——利润规划。德尔菲正在培养其采购人员，使之能够更精确地估算成本，发现改进机会并领导成本规划项目。公司从前使用的采购方法好像是"狩猎者和采集者"，需要经历一轮轮的投标竞价与博弈。而如今，德尔菲正在转向以逻辑、科学和现实变化为依据的"现代农业"。改变游戏规则的指标是成本标准、创造性改善计划和主供应商协议。

在现实情况中，德尔菲发现，即使经过反复的降价后，供应商的报价仍比这些成本模型显示的价格要高出许多。成本模型依据各个成本标准（价格表、价格曲线、成本标准样板）制定而成，其数据来自供应商、供应商会议、政府和产业数据、德尔菲内部资源、标杆管理、竞争性分析数据等。

降价行为应该反映出现实的变化——材料（挑战成本、设计）、精益工作组的人力投入、交通运输、仓储费用（减少库存）等，重点是要改变现实。采购每件商品的每位采购员都必须制订创造性改善计划。所有项目都需要接受检查。成本管理就意味着同供应商密切合作，以期实现这些现实目标。

产品设计可影响总制造成本的70%，因此德尔菲必须在设计研发流程的最初阶段即让供应商参与进来。德尔菲重点关注30%的制造成本，因为这是比较容易的工作。下一个工作领域是推动供应商和德尔菲的产品工程师合作，进行产品与技术开发。目标是使工程师达到能够利用成本标准评估不同设计方案的影响的水平。

德尔菲将这一过程视为一次大规模的文化变革。它要求采购人员不只扮演"狩猎者和采集者"的角色，而是要成为对成本管理十分精通的变革代理人。德尔菲为采购人员列出了70个项目，希望采购人员在视察供应商工厂时能够观察这些内容。同时，德尔菲还要求采购人员对他们采购的任何物品都有深入的了解。例如，本田的一位采购人员来到德尔菲的一家工厂视察，仅两天时间就列出了130项德尔菲需要改进的项目。德尔菲成功的关键是什么？是信任！供应商只有相信德尔菲会将其视为真正的合作伙伴，才会同意使用真正的成本作为制定价格的基础。

反思问题

伙伴关系特点	反省供应商伙伴关系
互相了解	·你是否深入了解供应商及其具备的能力 ·你的员工是否亲自去视察供应商的生产流程（现地现物） ·你和你的核心供应商是否致力于共同繁荣 ·你们是否互相信任

（续）

伙伴关系特点	反省供应商伙伴关系
联锁结构	·你的流程与供应商的流程之间是否实现了无缝对接 ·你是否使用了恰当的联盟结构来控制关键零件与流程
控制体系	·你是否建立了有效的即时体系来评估供应商的业绩，并立即给出反馈 ·你是否使用该系统协助供应商制定了既具挑战性又务实的改善目标 ·几个同产品供应商之间的竞争是否激烈，你是否能够调动各供应商的积极性 ·你是否有效地使用目标定价手段来鼓励改善，从而实现双赢
兼容能力	·供应商的制造与物流系统是不是你的即时生产制的无缝延伸 ·供应商的工程师是否密切融入你的研发流程，并与你公司的工程师使用相同的语言 ·你和你的供应商是否共同致力于开发创新产品与服务
信息共享	·数据的收集与发布是否准确 ·你能否总是为供应商会议设定具体的时间、地点和议程 ·你是否有明确的方式与供应商实现信息共享 ·信息交流是漫无目的的，还是公司中有权责明确的具体人员同供应商的具体人员进行信息交流
共同改善活动	·你公司中的员工是否具备指导供应商的知识与经验 ·你公司是否同供应商参与了共同改善项目，并取得了重大成果
持续改善与学习	·供应商是否参加了研究小组，共同分享学习成果 ·发生问题并采取应对措施时，是否有从经验中学习并分享所学内容的机制

第五篇

从根本上解决问题，实现持续学习

The Toyota
Way Fieldbook | 第 13 章

丰田模式解决问题的方法

不只是解决问题

丰田模式力求在前进的道路上发现并消除障碍，以追求完美的境界。这一理念植根于"一切追求完美"的日本文化。本书前面我们谈到，丰田模式是一个循环往复的过程，它追求稳定性，要实现生产标准化，然后不断挤压流程，以期将障碍（被视为体系的弱点）暴露出来。人类的本性是追求安逸、躲避不适，因此丰田模式是与人的天性背道而驰的。丰田的理念依赖"体系"，而坚持这一理念则要迫使这些支持体系的人员陷入不适的境况。这样，他们所面临的选择是，要么消除障碍，要么失败。因此，掌握解决问题的技巧和具备持续改善的能力是生存的关键。

解决问题与持续改善的流程是丰田生产方式其他大多数层面和其产品开发体系的基本参照标准。丰田取得的巨大成功很大程度上也要归功于此。凭借这一流程，丰田得以比任何竞争者用更短的时间，投入更少的精力，始终如一地产出更优秀的成果。与此同时，该流程为丰田提供了一个架构，使之更有效地调配资源，保证员工对工作的意义达成共识，明确指出解决问题的必要性与效益，并能够对实际结果做出精确的预测。

解决问题的方法是深入丰田内部的所有层面的技巧，贯穿从制造到采购再到销售等各个不同职能领域。丰田在员工培训课上会为学员讲授基本的方法，但是真正的学习则源自日常生活中的实际应用、反复实践以及机构中他人的评估。从技术角度而言，丰田的方法非常简单，不需要使用复杂的统计分析工具。而正因为简单，丰田的所有员工，不论其教育程度如何，是否具有工作经验，都能够接受并应用这一方法。丰田在某些情况下也会使用先进的统计分析，但日常解决问题的方法却十分简单，让人一目了然。对于接受六西格玛流程培训的黑带专家而言，这种方法可能太过简单，但其优势也恰恰在于此。首先，丰田的大多数员工在日常事务中遇到的问题通常只需要基本的分析技巧。过于复杂的技巧显得没有必要，而且往往会令那些未接受过方法培训的员工感到困惑。其次，简单的方法可以在丰田快速应用，而"六西格玛"和其他类似的分析方法则冗长而费力。

丰田的解决问题流程可能用时极短（不到1分钟），也可能需要花上几个月甚至几年的时间。从操作员在生产线上发现问题，并发出需要支持的信号（如第8章所述，拉下安灯绳）那一刻起，到问题得到控制和修正为止，也许还不到1分钟的时间。而另一个极端则是长期战略发展、准备推出新产品、流程改进、政策部署等耗时长的情况。

将这个流程称为"解决问题流程"似乎有些不妥，因为它不仅仅包含解决问题的基本方法。该流程涵盖了一个关键的逻辑思维过程，必须进行详尽的评估与反思（现地现物与反省），认真考虑各种选择方案，并审慎制定行动路线。只有这样才能够实现重要的可持续发展目标。

经过反复的应用与实践，这一流程逐渐成为丰田员工的行事习惯，被广泛应用于所有需要改善的情况中。增加新流程或者改善的流程时，也会使用此流程。丰田甚至将之视为发展精益实施流程的一个基本架构。下面我们列出几个可以应用该流程的情况：

- 修正技术弱点，制订培训计划。
- 采购新设备。
- 降低成本活动。

- 团队改善活动（质量圈、改善活动等）。
- 提高生产力和工艺流程。
- 年度规划与策略的制定。

每个问题都是改善的机会

问题的反面往往是机会。这似乎已经是陈词滥调，而且常常成为人们不愿解决问题的借口。事实上，只有当公司文化将工作重点放在持续改善上时，问题才能够真正成为机会。在所有组织之中，包括丰田在内，都会有源源不断的难题发生，因此也就为改善创造了机会。我们也可以将这些难题统称为"问题"，大概可以将它们分为三大类：大、中、小，如图13-1所示。

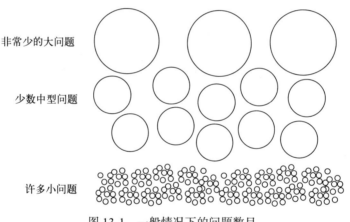

图13-1　一般情况下的问题数目

许多机构未能制定出一个有效的流程，从这三类问题中抓住改善的机会。通常人们认为小问题带来的机会"不重要"或者"不合算"，而将这类问题完全忽视。另外，中型问题和大问题也没有得到充分的利用，因为接受过培训或者有资格处理这些问题的人数太少（见图13-2）。在这样的结构中，改善的主要动力是来自管理层的指令与控制。这样，变革发生在流程的外部。这会继续加强传统的思维模式，认为只有管理人员或者特定的员工应对改善工作负责，工人们则等待"他们"来解决问题。由于种种原因，公司并不鼓励员工通过个人努力来解决问题，但最主要的原因是公司没有支持员工发展的结构，而且管理人员害怕失去控制。此外，在大多数企业中，人们并不是将问题视为进行改善的机会，而是将问题等同于失败，因此人们会尽力隐藏问题，而不是去努力解决问题。

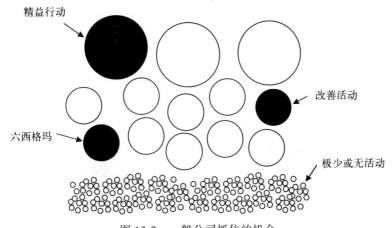

图 13-2　一般公司抓住的机会

丰田公司运用以下两个策略，使工作业绩实现最大化：

- **杠杆作用**。丰田对每位员工进行培训，鼓励他们每天应用这一流程，通过许多人的共同努力，实现巨大的杠杆效益。这样，人人都能贡献自己的一份力量，经常性地进行小的、持续不断的改善工作。这与许多美国公司的做法形成了鲜明的对照，美国公司往往选出一些人（如工程师或者黑带专家），对他们进行培训，然后指派他们去解决问题；通常他们很少听取或者根本不听取那些最接近流程的一线工人的意见。

- **专注**。如果利用各种资源来解决上述三大类问题，则能够集中精力，发挥更大的杠杆作用，取得更多的成果。解决问题的流程需要人们进行评估，比较不同问题的重要程度，从而将主要精力集中到最重要的问题上。应用这种方法，如果把握住大机会，便能够产出丰硕的成果。另外，员工个人可以将精力专注于他们能够控制并对其有直接影响的小问题。丰田公司使用了 80/20 法则，即将 80% 的精力有效地集中到 20% 的问题上，而这 20% 的问题产出的效益会占总效益的 80%。

丰田模式将问题进行分类，然后恰当地利用各种资源，解决上述三种不同类型的问题。较大的问题通常是通过管理层指导与控制的活动予以解决，如管理层改善培训（又称实际改善培训，或者自主研修组活动），见图13-3。另外，管理层也负责为企业确立预期，发现体系中的薄弱环节，并应用恰当的资源。中型的机会主要由监管员、工作小组或者个人负责把握。这些项目也许是以公司整体改善目标或者团队所面临的某个具体挑战为根据进行的。最后，丰田帮助员工个人进行改善，从而把握了大量的小机会。丰田的每一名员工都了解持续改善的流程，并在其日常工作中追求这一目标。

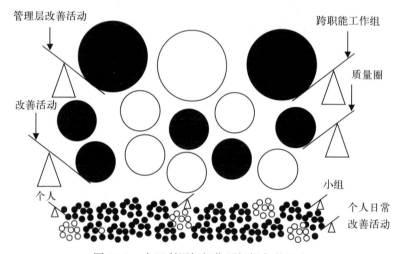

图13-3　丰田利用杠杆作用把握各种机会

实际上，持续改善的工作如此重要，对流程的改善应贯穿一个产品生产周期的始终。这听起来也许有些言过其实，但持续改善的真正含义恰恰就在于持续不断、永不终止。如果有人认为只有在"恰当"的条件下才能期望进行改善，那么他们实际上不会做出任何改善，因为也许从来没有恰当的条件。我们常常听到人们说某个产品或者流程将在6个月后"终止"，因此花费时间和金钱去改善则有些不切实际。但是，丰田模式认为，通过小努力实现小改善（也许在6个月内使每个产品的生产时间节省了1秒，或者每个产品的生产成本节省了1分钱），其实是一个务实的想法。它体现了丰田的理念：必须在任何时间、任何层次，由全体员工进行改善。如果对改善工作的恰当时间和恰当条件有所规定，则会扼杀持续改善的精神。

另外，丰田公司向所有员工讲授解决问题的基本技巧，让人人都有能力解决问题。数千名员工每天都在解决各种各样的问题，丰田公司得以有效地利用其人力资源。就人们日常遇到的大多数问题而言，基本的方法便足以解决。过于复杂的方法和技巧不仅不必要，而且往往还会把直接处理问题的员工弄糊涂。要解决比较复杂的问题，则需要人员具备更高级的技巧。丰田通过管理层改善活动对管理人员进行培训，让他们负责处理这些问题。本章最后丰田公司肯塔基州乔治城工厂的案例说明了改善活动在公司内部执行的深度与广度。

表13-1至表13-3总结了三个层次问题的不同特点、范围、实例和处理流程。

表13-1 丰田处理大问题的方法

问 题	范 围	实 例	处理流程
大问题，数目少，复杂性与难度高	影响整个公司、工厂或者部门的问题	·年度规划 ·推出新车型 ·不同部门间的问题 ·产品开发	·管理层改善培训 ·跨职能工作组 ·部门/工厂管理 ·由工厂管理层发起并提供支持

表13-2 丰田处理中型问题的方法

问 题	范 围	实 例	处理流程
中型问题，数目中等，复杂性与难度适中	类似"六西格玛"或者改善活动的问题，可能影响团队或部门	·新流程开发 ·采购新设备 ·重要的安全、质量、生产或者成本问题	·部门的跨职能工作组（生产、维修、工程设计） ·团队内小组（同一团队成员） ·质量圈 ·小组或个人 ·监管员或者部门经理提供支持 ·可能通过员工建议体系获得现金奖励

表13-3 丰田处理小问题的方法

问 题	范 围	实 例	处理流程
小问题，数目极多，解决难度小	整天反复出现的问题。可能使每个生产周期中产生少量浪费。存在各种改善机会，有的非常小，有的相当大	·杜绝小问题与浪费 ·小的持续改善活动，如5S、可视化工厂或者标准化作业的改善等 ·通过安灯流程暂停生产线，立即修复问题	·主要靠个人努力 ·可能是共同努力或者小组活动 ·通常由个人或小组负责 ·主要由直属监管员提供支持 ·通过员工建议体系获得现金奖励并实施建议方案

讲述解决问题的故事

丰田的员工学习到,解决问题的流程就像是在讲述一个故事。每一个好故事都在开头有引言或导言,中间有人物发展和故事内容,结尾有总结,也许还有对续篇的暗示。解决问题的流程也具有清晰的篇章或者步骤。像好故事一样,在一个优秀的解决问题流程中,各个步骤过渡顺畅,各步骤间的联系十分清晰。一个步骤的完成意味着下一个步骤的开始,连贯性强,没有间断。下面是解决问题这个故事中的各个"篇章":

- 彻底了解情况并定义问题。
- 进行彻底的根本原因分析。
- 考虑各种可行的解决方案,建立共识。
- 计划—实施—检查—处理(PDCA)。
    - ◎ 计划:制订行动计划。
    - ◎ 实施:实施解决方案。
    - ◎ 检查:检验成果。
    - ◎ 处理:对解决方案和行动计划做出必要调整,并确定未来步骤。
- 反思并在过程中学习。

故事中可能还包含其他信息,但主要是上述这几类。添加了精彩的故事情节后,每个解决问题的流程各有千秋,但其基本结构是一样的。

我们将在本书第 14~17 章中详细讨论解决问题这个故事中的每个篇章,彻底了解 PDCA。第 14 章将重点围绕了解现状和定义问题进行讨论,你将会注意到这一章的篇幅最长,接下来的几章则比较短,这反映了这些步骤的重要程度与投入的精力多少。正确理解问题是最重要的步骤,应该投入最多的精力。因为如果没有正确定义问题,做了大量的工作却解决了错误的问题,则不会收获长期的成效。但是,我们注意到,在大多数解决问题的活动中,人们乐意接受对问题的肤浅定义,然后就着手进行头脑风暴,商讨问题的解决。头脑风暴是愉快刺激的部分,因此人们希望快些步入这个阶段,但同时这也是最简单的部分。丰田公司务实的解决问题方法是一个严格的流程,并非轻而易举能够完成。它要求人们退后一步，深思熟虑后，再探讨问题的解决与执行方案。

案例分析：丰田公司乔治城工厂的改善活动

肯塔基州的乔治城工厂是丰田在日本本土以外独立拥有的第一家工厂。最初这里只生产凯美瑞汽车。这家工厂后来成为美国人参观真正的丰田生产方式的圣地。自工厂建立之初到现在，它已经获得了美国权威调查机构J.D. Power颁发的多项大奖，成为行业典范。

乔治城工厂占地面积很大，最初这里的工作包括发动机的制造、冲压、焊接、喷漆、塑料保险杠与仪表板的模具制造、汽车的装配等。后来，随着亚洲龙和小型货车赛纳等款型的加盟，工厂业务发展迅速。再后来，小型货车的业务移出后，工厂又开始生产凯美瑞的Solara双门轿跑车。汽车数量的变化、款型的变化、设备的变化（如全新的车身修理厂）及工厂自身的不断发展，使这里的业务非常繁忙，难得有喘息的空间。再加上一些公司常常到这里挖墙脚，想招聘一些接受过丰田培训的员工，因此该工厂一直面临着维持高期待的挑战。到2004年，工厂已经拥有7800名员工，管理人员觉得这已经超出了实现真正有效沟通的规模。他们开始转变思维，不再将它视为一个城镇，而是将之视为一个周围有很多邻居的大城市。

到2000年，公司的成长和管理人员的流失为乔治城工厂带来了巨大压力，工厂获得的J.D. Power奖项越来越少，来自低收入国家（如中国和韩国）的成本压力促使工厂进行彻底的改善活动。虽然改善活动也是乔治城工厂文化的一部分，但他们习惯于持续的解决问题方法，中间会被推出新款型和使用新设备而带来的巨大变化不时打断。然而，新的竞争性的挑战却要求kaikaku（突破性的改善）。与此同时，由于日本丰田公司的员工广泛分布到世界各地的丰田工厂进行支持工作，无法派更多的日本工程师与协调人员前来指导，乔治城工厂面临着自给自足的压力，主要依赖美国同人求得发展。

表13-2显示了丰田公司为进行流程改善项目而使用的各种不同方法，包括各种跨职能工作组、质量圈以及一名团队领导者领导的多个工作团队。乔治城工厂要实现突破性的改善，不仅需要使用全部这些方法，还要尝试其他方法。

乔治城工厂和整个丰田公司进行的这些流程改善活动具有以下一些共同特点：

- 个别领域的流程改善项目是由各地的方针管理（政策部署）目标驱动的，这些目标与北美地区的改善目标相关联，北美地区的改善目标再层层向上，与丰田总裁的年度目标相关联。
- 流程改善项目遵循本书第 13～17 章中描述的步骤进行。最终形式将采取第 18 章中所述的解决问题 A3 纸报告。工厂也许会在宣传板、墙上或者 A3 纸上展示流程改善项目，但无论在哪里展示，都会将所有要素包含进去（例如，问题陈述、改善目标、供选方案、所选方案、选择理由、实施结果、需要采取的附加行动，等等）。
- 遵循"计划—实施—检查—处理"的周期执行改善项目。
- 流程改善项目将成为公司学习流程的一部分，任何重要的学习成果都应在全公司共享。

丰田的许多工厂都需要进行这样大规模的改善活动，为了支持这些活动，丰田公司在日本建立了全球生产中心（GPC）。过去，乔治城工厂同日本生产凯美瑞的堤工厂之间形同母子关系。乔治城的发动机工厂向日本上乡发动机工厂学习。"子工厂"从"母工厂"那里学到了一些具体的特色。而现在，丰田想要建立一个全球通用的体系，利用 GPC 以统一的方式传播丰田生产方式。最初，日本的协调员来到北美地区的每一家工厂，一对一地对管理人员进行指导。那是一种在实践中学习的方法。但现在，由于丰田各地工厂的数目超过了协调员的数目，GPC 则需要依赖更正式的培训材料来传播丰田生产方式的理念。乔治城工厂还获得了向美国的操作管理发展部（OMDD）学习的机会，OMDD 过去是一个向供应商指导丰田生产方式的机构，但如今它已经成为丰田公司的内部资源。乔治城工厂的员工可以参加 OMDD 的 2～3 年的循环活动，到供应商那里执行项目，更深入地学习丰田生产方式。

乔治城工厂应用 OMDD 的一个方式是要求所有的管理人员，包括最高管理层在内，到供应商的工厂中去领导短期的改善工程，在新的环境中亲自实践，并接受 OMDD 大师们诚实的批评。他们要先进行一周的流程改善活动，然后是两周的系统材料与信息流的改善活动。负责在供应商工厂领导改善活动的管理人员回到乔治城工厂后,每年需要领导各自工作区的 4 个类似的活动。为了发展公司内部知识,乔治城在工厂内部建立了操作发展团队(ODG)。团队领导者、区域经理和其他管理人员可以循环工作两三年,在工厂中实施改善项目,以深入地体验丰田生产方式。工厂的每个领域都会指派一位丰田生产方式的专家,他对在团队中实施丰田生产方式有直接的经验或者指导专长,负责执行中等规模的项目。

2003 年,公司通过"方针管理"政策,为每一座工厂制定了宏伟的目标。例如,为了使价格在全球范围内具有竞争力,乔治城的发动机工厂制定的目标是到 2007 年将总成本降低 40%。2000~2003 年,发动机工厂通过改善活动,将劳动力的规模从 1017 人降至 930 人。但是,直接减少劳动力的做法并不能实现降低成本 40% 的目标。必须对劳动力、折旧、维修、间接材料、设备和购买的零部件及材料等各种成本进行综合分析。发动机工厂为每个领域建立了降低成本的目标,如果这些目标能够实现,加起来则能够将成本降低 40%。为增强挑战性,发动机工厂还为安全、质量和产品推出等都确立了类似的宏伟目标。2005 年的方针管理力求使该工厂成为北美地区效率与效力最佳的工厂。这需要进行突破性的改善活动,并重新致力于丰田模式。乔治城工厂的优势在于可以以日本的姊妹工厂为基准,因为这些工厂在评估指标上已经遥遥领先。乔治城的发动机工厂可以以日本上乡的工厂为基准,制订具体的行动计划,以缩小差距。乔治城的每间工厂都是这样使用基准工厂的。发动机工厂采取了如下方法:

- 使用丰田公司在机械技术方面的新发展使机械复杂性降至最低。这会提高操作设备的利用率。
- 使用"圆白菜地"(cabbage patch)的方法,使生产操作更加形象,具体包括检查加工出来的废弃零部件,再将每天的废弃零部件陈列出来。然后,将废弃品产生的实际成本制成图表,再进行深入的"5 次为什么"原因分析。每天的公告板上显示出具体问题、根本原因、短期与长期对策、负责人及每天工程的进展情况。
- 通过压缩生产线使生产线更加紧凑。将各个生产操作靠近,减少浪费,并让操作员在不增加额外负担的情况下,增加工作周期中的工作任务。同时,紧凑的生产线会缩短应对安灯信号时走路的距离。
- 将局部装配线与主装配线结合,从而压缩生产线。

- 引入一台代表机械技术新突破的发动机（全球发动机生产线），它更加灵活，同时维修起来也更加简单容易。
- 在当地采购更多原材料及工具，以降低运输费用，并利用在美国购货比日本成本低的优势（在当地购买工具可节省成本30%）。
- 长期的目标是将六汽缸发动机的生产线和四汽缸发动机的生产线合并成一条灵活的生产线，这样将大大降低资本成本，并在两个发动机的需求模式发生变化时平衡生产日程，使之更具弹性。

发动机工厂进行了许多小规模的改善活动。举例说明如下：

- 通过同上乡的工厂做比较，乔治城工厂发现自己使用的劳动力人数太多，因此工厂使用操作员平衡表山积图（yamazumi charts）和本书第6章中讨论过的标准化作业组合表（standard work combination table）进行分析，执行许多小型的项目。某团队领导者领导的一个工作小组利用这种方法，在一个项目中将之前的三个流程减去了一个。这种方法开始在全厂各小组推广，使工厂总效益增加（注：在许多公司中，去掉一个"流程"就等同于去掉了一个人的工作，但丰田并不会将这个人解雇，而是将其调任其他的工作职位。通过自然减员、提早退休、减少临时工等方法，最终会提高劳动生产率）。
- 某工作小组对工具磨损进行了一场质量圈活动，使每个零件节省了16美分的成本。
- 有一台机器被窗帘遮住，人们掀开窗帘查看机器的工作状况时，发现了金属片安装不当和冷冻剂溢出的问题。他们运行了更好的预防性维护系统，将产品废弃率和操作利用率绘制成图，经过分析加以改善。
- 制定了关键业绩指示板，更明确地定义团队领导者在丰田生产方式中的作用。同时，进行工厂内部团队领导者的培训。

为实现这些宏伟目标，乔治城工厂各处进行了多项变革，因此很难对各项改善活动的重要程度给出公正的评价。每个改善项目都采用了同样严密的解决问题方法，并具体确立了恰当的目标，以实现方针管理下一层次的目标。举例如下：

- 为系统解决美国权威调查机构J.D. Power在对凯美瑞进行首次质量调查时发现的问题，采取对策，工厂推动了一个大规模的改善项目。质量调查报告中指出了6个领域中存在的问题，包括车身底盘/变速器、发动机/刹车、特色与控制、车身外部/外部喷漆和车身内饰。工厂针对这些领域成立了6个跨职能"顾客满意度小组"，每个小组有一位管理人员，负责领导日常的活动。另外还有一位高层的"执政倡导人"，负责取得外部的支持。他们还在工作现场设立了一间管理室，在此展示信息并每周举办30分钟的站立会议。

6个领域各自占据墙壁上的部分空间，展示信息和项目进展状况。J.D. Power每年发布两次调查结果，公司可以获得详细深入的研究报告，将自家公司与别家公司进行比较。而丰田则支付额外的费用，获得每个月的顾客调查数据，包括对问题的具体描述和问题车辆的车牌号码。他们会遵循本章所述的完整的解决问题流程，先对问题进行明确定义，然后找出可选的解决方案，再制订出详细的行动计划，指明行动内容、负责人和行动时间。所有这些都会记录在图板上。

例如，一次对操纵拉力问题的详细调查导致工厂重新设计了一些重要部件，而在无键输入系统中存在反应过快的问题，人们发现很容易无意间触动开启后备厢的按钮。许多这类问题会影响到整个公司范围，涉及总体质量、产品开发、供应商、日本的工程设计等各个层面，因为欧洲和日本都有凯美瑞的不同车型。乔治城工厂负责协调所有这些活动，担任领导角色。因为他们是供应线的最后一关，直接负责制造顾客体验的汽车。

- 在最后的装配线，乔治城工厂以堤工厂为基准进行比较，发现每辆车的劳动力成本差距很大，乔治城工厂要比堤工厂高出187美元。于是，乔治城工厂推出了一个名为"通过简化生产线提高成本竞争力"的大规模改善项目。工厂为缩小劳动力成本的差距进行了多项改善活动。其一是应用乔治城开发的"流程诊断"方法。这是一个核对流程，它对操作员的整个工作场所进行评估，并为许多层面打分（零部件陈列、人体工程学、取工具距离、灯光、安全等）。其建立的基础是操作员理想工作站模型。分析员通过对操作流程打分，便可以清楚改善的机会在哪里，并在进行改善时评估工作进展情况。另外，工厂还采用了单独的运输诊断工具，来评估运输流程。这些工序由小组负责人每周执行一次（每周对单一流程进行核准）。这项工作并不是在创造流程，而是要确保它依然正常运行。最初在建立流程时也用到了这种诊断方法。通过不断进行改善活动，凯美瑞汽车最终装配线所需要的流程数目（推出新车型时）从 2001 年的 628 个减至 2004 年的 454 个。

- 喷漆工厂进行了一项中等规模的改善工程，重点放在质量和成本两个方面。喷漆工厂有两个全方位的喷漆车间——一个针对凯美瑞和亚洲龙（1号装配线），另一个针对凯美瑞与 Solara（2号装配线）。两个喷漆车间共有 730 名工作人员。部门的方针重点强调安全、环境、人员培养和特殊的生产力项目。2000 ~ 2004 年，他们进行了高强度的改善活动。历时 4 年的改善流程中，最先是堤工厂的一些培训人员来到乔治城工厂，接着是乔治城工厂的管理人员和工程师到日本参与现场活动。2002 ~ 2003 年，方针要求管理人员进行实用的改善活动。通过一套重点针对动作改善的计划，在 4 年间减少了 76 个流程。这使乔治城工厂的劳动生产率水平与其姊妹工厂堤工厂并驾齐驱。2004 年，乔治城工厂的工作重点是如何在工厂内部实施所有的方针管理，不再依赖堤工厂，实现自力更生。

- 喷漆工厂还进行了一项更注重质量的"零漆籽"改善活动。它不再以堤工厂作为基准。漆籽是一个常见的问题，当落到车身上的灰尘被油漆包围后，就会在漆面上形成尘粒，必须用手去除。喷漆部门为涂面漆流程找出了 180 个改善项目，作为整个喷漆工厂的主要控制项目。他们还建立了一间混合清洁室，对清单上的各个项目进行核查，从根本上解决漆籽的问题。通过这些措施，质量缺陷降低了 50%。例如，为纠正检查中漏掉的漆籽，他们过去使用轨道式打磨机，但实际上这会形成更多的灰尘，使车身出现更多的瑕疵。后来，他们用简单的去漆籽刀代替了轨道式打磨机，将漆籽弄湿后再处理，就像剃须一样刮下去。同时采取了标准化作业，最终使质量水平从 82% 提高至 97%，并减少了空气中的尘埃。仅 2003 年，喷漆部门就更换了喷漆工厂的每一个设备，并建立了一道潮湿的墙，以增加湿度，减少灰尘，并消除了涂面漆这道工序。这使每辆车的成本节省了 10 美元，并跨越三个车间使用一张平衡表，以减少人力，减少重复作业，并增加了去漆籽刀这道工序。

- 这个中等规模的项目为乔治城工厂的车身车间的材料处理带来了一个全新的概念，组件在车身工厂进行焊接，然后送往最终车身站进行整个车身的焊接。这个概念名叫"minomi"（只有零部件），直接译过来的意思是"不带壳的花生"，用在这里的意思就是不使用集装箱来运输零部件。他们不再用叉车来移动笨重的大集装箱，而是将钢压的车身零件一个个悬挂在架子上等待焊接，无须将它们装进集装箱。这种"只有零部件"的存储与运送体系最初是由日本的丰田公司开发出来的，它是原材料处理领域的一个重要突破。由于不使用集装箱，这套体系可以减少装卸工作中造成的浪费。同时还用拖拉器代替了叉车，从而将零部件更好地交给操作员——减少动作上的浪费、零件受损和人体工程学的问题——还减少了处理原材料所需的流程数目。

悬挂"minomi"的一个例子是将各个生产出来的零部件挂在一个带轮的架子上。按照传统的方法，你需要进行按压、输送、存储，再输送，因此要处理三次。乔治城工厂开发了承运箱系统，将承运箱置于焊接作业线的旁边，拖拉器将焊好的零部件放到承运箱上（其实就是一个带轮的架子），再将其送至下一流程。然后，零部件通过重力给料的方式，被逐一交付给操作员。现在，存储地点就位于生产线的旁边，因此不再需要中间的存储区，也腾出了空间，减少了库存。这种方法最先在一个展示区进行，乔治城将之称为学习"minomi"的校园。工厂先选择一些相对比较容易的零部件进行操作，因为这些零部件的堆放、移动和存储工作更简单易行。展示区采用这种方法，腾出了15平方米的空间，增强了可视化控制的效果，省去了叉车作业，并能够根据操作员的实际需要进行确切定位，提交零件。人体工程学效果同样得到了改善，因为装载零部件的高度全部相同。这种承运箱系统与之前的反复包装做法相比，劳动力节省了34%，库存降低了49%。这种方法在全厂推广后，预计会将可用性提高40%（依据计算机人体工程学模型得出结果），搁架空间节省70%，相关运送工作减少5%，叉车使用减少11%，空间和流程中的走动距离减少20%。此外，由于零部件受损情况减少，质量一举提高85%。这项工程2003年开始实施，到2004年7月几乎已经完成了一半。

- 工厂还进行了一些小规模的改善活动。例如，一名冲压部门的小组负责人领导了一项改善活动，使用山积表，从一项操作中去掉了单一流程。这项实用改善活动的设计理念是在实践中教导丰田生产方式。小组负责人使用一张"标准化作业组合表"来画出人员和机器的工作内容。他发现浪费主要发生在输送环节，于是将运输司机的工作同作业线操作员的工作进行整合。过去，450分钟的工作周期往往实际需要499分钟才能完成。减少浪费后，将工作时间减少了49分钟，使工作量降至450分钟的工作周期，还腾出了一名操作员。大家认真追踪安全与质量，没有发生问题。新的标准化作业正是由这位按小时领取薪水的小组负责人创造的。

这些工程是从管理层到小组成员层次跨职能进行的项目。许多项目使作业步骤减少，也就意味着所需人力的减少。那么，为什么这些按小时计酬的小组成员和小组负责人还乐意参与到这些改善活动之中呢？原因十分简单。自乔治城工厂建厂以来，没有一个全职的小组成员非自愿失去职位。那些因改善活动而失去工作的员工会被调任其他工作，最后，工厂通过自然减员和减少临时工使用等措施，来实现对员工人数的调整。最近，乔治城工厂为员工提供了提前退休方案和自愿离职的遣散费方案。多方面的因素推动着这些流程改善活动，如与中国和韩国进行成本竞争的压力、脱离对日本公司的依赖、实现自给自足的目标以及宏伟的改善质量目标，等等。乔治城工厂不间断地进行各种改善活动，力求保持长期的竞争力与健康发展。

反思问题

快速发现问题并有效解决问题的能力是丰田成功的核心能力。丰田生产方式各个方面的设计使问题得以快速显现，有时甚至是非常醒目地显现出来。机构的各个层次必须都具备解决这些问题的能力，方可实现持续改善。反思下列问题，来决定你的公司要提高解决问题的能力必须采取哪些步骤。

1. 评估你公司内部对问题的文化倾向。

    a. 通常人们是否更乐意隐藏问题或压制问题？

b. 发生问题时，公司是支持员工努力找出解决问题的方法，还是责备他们犯错？
   c. 因为存在"一些人发生问题，由其他指定人员负责解决"的文化倾向与结构，你的公司是否助长了"我们/他们"思维？
   d. 列出具体的步骤，转变你的公司文化，将显现问题与解决问题视为公司成功的关键要素。
2. 评估你公司解决问题的能力。
   a. 公司能否轻易发现并解决问题（如果问题不断重现，则意味着没有得到有效解决）？
   b. 是否规定了一套方法来指导解决问题的流程？
   c. 需要采取哪些步骤来改变公司组织机构，使大、中、小规模的问题都能够得以解决？
   d. 必须进行哪些专门培训来提高员工解决问题的能力？
3. 评估你公司有效集中资源的能力。
   a. 机构是否有效利用资源，解决大、中、小规模的问题？
   b. 员工的努力是否集中在最重要的问题上？你如何了解？
   c. 你能否对评估公司解决问题的有效程度进行量化评估？你能否保证不会花1美元解决5美分的问题？

The Toyota Way Fieldbook | 第14章

彻底了解情况并定义问题

认真瞄准后再开枪

在丰田公司的内部文件《丰田模式2001》中，对解决问题的描述是放在现地现物（实际的地点、实际的零件）这个大范畴中进行的。要真正了解问题，必须首先去直接观察实际流程，不应预先对问题盲目抱有任何成见。这样才能详细彻底地解释发生的情况，以及问题对于该区域、小组、客户或者公司产生的影响，并说明该问题值得关注的原因。解决问题的第一个要求是要判断解决此问题的意义。在这一阶段，应对所有问题的重要程度进行衡量，然后首先解决最重要的问题。重要程度略差的问题（如质量圈活动）可以交由各小组解决，甚至由个人负责处理。

有一种说法形象地表示出美国人和日本人解决问题的不同风格。美国人说"准备，开枪，瞄准"，而日本人则是"准备，瞄准，瞄准，再瞄准，开枪"。这两种方法都有自己的道理，各有所长，各有所短。

美国的多数公司过度重视短期成果（季度业绩），因此往往在明确了解情况之前即开始实行改善活动。完成这些活动后，他们又会每季度制订出一个新的计划（90天）。这种短期的"先开枪再确定目标"的做法会产生一种"猎枪"效果，各处都进行了一点儿改善，但非常分散。这些随意的改善工作往往与实际要处理的情况毫不相关。虽然完成了改善活动，却没有实现预期的目标，而且由于没有明确定义进行这些改善活动的理由，因此几乎可以肯定地说，要长期维持这些改善的"成果"是不可能的。

相比之下，日本公司（包括丰田）则在最初了解情况这一阶段煞费苦心，一丝不苟，令那些已经准备好"开始工作"的美国人感到沮丧。这种反复、冗长的流程恰恰是成功解决问题的关键，主要有以下两个原因：

1. 要了解问题的具体特点，必须经过认真的考量——评估问题对客户、员工及公司产生的影响，最后判断该问题是否十分重要，需投入宝贵的时间和精力予以解决。发明家查尔斯·凯特灵（Charles Kettering）说过："一个问题只要能够清晰地表述，就已经解决了一半。"也就是说，解决问题活动的大部分工作应该是彻底了解问题的情况，这样才能专注于问题本身，而不是问题的表现形式。

2. 集中精力利用资源至关重要，这样才能花最少的努力取得最大的成功，但这需要首先与所有相关方就解决此问题达成共识。

> **误区　精力与金钱用来解决重要问题**
>
> 有时候公司投入过多精力与金钱，却解决了无关紧要的问题。工作中应该避免犯这样的错误。在开始行动之前应认真考量解决问题的重要意义与价值。不要花价值1美元的努力却解决只值5美分的问题。如果一个问题同其他问题相比显得次要，则可以交由受该问题影响最大的个人或者小组予以解决，而无须动用大型团队或者管理层人员。

在丰田，人们经常询问："你为何选择这个问题？"意思是"你如何断定这个问题值得投入时间与精力"以及"为什么你在众多问题中选择处理这个问题，而不是其他的问题"。此外，这里还隐含着一个要求："请解释你的原因，以便我了解情况，确保你进行了认真的考虑，也确保我们就解决此问题达成一致，这样我才能够为你解决问题的流程提供必要的支持与指导。"这样一个简单的问题实际包含诸多内容，为彻底了解情况，必须对方方面面进行考查。

这种严密的质疑过程常常会令美国人沮丧，他们觉得这是在怀疑他们独立处理问题的能力（而独立处理问题恰恰是美国人的一大特点），或者怀疑他们进行的评估不够。在丰田公司，许多人认真仔细地评估了解情况的过程，并给出反馈意见。通常，经过几轮的质疑之后，后面还有更多的质疑。这就是"瞄准，瞄准，再瞄准"的阶段。通过这种反复的质疑，人们可以获得对情况的深入了解，也许不同的评估人员还会为解决问题的方法带来一些新思维，因此长期来看，这避免了将精力投入到不重要的边缘问题上，反而节约了更多的时间。

如果你的公司还没有制定有效的改善流程，久而久之可能会积压一大堆的问题。当提到"问题"这个词，或者当人们意识到你想改善流程、想知道哪里存在问题时，也许会发生下面两种情况：

1. 你将会面临各种各样的问题，从坏掉的饮水机和电扇（这些问题无须长时间即可解决）到多年前发生的问题，几乎让你透不过气来。

2. 一提到任何"问题"，立即会有人提出各种解决方案。由于尚未确认问题真正存在，这时提出的任何解决方案都是不成熟的，也造成时间上的浪费（没有专注精力解决问题，或者没有发挥杠杆作用）。

开始这一流程就像是打开了潘多拉的魔盒。看到里面的内容后，你也许会后悔，希望当初没有打开它！如果需要改善的地方太多，改善的需要太迫切，涌现的问题太多，你一定会不堪重负。

> **小建议　区分问题**
>
> 你必须做好准备，帮助员工区别哪些是无须深入分析、应该在短时间内解决的问题，哪些是会影响到员工、团队或者整个公司，需要花费长时间解决的特殊问题。

> **误区　定义问题**
>
> "准备，开枪，瞄准"文化的一个表现是立即从"问题"跳至"解决方案"。大多数情况下，也许只是随意地提到问题，没有对问题进行明确的定

> 义，就花费大量的时间提出各种解决方案。在解决问题的这个阶段，很可能人们观察到的只是问题的一个表现形式，而不是真正的问题。

下面是一段可能发生的典型对话，显示了仓促跳至解决问题阶段的误区：

经理："我们最近出现的瑕疵品让人很伤脑筋。"（注意这里对"问题"的定义比较模糊）

员工甲："大部分受损产品是由搬运造成的。"（注意这里的"根本原因分析"）

员工乙："我们应该使用新的运货车。"（注意他直接跳至解决方案的阶段）

员工甲："对，不久前乔刚刚设计了一个。"（注意现在对话已经完全跑题）

员工丙："你知道那个设计后来如何应用的吗？"

员工甲："不知道，但我知道他设计了一个。"

员工乙："我也看见了，但我不知道后来的情况。我想他应该告诉了工程师，但是工程师没有做出任何改善。"

经理："你们是否可以问问乔，看他是否还有那个设计图？"（现在，人们将花费宝贵的时间，为一个未明确定义的问题寻找"解决方案"）

员工："好，下周开会时我应该能够知道。"

就这样，问题解决了！但真的解决了吗？问题是什么？"瑕疵品"是一个很广泛的话题。员工甲何以立刻得出结论，认为产生瑕疵品就是由搬运造成的呢？那也许只是他遇到瑕疵品的个人经历，但搬运仅仅是造成瑕疵品的一个可能因素。从上面的谈话中，你是否看出这个解决问题的流程是如何偏离正轨的？谈话从一个有关瑕疵品的一般性陈述（并没有对问题进行明确的定义），到原因分析（搬运），到解决方案（乔设计的运货车），到采取行动（找乔索要设计图）的系列过程，都在几秒钟之内完成。下面将会发生什么事情呢？人们将找到乔，拿到设计图，再召开会议（浪费了时间）来争论为什么当初没有采用乔的设计，然后讨论这是不是一个优秀的设计，是否需要不同的设计图。最后，也许人们会做出决定，制造新的运货车，然后将之应用于作业现场。你觉得瑕疵品的问题已经解决了吗？遗憾的是，这个团队幻想他们正在取得"成果"，但实际上，他们也许只是在某种程度上取得了改进。这是一个关注5美分镍币（小因素）而忽略了美元（主要因素）的例子。

> **小建议　记录解决问题的想法**
>
> 为了避免过早讨论解决方案，保证解决问题的流程不偏离正轨，可以记录下解决问题的想法。例如："好的，那也许是一个可能的解决办法，我把它记录下来，以免忘记，我们一会儿研究可能的解决方案时再对它进行讨论。不过，现在我们关注的重点是找出问题所在。"

> **误区　活动与成效**
>
> 人们很容易将活动与成效弄混。如果对问题没有明确定义就急于找出解决方案并付诸行动，则无法取得预期的效果。如果你希望获得最大的回报，应该先对问题进行明确定义，然后集中精力，全面分析，这样才能取得显著的成效。

找出真正的问题，获得最显著的成效

要找到真正的问题，我们面临的一个挑战是如何发现最重要的问题。人们往往根据个人经验来感知问题，但这也许只是"一个问题"，而不是"最重要的问题"。如果我们询问某人："你的主要问题是什么？"得到的答案可能是此人当前面临的问题、最经常遇到的问题。例如，一个操作员每天都会遇到同一个问题，则可能觉得这个问题就是"最重要的问题"。此外，一个人在组织中的角色可能会歪曲问题的重要程度。例如，会计部门的员工可能将成本问题视为最重要的问题，采购部门的员工常常觉得供应商是最主要的问题，而工程师则主要关注与设备相关的问题。

丰田将"5次为什么"的流程（后面将对此进行解释）称为一条"因果链"，因为这些问题和原因互相联结，形成一系列有分岔的单链条。为了发现"最重要的问题"，人们常常在问题感知点或者认知点进入因果链，而不是在真正的问题点进入因果链。于是，人们找出的是自己觉得最重要的问题，但可能就此沿着因果链向下寻找原因，而不是向上追根溯源。然而真正的问题往往就存在于因果链的上方。要找到真正的问题，必须了解它影响的最高层面，体验问题带来的全方位的冲击力。

发现任何问题时，丰田公司都按照主要的工作指标（顾客服务、质量、生产力和成本，见图14-1）来进行评估。这些评估指标之间相互关联，如果对一方面造成负面影响，则必定对其他方面也会造成负面影响。例如，如果某个瑕疵影响到产品的质量指标，则可能也会影响其生产力，无法按照需要的数量生产出产品，因此会导致顾客服务水平下降。为避免影响到顾客，人们可能会采取适当的对策来保护顾客，如提高检查力度，增加生产时间等。但这些额外的措施会进一步提高产品成本。发现瑕疵品的操作员可能会得出结论，认为瑕疵品就是问题所在，但实际上真正的问题是对顾客服务造成的影响，而这种影响将最终反映在产品的总成本上。

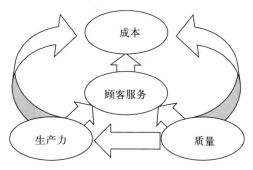

图 14-1　主要工作指标之间的关系

这个模型中各个工作指标的位置并不代表其重要程度。也就是说，成本并不是最重要的指标。我们希望在实现最高顾客满意度的同时尽可能维持最低的成本。

在保证安全的前提下向顾客交付高质量的产品，这一直是工作的重中之重。丰田模式的一个原则是绝不在事先知晓的情况下将瑕疵品送至下一流程。为纠正、遏制或控制质量问题而做出的努力将对生产力和成本产生消极影响。注意，这里并不包括"顾客交付"或"安全"。在丰田，所有的流程之间连接紧密，"顾客"实际上就是下一个流程。由于这些流程间联系紧密，且工厂和整个供应链中的所有流程都环环相扣，倘若不能满足顾客要求（下一个流程），整个生产运作将开始逐个中止（就像多米诺骨牌效应一样）。由于这个原因，顾客满意度的重要性不言而喻，无须再进行单独评估。如果某流程无法满足需求，则是生产力的问题。另外，保证安全也是大家心照不宣的期待，因此在讨论工作指标时也将之略去不谈。因为人人都知道安全第一。

如果从问题、问题的表现形式、问题原因等角度来思考这些关系，可能会更加容易理解。我们可以将这种思考模式比作去医院看医生：假设你去看医生，说你身体疼痛、发烧，这些并不是真正的问题，而只是问题的表现形式。问题是你感觉不舒服（因此可能无法去上班或者参加其他活动）。医生将记录下这些信息，然后进行检查化验，收集事实（脉搏、呼吸、血压等数据），利用这些资料进行综合分析，力求找到导致你身体疼痛、发烧的原因。图 14-2 形象地显示了这一过程。

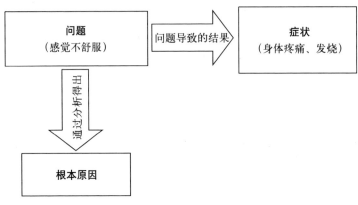

图 14-2　疾病症状与根本原因

图中症状所处的位置在问题的旁边，表明"我有这个问题，因此出现这些症状"。为得出原因，医生会对这些信息进行分析，估计所有的可能性。症状是全面了解问题的重要依据，它们为问题的存在提供支持。它们还可以提供量化数据，表明问题的重要程度。在此例中，发烧 40 度要比发烧 37.8 度严重得多，因此处理问题的需求也更加迫切。

三个主要工作指标之间的关系也遵循与"问题、症状、根本原因"相同的模型，如图 14-3 所示。在此例中，问题是生产力低下，原因是质量不好（报废与返工），症状或者结果是成本提高、顾客服务水平差。应用这一模型非常重要，因为它可以强迫人们从大处着眼去考虑问题。我们可能相信一个反复发生的质量问题是真正的问题，但如果进一步观察，则会发现还存在影响更为严重的问题（这里假设遵守"绝不在事先知晓的情况下将瑕疵品送至下一流程"的原则）。质量不好只是导致生产力低下的一个原因。

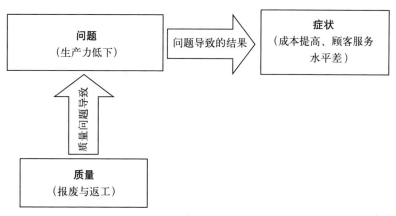

图 14-3　问题症状与根本原因

这里的思考过程如图 14-4 所示。问题在认知点（即"发现"问题的地方）被操作员感知。为了在更大的环境中思考问题，我们可以使用如下的表述方式："存在这个问题，因此发生了这种情况。"例如，假设感知到的问题是机器故障导致出现报废的零部件，则应表述为："存在机器故障的问题，因此发生了零部件报废的情况。"继续按照这种思维方式，我们可以说："存在零部件报废的问题，因此发生了生产力低下、成本提高等情况。因此，我们无法满足生产需求。"或者："因此，我们的成本过高。"这样，我们就了解了真正的问题带来的更为严重的影响。

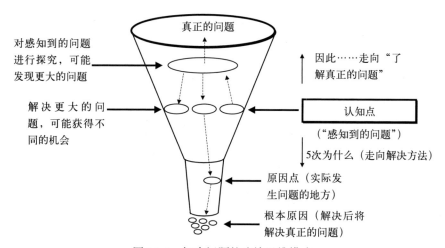

图 14-4　解决问题的连续思维模式

如果我们不在大环境中考虑情况，可能会使潜在的解决方案受限，同时解决更大问题的总影响力也会受限。在大环境中进行思考，可以使我们发现真正的问题，因此有三个明显优势：

1. 确保能够把握住最重要的机会，投入最小的努力实现最多的成果。

2. 从大处着眼，除了解决最初发现的问题外，也纠正其他的可能原因，从而提高解决真正问题的可能性。

3. 发现的低层原因可能解决起来十分困难（因此人们觉得这是最大的问题），但如果将精力主要集中于解决这个难题，则会阻碍你考虑更大、更容易的原因，而那些原因才会为你带来更多的机会。

下面是一位丰田公司的老师和一位汽车零件厂的流程工程师之间的一段真实对话。从中可以看出如何将关注的重点从感知到的问题转移到真正的问题。

老师："你的工作区存在什么问题？"

工程师："焊接机器人总出故障。"（对"问题"的感知以工程师的个人经验和工作角色为基础）

老师："你确定这就是问题所在吗？"

工程师："对。它总是发生故障。我们尝试了各种方法来解决，但取得的成果十分有限。我们需要一个新的机器人。"（注意，这里工程师直接跳至解决方案）

老师："我不知道这是否就是真正的问题。"

工程师："没错。这个问题已经存在很长时间了。我们有统计数据，可以显示它发生故障的次数。"

老师："我知道它会发生故障，但还是不确定这就是真正的问题。"

工程师（有些不悦）："这就是问题。我已经在这里工作4年了，我可以告诉你，问题就在于此。"（这是真正的问题，还是其中一个问题呢）

老师："是，我知道你一直努力工作，在机器人上下了不少工夫。但是，请听我解释一下为什么它不是真正的问题。当机器人发生故障时，会发生什么情况？"

工程师："3号装载区会出现故障信号，因为焊接螺母无法输送。我们一直在同供应商共同努力，改善输送螺母的装置。"

老师："好，我的意思是，机器人发生故障时，会对生产线造成什么影响？"

工程师："生产线当然会中止。"

老师："那么生产线中止时，又会发生什么情况？"

工程师："人人都站在那里，然后找我来修理机器人。"

老师："我的意思是，这对产品流程会产生什么影响？"

工程师："产品流程也会中止。"

老师："那么产品流程中止后，又发生什么情况？"

工程师："人人都站在那里。"

老师："我指的是，这对我们制造零部件的能力会造成什么影响？"

工程师："生产线都停止了，我们当然无法制造零部件了！"

老师："这就是说，我们无法制造出所需的零部件数量，无法满足顾客的需求？"

工程师："如果不加班，就无法满足顾客需求。"

老师："那么真正的问题是，如果不加班，我们就无法满足顾客需求，对吗？"

工程师："不。问题就在于机器人。"

老师："好，我们去生产线实际查看一下吧。"

于是老师与工程师一同前往生产线现场，工程师想带老师到机器人那里，向老师展示"问题所在"。但老师知道，由于任何原因导致的生产线中止最终都会影响到满足生产需求的能力，而机器人故障仅仅是其中一种可能性。所以工程师只是在沿着因果链向下寻找原因，而没有向上去追根溯源。老师带工程师到生产线的终端观察生产流程。几分钟后，他注意到流程中止了。

老师："生产线为什么中止了？"

工程师："员工在换岗。"

老师："换岗的频率如何？"

工程师："每半小时换岗一次，但无法对此做出改动，因为这会导致员工方面出现大问题，出于人体工程学的考虑，大家一致同意半小时换岗一次。"

老师："我关注的不是他们的换岗频率，而是当他们换岗时，生产线中止了 4～5 分钟。也就是说每小时要耗费近 10 分钟，几乎损失了 20% 的时间！"

他们继续观察生产线，这次观察的时间更长一些，生产流程再次中止。这次是由于运输的集装箱装满了，需要等待材料处理人员把它挪走，再拿来一个空的集装箱换上。

老师："生产线为什么中止了？"

工程师："集装箱装满了，需要换新的。要想避免这种情况，唯一的方法是安排一名材料处理人员在此全职工作，但我们没有足够的材料处理人员，无法做到这一点。"

老师（神情严肃）："解决任何问题都不止一种方法。我相信我们可以设计出一种更换集装箱的体系，既不会使产品流程中止，又不需要在此安排全职的材料处理人员。不过，现在，我只想了解真正的问题。"

对于工程师而言，因果链呈如下形式：

问题：机器人出现故障。

为什么？3 号装载区出现故障信号。

为什么？螺母无法输送。

为什么？设备设计不当。

这样的思考路线终点在哪里呢？它会通向死胡同！而且人们会耗费大量的时间与金钱，力图解决一个非常艰巨的问题。而同时，"坠得低低的果实"正在从树上掉下来！

反方向考察问题

现在，让我们来看一看老师头脑中的因果链。首先，他从工程师指出的问题开始思考，使用"因此"的分析方法，一步步沿着因果链回推，直到他确定发现了真正的问题，其思考方式如下所示。注意我们从感知到的问题点切入，然后一步步向上进行"因此"的回推，直到发现真正的问题。

因此：生产流程如果不加班就无法满足顾客需求。这是真正的问题。
因此：生产流程无法制造零部件。
因此：产品流程中止。
因此：生产线中止。
机器人发生故障。从感知到的问题入手，步步向上推进，发现真正的问题。

一旦找出了真正的问题及其表现症状，就可以比较真正问题的全面含义，并考虑解决此问题的意义和价值。即使这样，我们仍有必要对问题的程度及特点进行定义。

定义问题

为定义一个"问题"，需要了解以下四则信息：

1. 目前的实际业绩和一些历史趋势的详细信息。
2. 期待的业绩（标准或目标）。
3. 问题的重要程度（以实际业绩和期待业绩的差异来判断，有时称为"差距"）。
4. 问题或者情况的程度和特点。

使用一幅图来展示这些信息，要比千言万语的说明更加形象，让人一目了然。尽量使用形象的趋势图（见图14-5）来解释具体情况。趋势图应包含足够的历史数据，显示这种状况持续的时间长短（如果可以，建议至少显示6个月的信息，以获得长期的业绩改善机会）。显示数据的方式应使问题的特点清晰可见。例如，该问题看起来朝更好的方向发展、朝更糟的方向发展还是保持原状？了解这些特点将有助于判断解决此问题与其他问题相比的重要程度。如果该问题朝着更糟的方向发展，可能需要立即采取措施（如短期对策）予以解决。如果情况朝着好的方向发展或者保持原状，则可以预测未来的结果（不可能变得更糟），也可以理解不采取任何行动的做法，因为不采取任何行动也是一种可以考虑的方案。

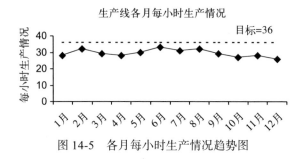

图 14-5　各月每小时生产情况趋势图

绘制趋势图的目的是将情况形象地展示出来，以便人们做出准确的评估。要最佳实现这一目标，必须使用真实数据，而不是假定的数据或者凭感觉来的数据。对于带有"我认为"或者"我感觉"这类字眼的数据，要格外小心。我们的目的是使问题显现出来，明确地了解问题的特点，以便知道需要如何去解决问题，以及解决起来的难度如何。如果试图粉饰问题的表述方式，不能反映出问题的真实状况，则无助于解决问题的流程。

此外，还要考虑问题的稳定性。问题产生的结果是每天（或者每个阶段）始终如一，还是在好结果和坏结果两个极端间有很大波动？如果在不同阶段某问题的变化幅度很大，则表明情况处于失控状态。造成问题的因素可能有很多，很难将这些因素独立分列出来。间歇发生的问题分析起来则更加困难，因为该问题并不是一直发生，时断时续，因此很难直接观察到问题发生，要找到导致该问题的原因常常需要进行持久观察。

图 14-6 至图 14-11 是利用微软 Excel 的制图功能生成的图形（主要为了便于打印）。Excel 会根据数据点的高低和变化范围自动选择刻度尺。大多数情况下这种刻度的选择是有效的，可以形象地将问题显示出来。而通常收集数据和绘制数据的工作由人工完成（丰田更倾向这种做法），使用的刻度尺是不正确的。这些图显示了绘制数据以彻底了解问题时所遇到的一些普遍情况。

图 14-6 中数据点的数量不足。在此例中，人们无法从图中清楚地了解问题的趋势。通常我们需要观察 6 ~ 12 个月的历史数据，才能获得对一个问题趋势的清晰的了解。要了解趋势，最好还能有每月平均结果概要，来显示问题更高层次上的长期方向。

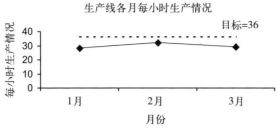

图 14-6　图中数据点不足，无法观察出趋势

图 14-7 将了解问题日常特点所需的细节信息全部显示出来。该制造流程每天的业绩都在一定幅度内有所变化。这个流程没有达到稳定的水平，每天的变化表明可能有多个问题导致流程不稳定，因此这是一个相当艰巨的问题，很难解决。

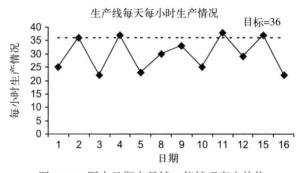

图 14-7　图中日期点足够，能够观察出趋势

图 14-8 与图 14-7 所显示的数据相同，但由于图中使用了较小的刻度尺，业绩的变化被人为夸大了。从外观上看，问题要比真实情况更加严重。必须保证绘制的图形能够产生正确的视觉效果，这样大家才能对前面面临的挑战有清晰的了解。

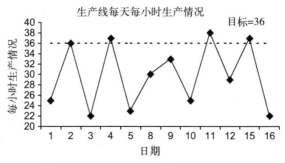

图 14-8　图中由于刻度尺较小，变化幅度被人为夸大

图 14-9 与图 14-7 和图 14-8 所显示的数据相同。注意，在图 14-9 中变化幅度看起来十分平缓。该流程看起来更加稳定，因此具有误导性。图中使用了极大的刻度尺，人为地造成了平缓的效果。

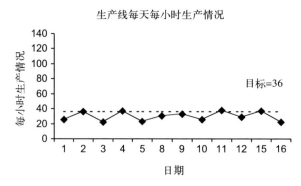

图 14-9　图中由于刻度尺较大，变化幅度被人为地缓和

图 14-10 对一周中每天的数据进行平均，显示了比较平缓的变化效果。图中的视觉冲击力被减轻，无法看出该流程固有的每天的变化幅度，因此给人造成错觉，误认为该流程相当稳定。

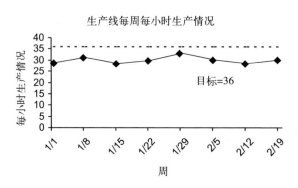

图 14-10　图中由于对数据进行平均，变化幅度被人为地缓和

如第 8 章所述，在形成一种暂停生产线以解决问题的文化时，收集数据是一个重要部分。若能够"实时"发现问题并立即解决问题，公司会取得最大的收益。用来解决问题的数据应该从长期的趋势和解决"系统性"问题的角度进行解释。

建立强大的支持依据

前面的例子表明，问题发生时往往会伴随一些症状的出现。就公司业务而言，这些症状将在确认业绩指标时反映出来。例如，"无法满足顾客需求"这个问题将同时反映在加班增加、装运失败或延迟、存货增加等症状上。这些相应的指标可以为问题的效力及解决问题的价值提供支持性依据。

丰田使用这些相应的指标为关注最重要问题的流程提供支持。丰田使用下列标准对问题进行评估，根据评估结果决定哪些问题需要立即处理：

- **重要程度**。该问题在顾客满意度、部门目标或公司目标的整体大局中重要程度如何？安全问题自然是最重要的问题。
- **迫切程度**。哪些截止期限需以该问题的解决为前提，如果未能在截止期限前完成任务，会造成什么后果？有能力在顾客要求的截止期限发生变更时完成任务，这被视为非常迫切的问题。
- **倾向**。该问题是越来越糟糕、正在改善，还是维持原状？比较不同问题时，必须考虑是否有解决每个问题的必要。

通过说明某个具体问题对顾客服务、质量、安全或者成本产生的影响，可以为解决该问题的必要性提供令人信服的论据。这种优先化的方法可以保证将资源适当地集中在最重要、最有价值的问题上。

安全性应永远占据最重要的位置，紧接着应当处理的就是对顾客产生消极影响的问题，具体包括装运失败、装运延迟、质量问题等。比较成本是较容易的方法，可以保证对重要的问题进行即时的处理。丰田模式要求解决任何问题都要建立一个强有力的理论基础。如果没有建立强有力的理论基础，则必须询问这样一个问题："你为什么要挑选这个问题？"支持性指标的设计安排与上面所述的问题症状模型相同。

图14-11展示了一个问题说明的完整例子。注意图中的概括说明及示意图就足以解释发生问题的情况和产生的相关问题。此例用图形来说明问题，并使用了一些简短的说明性文字。图中显示，真正的问题是无法满足生产需求。因此，必须加班来解决问题（而这会造成成本的增加），顾客服务水平也会受到消极影响。问题的支持依据让我们得以对问题进行估量，并决定解决此问题能够带来的益处

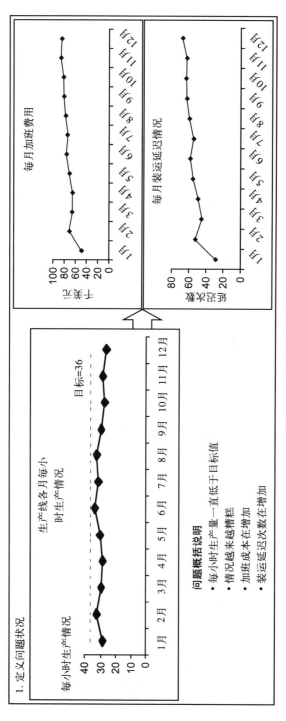

图 14-11 完整的问题说明

（同时对解决问题时进行的投资进行理性判断，保证投入的时间与经费能够得到令人满意的回报）。

现在我们已经彻底了解了问题及该问题对其他业绩指标的影响，并决定纠正状况、解决问题，那么，我们下面应该深入了解一下发生问题的原因。

反思问题

发现并挑选一个你想解决的问题，利用它对第 14 ~ 18 章的内容进行反思。你应该选择一个重要的问题，但不是你面临的最困难的问题之一。我们建议你先从简单的问题开始来学习解决问题的流程，然后再去处理复杂的问题。

1. 收集与该问题相关的信息，并根据下面的标准来定义问题：
   a. 用折线图来显示历史实际业绩（至少 6 个月的数据）。
   b. 显示目标或标准（当前和未来目标或标准）。
   c. 发现实际业绩与目标业绩之间的差距。
2. 考虑你认为可以描述该问题的信息。
   a. 你是否确定已经找出了"真正的问题"？
   b. 你能否与安全、质量、交付、生产力或者成本业绩指标建立直接的联系？
3. 明确解决此问题的重要意义。
   a. 找出与此问题相关的其他问题（受此问题影响的其他问题）。使用图形对这些问题进行量化显示。
   b. 你能否证明必须"挑选这个问题"？
   c. 量化表示解决此问题的价值（不要花费 1 美元去解决一个只值 5 美分的问题）。
   d. 是否值得你或他人花费时间来解决这个问题？
   e. 你想投资多少来解决此问题？
4. 根据你在回答上面问题时所量化的问题价值，决定解决问题应采用的最划算的方法。
   a. 你会亲自"处理问题"吗？
   b. 你会将问题委托给他人，自己仅仅做些追踪工作吗？
   c. 解决该问题是否需要大型团队、小组或者个人的参与？

The Toyota Way Fieldbook | 第 15 章

进行彻底的根本原因分析

丰田的一个口号是"好主意，好产品"。在解决问题流程的分析阶段，这一口号格外有意义。丰田高度重视逻辑思维能力与创造性思维能力，因为丰田坚信只有经过完整慎重的思维过程才会产出最佳的成果。丰田的每一位管理人员都了解，人的创造性是具有最重要价值的因素——它是让丰田在竞争中立于不败之地的关键。

在解决问题流程的分析阶段，应该对之前不了解的一些领域进行深入研究。这有点儿像侦探工作，又有点儿像科学实验，同时也是发现新事物的好机会。分析工作处在"啊－哈"阶段，应在此阶段收集根据，反复询问"为什么"，并找出问题的根源。揭示了问题的根本原因后，解决问题的"答案"则显而易见。这时候，"好主意"将带来最佳的解决方案——效果明显、简单而精致、成本低廉且保证质量。

正如爱因斯坦所言："重要的是永远不要停止发问。"

有效分析的原则

有效的分析是发现并了解导致问题的许多潜在原因的关键。找出潜在原因后，则有必要缩小范围，重点关注最重要的原因。丰田的成功在很大程度上是由于它具备全面分析状况的能力，并能够在最明显的原因之外，挖掘出许多其他原因。下面这些原则是组成丰田行事方法的重要部分：

1. 绝对不能让预先设想的问题原因蒙蔽分析工作。如果对发生问题的原因想当然，会妨碍有用的分析，并很有可能带来糟糕的结果。

2. 一直遵循"现地现物"的原则来查明问题的来源。寻找问题原因时不能依靠他人或者数据；利用手中的信息来指明需"亲自查看"的地点；必须通过亲自观察，找出导致问题发生的原因。

3. 分析工作应持续进行，直到确定发现了导致问题发生的真正原因或根本原因（使用"5次为什么"的方法）。

4. 几乎在任何情况下问题发生的原因都不止一个，因此分析工作必须全面。丰田公司通过4个M来评估问题的原因，即人力（man）、方法（method）、材料（material）和机器（machine）。

5. 由于存在许多可能的原因，因此有必要缩小范围，重点关注一些最重要的原因。缩小范围可以集中精力，取得更大的成果。

6. 在分析过程中，目标是找出导致问题的原因，以便将问题解决。这避免了将问题推给他人的倾向，迫使解决问题人员考虑这个问题："我们能做什么？"

7. 通过彻底而完整的分析，人们可以找出问题的根本原因，并明确需要采取的具体改善行动。从问题到原因，再到解决方案，有一条可观察的、明显的路径。

8. 彻底而完整的分析能够提供事实数据，让人们能够对解决问题的潜在结果进行精确的预测。判断解决问题的确切成果非常重要，因为它迫使人们对考查问题的能力与效率进行评估。

同丰田模式的许多其他方面一样，我们认为流程是取得成功的关键因素。注意，在下面的对话中，人们先入为主地得出结论，没有找出简单而真实的问题的答案。利用下面这个问题说明的例子，我们可以这样开始"5次为什么"的流程：

问题说明："生产线每小时的产量低于目标值。"

如果我们询问我们的团队"为什么"，可能会得到如下答案：

1. 因为机器出故障。
2. 因为操作员缺席。
3. 因为我们的零部件用完了。
4. 因为操作员没有接受过培训。
5. 因为调试时间过长。

每个答案也许都是"正确的",但正如本书第14章中的工程师与丰田精益老师之间的对话所述,它们在沿着"5次为什么"因果链向下寻找原因,而不是向上追根溯源。第一个问题只关注直接的问题:"为什么每小时的产量低于目标值?"那么,正确的答案显而易见:"因为我们每小时没有生产出足够的零部件。"知道关注的重点至关重要,这样我们才能培养自己的思维,了解整条因果链。如果略过因果链中显而易见的环节,则导致对问题发生的原因过早得出结论,因此忽视其他可能的原因。这是思维过程中最大的风险之一,也是最大的挑战之一。

> **误区 多思考更简单、更明显的答案**
>
> 大多数情况下,人们常常试图将"5次为什么"的流程纳入5个框框,力求"找出"一条正确的因果链,其中包括5个问题的"答案"。这一流程并不适合预先制定的模板格式。因果链可以在任何层次分支,并在每个层次得出未知数量的答案。如果你正努力找出5次为什么,很可能跳过了因果链中的一些环节。应花些时间思考更简单、更明显的答案,从而发现所有的可能性。

继续提问,我们会询问:"为什么我们每小时没有生产出足够的零部件?"这时,人们仍会倾向略过最明显的答案,但如果采用不同的思维方式来看待这个问题,我们可以得出这样的答案:"因为我们失去了制作优质零部件的机会。"任何产品都是利用人员与机器的时间,以及可用的材料来完成生产的。这样说来,造成生产短缺主要有两个原因——时间的损失和材料的损失(报废品)。注意,这种思维方式也对可能的原因缩小了范围,把最重要的原因与不太重要的原因区分开来,以重点关注。在上面的例子中,人们针对第一个问题立刻提出了一连串的原因。而在这种情况下,很难缩小范围,将关注的重点放在最重要的原因上。

更容易的做法是先将关注重点保持在一定的小范围内，再通过有效询问来逐步分割可能的原因。此例中，5 次为什么的链条如图 15-1 所示。

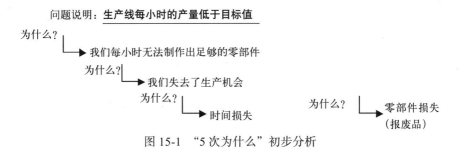

图 15-1 "5 次为什么"初步分析

在这一层次，"5 次为什么"的链条首次发展出了分支。在对两个分支询问"为什么"之前，必须知道哪个分支是最重要的原因。了解这一点才能使关注的范围进一步缩小。为了更好地示范，我们假设报废品非常少，时间损失比较大，于是继续沿着这一层次的因果链进行分析。在实际操作中，必须实际确认每个项目的整体影响，绝不能靠假设来决定。我们也许可以取得报废品数量的数据，容易将其量化显示，但是时间的损失则要求到工作现场实地查看（现地现物），以确定损失的时间量。

询问"为什么"时，不要一下子跳至链条下方更深层次的问题。仔细考虑生产流程中的时间损失，询问直接的问题，尽力使关注重点保持在小范围内。寻找详细答案所在的广泛范畴。当沿着因果链向下寻找答案时，不要忘了使用"因此"的方法。如果出现"调试时间过长"的答案，则应该使用"因此"来寻找答案。用在此例中则是："因此机器很长时间没有运转。"下一步则应是："因此我们损失了时间。"如果针对其他的问题使用"因此"的方法，"机器不运转"（或者"生产线不运转"）可能是一贯的主题。这就是我们寻找的广泛范畴。另外，不断的质疑可能让我们了解到，由于生产周期过长而导致的时间损失也是一个主要的原因。现在，"5 次为什么"的链条如图 15-2 所示。

如图 15-2 所示，因果链再次发展出分支，这时候必须到实际工作场所进行查看。为了提高观察能力，你必须学习"带着目的查看"。根据上述分析，你观察的目的是什么？目的是去查看是否存在生产周期导致的时间损失或者生产流程不运转的情况。

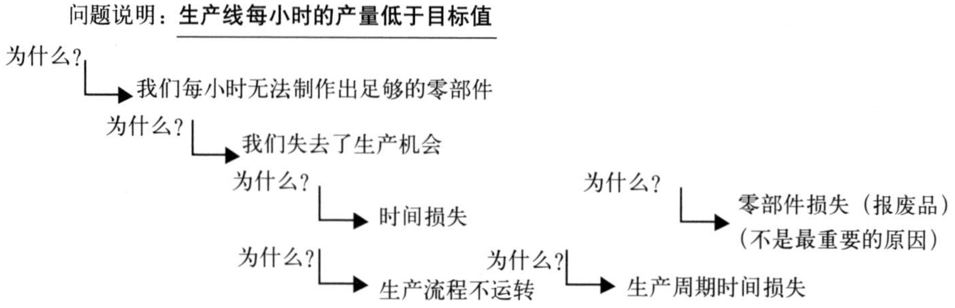

问题说明：**生产线每小时的产量低于目标值**

为什么？
　→ 我们每小时无法制作出足够的零部件
　　为什么？
　　　→ 我们失去了生产机会
　　　　为什么？
　　　　　→ 时间损失　　　　为什么？
　　　　　　　　　　　　　　　→ 零部件损失（报废品）
　　　　　　　　　　　　　　　　（不是最重要的原因）
　　　　　为什么？　　　　为什么？
　　　　　→ 生产流程不运转 → 生产周期时间损失

图 15-2　"5 次为什么"二阶段分析

丰田的一般思维方式是先考虑周期时间损失。所谓周期时间损失，是指进行生产运作时每个周期发生的时间损失，因此它们发生的概率很高。这些小损失的累计效应可能非常大。另外，减少生产周期的时间损失将立刻带来回报，而且这种回报具有持续性。立竿见影的小回报会一直持续下去，这实在是令人满意的结果。通常，由生产周期导致的少量时间损失很容易弥补。具体可能包括操作人员过多或者机器移动过多、等待导致延误或者处理过度（多做不必要的工作）等原因。当然，这些都是浪费的不同表现形式，而杜绝浪费是主要的目标。

到实际工作现场查看时，你可能会看到周期时间损失和生产流程中止的其他例子。你需要收集这些信息，来了解每个问题产生的整体影响——重要程度、紧迫性和发展倾向，简单的方法是使用图 15-3 所示的创造价值（value-added）和非创造价值（non-value-added）⊖ 分类列表。这个例子来源于具体的拉锯作业，但这里得出的列表比较典型，可代表大多数制造作业的情况。记住，因果链的各个环节都与时间损失相关，或者是周期导致的时间损失，或者是生产线不运转或无法创造价值导致的时间损失。所以，你得出的清单既包括周期时间损失，也包括运转时间损失。由于最终的目标是通过因果链找到与最初问题相关的原因，因此我们只关注那些在创造价值的工作中耗费时间的活动。换言之，如果操作员在执行一项非创造价值的任务，但在操作员执行任务的时候机器在创造价值，那么改善这个项目则不会减少问题的发生，因此不是一项有益的改善。我们应最先处理那些可以直接减少创造价值的时间，从而导致生产损失的项目。

⊖　欲了解更多详细信息，参见 Bill Costantino, "Cedar Works: Making the Transition to Lean", in J. K. LiRer(ed.), *Becoming Lean*, Productivity Press, 1997.

图 15-4 继续进行此例的因果分析（5 次为什么）流程，沿着黑体字形成的因果链，找到文本框内导致问题发生的根本原因。

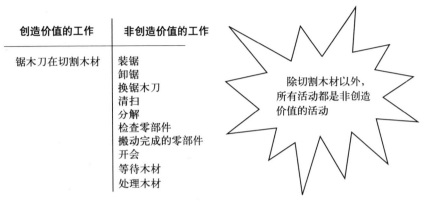

图 15-3 创造价值 / 非创造价值分析

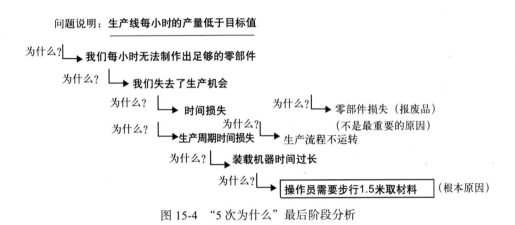

图 15-4 "5 次为什么"最后阶段分析

丰田使用这一流程来不断缩小范围，把最重要的原因与不太重要的原因区分开来（使用 80/20 法则），集中精力关注可带来最大收益的问题。不断挖掘根本原因的做法同时也会发现一些容易改善的原因，以及改善后能够解决最初问题的原因。我们可以将这一过程想象成一个漏斗，如图 15-5 所示。

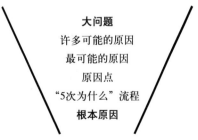

图 15-5 缩小范围与集中关注的流程

探索可解决的问题原因

人们在任何分析过程中都存在一个倾向，即过早跳至头脑中预先设想的原因。过早下结论的做法往往是由于一些问题超出人们的能力或者责任范围。丰田模式的一个关键的思考流程是假设寻找解决问题者可以直接控制的那些原因。在分析任何问题时，总是可能发现一些超出解决问题者直接控制范围的原因。例如，常常发现材料供应商出现失误，或者维修部门、工程部门等支持性团队出现失误（有人将此戏称为"5个谁的责任"，其目标是找到"根本的该受指责的人"，而不是根本原因）。另外还有一种倾向，即认为对某些原因应"听之任之"，因此排除了改善的可能。下面的例子说明了这种现象。

在图 15-3 所示的锯木作业分析阶段，人们断定清扫时间是导致生产损失的一个原因。锯子分 3 个班次工作，每个班次会分配 30 分钟进行清理工作，这样下来每天就损失了 90 分钟。根据图 15-2 的分析，显然该作业面临着无法满足每天生产需求的问题。这里存在改进时间损失的机会，因此目标应是抓住这些机会，弥补时间损失。其因果链如图 15-6 所示。

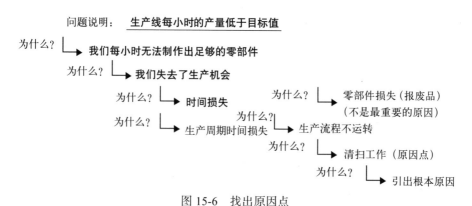

图 15-6 找出原因点

这里清扫工作是"原因点"。找到原因点将为人们提供发生问题的时间和地点。在此阶段尚未确定发生问题的根本原因，因此应不断询问"为什么"。

领导者问："我们为什么要清扫？"试图找出根本原因。

可能的答复是：

"这有助于保证安全。"

"这使工作区保持良好的面貌。"

"我们想拥有一个清洁的工作环境。"

"因为老板说我们需要清扫。"

"这有助于保证产品质量。"

"这是我们 5S 方案的一项内容。"

每个答案都是正确而有效的，但表明这些答案是不容怀疑的"充分的理由"，因此是"理所当然"的。举例来说，谁会质疑清洁的工作场所会提供更安全的环境呢？谁会质疑老板的要求呢？但事实上，没有一个答案有助于解决问题！这些答案全部都通往死胡同。它们的假设是人们缺乏改善的能力与责任。回答"为什么"这个问题的答案，必须与把握时间损失的机会相关，而且必须是可解决的。

下面我们以减少清扫时间为目标来思考问题。目前的时间损失是每天 90 分钟。如果将清扫总时间减少 50%，即每天 45 分钟，可能产生什么效益？我们可以进行十分简单的计算，算出增加的 45 分钟生产时间可能产生的生产效益。可以制定目标，将清扫总时间减少 50%，并确立新的生产目标。这是分析工作的一个关键点——必须量化表示结果，必须明确了解原因对问题产生的影响，这就是目标。

如果问题"我们为什么要清扫？"的答复变成"因为不然会很脏"，继续沿着这条线问"为什么会变脏？"，则会得出根本原因。目标是减少清扫工作所花费的时间，因此要从防止灰尘、将问题影响减至最低的角度入手，从而减少清扫时间，增加生产时间。如果能到工作区直接去查看灰尘如何产生及产生的地点，则会对发生问题的原因有明确的了解。灰尘是否得到了有效的控制？是不是从设备上露出的？找出灰尘聚集的区域，是否有可能避免碎片聚集？可以将某些区域（如机器下方和桌子下方）封住，防止灰尘聚集。观察一下清扫方法：清扫工作是否有效？是否可以通过改进清扫方法来减少清扫时间？在此，我们看到，"因为不然会很脏"这个答复提供了一个角度，产生了许多改善的可能。

通过现地现物的方法了解真正的原因点后，在解决问题者控制范围内的许多改善机会都会呈现出来，并取得优秀的成果。如果认真考虑问题的原因，将"为什么"的答复保持在解决问题者的控制范围之内，这样会产生巨大的机会。

将根本原因分析提炼成最简单形式

需要注意的一点是，任何一个问题都有许多可能的原因，因此也就有许多根本原因。试图使用"5次为什么"的因果链将所有原因列出来，将是非常耗时、令人厌烦的工作。虽然有必要了解探寻问题根本原因的思维流程，但为了集中精力，最好回到起点，沿着因果链对每个原因的真正意义进行分析，有效地将最重要的原因分离出来，并提供具体的数据，显示出可能的改善程度。

丰田解决问题流程的一个关键是极为简洁地展示大量信息的能力。这样，员工即可提取可用的信息，以人人了解的方式来进行简单而明确的交流。丰田模式将信息提炼到只留最相关细节的程度。同上级、下属和同事们一起探讨信息，一直是解决问题流程中的一项重要内容。提供大量信息的做法让许多人必须花费精力去理解或阅读，这反而为读者帮了倒忙。想象一下，如果有10人或20人，每个人都要阅读全部的信息，然后从中仔细筛选，得出适当的结论，那将是多大的浪费！

一幅图胜过千言万语

为使信息简明易懂，应该用图来描述问题的分析过程，这与丰田的"视觉工作场所"理念是相一致的。为了解释生产能力的损失，见图15-7的柱形图分析。在这种情况下，计划生产能力是假设生产流程100%运转下的产出水平。图中可能不包含生产周期时间损失或报废品损失的隐藏性机会，但抓住了导致损失发生的基本原因。

正如图 15-2 的因果链所述，导致生产损失的原因是时间的损失和报废品的损失。这两个原因又引出多种原因，使因果链产生分支。图 15-8 使用排序图形象地描述了这种情况。

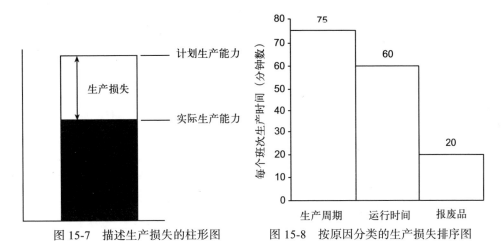

图 15-7　描述生产损失的柱形图　　图 15-8　按原因分类的生产损失排序图

图 15-8 中排序分析的结果表明，减少生产周期的损失是潜力最大的改善机会。亲自到生产区进行实地查看（现地），再经过简明扼要的工作方法分析（利用本书第 6 章描述的标准化作业流程），就会得出如下的基本作业步骤：

1. 取原材料（走向机器）。

2. 装载机器。

3. 启动生产周期（走向启动按钮）。

4. 进行检查工作（走回检查区）。

5. 将完成的零部件装箱（走向容器箱）。

6. 卸载机器（走向机器）。

7. 重新开始新的工作周期（走向原材料）。

继续遵循以图表显示信息的模式，图 15-9 将各项工作任务所需要的时间信息用一个堆积条形图（也叫山积图）呈现出来。

除了了解每项工作任务所需的时间外，描述工作流程也有助于形象地理解问题（见图 15-10）。这幅流程图描述了第 6 章介绍的标准化作业图的情况。

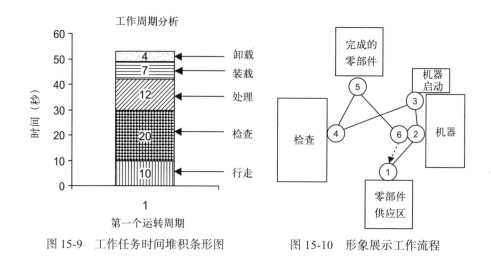

图 15-9　工作任务时间堆积条形图　　　图 15-10　形象展示工作流程

全部集中汇总：一页 A3 纸报告

通常，分析阶段会占据解决问题流程的大部分时间。分析工作的主要目的是了解因果关系，找出充分理由，并保证纠正这些原因会带来有效的改善，从而解决问题。我们必须将发现的基本信息明确地表达出来，这样才能够解决问题。一种方法是在一张 A3 纸上呈现所有信息。丰田使用 A3 纸这个名词来描述用单页显示解决问题活动的做法（A3 纸是欧洲规定的大小为 42 厘米 × 29.7 厘米的纸张）。

要在一张单页纸上描述出整个解决问题的流程，需要将所有信息简明扼要地表达出来。显然，在分析阶段发现的问题的方方面面不可能在一张纸上解释清楚，单是因果链的分析就常常会占据一页多的空间。图 15-11 显示了分析阶段完成的一张 A3 纸分析报告。这是根据上面提到的问题说明制作出来的（欲了解撰写 A3 纸报告流程的详情，参见第 18 章）。

深入发掘可能的原因

前面提到，丰田公司的解决问题流程是一项协作性的活动。最初的问题"你为什么要选择这个问题"的主要目的是就解决某问题的需要达成共识，并保证大

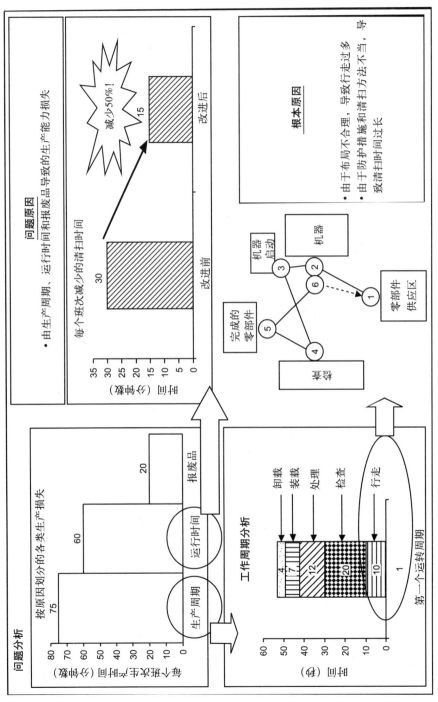

图 15-11　分析阶段完成的一张 A3 纸分析报告

家对该问题都有清楚的了解。分析工作一旦完成,解决问题者、上级和小组则要共同合作,再次对情况进行考量,确保考虑到问题的方方面面。在考量阶段往往会询问这样的问题:"你是否考虑到了这一点?"或者"你为何得出那个结论?"。如果略去因果链中的一些明显环节,质疑会特别多。解决问题者往往会重新进行分析工作,考虑另外的可能性。每个丰田的管理人员都了解认真完整地分析问题的重要意义,不会莽撞行事,进行可能白费力气的"纠正"活动。

完成分析阶段后,人们应该对发生问题的大量可能原因有清晰的了解,缩小范围寻找根本原因,并明确理解必须采取的解决方案,其中包括与实施解决方案的效益相关的具体细节。

下面我们回顾一下本章讨论的主要内容:

1. 用新鲜的视角分析每一个问题,遵循现地现物的原则,亲自到工作区实地查看。
2. 进行方法分析,目的是找出解决问题者能够解决的原因。
3. 不断缩小范围,分离出最重要的原因,并据此重新确立分析关注的重点。
4. 判断根本原因,应使人们明确理解必须采取的解决方法。
5. 分析工作应以事实和数据为依据。应对根本原因进行量化,且在实施解决方法前对改善效果做出预测。

反思问题

继续探讨在第14章"反思问题"部分中你发现的问题(记得吗,我们当时告诉你要记住这个问题,以备以后讨论之用),完成下面的活动:

1. 列出导致该问题的所有可能的原因,然后缩小范围,留下3个"可能性最大"的原因。
2. 从3个原因中选择一个进一步调查,判断这是否是导致"根本原因"的原因。在解决问题流程中,判断根本原因是最重要的一个环节。一定要保证在开展改善行动之前已经进行了彻底而全面的分析。

    a. 亲自到问题发生的地点实地查看。
    b. 观察问题情况,使用"5次为什么"的方法,追踪可能的原因,直至找到根本原因。每一个"为什么"问题的答案应该建立在事实性信息的基础上，不要根据主观推测作答。

c. 使用"因此"的方法追溯至问题说明，确认你的逻辑无误。

d. 有没有可能证明问题与可能性最大的原因和根本原因之间存在联系（如果你能够随意使问题发生或中止，则证明已经找到了根本原因）？

3. 定位"原因点"（根本原因发生的实际地点和问题的发源地）。

   a. 许多大问题存在多个根本原因，因此有多个原因点。找出 3 个最重要的原因点。

   b. 不断进行评估，直到找到实际的原因点（你可以看到问题实际发生）。

4. 直到找出并确认导致问题的根本原因后，再去寻找解决方法。要抵制提前寻找解决方案的诱惑。

   a. 彻底测试你得出的结论，证明已找到了根本原因。

   b. 确定根本原因得到控制后，实际问题将得以解决。

The Toyota Way Fieldbook | 第16章

考虑各种可行的解决方案，建立共识

正如任何问题都有很多可能的原因和根本原因，解决任何问题的方案也不止一种！解决问题者的创造力是丰田思维模式的一个重要方面，因此很少有绝对的最佳解决方案，不过一些关键概念可以指导人们的评估过程。典型的解决问题流程常常包括下列步骤：

1. 广泛考虑各种可能性。
2. 淘汰不切实际的解决方案，或者合并相似的项目，使解决方法清单上的数目变少。
3. 依据简单、成本、控制范围、快速实施能力等标准对解决方案进行评估。
4. 就提出的解决方案达成共识。
5. 检验想法的有效性。
6. 选择最佳解决方案。

广泛考虑各种可能性

丰田许多年轻的工程师投入巨大的精力对解决方案进行详细说明，他们觉得这是十分自豪的事情。他会热情洋溢地向上司或者指导教师展示解决方案，但也会有些许紧张，因为指导教师是该领域的专家，会找出提案中的一些弱点。指导教师很少费力去仔细研读该解决方案和支持性文件，而是询问这是不是考虑到的唯一的解决方案。年轻的工程师会解释说有文件材料可以证明这是个很好的解决方案。但指导教师会继续问："可是，会不会有更好的解决方案呢？"于是工程师又得重新回到制图板，寻找其他可能的解决方案。实际上，指导教师也许觉得这已经是个相当完美的解决方案。他在尝试教导的是一种思维方式。

《丰田模式》一书中记载了普锐斯车型的研发过程。要在极短的时间内生产出首款混合动力车，丰田面临着巨大压力。然而，总工程师仍然决定要考察多种可能的解决方案。丰田全球总工程师内山田武要求发动机团队找出所有可行的混合动力发动机方案。方案总计 80 种，后来缩减至 10 种，再留下 4 种在计算机上进行模拟，最终选出了一个满意的解决方案。同样，为该车型选择款式时，他在位于丰田、东京、巴黎和加利福尼亚州 Calty 的 4 个丰田设计工作室中举行设计竞赛，得到了 20 种可行的设计方案，后来选出 5 种绘制出详细的草图，又从中选择 4 种制作出实物大小的泥塑模型，最后选出 2 种杰出的设计方案。他们对这两种方案进行了全面的评估，又要求加利福尼亚工作室和日本工作室对各自的设计进行多轮的改进，最终采取了加利福尼亚工作室的设计方案。

我们可以采用很多方法来列出可行的解决问题方案，研发普锐斯车型时使用的团队竞赛就是一种。让团队成员共同参与项目的另一个有用的方法是头脑风暴。许多公司在实验"小组观念"时尝试过这种方法，但仅仅将它看成小组活动的一项内容，最终不再青睐此方法。事实上，头脑风暴十分有用，可以确保对某一主题进行全面彻底的评估。其失宠的原因往往是人们一开始对问题的分析不到位，且对评估解决方案并逐步缩小范围选出最佳方案的流程了解得不够。

> **误区　解决方案不止一种**
>
> 要警惕这类看法："解决这个问题仅有一种方法。"有一次，一位持这种看法的人对自己提出的方案进行解释，认为该方案需花费 1 万美元——然而后来经过进一步的评估，最终实施了另一个有效的解决方案，只花费了 200 美元（而且使每年的成本节省了 8 万美元）。因此，要永远记住，任何问题的解决方案都不止一种！

评估的简单性、成本、控制范围和快速实施能力

依据简单性、成本、控制范围、快速实施能力等标准进行评估，能够保证实施成本效益最高的解决方案，但首先应该淘汰效率不高的对策。

在进行头脑风暴时，人们可能会提出许多古怪的或者不切实际的想法。这些想法无可厚非，因为头脑风暴的一个原则就是"不存在坏的构想"。人们提出的各种想法都要等到头脑风暴活动结束后再进行评估。尽管我们期待头脑风暴过程中能够提出大量发人深省的想法，但并不是每个想法都值得作为一个可行的解决方法予以考虑。应该将那些不可行的想法直接淘汰，或者合并相似的想法，使解决方案清单上的数目变少，然后对清单上的想法进行进一步评估。

现在，我们可以使用下面4个标准，来评估清单上各个可能的解决方案：

1. 实施该方案是否在你的控制范围内（你是否不需要外部支持即可实施）？
2. 可不可能快速实施该解决方案（最好今天就开始）？
3. 该解决方案是否简单有效？
4. 该解决方案耗费成本低吗？或者，更妙的情况是，无须耗费任何成本？

上述这些评估标准相互依存，通常不存在满足一个标准却不满足其他标准的情形。例如，可能有人提出一个解决方案，要购买一台新机器（"如果我们购买了那台机器，就可以制作出更多的零部件"）。这个解决方案就同时违反了上述4个标准。购买新设备不可能完全在你的控制范围内。即使你可以控制，也无法快速实施该方案，而且毫无疑问，这不是一个简单可行、成本低廉的解决方案。

如果利用上述标准进行评估，将逐渐形成某种特定的解决方法模式。丰田公司最先考虑的一类解决方案是改变工作方法。改变工作方法实施起来十分简单，只要告诉工人改变执行工作的方法即可。工作方法的改变通常是在直属监管员的控制范围之内。改变工作方法耗费的成本极低，可能只需要一张新桌子、一个新工具、一个配件之类的。而且，工作方法的改变可以立即实施！

> **小建议　高科技的并非最好的**
>
> 人们在解决问题时，往往倾向于选择"昂贵的"或者"高科技的"解决方案。总是有人建议采用最新的技术或者机器设备，但事实上只有在极少的情况下才需要使用这种技术；而在等待"最终的"解决方案期间，完全可以考虑一些可立即实施的短期改善活动。

> **小建议　要考虑投资回报率**
>
> 不要花费 1 美元去解决一个只值 5 美分的问题（这是公司倒闭的最快途径）。简单易行、低成本的解决方案的优势在于，这样可以划算地纠正不太严重的问题原因（有许多这样的原因），从而提高投资回报率（ROI）。最好能够花费 5 美分去解决一个价值 1 美元的问题！

> **误区　鼓励立即实施改善工作**
>
> 需要进行后续追踪或者需要他人投入的一些解决方案将会延长收效的时间。大多数情况下，人们需要经过几周后才能对这类解决方案的成效得出结论。在最终解决方案进展期间，一定要鼓励解决问题者立即实施改善工作。

建立共识

使用上面四个评估标准后，也许解决方案清单上的数目会大大减少。由于人们选择变少，也消除了可能影响最佳方案选择的个人偏见和主观性，因此很容易达成共识。现在，如果将可选方案缩减至两三个，但无法对最佳方案达成共识，则可以进行下面的步骤：对每个构想进行测试，证明其可行性，将每个方案的优势和劣势清楚地呈现出来。大多数情况下，通过测试可以从可能的解决方案中筛选出最佳方案，人们也就更易于就此达成共识。

需要注意的一点是，"共识"并不意味着完全同意提出的解决方案。我们常常听到管理者在一起讨论让员工适应变革所面临的困难。这其实是一个错误的想法，认为每个人都必须同意并期待变革。其实，共识意味着大家都同意接受所提出的解决方案，即使有人觉得这不是最佳的方法。如果有人拿"我的方法"比对"你的方法"，提出了不同的意见，只要同意尝试这两种方法，让大家判断哪个是"最好的"，即可很容易地解决这个问题。当然也存在一些例外，即并不存在明显的胜出方案，如果发生这样的情况，可以使用投票或者类似方法来确定人们更偏向的选择。

持续改善的模型表明，一切事物都将持续发展。因此，今天实施的想法，也许到明天就会发生改变。一般来讲，如果认真遵循解决问题的流程，人人都明确了解导致问题发生的根本原因，则比较容易就某个提出的解决方案达成一致。在解决问题流程的每一个步骤，大家都要达成共识，到这个阶段，大多数人都已经对解决方法持有一致意见，准备实施了！

测试想法的有效性

在实施计划的解决方案前，必须确认其有效性。测试工作需要在制订实施计划前进行。执行一个成功概率小的解决方案是没有意义的。丰田公司取得卓越成果的能力主要在于实施任何方案之前都先确认其实施效果。

那么，丰田如何在实际实施方案之前去证明一个想法的有效性呢？丰田使用科学的方法设计实验，来模拟实施某方案产生的效果。模拟实验在"真实世界"中进行，尽可能选择在实际工作场所进行模拟。如果在真实世界中测试不切实际（如需搬动机器），可以使用硬纸板模型或者木制实物模型来检验构想的有效性。

例如，如果根本原因如下："由于布局不合理导致操作员走动过多。"对此进行模拟实验时，实施模拟的人员可以"假设浪费的情形"，让一名实验小组成员将原材料交给操作员，好像工作区已经重新进行了布置。这样，操作员即可在暂时消除浪费情形的条件下执行工作。实验小组成员也可以将原材料放在不同位置，实验出最有效的材料摆放位置。这样做让操作员和实验小组成员都有机会亲自看到递交材料最有效的方式，同时也有助于递交原材料设备的设计，如运货车、滑移式货架、导槽等。操作员可以提供直接的反馈意见，实验小组成员则可以体验到任何方法的优缺点。

图16-1展示了操作员在模拟阶段的工作流程。图中的虚线代表实验小组成

员回到零部件供应区，取得下一个零部件并将其送至第一步中操作员手里的过程，展示了改进原材料布局带来的成效。这样做会缩短操作员的走动时间，从而缩短生产周期时间。可以使用秒表来测量缩短的时间，十分简单易行。

还可以进行进一步测试，展示重新配置检查流程和重新放置成品容器带来的成效。图 16-2 显示了一个改进的工作流程。

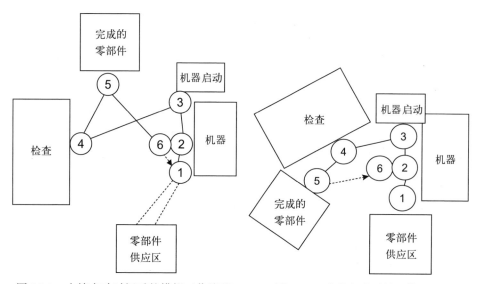

图 16-1　去掉走动时间后的模拟工作流程　　图 16-2　改进完成后的工作流程

进行模拟时必须重视工作人员的实际需要。模拟工作绝不能打扰到工作流程或者使操作中止。实施模拟工作的人员有责任观察周围情况，如果发现测试工作为操作员带来负面影响，则应立即停止测试。当然，安全永远排在第一位，实施测试人员必须观察任何变更活动，以防出现安全问题，其中包括对人体工程学产生的消极影响。

经过对基本想法的测试和必要的调整后，就可以全方位开始实施工作了。如果对解决方案进行了有效测试，进一步调整的需求则会减至最低。

选择最佳的解决方案

根据模拟测试的结果选出最佳方案，就可以安排实施工作了。偶尔也会发生这样的情况，即经过测试后，发现某构想不切实际或者难以继续下去。在测试阶段发现这一点，可以让实施测试人员直接了解思维中的不足（注意，丰田公司不会说某个想法"不好"，只会说思维方式还不完善）。操作员也看到实施测试的人员认识到了不足，因此无须担心他会提出无效的解决方案（也不用担心他们无法摆脱错误的解决方法）。重新回到可能的解决方案清单，常常会找到另一种可选方案，当然也需要对该方案进行测试证明。

正确定义问题，解决方法则水到渠成

你可能注意到，本章与前面两章相比篇幅相对较短。事实也是如此，在解决问题流程中，大部分精力都应该花在定义问题、分析问题、寻找问题的根本原因上。找到根本原因后，解决方法则常常显而易见，十分容易理解。评估阶段面临的最大挑战是使解决方法与当前的问题相关，集中精力解决个人或小组控制范围内和职责范围内的问题，找出简单可行的解决方法，并尽快付诸实施（今天开始最好）。领导者必须不断指引努力方向，保证工作不会偏离正轨；必须鼓励员工发挥创造性思维，探究各种可行的解决方案，不断询问这样的问题："你为什么选择这个方案？""你还考察了其他哪些解决方法？"。

丰田的管理者已经掌握了解决问题的方法，而且成功率相当高。他们以事实信息为依据进行仔细的分析，可以在实施方案前判断该方案带来的益处。他们通过对可能解决方案进行测试与验证，可以彻底了解其成效，然后选择出最佳的方案。他们不断瞄准、瞄准、再瞄准，确保准确击中目标——正中靶心！

📖 反思问题

1. 为第15章中你找出的每个根本原因提出至少两个可能的解决方案。再同他人探讨你的方案，使每个根本原因的可能解决方案数目加倍（增至至少4个）。这种做法可以挑战你的思维能力，但不要因为其难度大而放弃，直到清单上解决方案的数目翻倍为止。

2. 使用一个矩阵对每个解决方案进行评估，根据下列标准进行排序：

a. 实施提出的解决方案是否在你的控制范围内？

　　　b. 解决方案的实施是否简单易行（最好通过改变工作方法即可）？

　　　c. 提出的解决方案能否快速实施？

　　　d. 提出的哪个解决方案耗费的成本最低？

3. 未实际实施方案前，制定一种方法，对满足上述标准的每个可行方案进行测试。

　　　a. 是否需要对这些解决方案进行改动，以便更有效地解决根本原因？

　　　b. 应使用什么方法来证明每个解决方案的有效性？

　　　c. 量化每个解决方案的潜在效益与成本。

The Toyota Way Fieldbook | 第 17 章

计划—实施—检查—处理

我们现在终于到达实施阶段了！许多人急于开始实施工作，往往会在解决问题流程中的前面步骤走捷径。这是极其严重的错误！如果没有明确定义问题，你如何知道应努力改善什么，需要付出多少努力才能实现目标？你可能会向一个不存在的目标开枪。如果没有经过全面彻底的分析，你如何知道要瞄准哪个目标？你可能会看到很多目标（潜在的问题和原因），甚至会击中一些目标。但是，如果你射向错误的目标，能实现预期的结果吗？不大可能。你可能会"修正"一些问题，觉得自己"取得了不错的成果"，但重要的业绩指标不会呈现出任何改善。为避免发生这种令人沮丧的情况，必须首先定义问题，对根本原因进行全方位的分析后，再实施解决方案。

不过，打起精神来。你将进入实际的实施阶段了！其实，对于一些简单的问题，从全面考虑问题，到发现问题原因，再到提出解决方案的全过程都可以在一次简短的会议上完成。倘若你确信至此已经针对正确的问题找到了恰当的解决方案，仍然还要等做好一些工作后，再着手实施工作，如搬动物品、建造货架等。根据休哈特（Shewhart）提出的著名的"计划—实施—检查—处理"（plan-do-check-act）循环，我们首先应该制订一个计划。实际上，至此所做的一切工作都是计划的一部分，但仍然需要制订行动计划这一步骤。

计划：制订行动计划

有许多工具和方法可以帮助你制订行动计划，包括名目繁多的项目管理软件。但除非发生特别复杂的问题，否则这类工具大都派不上用场。丰田模式的一个普遍的主题是，方法或工具的重要程度比不上使用者的思维过程与技巧。这一主题也适用于行动计划的制订。最重要的目标是大家对计划形成一致的理解，群策群力。如果计划不明确，或者大家不能共同努力完成任务，则势必造成资源的浪费，且取得的成果微乎其微。

丰田使用"对策"这个词来描述提出的解决方案。按照丰田的理念，问题永远不会得到真正的解决。对策仅仅能够缓和问题产生的影响。我们可以将对策划分成短期对策和长期对策。

在丰田，人们一般认为大多数对策都会快速实施（一周之内），因此短期对策与长期对策的定义是指某对策全面的持久性。按照他们的理解，短期对策是指暂时性的对策，像邦迪创可贴那样，能够起到暂时缓解的作用，直到实施更加有效、更加长期的解决方案。在某些情况下，如果没有找到更有效的解决方案，暂时性的方案则会成为永久方案。这一理念是，永远都要考虑一项可以立即实施的行动，使问题情况立即得到改善。

例如，发生质量问题时，如果断定导致问题发生的根本原因是工具的问题，需要对工具进行全面的整修（这是一项长期对策），则应利用短期对策来减少瑕疵情况的出现，并确保产生的瑕疵品不会流入下一个生产流程（站内流程控制和纠错功能——差错预防）。在第15章引用的锯木作业的例子中，问题在于生产线的产量不足，而清扫时间是导致问题发生的一个重要原因，于是实施了一项暂时性的短期对策，使因清扫导致的生产时间损失降至最低。工厂安排了一些临时工，负责在生产线的计划中止时间（如休息时间、午餐时间等）进行清扫工作。这项对策可以立即付诸实施，并在等待永久的长期对策期间收获效益。

有效使用短期对策和长期对策，丰田得以在实施最终解决方案的同时收获当前效益，至少可以暂时性实现症状的缓解（就像阿司匹林的作用一样）。大多数情况下，最终解决方案的实施难度很大，或者靠现有的能力无法实施（如第14章中讨论的机器人故障的例子）；在等待实施最终解决方案时，会造成大量时间的浪费和生产效益的损失。丰田公司高度重视保护顾客（这是下一个流程）的利益，不允许任何问题对顾客造成影响。这一理念使短期对策的实施非常关键。

长期对策旨在一劳永逸地解决导致问题的根本原因。具体实施时间可能在一星期或几个月之后。在这些情况下，最好将任务分成较小的渐进式工作。这样做有两点好处：

1. 较小任务的检查频率间隔也比较小。人们可以密切监视工作进展情况，并在工作进度滞后时提供协助。

2. 一小部分工作完成后即可对想法的有效性进行检测，不会发生整个流程完成后才断定想法有误的情况。

例如，建议对 2 000 个独立的零部件实施材料补充看板流程是一项重大的工作。完成这项工作总共可能需要花费两三个月的时间。团队需要分析并决定各个具体的设计参数，包括追加订货点、容器规格、系统所需看板数目等。如果团队在实际实施看板内容前对所有 2 000 个项目进行分析，他们可能会发现其基本理论存在错误。但也许发现时已经到了实施流程的最后阶段，会浪费大量的时间。此外，在这两三个月中，工作不会取得任何成效。究其根本原因，就在于没有分解成小的批次，是大批量实施工作的结果。

如果将这项任务分解成 4 部分，先从最常用的 25% 的零件入手（这样可以最先获得最大的效益），团队则可以验证解决流程的有效性，确保实现预期的结果，并在流程初期获得部分成效。3 周后，团队可为其活动提出反馈意见，并立即进行检查，确保整个任务按时完成（6 ~ 9 周后再次提出反馈意见）。丰田遵循这些指导原则，不但可以从这些改善活动中收获即时效益，还可以保证长期的成功。

> **小建议　分解长期对策**
>
> 　　将长期对策分解成较小的渐进式工作，这基本上是将"均衡化"的概念应用于解决问题的流程中。在生产运作中，较大的时间范围（例如 1 个月）首先被分解为较小的每天生产任务（通常是每个班次）。每天的生产需求再经过进一步划分，分解成每小时的生产需求，这样就可以做到每小时检验生产成果。按照这种方式，可以在一天当中根据检查频率（每小时）不断做出

> 调整，保证在一定时间段终止时（先是一天，然后是 1 个月）成功完成任务。应用均衡化原则来解决问题，大大提高了实现预期结果的可能性。

"计划"的核心是详细列出"什么、谁、何时、在哪里"等信息，必要时还应加上"如何"。先从短期对策着手。找出可以缓和问题影响的行动（即控制问题发生）。也要找出能确保问题不会影响到其他领域（尤其是顾客）的行动。

找出确保对策成功完成的负责人（要指定具体的个人，不要让一个团队负责）。负责人不需要实际参与行动的实施，但有责任和义务解释计划、协调多方面努力、安排其他资源、按计划检验工作进展，并提供流程的最新进展情况。

> **误区　应指定个人负责**
>
> 许多情况下，人们常常将保证对策成功完成的责任与实际执行工作的责任混为一谈。常常会将较复杂的问题指定给"某团队"负责，而不是指定给具体的个人，因为人们觉得实施工作会需要更多的人员，或者整个团队都想投入或参与工作。这种做法会导致个人责任不明确、预期模糊的情况，因此收获的成果十分有限。一定要明确指定一位乐意担当领导者职责的个人。必要时可以安排他人提供支持，但承担责任的必须是领导者。在丰田，人们总是十分明确哪个人应对实施工作的成果负责。这是责任的实质。

需要注意的一点是，在某些情况下，对策的实施应该按阶段或者按顺序进行。例如，针对导致质量问题的根本原因，如果同时实施多个对策，人们则很难了解每个单独对策的有效性。这种"猎枪"式的方法可能导致成功，但无法明确了解究竟是如何取得成功的。在科学方法中，如果进行的实验结果不具重复性，就无法得出有效的结论。就本例而言，由于人们不了解成果究竟是如何实现的，无法对成果进行有效复制，也就无法保证未来解决问题活动的有效性。

图 17-1 显示了一个行动计划概要（以第 15 章介绍的锯木作业的清扫工作为例）。注意这并不是一个完整的详细计划，没有详细说明团队的具体行动内容和责任。但对于评估该行动的其他人来说，并不需要了解那么多细节。总体思路是，如果实现了预期成果，则可以推断行动计划与实施工作一定做得很好，因此

不必了解每一个细节（如果实现了预期结果，则无须验证思考流程）。

行动项目	短期对策/长期对策	负责人	时间安排			
			第一周	第二周	第三周	第四周
在中间休息和午餐时间进行临时清扫工作	短期对策	M. Scarpello	△			
将纸盒用胶带粘在机器上收集灰尘	短期对策	D. Danis	△			
减少行走时间——重新布局材料摆放位置与检查位置	长期对策	D. Spiess	○—△			
调换启动按钮的位置	长期对策	M. Kissel	○——△			
在桌子四周围上防护罩来减少清扫工作	长期对策	M. Nicholson	○———△			
为机器增加收尘箱	长期对策	P. Kenrick	○	X		
整修4台机器吸附灰尘（每周一台）	长期对策	B. Costantino	○	X	X	△
图例：开始 ○　　完成 △　　工作进程检查 X						

图 17-1　行动计划概要

实施：实施解决方案

现在，你终于可以着手实施工作了。你已经接近了终点线，但是可能还没有完成全部任务。实施了解决方案，却在完成工作时发现还有其他改进机会的情况十分常见。发生这种现象的原因在于，人们往往在实施了最初的步骤之后才能够看到更多的可能性。想象一下你自己看一段楼梯的情形。如果直视前方，只可能看到位于你正前方的那阶楼梯。如果踏上一阶后，你的视野则扩展到下一阶。这种不断攀爬、呈现出下一阶的过程，就是持续改善的过程（参见图 20-8）。

由于持续改善没有止境，人们可能会问："一项工程到底何时能够完成？"答案在于何时能成功实现问题说明中确立的目标。如果定义的问题得以解决，则可以正式宣布改善活动已经完成。但是，丰田将会继续积极处理各个层面发生的各种问题，不断做出小规模的持续改善（如第 13 章中所述）。维持改善成果的责任将移交至工作区的负责人。

有时候，一个问题的解决方案将造成另一个不太严重的问题，需要进行修正。实施人员必须继续观察，予以纠正，直到生产流程按计划运转。

检查：检验成果

如果在选择解决方案时你已经对各种想法进行过测试，则可以说你已经确认了解决方案的有效性，并对改善效果进行了证明。现在唯一要做的工作是在改善活动后收集实际流程数据,并按照当初绘制问题的方式,将其绘制成图。显然,如果要展示成果,必须有一个比较的底线,这样才能证明进行的改善工作有效。令人惊讶的是,多数情况下"改善"之前的资料竟然无法找到!没有比较的基点,如何才能证明取得了进展呢?一般来说,这是由于解决问题的愿望太过迫切,没有对问题的程度范围进行充分了解(没有数据,对问题严重程度的判断仅凭一种主观的"感觉")。

改善的结果可以分为两个层面:与正在处理的根本原因直接相关的改善和影响最初问题的改善。如果发现的根本原因位于正确的因果链上,根本原因改善的结果应当采用"因此"的方法沿着因果链向上推进,从而引起最初问题的改善,如图 17-2 所示。

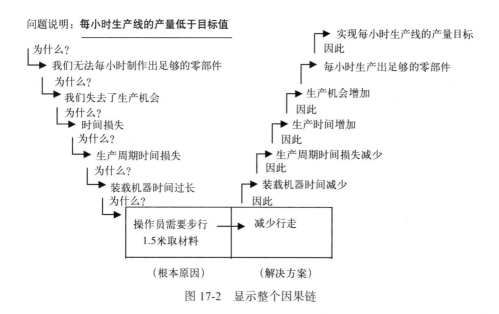

图 17-2　显示整个因果链

> **误区　不要考虑与问题无关的"成果"**
>
> 如果能正确遵循解决问题的流程,实施的解决方案将能够产生预期的成果。不要考虑与问题无关的"成果"。举例来说,工作区照明系统的改善与"无法满足生产需求"的问题就是不相关的。呈现的成果必须与所说明的问题及其相应各项指标直接相关。

检验成果的重点应放在问题说明中定义的高层次的问题上。在处理这些具体的问题时，可能实现不相关的效益。例如，上文所述的工作区的改善将减少所需的工作区面积。这并不是我们的主要目标，但它提供了潜在的效益，可能在日后为我们所用。

图 17-3 显示了一个完整的成果概要。

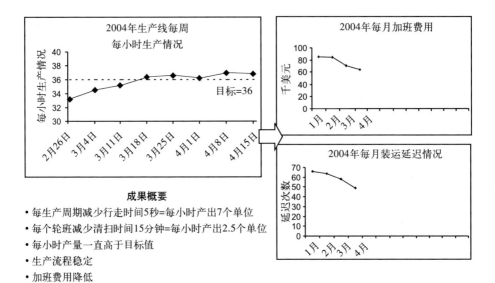

图 17-3　完整的成果概要

> **小建议　制作新图表**
>
> 描述成果时，必须在完成对现状的分析后开始制作一个新的图表。不要简单地将数据添加到现存的问题说明图中。成果概要图应以问题说明图的终止日期作为其起始日期。例如，就我们讨论的情况而言，挑出问题的时间是 2004 年 12 月，因此问题说明图中显示的是到 12 月为止发生问题的情况。而 2005 年 2 月才开始对实施方案的结果进行追踪。当然，你可能想绘制一个从实施前到实施中再到实施后的趋势图，来展示持续改善的情况。

处理：对解决方案和行动计划做出必要调整

可以看出，整个解决问题的流程是一个持续改善的过程：提出假设，测试假设，评估成果，调整假设，重新测试，评估等，直到实现预期成果。经过不断的练习，你的技巧会得到提高，首次成功的概率也会逐步增加。如果能够彻底了解根本原因及每个原因对整体问题造成的影响，就很容易对所提出对策的效果做出预测。对对策进行实验与模拟工作，可以在大量投入时间或者资源之前，对所提出的解决方案的有效性有一个清晰的了解。

在这个重要阶段，必须"站在圆圈内"，密切观察实施方案后产生的变化，检验实施的方案是否产生了预期的成果。实施解决方案造成新问题的情况并不少见。有时这些问题与人们不习惯新方法有关，因此必须能够将"可调整的问题"与"真正的问题"区分开来。在某些情况下，核心问题被分解为几个小的部分，出现的是一些较小的问题。应继续处理这些小问题，直到生产操作顺利运行（不要试图杜绝所有问题，因为这是不可能的，致力于这个目标可能要花上你一生的时间）。

> **误区　将解决问题与统计学分析混为一谈**
>
> 我们在描述"假设、评估、测试……"的科学方法时，一些读者会立即想到六西格玛。当然，六西格玛的 DMAIC 方法论与 PDCA，以及这里讨论的解决问题方法是互相兼容的。但是，我们看到，六西格玛在一些初学者的手中变成了统计练习，而不是思维练习。由于没有明确地定义问题，他们花费数月的时间对错误的资料进行认真的分析，很少进行去现场亲自查看的活动，实施的解决方案过于简单化，或者是完全错误的。丰田模式关注的是事实，常常是最纯粹、最简单的事实。正如马克·吐温所言："事实不会圆通，统计数据可有张巧嘴儿。"

处理：确定未来步骤

解决问题的工作成功完成后，应当庆祝一下，对参与人员的努力表示认可。

团队成员能够有效地识别出问题原因、发挥创造力，并在制定对策时表现出杰出的思维能力，这时应对他们的工作表示祝贺。不过，这并不意味着这时就可以故步自封、高枕无忧了。持续改善的本质思想在于，一个问题解决后，另一个问题又接踵而至。这是在提醒人们，成功解决一个问题后，还有更多问题需要关注。

解决问题的活动完成后，应对"下面的步骤"或者"未来的步骤"进行讨论，提醒大家这是一个持续改善的流程。这一阶段尤其应处理以下 4 项事宜：

1. 制订计划对现存活动中遗留的小问题进行收尾工作。这可能包括一些尚未实施的事宜，或者一些需要进行修正的事宜。

2. 解释并指定相关责任人，负责保持现有改善成果，实施持续改善的工作，并说明该工作区领导层提供支持的方式。这一点至关重要，因为改善成果常常由于未指定具体责任人而无法保持（人们常常认为领导层肩负着这些责任，但是必须明确说明他们具体的工作内容，以及执行工作的时间与方式）。

3. 确定是否需要提供帮助，来解决超出解决问题团队控制范围之外的任何问题。这可能包括来自原材料供应商的问题，需要采购部提供支持，或者需要设备制造商提供帮助。

4. 改善团队或者个人必须向前展望，挑选出下一个问题。这通常是工作区下一个最重要的问题。

除了上面 4 个问题之外，在某些情况下需要将本次改善活动的一些信息资料在公司内部共享，为经历类似问题或者实施类似流程的工作区提供借鉴。通常，确保信息共享是管理层的责任。改善团队的各成员可以为其他团队提供必要的技术经验。

上文中讨论的锯木作业未来可能采取如下步骤：

1. 继续改善遏制与控制灰尘的活动。
2. 小组负责人实施每天的 5S 评估，团队领导者实施每周评估工作。
3. 开发一个自动卸载装置，进一步减少生产周期时间。
4. 改善装卸工作，进一步减少生产周期时间。
5. 开展改善活动，纠正导致装运延迟的其他原因。

最终实施行动

解决问题流程的实施阶段是最终实施变革的阶段。这时应该制订计划，开始实施解决方案，并验证结果。大多数人都迫不及待地想踏入这一阶段。但是，如果进行变革后没有实现预期的成果，这时人们则会感觉十分沮丧！你可能需要对自己和他人进行培训，培养足够的耐心，掌握必备的技巧，彻底评估问题，认真分析问题，以找出导致问题发生的根本原因。这种将实施工作的兴奋暂时延后的做法（即不急于实施解决方案）从长期来看会带来更大的回报。计划—实施—检查—处理阶段的重点内容如下：

- 始终考虑短期的暂时性对策，以获得即时成效。
- 将较大的任务分解成较小的部分，为每一部分确定完成日期和评估标准。
- 对某项工作负责并不意味着负责人需要亲自执行任务，他们应负责保证工作实施的进展与成果。
- 检验成果的唯一方法是保证在实施方案前有一个有效的评估流程，以便人们对改善前后的结果进行比较。
- 解决方案实际实施后，可能需要做出一些调整。遵循现地现物的原则，仔细观察新的生产流程，确定没有大问题。
- 终止解决问题的流程时，要对未来进行展望。不断发展的含义是永不停止！改善的流程永远没有终止，要将这一理念确立为工厂的预期。

反思问题

许多人高度重视解决问题流程的实施阶段，这是一种错误的做法。他们认为"使行动成为现实"是收获成果最重要的一步。其实，要收获卓越的成果，最重要的步骤是有效地找出导致问题的根本原因。如果找出了根本原因，必要的纠正措施则一目了然，实施后将会实现预期成果。因此，在开始采取措施解决问题之前，应多花些时间确保找出了正确的根本原因。

1. 评估你公司中的业绩成果，这些成果是否表明你实行的解决问题的活动实现了预期成果？

2. 评估最近进行的解决问题活动或者持续改善活动，判断整体的成效。

   a. 你是否发现实施了很多活动但并未实现预期的成果？

   b. 导致这种情况是由于忽略了解决问题流程中的哪个方面？特别注意观察是否明确识别出了问题并正确判断出导致问题发生的根本原因，还是人们只是开始向表面的问题展开"射击"。

   c. 是否恰当地运用了短期的暂时性解决方案和长期的永久性解决方案？

3. 针对你一直处理的那个问题，完成如下工作：

   a. 确保为每项行动清晰预测出成果，包括具体的评估手段和实际数量。

   b. 制订一项行动计划，其中既包括短期对策又包括长期对策。视情况决定使用哪些对策。

   c. 如果解决方案需要投入大量的精力，则将工作分解为 4 个部分，并为每个时间段确定具体的行动任务和预期目标。例如，需耗时 1 个月的活动可以分解为 4 个部分，每个部分的时间段为一周，每周都有明确的预期目标。

   d. 明确定义每个行动项目的实施人、工作内容，必要时同时说明实施方式。

   e. 你的行动计划中应详细说明新旧方式过渡阶段谁负责提供支持工作。在进行变革时应该保证有人在工作区，确保变革顺利过渡。

4. 实施方案前，应确定评估每项活动有效性的标准。

   a. 确认完成改善行动前的基准评估，以便和改善活动后的业绩进行对照比较。

   b. 确定评估流程，并确认正确记录工作成果。

   c. 绘图表示工作区的改善成果，并定期同大家评论探讨。

   d. 定期监控工作流程并判断是否需要对计划做出调整（如果尚未实现计划的成果）。

5. 解决问题的流程"完成"之后（不断发展的理念意味着改善工作永远没有终结，但到达某个点后，你会将注意力转移至其他问题），确定未来应采取的适当步骤。

   a. 完成行动计划中未完成的事项。

b. 制订计划来保持改善成果，包括指定一些具体人员直接负责保持日常的改善成果。
c. 确定是否需要另外提供支持，以便全方位解决该问题。需要时，安排必要的支持工作。
d. 对其他问题进行评估，确定接下来要解决哪些问题，并为解决这些问题制订计划。

The Toyota Way Fieldbook | 第 18 章

使用 A3 纸报告来说明情况

撰写报告时，简单的形式可能带来更好的效果

解决问题的过程是一个运用思维的过程，而将东西记录下来有助于人们进行思考。那么，究竟怎样去记载每一步骤的关键信息与重要决定，以便同他人分享这些信息，了解别人的想法，并根据他们的意见做出适当修改呢？要记录复杂的解决问题流程，人们头脑中往往会浮现出堆积如山的数据、大量的纸张，或者在现今时代背景下，一个可以用多种形式提取信息的在线数据库。然而丰田公司使用的方法十分简单，只需要铅笔、橡皮和一页纸。这通常被称为"A3 纸报告"。为什么使用 A3 纸呢？最初是因为丰田公司在世界各地的工厂中进行的大部分信息交流都是使用传真进行的，而 A3 纸是能放入传真机的最大规格的纸张。

一页纸能容纳多少信息呢？如果你看看由经验丰富的管理人员制作的 A3 纸报告，就会找到这个问题的答案：大量信息。A3 纸报告上记录着什么信息？答案是：只有最本质的信息。

A3 纸报告的重要意义并不在于你将大量信息填入框子的高超技巧与绘制花哨图表的能力，它是一个交流工序。A3 纸报告是解决问题流程与决策流程中不

可或缺的一部分。报告上只显示最关键的信息，以便与他人分享，并认真评估所应用的思考过程。它是一种要求支持、征询意见并达成共识的途径。

丰田外部的许多人没有意识到丰田为实现杜绝浪费的目标煞费苦心，已经将这项工作拓展到公司的方方面面，其中包括信息的显示和根据信息进行决策的过程。丰田显示信息的方法清晰而简洁，分享信息只需极短的时间。用这种方法来安排信息，需要将信息提炼为完整、清晰且容易理解的形式。讲述情况时只使用最少量的文字说明，本质上是一种以图形呈现信息的方式。如果能按照正确的方法描述信息，只需花上 5 分钟或者更短的时间来阅读或解释即可了解信息，并容易做出决策。英国前首相丘吉尔当年曾对一份冗长的报告讽刺道："该文件的长度让它避免了被人阅读的风险。"精心制作的一页 A3 纸报告可以避免发生这种情况。

在丰田外部，我们见到的大部分精益活动的陈述报告都缺乏能够保持重点和方向的基本结构。它们往往偏离主题，通常的结果是许多人面临过量的信息，却没有一个清晰的逻辑流程，因此将大部分时间浪费在次要的谈话与信息整理上。参加培训课程时所做的笔记、操作程序和精益原则的讨论等都被束之高阁，从未拿出来阅读。A3 纸报告的作用不只是让人阅读，也是人们在解决问题流程中用到的一部分。

确定如何使用 A3 纸报告

在丰田，许多不同情况都使用 A3 纸报告来说明。它们本身并不是"报告"，但每页 A3 纸上应说明一个具有开头、中间情节和结尾的情况。图 18-1 显示了 4 种常见的 A3 纸报告类型。其中一种是建议提案，其他三种则是各种报告——一种说明解决问题的情况，一种说明项目的进展状况，另一种是信息报告。这些不同类型的情况之间存在一个自然流程。通常，项目最初源于一个建议提案，获得批准后将对此项目投入各种资源，然后，在项目进展的过程中，将需要解决问题流程报告、项目重要里程碑的进展状况报告和展示结果的信息报告。每个人依据特定的目的，为说明各自的情况制作报告，但丰田有一些制作 A3 纸报告的标准格式。

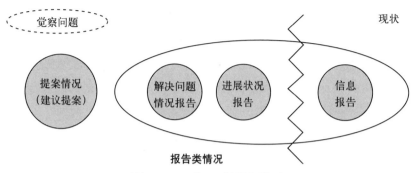

图 18-1　4 种 A3 纸报告类型

在某些情况下，他们使用 A3 纸报告来建议变革，例如改变工作流程或者采购某项设备（一些公司将其称为"业务个案"）。针对这些"提案类情况"，其 A3 纸报告中应包括问题说明、现状分析、建议行动（变革或购买）和预期结果（预期成本与改善成果）等内容。报告中应显示足够的信息，以便人们容易做出决定。在丰田，任何大笔的开支都是一项重要决策，如果没有显示足够的信息，A3 纸报告一定会被返还给制作人，要求他去收集另外的信息资料。图 18-2 显示了提案情况的 A3 纸报告格式。

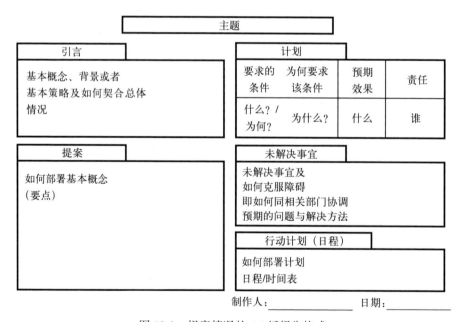

图 18-2　提案情况的 A3 纸报告格式

图 18-3 显示了一个重要项目中关键里程碑的"进展状况"报告格式。例子有年度计划、项目评估、新产品工程设计中的设计评估等。进展状况报告开始必须明确说明目标、实施方法、迄今取得的总体成果、未解决的问题及相应的处理措施等。所有的提案、解决问题和进展状况的 A3 纸报告中都必须包含行动计划。

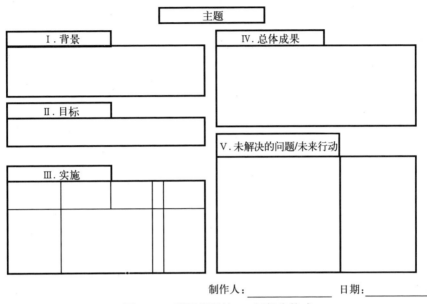

图 18-3　进展状况的 A3 纸报告格式

A3 纸报告的唯一目的是传达信息。报告中没有评估成分,也不需要对问题进行描述,这类报告的唯一目的是向公司内外的人员传达一般信息。信息类 A3 纸报告中,形象化是非常重要的一个原则,制作这种报告有许多可能的方法。

每一类报告的应用都可以单独撰写出一本书。在此我们只集中讨论一种最为复杂、最为深入的 A3 纸报告:解决问题报告。

解决问题 A3 纸报告流程

根据展示内容和呈现信息的时间不同,在解决问题流程的不同阶段会使用多种不同格式的 A3 纸报告。解决问题的流程包含 3 个不同阶段。第一阶段是提案阶段,这时要使用提案情况 A3 纸报告。实际上,这一阶段又包含两个层次。最初的提案就是否处理问题取得共识。如果大家一致同意，在找出根本原因后，提案阶段则进入下一个层次。这时的提案主要是就提议的解决方案获得大家的接受与批准。

提议的解决方法得到人们的认可，开始实施时，解决问题的流程进入第二阶段，即进展状况报告阶段，这时会用到进展状况 A3 纸报告。这一阶段为他人提供进展信息及最新状况，证明活动按日程表顺利开展。这也是质疑并探讨思维完整性的一个机会，必要时可提供额外的资源，保证改善活动按时完成。

第三阶段是活动完成后的最终报告。通常这时候不需要去进一步质疑活动本身的细节。报告的重点是完成的结果。一般情况下，直到实行的各种对策已经成功杜绝了问题的发生，预期的成果已经实现后，才会制作最终报告。最终报告的主要目的是对进行的活动及团队或个人的成功表示认可。颂扬他们优秀的思维过程与工作流程。同时也要提出这样的问题："下面要做什么？"下面一个"挑选"出来的问题是什么？

表 18-1 显示了解决问题流程中的 3 个阶段，以及每个阶段中如何使用 A3 纸报告。在实际决定进行解决问题的活动之前，必须将问题放到其他问题的背景下进行评估。如果遵循第 14 章中列出的方法完成了说明问题的步骤，则可以使用这些信息进行比较，十分容易。也可以探讨其他可行的方法，如谁来解决这个问题、需要多少人、时间范围（取决于问题的紧迫性）等。问题的最初提案中应提出大量问题，确保正确识别出真正的问题，从而保证获得批准，继续采取下面的步骤。

表 18-1 解决问题 A3 纸报告流程

活动前	活动中	活动后
提案报告	进展状况报告	最终报告
·同其他问题进行总体比较	·检查进展情况	·确认成功完成并实现成果
·阐明目标	·确认活动方向	·庆祝成功
·提供指导	·提供指导	·评估未来的问题
·考虑其他选择	·提供额外的支持	
·取得共识，获得批准	·提供额外的资源	

大家一致同意执行某提案后，则制作进展状况报告。根据具体活动性质不同，可能每周或者每月制作报告。A3 纸报告的开头部分（问题说明与分析，第 15 章已经对此讨论）在每次更新报告时保持不变。这些信息在性质上属于历史信息，人们将之用于简要回顾的"补习课"，但数据并不发生改变（除非有必要

进行新一轮的 PDCA）。A3 纸报告用来显示实施工作的进展情况以及目前的改善成果。更新的信息包括距离工作完成所剩的时间、工作进度的延迟和修正计划，以及任何需要他人支持的问题与挑战。一个常犯的错误是计划落后于进度时，需要等很长时间后才制订应变计划。这会使改善活动无法按时完成。

A3 纸报告概述

将情况展示在一张纸上的方法总是遵循相同的基本格式，不过每个部分的实际内容和分配的空间各有不同。图 18-4 显示了一张"解决问题情况"的 A3 纸报告的基本格式，图中标明了每个部分的具体位置，并用箭头表示信息流。标题最开始显示活动的"主题"、制作人姓名、日期和其他相关信息（如工厂或部门）。下面，页面从中间向下分为两栏。

大多数情况下，问题定义与陈述（问题说明）与问题分析这两部分会占据 A3 纸报告的整个左半边，如图 18-4 所示。具体说来，一般将左半边纸的下方 2/3 空间留作分析，上方 1/3 空间用作问题定义与陈述。分析工作是解决问题流程的核心，因此应占据大部分空间。如果没有经过全面而准确的分析，实施任何解决方案都会被误导，不会取得预期成效。在某些情况下，如果问题特别复杂，涉及很多事宜，分析部分可以超出左边下半页，占据页面右半页的篇幅。这些只是指导性原则，并非硬性规定，因为格式应当为内容服务，而不应让内容在格式面前妥协。如果某个部分需要占据更多或者更少的篇幅，则应当相应地做出调整。

页面的右半边通常是留作实施计划、成果和未来步骤的篇幅，如图 18-4 所示。通常成果部分所占篇幅最大，这也表明每个部分在解决问题流程中的相对重要程度。解决问题活动的总体目的是改善结果，因此成果应当是 A3 纸报告页面右半边的核心。你还记得吗？我们前面曾说如果进行了全面而准确的分析，根本原因就显而易见了。而如果找到了根本原因，解决方案则水到渠成。这种关联性在 A3 纸报告中必须明确表示出来。这样，就无须概括实施工作的细节了。我们可以这样思考：如果进行了正确的分析并有效实施了对策，则会实现预期的结果。倘若没有实现预期结果，或者是由于分析有误，没有找出有效对策，或者是由于实施方法不当。

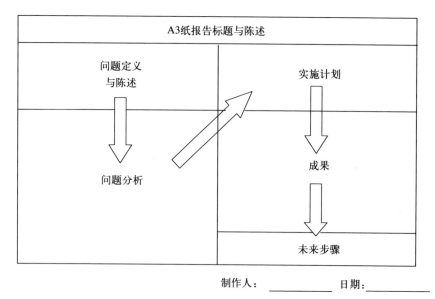

图 18-4　解决问题情况的 A3 纸报告格式与信息流

如果复杂问题的报告需要占据更大篇幅,可以将"未来步骤"的篇幅缩减至最小,它对整体 A3 纸报告产生的影响最小。再次强调,解决问题活动中每个部分实际占用的空间应根据各部分对整体报告的影响程度决定。最重要的信息应当占据最大的空间。

版式设计建议

A3 纸报告的完成也是一门艺术。虽然不存在一种单一的填表方式,但有一些指导原则,使报告上的信息更加容易理解。本书第 13～17 章中已经讨论过这些指导原则,但这里仍有必要重述:

- 避免过于冗长的信息。一幅图胜过千言万语。用图表形式显示数据,便于人们更迅速、更容易地理解信息。
- 相似的信息使用一致的格式。要特别注意图表上使用的刻度,使用不同尺度描述相似的数据,可能具有极强的误导性,令人困惑不已。
- 在问题说明部分(第一部分)使用折线图,因为折线图可以显示问题的倾向性。不要使用帕累托图或者饼图，它们是分析性工具，而不是说明问题的工具。

- 如果必须使用文字，应当用项目符号逐条说明，而不要使用句子。保持概括每部分的要点只有三四条说明。
- 确保将任何图表或文字说明设置成适当的大小，以增强其可读性。
- 使用饼图或者帕累托图之类的比较工具时，比较的项目不宜过多，因为这样会使数据太小，增加阅读的困难。此外，这些属于"区分性工具"，可以将"少数大事与多数小事"区分开来。任何无法名列前5位的事宜都不属于"少数大事"的范围，不值得关注。
- 避免使用彩图。影印资料时是无法显示色彩的，所以如果你使用不同颜色来作为标志手段，影印后则无法清楚地显示出来。不错，我们当然知道你可以使用彩色复印机，但那样做成本很高，而且当你需要时并不是人人都能给你提供彩色复印！这又使我们想起另外一点：不要试图使用花哨的彩色资料粉饰拙劣的解决问题活动。如果你的A3纸报告上都是无实际价值的内容，明眼人立刻就能看出来。正如爱因斯坦所言："如果你决心讲述真相，就把体面留给裁缝。"
- 谈到图表这个话题，我们必须提及微软 Excel 的绘图功能。它是一个很便利的工具，但与许多其他工具一样，绘图效果要取决于使用者的水平。主要的问题是其设置的默认值不会一直带来最佳效果。刻度、标记、线条等设置是可调整的，你必须特别留意字体大小和样式。图表大小可能会自动调整，与其他类似图表不相称。务必进行改动，使它们清楚地显示，便于读者理解。
- 使用箭头来表示信息流，以便读者了解你所陈述的状况中各个部分之间的关系。
- 避免在报告中使用缩略词和技术术语。不要忘了，你的读者群可能包括不懂这些专门术语的人。
- 运用你的视觉平衡感调整图表。确保为你讲述的情况仔细安排出适当的空间，清楚地列出每一个单元。用不同规格来显示相似的信息，很容易使人迷惑。

解决问题情况的 A3 纸报告最终版

针对第 13～17 章讨论的那个问题，图 18-5 显示了一份完成的 A3 纸报告。你可能会发现在这张 A3 纸报告中存在上面谈到的一些问题。如果是这样，那真不错。你可以将学到的东西应用到制作自己的 A3 纸报告上。其实不存在完美的

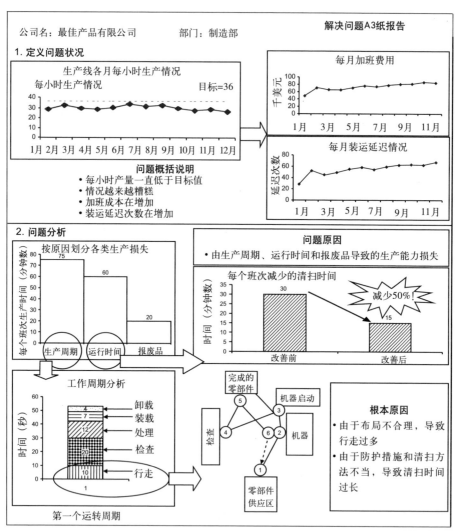

为清晰起见，本文件打印时跨两页显示，但实际上它是一个单页文件

图 18-5　一份完成的 A3 纸报告范例

日期：2004年6月9日

制作人：大卫·梅尔

3. 解决问题的行动计划

行动项目	短期对策/长期对策	负责人	时间安排			
			第一周	第二周	第三周	第四周
在中间休息和午餐时间进行临时清扫工作	短期对策	M. ScarPello	△			
将纸盒用胶带粘在机器上收集灰尘	短期对策	D. Danis	△			
减少行走时间——重新布局材料摆放位置与检查位置	长期对策	D. Spiess	○△			
调换启动按钮的位置	长期对策	M. Kissel	○—△			
在桌子四周围上防护罩来减少清扫工作	长期对策	M. Nicholson	○——△			
为机器增加收尘箱	长期对策	P. Kenrick	○—✗	△		
整修4台机器吸附灰尘（每周一台）	长期对策	B. Costantino	○	✗	✗	△

图例：开始 ○　　完成 △　　工作进程检查 ✗

4. 活动成果

2004年生产线每周每小时生产情况（目标=36）

2004年每月加班费用

2004年每月装运延迟情况

成果概要
- 每生产周期减少行走时间5秒=每小时产出7个单位
- 每个轮班减少清扫时间15分钟=每小时产出2.5个单位
- 每小时产量一直高于目标值
- 生产流程稳定
- 加班费用降低
- 装运延迟次数减少
- 占用的工作区面积减少

5. 未来步骤
- 继续改善遏制与控制灰尘的活动
- 开发一个自动卸载装置，进一步减少生产周期时间
- 改善装卸工作，进一步减少生产周期时间
- 开展改善活动，纠正导致装运延迟的其他原因

图18-5　一份完成的A3纸报告范例（续）

A3纸报告。每次制作报告时，我们都会发现一些改进内容或者格式的方法。我们的目标并不是制作完美的A3纸报告，而是要有效地传递信息。

许多人一看到这张A3纸报告，立即觉得它"太详细烦琐""太过复杂"。这是一种正常的反应，因为A3纸报告中包括很多内容，大量信息都填在这个小小

的空间内。如果你的面前出现了这张 A3 纸报告，你会发现，整个情况其实只需 3 分半钟即可解释清楚。我们可以使用下面的文字说明来解释这张 A3 纸报告，它对改善活动取得的成果做了报告（这时改善活动已经完成）：

可以看出，（指向"定义问题状况"的趋势图）生产线产量一直低于目标值，到 2003 年年末，情况开始越变越糟。由于每小时产量低于目标值（指向加班图），每月带来的加班费用大约为 8 万美元，而且这一数字还在继续攀升，此外，为顾客装运延迟的状况（指向装运延迟情况图）也在增加。如果我们不采取任何行动，这个问题非常可能变得越来越糟糕（问题状况部分的说明到此结束）。

经过对生产损失的分析（指向"问题分析"部分第一幅图），结果显示在生产周期中存在损失，由于清扫工作占用时间，我们可用于生产运作的时间减少。我们每个班次中清扫工作要花费 30 分钟，希望能够将之缩减至每个班次 15 分钟（指向问题原因图）。通过对工作区进行观察，我们发现污染物并没有得到适当控制，从而导致需要另外的清扫时间。如果能将每个班次的清扫时间减少 15 分钟，则会使每小时的产量增加 2.5 个单位。

对作业步骤的观察与分析结果显示，操作员在该操作中会花费 10 秒钟的走动时间（指向山积图）。工作流程图（指向该图）表明，零部件及设备的放置位置不当是造成走动时间过多的原因。如果能将走动时间减少一半，则会使每个生产周期的时间减少 5 秒，从而使人工工时产量增加 7 个单位（问题分析部分的说明到此结束）。

为了暂时缓解此问题造成的影响，我们决定在中间休息和午餐时间进行清扫工作（指向"解决问题的行动计划"中的每项对策，逐一说明）。我们暂时让临时工来进行清扫工作，直到可以实施更有效收集尘土的永久性对策为止。同时，我们将纸盒粘贴到机器的某些部位上，暂时性地收集灰尘。这样做使清扫工作变得更加容易。我们立即实施了这些短期对策。在第二周，我们改变了工作区的布局，重新安排了启动按钮的位置。这些改变减少了操作员的走动时间，从而缩短了生产周期时间。我们的永久性对策是在每台机器底部围上防护罩，进一步减少清扫需求。

我们需要对灰尘收集体系做出一些调整，也需要对每一台机器进行调整。这项任务需要得到维修部和工程部的支持，我们计划每周完成一台机器的调整工作，历时 4 周。每周我们会检查工作进程，保证工作目标顺利完成。这些是永久性对策，它们最终将使清扫时间缩减为 15 分钟（解决问题的行动计划部分的说明到此结束）。

实施了暂时性对策后，成果立即开始显现出来（指向"活动成果"的每小时生产情况第一幅图）。我们完成了工作区新布局的模拟工作，证明了其成效，因此当工作区布局真正改变后，每小时产量增加了。过去的 4 周中，我们每小时的单位产量持续超出目标值，工作流程也很稳定。同时，我们的加班费用和延迟交货次数都减少了（指向对应图表）。我们的改善工作并没有特别以减少工作区面积为目标，但工作区布局改变后，工作区的面积也减少了（指向"成果概要"中的逐条说明）（活动成果部分的说明到此结束）。

尽管这些成果已经足以实现目标，但我们还是找出了进一步改善的一些机会（指向"未来步骤"部分）。我们可以在机器上安装一个自动卸载装置，进一步缩减装卸时间，从而减少生产周期时间。控制灰尘还有一些其他的方法，我们将继续减少工作区清扫工作的需求。仍存在一些其他问题导致装运延迟的情况，我们将之确定为下一个改善目标。团队将于下周开始进行评估工作（说明全部结束）。有没有什么问题或者意见？

A3 纸报告的最后评论

A3 纸也存在一个缺点，尽管它几乎是 A4 纸页面的 2 倍大小，但它们的布局不同（一个是横向，一个是竖向）。于是，当把从 Excel 中取数据的 A3 纸报告复制并粘贴到其他格式时，会导致出现规格不匹配的问题。将 A3 纸报告复制并粘贴到一个长宽比不同的空间时（例如，将 28 厘米 ×43 厘米的 A3 纸报告粘到本书的页面布局中），由此产生的字体和图表的变化可能不那么称心如意。当你想将 A3 纸报告打印到 21 厘米 ×28 厘米的纸上时，打印机将自动调整为 64% 的比例，由此打印出来的文件可能字体非常小。倘若你将 A3 纸报告粘到 PowerPoint 上，长宽比的差异可能会导致一些细节信息丢失。出于这个原因，也是为了杜绝更多的浪费，丰田的一些部门已经转而使用 A4 纸报告。我们了解的大多数丰田公司美国工厂的同事们学习将大量信息填入 A3 纸中已经耗费了不少心力，想到要使用更小的 A4 纸报告，他们觉得十分恐怖。

但是，比报告的规格大小和制作与打印报告的技术细节更为重要的是解决问题的流程本身。如果没有优秀的解决问题流程，则不可能制作出优秀的 A3 纸报告。本质上来说，制作 A3 纸报告的一个关键在于根回，即取得共识的过程。我们可以将根回视为一种"书面请示书"（ringi sho）——一份互相传阅的提案。每个人每次看到提案后，可以提出一些反馈意见。如果不能广开言路，敞开心扉去接受他人的意见，向大家展示提案就没有意义。然后，你需要根据大家的意见修改 A3 纸报告。有时候 A3 纸报告的是团队的项目，因此整个团队的成员必须对报告内容达成一致。团队的每名成员都必须看过报告并就报告内容达成共识，然后才能将此 A3 纸报告向行政团队展示，以供其决策之用。在丰田公司，5 分钟的报告陈述后立即做出决策的情况并不少见。

过去，监管员负责传授制作 A3 纸报告的方法与技巧，但教学工作并不在教室中进行。它是丰田专业人员的必备技巧之一。在美国，丰田公司发现美国的管理人员缺乏一些基本的管理技能，而丰田公司则想当然地认为这些技能是人人具备的，其中就包括 A3 纸报告的撰写。于是，丰田公司开设了专门的课程，教授所有管理人员一些基本管理技巧。最初该课程历时一天，后来缩减为半天。随着培训课程逐步展开，人们清楚地认识到有些课程就像大学中的必修课一样，是管理者必备的能力。公司需要将实际解决问题的能力列为所有管理人员的一门必修课程。

许多学习撰写 A3 纸报告的公司都体会到了它的独特魅力。公司中都存在大量文书工作泛滥的情况——不管是纸质文件还是计算机虚拟报告文件都是如此。因此，一张单页纸上的报告具有十足的吸引力。遗憾的是，A3 纸报告的独特魅力也正是其主要的缺点所在。人们很容易将 A3 纸报告视为一个美妙的新玩具来对待。使用 A3 纸报告成了管理层下达的一条指令。人人都在学习制作 A3 纸报告的方法，花费大量的时间互相攀比，竞相制作出花哨精美的作品，在一页纸中塞入越来越多的信息。这样做并未体现 A3 纸报告的意义。A3 纸报告旨在交流信息，取得共识，解决问题，并最终收获成果。

反思问题

如果你已经完成了第 14 ~ 17 章的反思问题的活动，就已经完成了解决问题的活动。你可以将 A3 纸报告用于你执行活动期间的形式与向导，以及解决问题后的总结报告形式。下面的一些问题专门针对问题解决后的报告，当然也可以在解决问题的过程之中使用它们来组织你的想法和信息资料。使用你在第 14 ~ 17 章中完成的问题以及你掌握的信息，完成如下工作：

1. 首先拿出一张空白的 A3 纸，完成 A3 纸报告的题头。具体包括下列项目：

    a. 你的姓名。

    b. 问题的主题（描述解决此问题的目的）。

    c. 工作区、部门、场所等名称。

    d. 报告日期。

2. 完成问题状况部分。

    a. 用图表描述问题。

    b. 说明该问题对其他重要业务的状况产生的影响。

    c. 使用箭头来表示信息流，引导读者沿着正确的路径进行阅读。

    d. 逐条说明不要超过 4 项，用来解释问题状况、产生的影响以及"挑选"该问题的合理性。

    e. 是否有令人信服的理由来说明此问题（应明确解决此问题的意义）？

3. 完成问题分析部分。

    a. 尽可能使用图表和图示来显示如何不断缩小问题范围、挑选出主要原因的过程。

    b. 不要列出可能的原因及非常可能的原因。使用数据来描述事实。

    c. 确保你的分析工作循序渐进，从问题入手一步步找到根本原因（用图示来描述 5 次为什么的流程）。

    d. 使用箭头来显示信息流，有助于读者的理解。

    e. 检验你是否已经找出了真正的根本原因（它们必须满足本书第 15 章中列出的 4 个标准）。

4. 完成行动计划部分。

a. 识别出短期的暂时性对策和长期的永久性对策。

　　b. 对于较大的任务，你能否将之分解为几个较小的、可以在指定时间内完成的部分？

　　c. 所有活动是否都已经完全实施？

5. 在成果部分展示你的活动成果。

　　a. 在成果图上展示具体行动的效果（标明实施日期）。

　　b. 改善的结果能否保持？

　　c. 说明所做的改善对问题说明部分列出的相关业务指标产生的影响。

　　d. 描述成果时使用的逐条说明不要超过 4 项。

6. 解释你下面要进行的改善活动的步骤。

　　a. 是否有必要继续致力于该问题的解决？

　　b. 是否需要他人的其他支持？

　　c. 你将如何转交保持成果的责任？

　　d. 说明你是否会挑选下一个问题予以解决，并具体说明是什么问题。

7. 同他人一起复审这份完成的 A3 纸报告，征求大家的反馈意见。特别注意大家提出疑问或需要阐明的地方，这表明你的陈述中还有一些欠缺的项目。你可以使用这些信息来改进你的下一张 A3 纸报告。这实际上是在实践反省的艺术（反思并将学到的东西加以应用）。

第六篇

管理变革

The Toyota Way Fieldbook | 第19章

实施精益解决方案的策略与方法

从哪里入手

你心里十分清楚,公司内部处处存在浪费现象,迫切需要实施精益管理方案。经过审慎反思之后,你发现很多方面都未能通过精益测试。距离我们所介绍的丰田模式,你的公司实在相差甚远。面对领导力不足、工作团队低效、辅助职能团队纷争不断、解决问题的过程流于表面等问题,你虽然尝试了一些精益管理工具,但只是取得短期成效,长期却无法保持其效果。

欢迎来到现实的世界。即使开创了丰田模式的丰田本身也必须花费心力维持该模式,而且在日本以外推行真正的丰田模式更是难上加难。这是一项旷日持久的艰难任务。

那么,你该从何处着手呢?本章将介绍一些策略和方法供你参考。你必须决定在执行精益方案的过程中将精力集中于何处。你首先需要制订一项计划,但要做的事情很多,方法也多种多样。

让我们重温一下4P模型,我们认为理念、流程、员工和解决问题这四个层面以复杂的方式彼此关联,构成一个完整的复杂体系。那么,你该怎么办呢?无论如何，你还是得面对现实，找到切入点。即使你已经执行精益方案数年但未奏效，仍然需要找到切入点重振"精益"雄风。你至少面临下述四种选择：

1. **理念**。你可以选个公司外的地点召开高层会议，明确定义未来的远景目标是成为一家精益运营企业。

2. **流程**。你可以开始正确实施精益行动，如我们在第三篇中所述，建立相互连接的价值流。

3. **员工**。你可以培养并指导公司员工采用新的精益思维模式，这样做会直接影响企业文化变革。

4. **解决问题**。你可以培训员工解决问题的方法，并给他们时间进行小组讨论以解决问题。

多年来，很多公司采取了上述方式，但成败参半。从某种程度上说，你必须致力于上述所有领域，但如果必须从中挑选出一项来着力推行精益举措的话，那么流程层面的工作应当是首选，也就是说在生产过程中减少浪费。虽然如此，即便是流程方面的转变，也存在很多种选择。

精益的执行层级、策略和工具

在规划执行活动时，另外一种分析问题的方式是从最大的部分至最小的成分来考虑公司的组织结构层级㊀。表 19-1 分析了不同的组织层级，从外延企业（包含与你公司产品相关的所有组织和公司）一直层层向下，直到各个细分的个别作业流程。下面让我们来逐一了解每个层级，首先从最底层的个别作业流程入手。

表 19-1 执行精益方案的策略和工具

执行层级	策略	工具示例
外延企业	供应链管理	合约、联盟结构、目标定价、精益物流、价值分析/价值工程、供应商发展、供应商协会
整个企业	精益办公室和工程管理	所有适用于技术和服务作业的精益管理工具和方法
整个制造部门	X 生产体系	概念模型、培训模块、精益评估、精益指标、标准程序手册

㊀ 很多有关执行策略以及不同策略所使用的数据的讨论均基于比尔·科斯坦蒂诺在密歇根大学开设和教授的一项培训课程。比尔是丰田前负责人，曾担任大卫·梅尔的助理。

（续）

执行层级	策略	工具示例
整个工厂	工厂范围内的精益工具	5S、标准化作业、看板、工作小组、60秒即时换模、小组负责人、全面生产维护、差错预防技术
	热点方案	局限分析、成本效益分析、任何一种适用的精益工具
价值流	示范生产线	价值流映射、实现未来状态所需的适当精益工具
流程改善	改善计划	改善活动、改善计划、质量控制周期、任务小组、专门的精益工具
	六西格玛方案	六西格玛工具

流程改进方法

个别作业流程是指某台机器执行的具体工作，或者某个工人完成的人工操作。例如，某个零部件的冲模或焊接、组装集成、搅拌油漆、在客服中心接听电话、录入数据等。所有作业流程均应设定明确的改善目标，比如将故障率降低20%、将生产周期缩减20%以提高产量、将正在制作的产品库存减少50%、将停工时间缩减10%～20%等。

要以改善流程作为精益策略，其中一个常见的方法是实施历时一周的改善活动。改善活动包括改善工作坊、快速改善工作坊、精益活动、快速改善活动等，其结构为：

1. 事先做好准备。在举办工作坊之前，提前花2～4周的时间做一些准备工作，包括定义问题范围、确定团队成员、收集关于现状的数据资料、决定采用哪些精益工具、为活动做好后勤安排等。在某些情况下，对于一些无法在为期一周的工作坊提前期内完成的项目，比如工具、材料或设备的预先采购，也需要提前完成。

2. 举办工作坊：

- 周一：概述精益思想，教授本周必需的特殊精益工具。下午开始收集有关目前流程的数据资料。
- 周二：完成现状分析、收集数据、绘制流程图、在设计图上绘制人员走动图、制作标准作业组合表等工作，提出有关改善后的未来状态的具体想法。可能的话，应在当日活动结束之前，详述未来状态细节（计划）。
- 周三：初次通过执行方案（实施）。实施的方案可以是一项试点计划，也可以是立即全面实施的方案。有时是先从清扫目前作业流程的工作区着手，接着粉刷工作区，再把设备移回，按照重新设计的布局安排来摆放。
- 周四：评估流程（检查）、着手改善（处理），然后重复进行"计划—实施—检查—处理"这一循环过程，直至找出最佳方法。
- 周五：制作提交给管理层的 PPT 演示文稿。向管理层做陈述性介绍。举办庆祝活动（整个活动通常会以午餐庆祝会的形式结束）。

3. 工作坊活动结束后的后续追踪工作。 通常情况下，为期一周的工作坊不可能将所有事项处理完毕，这些事项综合在一起，构成了一张家庭作业清单，有时也被称为"改善通讯"。在历时一周的工作坊上，会制订一份谁在何时应实施哪些事项的行动计划，应对该计划进行后续跟踪，以确保所有事项成功完成。

很多人曾对改善工作坊这种方法大肆嘲讽。詹姆斯·沃麦克曾经讥笑它是一种"神风改善"（kamikaze kaizen）——不顾一切快速解决问题，再一头折回，或是"过路改善"（drive-by kaizen）——边开车，边瞄准，开枪，结束。其实，并非改善工作坊本身有问题，而是许多公司把整个精益流程演变成一系列改善工作坊，然后统一由一个办公室专门负责，对改善工作进行管理、支持和监督。他们甚至会把改善活动视为一个关键的业绩指标。这种方法存在一些非常严重的缺陷，如图 19-1 所示。

特点
➤ 侧重流程改善
➤ 制定明确的改善目标
➤ 孤立的流程改善
➤ 丰田公司以"方针管理"为指引
➤ 丰田公司使用各种方法
➤ 部分公司采用改善活动
➤ 部分公司采用六西格玛方案

优点	缺陷
• 各方兴趣高/得到大力支持	• 点的改善欠缺整体愿景/战略
• 通常可以获得所需的资源	• 缺少支持永久变革的制度
• 偏向行动	• 存在恢复原状的风险
• 改善活动所采用的方法能快速促成根本性变革	• 由员工主管职能部门推进，工作区员工毫无责任归属感
• 通过改善活动有机会说服怀疑者	• 改善活动可能变成"精益项目"
• 六西格玛方案采用非常严格的统计分析	• 六西格玛可能导致分析瘫痪
• 可支持价值流程方法	• 一般只追求立竿见影的效果，也就是说人力成本方面的压力使精益方案和六西格玛成为众人眼中的"裁员方案"

图 19-1 改善方案方法的优点和缺陷

1. 改善工作坊通常是有重点的改善，其中以个别作业流程为核心。如果没有宏伟的远大目标作为指引，就无法在整个企业中形成一个切实的改善流程。

2. 改善工作坊通常以一份载明待办事项的家庭作业结束，但这些作业任务往往会被搁浅，因为工作区的工作人员对此并未培养出一种主人翁的意识。

3. 虽然工作区的员工都积极参与活动，而且在工作坊举办期间人人都兴致盎然，表现得非常热情，但为期一周的工作坊结束后，一切都回复现实，倒退至之前的工作状态。

4. 业内有一种倾向，就是仅凭短期成本的节约来评价改善活动的成败，这种做法无法推动真正意义上的体系变革。

5. 长久持续的文化变革实属凤毛麟角。

尽管存在以上缺陷，但并不是说认真实施精益举措的公司就应当忽视改善活动（即改善工作坊），将之视为一种无用的工具。事实上，改善活动也存在一些非常明显的优点，具体如下：

1. 对于所有活动参与者来说，这是一次振奋人心的经历。集中化的分析和改善活动，加之团队归属感，可以改变他们的世界观。他们能够发现浪费情形，而且能够指出哪些浪费是可以通过改善来消除的。

2. 若能协调努力，管理层将会了解完成改善工作的速度。重点得当、资源运用有度的做法会带来意想不到的效果。

3. 员工也会从改善活动中学到很多东西。高强度的体验为员工开启了学习之路，而这在传统的课堂教学方式下是学不到的。

4. 改善活动中通常会提供各类资源，包括管理职权、跨职能资源和部分资金。所以，原本需要花上几个月提交书面申请、批准和游说各方帮助的事宜，如今在一周之内就可以全部完成。

5. 通过亲身实践，可以打消怀疑者的疑虑。在课堂教学中，怀疑者会举手提出问题，但仅仅凭口头解释实施精益的理由不足以让这些人信服。但是在改善工作坊，怀疑者通过亲身体验，会对精益理念心悦诚服。

6. 正如我们在本章后文中讨论的那样，改善活动是一个绝佳的工具，它可以推进整体价值流远大目标的实现。

下文中，我们将以田纳西州史密斯维尔的天纳克公司为例，来说明实施改善活动的优点与误区。在此例中，隔周举行的基本改善活动彻头彻尾地改变了工厂面貌。大约有40%的人力被"改善掉"。在一年内，改善活动遍布工厂的各个角落，数百件设备被移位，靠近新的使用地点建起出货与进货船坞，整个工厂旧貌换新颜。显著的成本节约引起了管理层的关注，由此推动公司的首席执行官在全球范围内投资于精益生产运营。我们应当认识到，一次改善活动并不一定会是成功的活动。天纳克公司史密斯维尔工厂的改善活动由一位经验丰富、训练有素的精益教练实施推进，由其负责指导整个工厂认真进行变革。相对而言，一些公司的改善活动却是由缺乏资深专业知识和辅导技巧的改善协调员主持开展的，如此一来，改善活动很容易沦为经过粉饰、流于表面的5S活动。

在流程改善方面，六西格玛方案也与改善工作坊有着一些相同的优缺点。六西格玛方案的持续期通常较长（比如历时数个月），其牵头人通常是那些已经获得或即将获得黑带资格的专业人士，其工作以统计方法或测量为核心。六西格玛源自全面质量管理，但是其拥护者认为六西格玛中增加了一个维度，即底线财务收入目标。六西格玛项目通常预期会实现数十万美元的成本节约。事实上，很多公司都利用六西格玛追踪考察节约的情况，甚至将此类数字提供给股票分析师。花费20万美元培训1 000个人开展项目，很快就会产生巨大的节约效应。如果时机正确、方法得当，六西格玛使用的统计工具会非常高效，但六西格玛方案中也存在一些不容忽视的严重缺陷：

1. 六西格玛过度重视分析数据、选择合适的统计程序、验证数据的统计属性并制作完美的报告，这样分析师就会偏离项目原本的真实目的，没有对"现地"予以足够的重视。

2. 六西格玛授予个人绿带或黑带资格，使其在组织内拥有特殊地位，但他们擅长的主要技能是分析方法，却并不一定对他们正在改善的流程有深入的了解。

3. 黑带高手可以自行完成的事情太多，他们会将项目转变为只需要极少数员工参与的技术工程项目。

4. 参与项目的个人对最终结果没有主人翁意识，所以建议的变革无法持久。

5. 六西格玛背后没有真正的理念，除了发现、测量和去除差异及节约大量资金外，没有其他的实际内容。

这种通过发现、测量、分析然后解决问题来节约成本的速效方法通常会导致点的改善，这样做甚至与精益方案的准则背道而驰。比如，我们发现下述项目成功节约了单位成本，但实际上却使整个组织偏离了精益的轨道，最终导致总成本上升：

1. 虽然切换时间缩短并实现了人力节省，但批量生产规模反而增加，没有任何缩减。

2. 虽然通过降低补货频率使运输成本降低，但提高了工厂内的库存水平。

3. 虽然把原材料处理和准备工作分派给工作小组的工人以节省人力，但这样做给执行创造核心价值工作的工人新增了非创造价值活动的负担。

精益六西格玛（Lean Segma）承诺集精益和六西格玛这二者的精华于一体，但精益六西格玛中的"精益"通常被狭隘地解读为实施几项技术性工具，比如安排工作小组或者发展标准化作业。其结果是利用精益和六西格玛工具实现了点的改善，并未促成流畅的作业流程，也未促成支持并维持精益转型所必需的文化变革。精益六西格玛与借助改善工作坊及六西格玛工具实现的一般性流程改善方法一样，也存在很多缺点。

案例分析：天纳克公司史密斯维尔工厂根本性改善第一阶段

天纳克汽车工业有限公司于1994年在田纳西州史密斯维尔开设了一家排气系统工厂。该工厂的第一位客户是丰田，随后日产、土星、本田和克尔维特也纷纷成为其客户。1996年，工厂通过ISO 9000认证，后来又通过QS 9000认证，辉煌一时。遗憾的是，这家工厂依然遵循天纳克的传统流程理念，按照功能把冲模作业和弯管线作业与不同的焊接机器集中在一起。原材料和中间产品存货遍布工厂各个角落，在切换作业之间每一产品类型采取了大批量生产的模式。表面上看来，此工厂的业绩要好于预期，没有变革的迫切需要。另外，工厂的利润水平也高于前期预测，而且从主要计量指标——人力成本变动来看，相比原计划还节省了100万美元。

但是从 2000 年开始，情况开始变得不妙，工厂利润下降。虽然为丰田提供的产品质量达标，但援引丰田的话来说，交货可靠性已经"岌岌可危"。有一次，因为质量问题，天纳克不得不用日本的直升机将零部件以每次 3 万美元的高价快递给丰田。显而易见，工厂必须有所行动，否则其未来业务就失去了保障，因为工厂约有一半的业务来自丰田。与此同时，制造部的新任副总裁乔·赞内基走马上任，他的业绩考核方法与其前任截然不同。他认为，虽然工厂依然盈利，但是按照他的计算，工厂的实际利润至少应比目前高出 20 个百分点。他考察了间接劳动生产率、加班和库存情况，所有这些都会对实现他的目标产生不利影响。此外，日产要求降价 20%，丰田公司也推出新的降价方案。因此，对整个工厂而言，变革的需求迫在眉睫。

天纳克公司最近聘请了一位精益制造方面的专家帕斯奎尔·蒂吉罗拉莫，他同意花 8～12 个月的时间驻守在史密斯维尔工厂，把它作为天纳克公司精益项目的试点基地。蒂吉罗拉莫与工厂经理格伦·德罗奇每天三次会面，包括上午的规划会议、午间评估会和日终总结讨论会。蒂吉罗拉莫担任指导教练的角色，但他为人非常有进取心。他发现工厂内的整体纪律性较差，开玩笑地说："一切都是纵容的结果。"蒂吉罗拉莫曾在日本的新技能顾问公司接受过关于如何推动根本性改善工作坊的培训。他安排工厂每隔一周举办一次工作坊活动，大多数都是在一个星期内成立一个完整的制造工作小组。在最初的 6 个月里，所有零部件组装作业全部转化为工作小组；在接下来的 6 个月里，所有最终组装作业也全部转化为工作小组。整个工厂几乎完全实现了重新布局，约有 450 件设备搬进新布置的厂房内，并在使用地点附近建起运输船坞。这样，工厂主要通过根本性改善工作坊，实际上经历了彻头彻尾的变革。所以说，这个过程是大改革（根本性转型），而非普通的改善活动（持续改善）。

在筹备工厂为期一年的根本性改善工作时，蒂吉罗拉莫预计工厂约有 40% 的过剩员工。他建议在开展改善工作坊之前就采取一次性的裁员。由于工厂过去大量依赖中介派遣的临时工，因此裁员方案一出，大部分临时工都被解雇。其他员工则接到了公司提供的标准遣散补偿方案，由于自愿离职的员工很多，公司无须对按时计酬的员工进行强行裁员。一些在新的精益环境下管理和领导技能不足的前线监管员也被遣散。工厂经理与蒂吉罗拉莫之间的口头承诺实际上意味着由后者接管整个工厂。

精益行动的实施带来了惊人的利润增长。蒂吉罗拉莫最初于2000年11月出任工厂的"老师",就任后他花了一些时间保证生产流程的稳定,2001年1月,在史密斯维尔工厂精益方案指导委员会的领导下,精益行动正式启动。同年4月,工厂从不达标到超标,实现了大逆转,而天纳克公司其他工厂的经理们则纷纷打探,史密斯维尔工厂究竟做了些什么。第一年,人力成本降低了39%,直接劳动效率提升了92%,总劳动生产率提高了56%,每期库存量金额减少了一半(使工厂腾出了500万美元的现金),出厂瑕疵零部件从平均每百万件中638件减少为44件,交货期缩减一半。2002年,该工厂首度获得多家工厂向往的"丰田质量与服务奖"。

从本章介绍的各种变革方法来看,史密斯维尔工厂第一年推行的是激进版的"改善项目方法",即持续不断的改善。大多数新建流程是位于工作小组内的局部流程。在这一年根本性的精益行动之前,工厂制定了部分看板制度,但蒂吉罗拉莫的主要中心仍放在保证流程的稳定性和建立工作小组上。这一年的工作倾向于积极行动,快速实现根本性变革,由此对该工厂和天纳克其他工厂心存怀疑的人们心悦诚服,而且如表19-2所示,最终成果也十分显著。史密斯维尔工厂的巨大成功引起了天纳克公司首席执行官的关注,于是精益行动被列为公司优先处理的要务。此外,从我们在第3章介绍的持续改进的螺旋周期模型来看(见图3-4),该工厂的精益行动只是周期模型中的部分工作而已——稳定性、流程创建和标准化。真正的丰田生产方式要在工厂中全面推行,还有许多工作尚待推进。

表 19-2　史密斯维尔工厂精益行动业绩总结(2001年一年内的改善)

员工总数	缩减39%
受薪员工人数	缩减12%
直接劳动效率	提升92%
总劳动生产率	提高56%
每期库存量金额	减少48%
库存节省总金额	多出500万美元现金
作业区占地空间(1.86万平方米)	腾出8%的空间
出厂零部件瑕疵率ppm值(不是重点)	百万件中瑕疵零部件从638件减少为44件(减少93%)
提前期	50%
质量与交货	荣获2002年"丰田质量与服务奖"

后文中我们将看到，在本方案实施的第二个阶段，工厂未来3年的精益行动几乎停滞不前，甚至有些系统出现了倒退。此时，他们采用了"价值流"方法，从模范生产线着手。反映全部改善情形现状的图表显示，工厂存在许多推动式工作、更多焊接工作小组和大量存货。接着，他们绘制了未来状态价值流图，并执行了相应变革，工厂业绩因此大幅度提升。实行根本性改善活动使史密斯维尔工厂彻底改头换面，业绩也得到了显著的改善。但是，这些并未能促成可持续的文化变革，也未能建立起真正的连贯的价值流。

改善项目精挑细选了几个精益工具，用于实现精准的作业流程改善。本书第13章介绍的许多解决问题的方法都属于作业流程改善方法。在该章节中，我们提到解决小、中、大型的问题，可以分别采用不同的方法。如图13-3所示，在丰田以外的许多公司所开展的改善活动或六西格玛项目中，使用的多半是解决中等规模问题的方法。表13-1、表13-2、表13-3则说明，丰田针对作业流程改善项目使用了不同的解决方法，包括各类跨职能团队、质量圈、由团队领导者领导的工作组等。根据项目具体情况，具体问题可以采取不同的处理方式，可能是为跨职能团队分派一个非常正式的项目，可能是指派一位工程师负责建立一支特别任务团队，也可能是由某工作团队在几乎没有外来支持的情况下实施改善活动。

丰田的此类作业流程改善活动有一些共同特色：

1. 此类活动通常以同工厂改善目标挂钩的"方针管理"（政策部署）目标为导向，而工厂的改善目标又层层向上，与公司总的年度目标实现关联。

2. 流程改善项目遵循第13章～第17章中所述的步骤，最终形式采用本书第18章中所介绍的A3纸报告。流程改进项目计划可能会公布在黑板上，或张贴在某面墙上，或显示在一页A3纸报告上，不论采取哪一种形式，其中一定会包含所有要素（如问题说明、改进目标、备选方案、选择某项方案的理由、结果、需要采取的其他行动等）。

3. 遵循"计划—实施—检查—处理"循环周期。

4. 改善活动是组织学习流程的一部分，整个机构会就重要的学习内容进行共享。

"热点方案"方法

每项操作中都存在一些严重、亟待解决的问题,如果妥善解决,解决问题者立即会成为英雄。这类问题可能是不断拖延生产时间的瓶颈操作,也可能是重要设备在最不适当的时机发生故障,或者是质量问题导致整个工作团队必须停产,花时间进行检查和返工。

接受过精益思维模式和解决问题方法全方位培训的人员能够快速从上述局面中摆脱出来。在某些情况下,公司会开办为期一周的改善工作坊,快速分析并解决这类问题。但如图 19-2 所示,这种热点方案方法(hot project approach)也有其优点与缺陷。

特点
- 短期紧迫性:解决目前的危机
- 单维,无深度
- 有具体的改善目标
- 独立的作业流程改善
- 一些公司推行"改善活动"

优点
- 各方兴趣高/得到大力支持
- 通常可以获得所需的资源
- 偏向行动
- 愿意快速开展根本性变革
- 通过改善活动有机会说服怀疑者
- 解决高级管理层问题并获得对未来其他活动的支持

缺陷
- 点的改善,欠缺整体远大目标/战略
- 缺少支持永久变革的体系
- 存在恢复原状的风险
- 由员工主管职能部门推进,工作区员工毫无责任归属感
- 激进的短期成果成为评判所有未来精益活动的依据
- 精益行动沦为短期的"救火"工具

图 19-2 "热点方案"方法的优点与缺陷

在我们提供咨询服务时,经常会碰到管理层对精益持怀疑态度的情况,他们都持有一种"证明给我看"的态度。虽然看到了精益方案有潜力,觉得值得一试,但想等等看精益是否适用于他们的作业流程及企业文化。在这种情况下,我们可能会问:"什么事情令你们烦恼不已?作业流程中存在什么问题令你们夜晚辗转难眠?"从中我们通常会发现一些可以立即实施改善的好机会,其结果通常会让怀疑者喜出望外。当然,如果你正在实施领导层所定义的"热点方案",则管理层很可能动用一切力量,提供开放的资源获取途径,发挥他们的影响力,推

动精益方案的完成。当出现奇迹般的成效时，管理层便会对精益方案的魅力深信不疑。

不过，正所谓"成也萧何，败也萧何"，一旦管理层感受到热点方案的神奇效力，看到由此产生的显著成效，他们就想大力推广这样的方案。"让我们从那里下手，那边的问题很严重"或者，"现在，让我们看看这边，这台该死的机器自安装之日起就问题不断！"。于是，正如我们在改善工作坊中看到的情形一样，你便开始了无止境的"点的改善"周期。这就好像对瘾君子提供"毒品"，你可以凭此将他们争取过来，但今后要付出多少代价呢？

许多六西格玛方案就属于这种热点方案策略。在每个方案中，黑带高手迫于压力必须要实现大额成本节约，而实现此目标的最显著方法就是实施一项热点方案。下文中有关"六西格玛方案缩减换模时间"的案例分析就说明了这一点。这里采用的"热点方案"旨在通过缩减换模时间，缓解瓶颈问题——注塑机。这个方案取得了显著的成功，一年下来节省的换模作业的人力成本达 30 万美元。只可惜，从精益角度来看，此方案的最终结果是：批量加大、模制零部件存货增多和总成本升高。精心设计的六西格玛方案只把换模时间缩减至 1.2 小时，与世界一流水平还相差甚远。

当然，这并不是说我们应该彻底抛弃热点方案的方法。首先，它是一种速效方案，快速呈现的显著成果容易获得管理层的支持，从而推动公司建立更周详、更长期的精益体系——这好比在银行中的一笔存款，为你解燃眉之急。其次，如果精益方案进展顺利，热点方案是你无论如何都要采取的策略。一旦确立了基本的精益体系，且精益方案达到基本的稳定性，表现出优化的流程和均衡水平之后，员工群策群力，累积了完善的解决问题的技巧之时，企业内经常会执行热点方案。尽管这些将成为改善的目标，但不会成为精益变革的推动力量，热点方案只是更自然的改善流程中的一个环节而已。

🎬 案例分析：六西格玛方案缩短换模时间，以突破瓶颈⊖

在一家专门制造车前灯的汽车零部件工厂，一位年轻工程师正致力于成为

⊖ 诚挚感谢 Lester Sutherland 和 Donald Lynch 与我们共同开展此案例分析。

六西格玛黑带高手。她挑选实施的方案是处理该工厂多年存在的一个主要问题：注塑机的换模作业耗费大量时间与资源，由此使注塑作业成为流程中的瓶颈。

她收集的详细数据表明，换模作业平均花费的时间是 3.5 小时，每周要进行 3 次换模，工厂总计有 34 台机器，这就相当于每周损失的生产时间将近 100 小时。工厂的改善目标是把每次换模作业时间缩减至 2.5 小时，超出 2.5 小时的情况将被视为缺陷。该工程师实施此方案的目标是把每次换模作业时间缩减至 2.5 小时以下，使缺陷减半，而更长远的目标是使缺陷减少 90%。

他们开展了大量数据分析，以确定换模作业的概率分布，判断不同班次、各个机器和不同模具之间是否在统计上呈现出显著差异。他们对计量换模作业时间和作业流程稳定性的体系均进行统计学检验，并绘制出详细的换模作业流程图。这其中用到了各种统计概念，如配对 t 检定、韦伯分配、箱形图、四象限概率分布图等。此外，他们也采用了一些传统的精益工具，例如列出作业流程步骤，决定哪些作业步骤可以在机器运转的同时在外部完成、哪些作业步骤必须在机器停止运转时在机器内部完成。他们对这些活动进行排序，从花时间最多的活动降序至花时间最少的活动。他们还为原材料、人员、方法、机器、测量以及其他造成换模作业效率低下的环境因素绘制出鱼骨图，从中发现了两个最重要的影响因素：等候换模车时间和模具加热过程，这两者共占总切换时间的 38%（或者说，在每一次切换作业过程中，需要花 1.3 小时完成这两项工作）。他们还发现，其他 22 个步骤中的 12 个步骤可以在机器运转的同时在外部完成。

这位正在接受培训的黑带教练采纳来自生产一线的一些意见，集思广益获得了一些构想，并从中筛选出以下几项行动：

- 把换模作业安排在午餐时间进行，利用午餐时间对模具进行加热（他们无法证明预热模具所需设备成本的合理性）。
- 新增一辆换模车，这样可以优化对换模推车的需要。
- 安排一个专门的换模小组，由其代替操作员进行换模工作，这样，他们便能在机器运转的同时，开展大量换模的外部准备工作。

该方案取得的成果超出了预期目标。他们将收集的详细数据绘制成图，并进行了统计分析。分析结果显示，整个作业流程取得了显著的改善：缺陷减少了

98%，每生产 100 万个零部件只发生 2828 个缺陷（这里的"缺陷"是指换模作业时间超过 2.5 小时的情况）。平均换模作业时间缩减至 1.2 小时，远远低于 2.5 小时的目标。分析表明，节约主要源于换模切换作业中人力的减少，大约每年节省人力成本 30 万美元。实际上，每周执行的换模作业次数要超出预算次数，于是，他们实施了另一个平行方案，以稳定作业安排情况，减少换模次数。因此，人们的意见不太统一，争论人力成本的节约到底是源于这位年轻工程师的方案（未减少当前换模次数），还是应归功于促成换模次数减少的另一个方案。

如此看来，这个方案算是大获全胜，对吗？但事实果真如此吗？下面让我们来看看这当中存在的一些问题：

1. 整个过程花了好几个月，其中大部分时间花费在复杂的统计分析和报告材料的制备上。倘若由一位经验丰富的精益专家来完成上述工作，为期一周的改善工作坊即足以完成任务。

2. 这位年轻工程师独自执行了大部分工作，工作区人员很少会参与其中或提供意见。

3. 这位年轻工程师放弃了一些最重要的构想，比如她排除了模具预热的想法，而倘若实施模具预热，定会带来巨大的积极影响。经验丰富的制造变革专家一定会努力寻求在这方面有所突破。

4. 对于注塑机的换模作业来说，2.5 小时并非一个颇具挑战性的目标，即便是 1.2 小时，实现的难度也不会太大。比较合理的目标是 15～20 分钟，更具挑战性的目标是 5 分钟，这是精益工厂惯常的做法。15 分钟的换模作业时间将使多次的换模作业成为可能，同时能缩减批量规模，由此会带来更加显著的人力节省。

5. 该方案中，整个价值流的精益水平反而有所降低。虽然在此过程中并未绘制任何价值流图，但事后绘制的流程图显示，在执行减少切换作业时间的方案之前，冲模完成后有 5 天的注塑零部件库存时间。然而，在缩减换模作业时间，把换模作业安排在午餐时间进行并减少换模次数之后，注塑零部件的库存量反而增加了，实际流程天数也因此增加。倘若最初绘制了价值流图，则会发现适当的做法是缩减换模作业时间，以增加换模频率并降低存货量。

在整个工厂范围内推行精益工具方法

热点方案方法与我们所说的热点工具（hot tools）方法堪称亲密表兄弟。在讲授精益生产体系的短期培训课程时，我们发现参与者的主要目的是想学一些他们可以应用到实际工作中的精益工具。工具似乎是最有力、最务实的东西。理论虽好，但必须使用工具来应用理论，产生效益。

再次强调，我们并不是想说精益工具有何不妥。木匠、音乐家、运动员、工程师和其他所有专业人士，当然都需要精通本行的工具，这是一个前提条件，没有商量的余地。我们在此所讨论的是，在整个精益流程中，精益行动早期阶段的工作重心是否应该放在精通某项精益工具，并在一段时间内广泛运用该工具上。

如图19-3所示，一段时期内在整个工厂中全面推行某项精益工具的策略令人向往。或者，如果一家公司拥有多家工厂，可以同时在旗下的所有工厂运用相同的精益工具。任何精益工具都可以按照这种方式实施运用，包括标准化作业、全员生产维修（TPM）、5S、快速换模、工作小组、看板制度、差错预防技术、六西格玛、工作团队等。这种策略看起来相当快速、便捷，成本亦不高，人们还

特点	
➢ 在整个工厂中运用同一项精益工具	➢ 涵盖全部工作区
➢ 关注焦点过窄	
➢ 实施起来千篇一律	

优点	缺陷
• 创建通用的语言	• 某些对该工具没有迫切需要的工作区被强迫运用此工具
• 成为整个机构的焦点	• 将工具视为解决所有问题的全能方案
• 对工具实行标准化方法	• 能够提供长期支持的体系却往往被忽略
• 可解决核心问题	• 工作精力偏向某些层面，造成整个体系不平衡
• 快速实施发展成熟的体系	• 通常很难令人信服（"是他们让我这样做的"）
• 快速运用所选的工具	• 可能永远无法建立无间断的工作流程或体系
• 为未来精益体系的发展奠定坚实的基础	
• 反对抗拒的情况很少（仅仅是运用工具的小事而已）	

图 19-3 在整个工厂范围内推行精益工具方法的优点与缺陷

可以从中学到很多东西，促成工厂内上下一致，达成共识，为执行工作提供标准模板，并为未来精益制度的发展奠定基础。本书第4章强调了创立流程之前先保证稳定性的重要意义。所以，何不先在整个组织内运用建立稳定性的工具（如TPM和标准化作业）呢？

我们在第3章中曾强调，在两个作业步骤之间建立无间断流程之前，必须先实现初步的流程稳定性。我们一直强调精益是一个体系，精益生产的真正效益在于在精益体系中创建流程。你可以在精益体系运转时体会流程的巨大力量。但是，花多年时间四处建立"孤立的"流程稳定性，势必会拖延创造无间断流程的时间，并限制学习真正精益精髓的能力。打个形象的比喻，如果稳定性像一块基石，那么，你就是在垒砌一块又一块基石，但这期间没有人能看到要盖的房子是什么样子的。

在这个"房子"的比喻中，很重要的一点是：各个部分应当相互支撑、彼此互联。举例来说，要实现顺畅的流程，各个步骤的稳定必不可少，但顺畅的流程会使投入的人力资源减少，这样稳定性则迫切需要加以改善。又如，机器故障会对流程造成严重的负面影响，但如果下一个作业步骤的机器不受影响，仍有剩余存货量可支持其运转，那么又何必天天花工夫在预防性的维护工作上呢？但是，若机器故障造成下一个作业步骤也连带停工，那么就使修理机器成为迫切需要，由此就显现出预防性维护工作的重要性。

此外，精益工具为杜绝浪费的理念提供支持，而不是一个独立的工具。缩减换模时间的主要意义在于可以增加换模次数，减少批量规模，支持均衡化的生产。但是，我们见到许多公司单独使用缩减换模时间这项精益工具，其目的只是生产更多零部件、扩大批量生产的规模。这种做法显然是大错特错的。

"X公司生产体系"方法

现在让我们上升至整个机构的高度。比如说，制造部门的副总经理决定认真对待精益方案。经过阅读材料、到标杆公司实地考察或者成功完成了几项改善活动或热点方案后，这位副总宣布："我们需要的是一套真正的精益生产体系。"这是一个远大的目标，也是我们期望通过精益行动最终实现的目标。

我们曾经协助很多公司创建"X公司生产体系"，规模最大的当属20世纪

90年代中期创建的"福特生产体系"(Ford Production System)，或者准确地说，是"再创造"，因为其实丰田生产体系最初是以福特生产体系为原型创建的。图19-4总结了这种生产体系策略的特征以及存在的优点与缺陷。从外界聘请的精益顾问与公司内部的精益团队协力合作，在公司其他人的参与和配合之下，共同创造一种生产体系。虽然"福特生产体系"是以丰田生产体系为基础完成的再造，但使用的语言、意象（如福特公司使用"五环连锁装置模型"）有一些变化，另外可能根据公司的具体情况制定了特殊政策。福特公司为力求语言精准和意象准确，投入了大量的时间。随后，相关文件传达至各个层级，并使用PPT演示文稿进行陈述说明，以获得高管层的认可。

特点
- 创建标准的操作体系
- 侧重教育与培训
  - 了解和认可
  - 说服管理层
- 通常在拥有多家工厂的大型机构中开展
- 以员工为核心安排精益活动
- 整个组织一起推进标准化方法
- 侧重正确精益评估指标的运用

优点
- 争取支持的好机会
- 在整个机构中传达一致的信息
- 营造通用的语言和机构远大目标
- 以标准化实践作为改善活动的基础
- "精益"评估指标促成正确的行为

缺陷
- 进展非常缓慢
- 经费支出大
- 引发许多无益的辩论与抗拒
- 缺乏精益经验的员工可能会对精益原则进行修改和妥协处理
- 往往由于压力过大而导致精益行动中途停止
- 倾向于使用PPT演示文稿推介，欠缺实际行动
- 在未累积足够经验之前展开工作，可能会导致操作系务实性差

图19-4 "X公司生产体系"方法的优点与缺陷

公司把不同等级的标准操作程序结合，制定了精益的评估制度。认识到现有的评估制度鼓励的是规模生产行为，公司制定了精益评估指标，例如提前期、试生产能力直通率、设备整体效应等。此外，该公司还利用问卷调查来评估员工士气。总之，在福特公司，每一个环节都制定了关键评估指标。

实施新生产体系（有时称为"作业系统"）的过程是一个教育和培训的过程：教授基本的精益概念，并就作业系统的详细情况进行培训。举例而言，福特公司

要求其全球各地的工厂启动对新精益评估指标的跟踪和报告，因此，公司必须开展为期数日的培训课程，讲解如何使用新的评估指标。工作的重点在于所有工厂均采用同一种标准化的生产体系。这也正是丰田的作业模式，可以作为公司发展的未来目标。各个工厂之间可以轻松共享作业流程的最佳实践。

建立并推广一套通用的作业系统有许多好处：首先，使组织内形成独特的身份认同感，并为其提供一套量身打造的作业系统；其次，它为公司各个工厂提供了一种通用的语言，相互间可交流进展状况；最后，精益评估指标有助于促进作业流程的稳定性和流畅性，而且可以避免出现生产过剩的情况。

那么，这样一个明显的好方法会有什么问题呢？主要问题在于是否存在本末倒置的现象。丰田模式以行动和"边学边干"为基础，其中包含的信念是员工需要作为体系的一部分，通过亲身经历才能理解精益的精髓，否则精益只能是一个抽象的概念，员工只知皮毛，不懂实质。如果只学习精益理论，就很容易将学习内容知识化。从根本上看，这种做法存在以下3个问题：

1. 如果你不真正理解精益的实质，如何为本厂创建生产体系？
2. 精益通常涉及的是一种认识过程，所以即便少数个人充分理解了精益理念，其他人可能并不理解。
3. 制定一套生产运作系统对于那些官僚思维严重，喜欢制定评估指标、规划培训、设想组织的未来但内心却希望回避实际行动的人而言，颇具吸引力。

上述这些问题会导致流程进展缓慢而且耗费成本巨大，所有人只是注重谈论、制作PPT演示文稿、课堂授课以及更多的谈论。光靠动嘴学不到精益的实质，精益必须在实践中学习。或者，正如我们的朋友、前任丰田副总裁罗斯·斯卡费德（Russ Scafade）所言："仅凭PPT无法开启精益之路。"

"价值流模范生产线"方法

现在，你知道许多做法应当尽力避免，但是究竟应该做哪些事呢？正如国外童话《金发姑娘与三只熊》讲述的那样，有些方法太狭隘、过于具体（如作业流程、热点方案、精益工具等方法），而有些方法又太宽泛、太过宏大（如"X公司生产体系"方法）。我们认为，"价值流模范生产线"方法是适用于大部分机构的好办法。这是怎么回事呢？

流程改善方法和热点方案方法是在组织内进行零散的点的改善活动，而价值流则是从原材料到客户、贯穿整个组织的一套方法。精益本身体现的就是价值流理念：从顾客重视的方面着手，杜绝价值流中的浪费情形。既然各种精益工具可以在这一层次上结合起来形成体系，我们为何不专注于构建精益价值流呢？

本书第 3 章介绍的价值流图法是一种构建精益价值流的核心工具。首先绘制现状价值流图以呈现目前的状况。浪费情形会在现状价值流图中凸显出来，但在价值流模范生产线的方法中，我们不鼓励通过改善活动解决现状下存在的问题。绘制价值流图的目的并非确定一系列点的改善机会，相反，现状价值流图只是创建精益未来状态发展愿景的起点，最终的目的是实现无间断的顺畅流程。理想情况下，"价值流经理"或其他高层经理领导的跨职能领导团队应负责绘制现状价值流图，并就精益的未来状态达成共识。然后根据未来状态目标制订行动方案，并采取相应行动。

这种方法的行动计划通过比较直观的甘特图来表示，但我们强烈建议，各公司应该围绕物料和信息流循环来展开具体行动。㊀ 如图 19-5 所示，未来状态图被划分为几个循环。此例中包含下面 3 个循环：

1. 先导流程循环。此循环最靠近顾客，并为所有上游作业确定速度。同时，它负责制定工厂生产计划表。在本例中，均衡化的生产计划表送往作业流程 3，随后均以"先入先出"的顺序，无中断地流向最终产品超市。作业流程 3 的速度拉动中间产品超市的作业速度，而中间产品超市则拉动作业流程 1 的速度，作业流程 1 又拉动供应商的作业速度。

2. 中间流程循环。此循环处理供给的原材料，并为存放产品以提供给顾客的超市（即先导流程循环）进行补货。

3. 供应商循环。此循环包括原材料的供应商和补货循环，保持供应零部件的超市存放有足量的原材料。

㊀ Mike Rother and John Shook. *Learning to see* (version 1.3). Cambridge, Massachusetts：Lean Enterprise Institute，2003.

需要注意的是，上述每一个循环都是材料与信息流的全闭合循环。材料流向前流往顾客，信息流则是向后触发中间顾客的下一笔订单。从精益角度来看，每个循环都可以独立运作，当某个循环发生变动时，零部件超市可以为另一个循环提供缓冲，以避免出现哪怕是些许的中断。为使作业流程稳定，在每个循环中还应开展具体的点的改善活动，即图中所示的"爆破点"。

价值流方法中并未摒弃具体的改善方案。如图 19-5 所示，个别作业流程步骤必须通过改善方案才能得以稳定并消除各种变异。对于特别具有挑战性的作业流程变异问题，可能需要实施复杂的六西格玛方案才能予以解决。价值流策略中也并未排除精益工具的使用，因为在执行未来状态价值流的每一步工作中，都需要用到精益工具，比如工作小组、看板制度等。但价值流策略又比单纯的改善方案和精益工具有所进步，因为它从更广的角度，即将材料与信息流作为一个体系，去运用这些精益工具和流程改善方案，其间也会调整工具与改善活动的发生顺序。许多组织往往一次运用一项精益工具，例如在整个工厂开展快速换模作业。而在价值流方法中，我们逐个完成所有"拉动循环"，开展必要活动来稳定并创建顺畅的工作流，随后执行标准化作业并逐步均衡特殊的循环。在某些情况下，你或许拥有足够的资源，可以同时完成多个循环的改善工作；而在另一些情况下，则必须按部就班地逐一完成各个循环的工作。"价值流模范生产线"策略的优点与缺陷见图 19-6。

就连热点方案方法也在价值流方法中占有一席之地。比如，作业流程 1 可能存在严重的瓶颈问题，经常导致其他作业步骤停工，延误出货。在这种情况下，要尽一切方法从作业流程 1 和中间流程循环着手。并没有任何精益法则规定首先必须从先导流程循环下手，但是在其他条件相同的情况下，此循环是合理的切入点。也就是说，从最靠近顾客的循环着手，在此定速点实施均衡化的拉力，由此开始形成整个价值流的"生产节拍"，实现各个循环步调一致。

现在让我们看看 3 年后的天纳克公司，你会发现史密斯维尔工厂已经开始实行价值流策略。它们也先创建了模范生产线，然后绘制价值流图。结果发现，它们最初以精益为目标的根本性改善活动离真正的精益模式还相差甚远。新一轮的价值流改善活动带来的显著成效可以与第一轮根本改善活动相媲美。

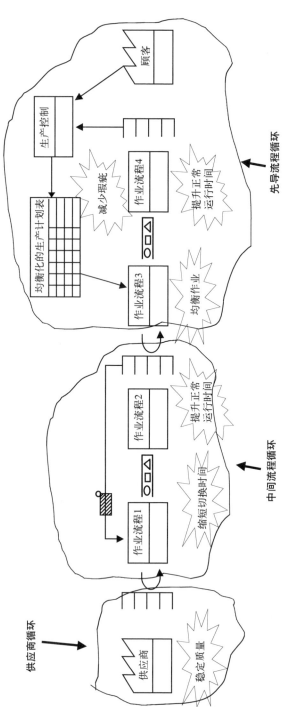

图 19-5 分解为几个包含改善"爆破点"的循环

特点

➤ 采用"学习观察"的方法
➤ 挑选一个个产品套系着手
➤ 绘制现状与未来状态下的价值流图
➤ 制订详细的行动计划（逐个循环进行）
➤ 运用项目管理策略
➤ 使用可视化管理（"透明玻璃墙作业流程"）

优点

- 从大处着手，完善整合各方面的工作
- 经常会带来价值流的诸多益处
- 成果可以全面实现量化，且都是有形成果
- 员工可以亲身体验精益体系

缺陷

- 可能很耗时
- 若缺乏后续追踪，可能会失败
- 需要大规模且有效的参与
- 执行过程中变动很大
- 在某些情况下，可能难以区分产品套系和价值流
- 模范生产线以外的人员并未直接参与其中

图 19-6 "价值流模范生产线"策略的优点与缺陷

案例分析：天纳克公司史密斯维尔工厂价值流策略第二阶段

2000 年，通过改善活动开展突破性的根本转型一年后，该工厂并未取得显著的改善成效。事实上，改善活动结束后，工厂在很多方面恢复原状。员工未能始终如一地遵守 5S 和其他精益制度，工厂也开始面临无组织状态。2003～2004 年，工厂转而采用价值流方法，强调贯穿所有作业流程之间的整个材料和信息流，以创造无间断流程，认真处理面临的问题。新方案正是前文介绍的"价值流模范生产线"方法，其中丰田公司的产品线被选为试点。工厂聘用里克·哈里斯（Rick Harris）所属公司提供咨询顾问服务，同时采用了《精实物流》（*Making Material Flow*）㊀一书中所描述的外购件超市与"拉动路径"模型。

史密斯维尔工厂绘制出现状价值流图后发现，虽然早期开展了根本性改善活动，但最终出现的却是通过推动式制度连接的众多精益孤岛。现状价值流图如图 19-7 所示，需要注意的是图中的所有箭头都属于推动式箭头。从根本上看，存货入厂后被推动至各个制造作业流程，再前推至下一个装配阶段（分组件焊接），然后前推至最终装配线，将外购的消音器、排气管等所有零部件焊接为完整的汽车排气系统。从采购钢材到排气系统出厂的整个交付周期为 17 天。

㊀ Rick Harris, Chris Harris and Earl Wilson. *Making Materials Flow*. Cambridge, Massachusetts: Lean Enterprise Institute, 2003.

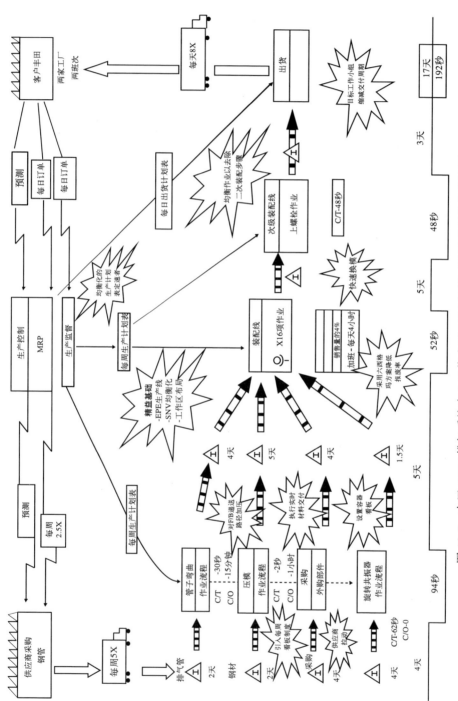

图 19-7 丰田 500N 排气系统中心工作小组 2004 年第二季度的现状价值流图

图 19-8 显示的是未来状态远景，工厂据此开展工作。我们不会探究图中的细枝末节，仅提出下列重点内容供参考：

1. 两个装配阶段（图 19-7 所示的装配线和次级装配线）合并成一个"装配线与次级装配线工作小组"（尽可能在所有地方形成顺畅的工作流）。

2. 制造零部件的作业（管子弯曲、压模作业）和采购零部件都利用超市和看板作业形成拉动式制度（在必要的地方实行拉动）。

3. 现状价值流图中制造实行批量生产模式的零部件（旋转共振器），用专门为丰田生产的机器来制造，零部件通过小缓存量的缓冲器，以先入先出的方式被输送至装配线。缓存量最多为 3 箱，而旧生产体系则允许有半天的库存量。

4. 每日订单流入同一处（装配线）并经过均衡化，其他全部作业均被拉动至装配线。除需要较长提前期的外购件仍使用 MRP 之外，其余各处停用 MRP。

外购件超市以丰田生产方式为模板构建。具体构想是有一个中央超市，其中会安排一个"水蜘蛛"（water spider）按固定路线准时从超市向各作业步骤递送零部件，每小时一次。水蜘蛛还会进行看板管理，并管理工厂内的完整看板递送制度。整个过程以小时为单位周而复始，甚至会有详细的标准化作业显示"水蜘蛛"每一分钟的位置，就像运行得非常精准的巴士或火车运输系统。虽然原材料的递送从每天一次变为每小时一次，但材料搬运人的人数却有所减少。

如图 19-9 所示，第二阶段工作取得了显著成效。在为期 9 个月的价值流方案执行期内，外购件库存减半，工作区占地面积腾出了 1/4，每位员工产出的零部件数量几乎翻番，加班时间从每周 25.2 小时减少为每周 10 小时。但需要谨记的是，史密斯维尔工厂之所以能在相当短的时间内实现如此程度的改善，源于其之前已经建立了广泛的精益能力基础，天纳克公司由此得以对多条价值流同时进行改善。在对这条价值流进行改善的同时，天纳克公司也把这种模范生产线策略推广至其他主要的价值流，而此项工作在最早的模范生产线步入正轨 6 个月后几乎全面完工。这种体系层面的变革通常更为持久，因为它促成了更显著的文化变革。

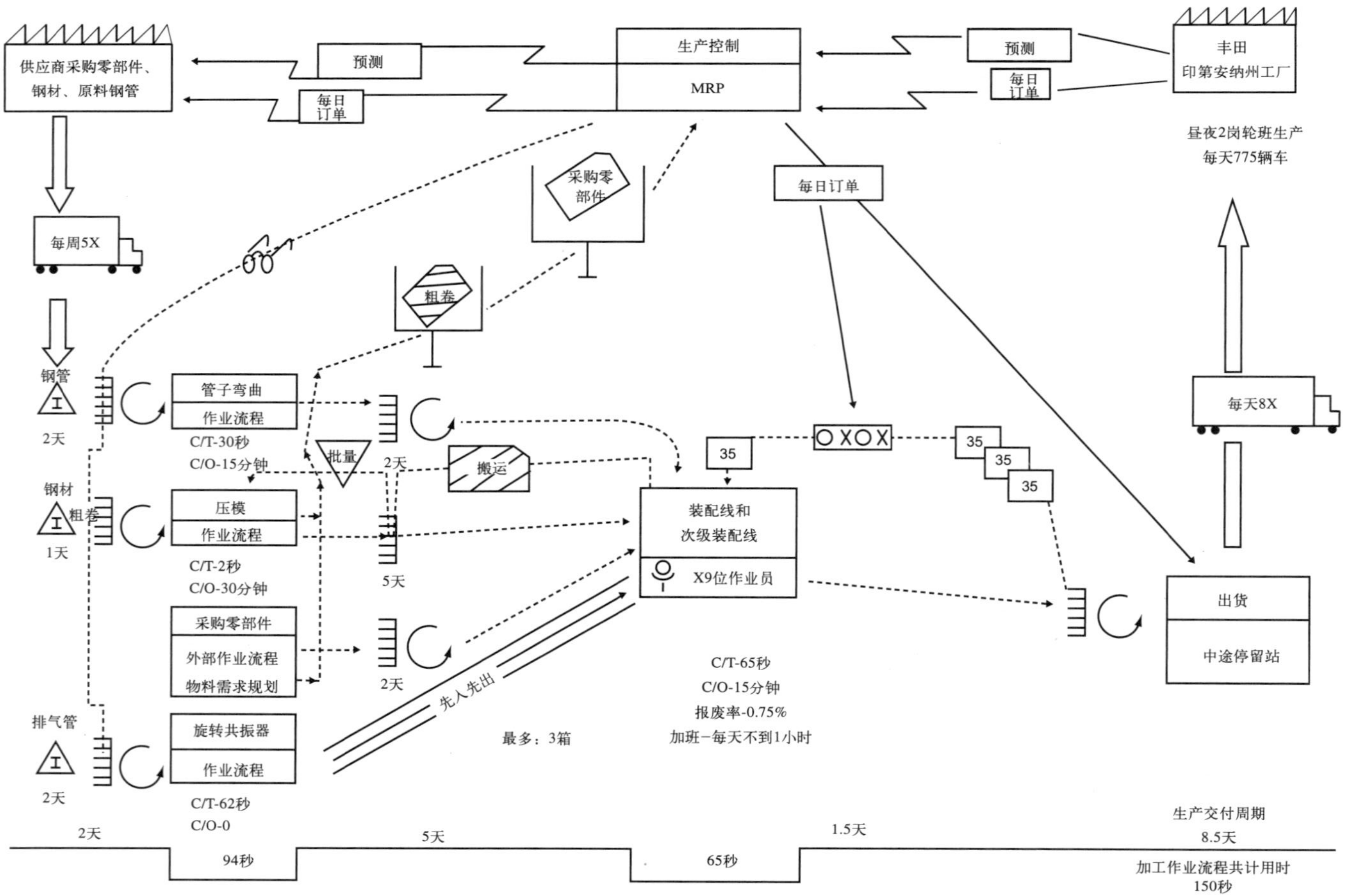

图 19-8 丰田 500N 排气系统中心工作小组 2004 年第四季度未来状态图

P: 主要 S: 次要	业绩指标	目标工作小组初始状态	1个月后	6个月后	9个月后
P	装配线交付周期（分钟）	46	13.75	12.8	11
P	外购件存货（万美元）	48	36.5	30	24.0
S	无间断流程或拉动式制度（%）	0	80	90	100
S	工作区占地面积（平方英尺⊖）	1 896	1 596	1 446	1 414
S	操作员人数/每一班次	7	6	5.6	4.5
S	直接人工效率（%）	61	98	101	123
S	员工每小时生产的零部件	5.4	9	11.25	11.25
S	换模作业频率	每周每件	每两天每件	每天每件	每班每件
S	加班（小时/周）	252	100	20	10
S	不合格率(占总生产的百分比)(%)	1.70	0.70	0.40	—
S	换模作业时间（分钟）	>60	<25	<15	<15

图 19-9　制造原材料流工作小组：D27 共振器装配线的精益行动效益

如此说来，价值流方法是不是没有缺点？或者说它已臻完美境界？显然，没有任何策略或方法可以称为完美。如图 19-6 所示，价值流方法可能很耗时，需要跨职能团队的领导和组织内所有层级的广泛参与。此外，在建立模范生产线的过程中，其他经理和团队成员都需要静待其结果。我们也曾见过价值流策略未能有效执行的例子，这通常是因为精益团队被绘制价值流图占据了几乎全部时间，他们需要以高度精准的数据来制作花哨的图表，而欠缺实际行动，致使价值流图变成了壁纸。有些工厂决定绘制出工厂内所有产品套系的价值流图，于是他们开始不停地开会、绘制壁纸，却没有采取任何实际行动。我们相信一个原则："火候不到，不绘图。"也就是说，在你需要使用价值流图来执行精益行动时才绘图。

耐心去做

这些策略彼此间排斥，重点在于必须有一个合乎逻辑且完善规划的流程可

⊖　1 平方英尺 ≈ 0.0929 平方米。

以运用此类精益工具，由此促进精益制度乃至最终精益价值流的建立。天纳克公司制订了一项整体性的未来状态价值流方案，选定了某产品套系绘制价值流图并建立了价值流模范生产线。但在推出此价值流模范生产线后，立即启动其他作业流程改进和覆盖整个工厂的改善活动，例如在问题领域举办改善工作坊，推出热点方案，并在整个工厂运用 5S 或 TPM 等精益工具，如图 19-10 所示。

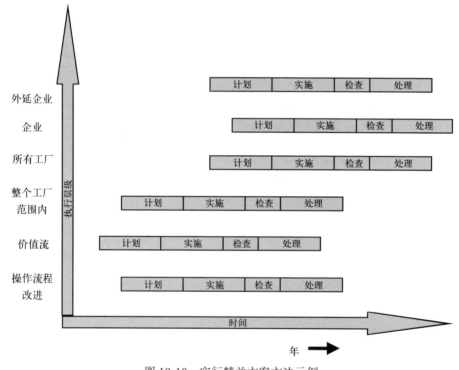

图 19-10　实行精益方案方法示例

　　同步实施这些方法的好处是可以取其精华，去其糟粕。你可以先建立试点项目，实地考察学习并全方位地学习与体验丰田生产方式。你可以让更多人参与其中，体验最基本的精益工具。你也可以解决热点问题，引起管理层的关注并获得必备资源。但这种做法的缺点在于资源可能太分散，结果什么也没做好或无法快速获得成效。必须警惕的是，若出现精益行动成效不佳或工作进展明显落后的迹象，则需要暂停一些方案。在这种情况下，最好暂停遍及整个工厂的行动，先专注于模范生产线的精益工作。

需要注意的是，图 19-10 中每一个层级都显示出"计划—实施—检查—处理"循环。实行精益方案绝不仅仅是获取投资回报。企业经常会投资大量资金在人员的培训和咨询支持上，高管层会要求制订业务方案，比如说明一下预期何时能获得回报。如果在该业务方案中你要提供数字的话，只有说明切实的成本节约数字才能得到高管层的信服，而成本的节约基本上就意味着人力的减少，或者也可能有库存节约，比如平均 1 美元节省 10 美分。持续改善团队（或任何类似名称）如今在枪口之下，他们会把这种压力转嫁给精益顾问："一年之内我们就需要看到投资回报。"

优秀的精益顾问有能力实现投资回报。他们会削减人手，降低存货，并提高业绩数字。但他们实际做了哪些工作呢？从 PDCA 循环来看，他们快速推行一轮又一轮的"计划—实施"。在这个过程中，他们几乎没有喘息的时间，除了检查获得的成本节约之外，没有时间检查其他东西。

我们已经讨论过在许多层级执行的多种精益改善策略。图 19-11 中的模型基于两种因素：此精益方法的侧重点主要落在价值流层级还是个别作业流程层级？此精益改善方法的主要目标是应用技术工具来实现短期目标，还是包括人员更长期发展在内的长期目标？图中将这些策略形成了一个框架体系。

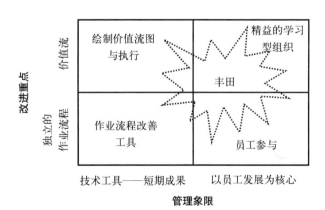

图 19-11　精益改善的管理策略：你的公司落在哪个象限

我们在上文已经介绍了流程改善方法的优点与缺陷，也说明了以绘制价值流图和建立模范生产线为基础的价值流方法。企业经常会短期使用这两种策略，以获得底线收入（即盈利）提升，但这么做会错失更大的机会——发展本公司员工和组织，使其有能力完成更多这类改善，使精益效益加倍。许多制订了员工参与计划的公司只注重作业流程的改善和人员的发展，尽管员工接受了团队培训和解决问题的工具方面的培训，但他们并不了解更广义的价值流改善理念。我们看到，尽管丰田致力于所有象限的改善工作，但它比大多数公司更注重建立精益的学习型组织，将价值流的改善与人员的发展合二为一。那么，你的公司具体落在哪一个象限呢？

电装公司是丰田的最大供应商，它与丰田一起致力于发展丰田生产方式，实现双方共同发展。然而，电装公司位于密歇根州巴特尔克里克市的工厂在实施丰田生产方式方面明显落后于丰田。在过去，他们只是实施了单独的精益工具，并未发展精益制度。如后面的案例分析所述，他们发展了自有版本的"X公司生产体系"，并称之为"高效工厂"（efficient factory），从而让所有人参与持续改善过程。为实施该生产方式，他们采用了实体项目和价值流模范生产线的方法。他们为每套主力产品线挑选出试点产品套系，开始实行从顾客拉动至原材料的精益价值流。直到建立了模范生产线并验证此方法的有效性后，才将方案继续推广至其他产品套系。即使在一座被视为精益模范的工厂，也必须定期对当前状况进行审查，把精益推进至下一个更高水平，其中价值流模范生产线是首选的执行策略。

案例分析：电装公司的高效工厂价值流策略

电装公司是丰田的最大供应商，2004年销售额将近242亿美元，有员工9.5万名。电装原本是丰田的电子部门，后来被分拆为独立的公司，但丰田仍然持有该公司相当大的一部分股权（目前持股23%）。随着丰田生产方式在丰田内部日益成熟，电装也随之发展壮大。随着丰田开始在美国制造汽车，电装于1984年在密歇根州巴特尔克里克市设厂（DMMI），生产汽车热交换器（散热器、冷凝器）和空调系统。DMMI在竞争激烈的汽车零部件产业实现了强劲增长，业绩逐年递增，其最大的客户丰田起到了显著的推动作用，其次是戴姆勒-克莱斯勒和通用。2002~2004年，凭借卓越的技术、一流的质量和近乎完美的交货服务，电装跻身高业绩公司行列。在汽车零部件供应市场，供应商要获利相当困难，但

DMMI 却是年年盈利。如此看来，电装似乎是精益制造的杰出典范，没有什么需要进一步学习提升的了。那些不了解持续改善活动的强大力量的人或许会说："我们已经成功实现了精益运营。"但 DMMI 深知，情况并非如此。

2003 年，DMMI 在巴特尔克里克市推出一项名为"高效工厂"的新举措。DMMI 在公司贯彻丰田生产方式已经有悠久的历史，因此，在转而推行"高效工厂行动"的概念时，很多人会预想到新一代的自动化、信息技术和新的精益理念。其实不然。"高效工厂"只不过是 DMMI 的修订版丰田生产方式。"高效工厂"的标志（见图 19-12）的外观起源于埃及，可能是在某座雄伟的金字塔墙上发现的。虽然，"EF"的象征标志看起来挺复杂，但其含义与先进的制造技术无关，所有东西都与人员和理念有关。这个标志又被称为"高桥三角"，是以电装董事长高桥的名字命名的，高桥在退休时担任丰田的高级主管。在 DMMI 大力推动"高效工厂"的是丰田生产方式的真正追随者——总裁鹿村昭夫。最高层管理者如此坚定地信仰丰田生产方式，是促成深层变革的关键动力所在。

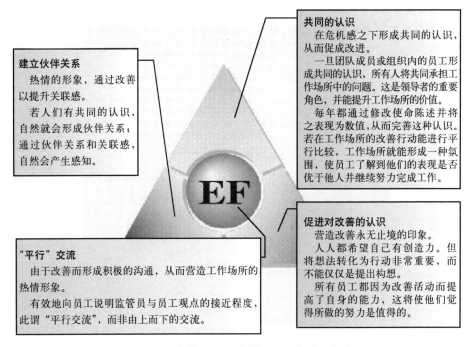

图 19-12　电装公司"高效工厂"行动的标志

电装的这项新举措被称为"高效工厂行动",而非"高效工厂方案"。DMMI 首先以"高效工厂"之名采取了哪些行动呢?在过去,他们通过许多卓越的技术性方案来改善业绩,包括 1996 年以工程为导向的改善活动、1996~1997 年实施的"全面工业工程"(TIE)方案、1998 年的丰田生产方式的概念(小批量、看板制度)等。2000~2003 年,DMMI 认识到需要更多的团队成员参与其中,因此推出了 WOW 方案(杜绝浪费)。这些方案各个都对制造部门的业绩产生了重大影响。不过,DMMI 认识到与丰田工厂仍然存在显著差距。因此,他们在 2002 年启动了"高效工厂行动",其目的是:

1. 提升全体员工的"改善心态"。
2. 创造一个共同目标(远大愿景)。
3. 杜绝整个价值流中的浪费,以降低成本。

"高效工厂"行动注重员工参与,以减少从 DMMI 供应商到客户的整个产品流中的浪费。他们认识到,为把丰田生产方式提升至更高水平,必须对工厂内丰田生产方式专家进行投资。他们选派安德里斯·史塔特曼尼斯牵头,引领制造工程部门迈向更高水平的丰田生产方式。安德里斯在生产工程和制造工程领域拥有长达 18 年的经验,而且他还是土生土长的巴特尔克里克人。来自日本电装公司的山内丰担任生产控制与规划副总,他有一位老师指导他。但是他们很清楚,成功的关键在于生产责任制,即每个人都把生产视为自己的分内事。生产总经理乔伊·史蒂奇也精通丰田生产方式,他负责从内部推动此项行动。

在具体部署中,工厂被划分为三个主力厂区:HVAC(热传导、通风和空调系统)、冷凝器和散热器,然后在每一个主力厂区分别挑选出一个生产套系以建立模范生产线——亲自到现场查看,根据实际情况进行改善活动。一开始,制造工程部门负责促进模范工作区的建立,再逐渐把责任移交给生产部门,在此过程中采用的策略包括基础的作业流程改善、工作现场管理改善和价值流改善,使用的工具包括可视化控制、标准化作业、小批量生产、增加递送与领取频率以及一个产品均衡化告示板。

制造工程部门主管布莱恩·丹布洛克负责在 HVAC 厂区实行高水平的模范生产线制度。他介绍说,由于具体产品和客户不同,在整个工厂内建立产品平均化非常具有挑战性。为了实现成为世界一流公司的目标，HVAC 厂的模范生产线创造了一种成品生产体系。这条模范生产线成为整个工厂的具体效仿范例。

成品从仓库运送给客户。从接到客户订单到送货给大型客户出货中途停留站需要 3 小时的时间。当产品在此中途停留站等候出货时，看板被拿走，送回产品均衡化站点。看板依次排列，以发出生产均衡化的信号，时间间距为 10 分钟，也就是说原材料处理员每隔 10 分钟把一份订单（看板）送到生产部门，以拿取需要放入仓库的产品，即客户实际订购的产品。仓库的看板被更换为生产看板，接下来就有 10 分钟的时间可用于生产产品，这为流程装配线确定了速度㊀。

当这个产品均衡化作业流程应用于整个工厂时（使用视觉管理告示板，称之为"产品均衡化站点"），就能在一处看出全天整个流程的状态。在丰田理念中，在这种情况下使用原材料处理员（有时他们称之为"水蜘蛛"）是很自然的事情，因为从他们的行进路线中可以看到原材料和信息的完整流动过程。通过在整个工厂中创造这种均衡化的状态，所有形式的作业都可以基于 10 分钟的时间间隔来进行标准化。这种做法不仅简化了每项作业，而且一眼就可以看出作业人员是否遵循标准。一旦达到这种水平，有能力、能仔细观察、理解力强并善于思考的员工便能了解整个工厂的状况。

产品均衡化站点把许多零部件的生产均衡化。为此，换模作业（装配线固定设备配件更换）时间被缩减，使之少于生产间隔时间（生产间隔时间等于可用作业时间除以顾客需求）。两班次装配线每天的换模作业次数从 90 次增加至 125 次。通过重新布置输送线并重新平衡装配线团队成员的工作项目来实现生产间隔时间目标。工厂内有一个双向的看板，一是送往中间零部件储存站（取零部件），一是送往制造作业流程（用于生产），以提取拉动的零部件给成品装配区使用。每天送看板至零部件储存站 88 次。为满足这样的领取与递送频率，需要高度稳定的完善作业流程。即便是很小的问题也会干扰生产，而且后果几乎会立即凸显出来。因此，公司若想成功克服此类干扰问题，必须致力于立即解决问题，然后制定永久性的对策。从第 3 章图 3-4 中的持续改进的螺旋循环来说，工厂内反复出现多次"稳定、顺畅流程、标准化、渐进地生产均衡化"循环。

㊀ 事实上，作业流程与图 19-5 所示内容类似，但装配线是一条真正的一件式工作流，其中没有"先入先出"通道。

模范生产线的业绩成果非常显著：产品成本大大降低，质量与交付服务水平也明显提高。最重要的是，DMMI 可把这项行动的成功应用于其他现有的装配线。DMMI 的团队成员直接参与活动，使改善心态提高到新的水平。这就能促使公司形成新的企业文化，从而充分利用员工的改善力量，快速推行改善活动。

实行精益是一次学习之旅，就算已经达到高水平阶段仍需不断学习。每一次经验都是一次学习与成长的机会，但你必须花时间检查，然后思考哪些行动将使你更上一层楼。我们在倡导这种学习观时，曾听到这样的话："但是，我们身为企业，是必须要盈利的，毕竟这是个现实的世界。"

丰田实现了巨额的盈利，但它花了数十年才开始从早期的学习投资中获益并达到今天的水平。当我们提出类似进行必要投资的忠告时，显而易见，我们发现工厂到处都存在浪费现象，公司可以从提高质量、缩短提前期、提供更大灵活度来应对变化、提高生产力等措施中获益。早期学习投资将使长期节约大大加倍。需要谨记的是，在 4P 金字塔模型中，最底层是"以长期理念为基础，即使因此牺牲短期财务目标也在所不惜"。那些把精益视为短期降低成本方案的组织，将永远也无法收获精益带来的真正成效，它们永远无法变成高效能的组织。

许多公司急于在本企业以及外延企业层面快速推动精益。简单的分析就能表明，大部分成本花费在供应的零部件。众所周知，产品开发等上游作业流程的影响对制造所产生的乘数效应远大于对产品开发的投资。因此，不妨立即从那些领域开始吧。我们的经验是，若过早地从整个企业及延伸企业层面着手推动精益方案，会造成弊大于利的结果。原因在于：

1. 在实体操作中更容易看出精益。记住，精益行动的早期阶段主要是在学习，但遗憾的是，早期阶段也关系到政治问题，也就是说必须以明显的、可测量的成果，向掌握财权的决策者推销，使其信服。若从常规实体作业流程着手，最容易取得改善成果。在纯服务性质的组织，固定程序的作业部分最容易实现精益，如订单部或医院的化验室。

2. 可能会有需求资源过多的风险。管理层可能仅可以指派为数不多的人员从事精益行动，所以应当侧重那些可以获得最佳成效和学习效果的人员。就算组织专人成立"精益办公室",也最好先花些时间去了解工厂中创造核心价值的操作流程。这样,他们才能开始深入了解精益,再把学到的东西传达到办公室环境中。

3. 精益的服务作业应该支持创造核心价值的工作流程。通过精益方案,支持部门也可以变得更加高效、更精益,但是,精益方案首先应该考虑其商业目的:谁是顾客?他们需要什么?若服务作业的顾客是某个实体的转型作业流程,你应该首先了解当实现精益目标后会是怎样的状态,这样你才能了解该如何支持这个转型流程。在丰田乔治城工厂邀请乌明戈为其设计一套会计制度时,他首先花了一年时间在工厂现场执行丰田生产方式的具体方案,由此他的看法大大改观,最后开发出一套支持丰田生产方式的会计制度。这套制度更简单、更易于操作,也更精益。

4. 可能会存在把精益行动变成最新"方案"的风险。公司经常把最一流的精益顾问和精益经验最丰富的人员指派给制造部门或服务型组织内创造核心价值的工作流程。支持部门则主要基于短期培训方案展开学习。持续改善团队完成的是流于表面的工作,精益行动看起来更像是"当月的方案"。记住,做得好比做得早更重要。

5. 在本公司本身未建立精益制度之前,力图把供应商变得精益是伪善、危险的做法。若自家公司都不精益,又有什么资格去指导供应商实现精益呢?你必须首先有资格"授人以渔"。此外,由于精益的供应链由许多不同层级的要素构成,如果在尚未形成相互理解与信任之前就开始"培养"供应商,供应商将会把这些"培养要求"视为要求它们降价的借口。

我们在此反复灌输的理念是要有耐心。想想佛教僧侣如何教诲年轻的信徒,空手道、运动和乐器方面的名师如何教授学生学会复杂的技巧。刚开始,没有人可以一上手就能做出漂亮的动作或者演奏曲子,无论谁都需要经历许多冗长乏味但必要的准备课程,比如学会基本的肌肉控制技巧与全神贯注。一位曾师从世界一流高尔夫球手的资深高尔夫教练说,在学习高尔夫球的头三个月,他一颗球都没打过。想想"大野圈",站在圆圈内仔细观察。将这种对耐心与规则的需要应用到解决问题的过程中,你不能抢着下手、急于执行解决方案,而应当花时间找出真正的起因所在，然后问"5次为什么"以探究根本原因。在让员工投入常规工作之前，先用工作指导培训的方法花时间逐步培训每位员工。花时间检查与审核，并制定学习与改善的对策。不要只想做出大而明显的改善，只有量变才能促成质变，所以首先要做出很多小的改善。要建立这样的耐心，必须有长期的远大目标，必须对目的有透彻的理解。这是精益方案中最困难的部分，但会带来丰厚的长期回报。

反思问题

本书的大多数读者想必是过去已经开展过一些精益行动的机构中的成员，其中许多公司致力于精益行动可能已经有些年头了。对于那些已经有一定精益经验的读者，我们希望你反思一下贵公司的精益进展情况，然后制订一项计划，看看在4P模型中的流程层面，你接下来应该致力于哪些工作。对于那些过去毫无经验的新手，这也是个制订计划的机会。此项反思活动必须和公司中负责为精益行动确定方向的决策团队一起进行。

1. 花些时间列出贵公司以往以"精益"之名进行的工作流程改善活动。
2. 使用图19-11的二阶矩阵，把过去最重要的精益活动加以分类，看看大多数活动落在哪个象限。
3. 现在，思考你未来的行动该如何以目前已取得的成果为基础。你接下来该进入图19-10和图19-11模型中的哪一部分？比如，假如过去你的公司主要侧重运用精益工具或热点方案，那么接下来你或许该实行"价值流模范生产线"方法了。如果你过去累积了图19-11左侧（矩阵图中工具的一侧）的丰富经验，那么接下来你也许该致力于员工培养层面了。注意，从电装公司的例子可以看出，就算你致力于员工的培养，仍然需要让员工参与作业流程或价值流的具体改善活动。
4. 制订一份高水平的工作计划。你可以使用图19-10中的简单概念作为框架，注明大概的日期。

第 20 章

领导变革

我们能避免精益变革中涉及的政治因素吗

如前文所述,转变为精益企业涉及的是一个政治过程。所有人都认为政治不是什么好东西,对吧?政治是组织内部发生的未按理性运行的东西。一个良好健康的组织应该是依理运营,并且所有人都因为一个共同的目标而联系在一起。我们已经描述过丰田是一个乌托邦式的环境,在这里,所有人都拥有共同的目标——以顾客为先。因此,如果你要向丰田学习,首先就要从"所有人都朝着一个共同目标努力"这一假设入手,对吗?

错!一名严厉的日本丰田老师或许会大声斥责道:"愚蠢!愚蠢!愚蠢!"一位身材娇小玲珑的年轻女士曾这样将日语翻译成英语,以至于吓坏了一位美国人。

我们所说的政治过程到底意味着什么呢?我们的意思是:在任何现实世界的机构中,甚至在丰田,都存在着不同的人,他们的利益不同,日程安排也不同。那些对组织中任何变革都热衷的人心怀一个远景目标。这一目标的相关利益人群会为其提供积极的支持,而认为该远景目标会损坏其利益的人则会持反对意见。

支持或反对的程度取决于很多因素，比如对其利益的帮助或损坏程度、各个利益群体的坚持程度，以及公司文化对朝共同目标努力的支持程度。政治过程指的是随着时间的推移，如何实现这些不同利益的过程。那些领导变革者希望所有的事情都能逐渐被理解，就像在棋盘上移动棋子一样简单。然而事实上，总是要经过妥协，才能通过他人利益的黑暗水域。倘若推进的力度过大，或者损害了太多的利益，就会形成一道有组织的屏障，由此导致变革过程半途而废。

政治牵涉到权力，而权力是一种即使违背他人意愿也还能将事情完成的能力。我们可以想象不同的人手中持有不同的权力容器，如果你的容器是空的，你就无能为力了。当然，这是一种粗略的说法，但是权力确实必须被审慎使用。一个明智的领导者知道在何时做出让步，何时力劝他人，何时寻求帮助，以及何时使用正式的权力来下达官方命令。有些领导者天生就知道如何运用权力，但是有些领导者却总是摇摆不定。

领导力也牵涉到权力。领导者必须行使领导职能，并且拥有一批追随者。原本就与你目标一致的人追随你，并不能证明你是个胜任的领导者，作为领导者的挑战在于使人们放弃他们原来的方向，而去追随你的方向。领导者必须具备方向感，有时我们称之为远景目标。领导者必须共享此目标，使其他人接受这一目标并积极协助它的实现。领导者如果能做到这一点（尤其是在其追随者原本不会主动这么做的情况下做到这点），他就拥有了权力。

著名社会学家马克斯·韦伯曾描述过权力的几个来源㊀：

1. 理性法律。理性法律是正式的权力。在正式的等级制度中，你是上级，可以下令让下属做事，而下属则应该服从。你有下达命令的合法权力，你的职位授予你这项权力。这通常被认为是官僚制度下的权力。

2. 强制性。你可以用不服从命令所产生的不利后果来威胁他人，迫使他人遵从你的命令。

3. 报酬奖励。你控制某种报酬奖励，并且根据他人的服从情况来授予该奖励。奖励的形式可以是有形的，比如金钱；也可以是无形的，比如表扬。韦伯最

㊀ Max Webber. *From Max Weber*, translated and edited by H. H. Gerth and C. Wright Mills. New York: Oxford University Press, 1946.

初的权力来源类型中本不包括这一项，但是奖励是强制性权力的反面——不运用威胁手段，而是承诺对特定行为或成果给予特定奖励。

4. 魅力。当你具备了领导魅力，人们自然就愿意追随你。这种现象符合动物磁力说，也就是说有魅力的人能够散发出一种力量，驱使人们按照你的要求去做。

5. 传统。这是传统的行事方法，是文化遗产的一部分。就像在赛迪-霍金斯节（又称女生择伴舞会），当女孩邀请男孩跳舞，男孩应该接受邀请一样，这是我们的价值观和社会规范的一部分。

优秀的领导者应该能够灵活运用以上这些权力来源。通常，如果某人展现出一定程度的领导魅力，我们会视此人为一位领导者，而不仅仅是一位管理人员。在官僚制度下，任何一位经理都可以运用前三种权力来源。在被授予头衔和正式实施赏罚制裁手段的权力后，他们就能完成很多事。但是，领导者应该掌握各种各样的工具，且知道应该在何时以何种方式来使用它们。何时使用正式职权？何时使用等级制度，用惩罚的方式威胁他人服从？何时运用人格魅力与员工一对一地谈话并影响他们？何时面向整个团队发表一番能令人潸然泪下的演讲？何时主持一次正式的庆典活动，以及何时该利用传统的力量？随着时间的推移，优秀的领导者可以学会如何有效地运用这些权力的来源；而无能的领导者则像小孩子一样，只会拿着上了膛的枪进行胡乱的瞄准和射击。

我们有很多机会见识大型跨国公司如何将精益行动作为公司的方针贯彻实行，例如福特汽车公司、通用汽车公司、德尔菲汽车系统公司、PPG实业公司、波音公司、诺斯罗普格鲁门公司、联合科技公司等。在所有案例中，都有一个明显的倾向：一些个别的制造厂率先实行精益行动并且保持领先，而其他大部分制造厂则进展滞后，以烦冗粗浅的方式实行精益。你可以亲自去检查不同的制造厂，看看造成这种差异的原因究竟何在。答案往往在于领导力。在精益行动成功的案例中，至少90%的工厂有一位信仰精益理念、胸怀远大目标并且知道如何行使领导职能的工厂经理；而剩下10%的成功案例中，由另一名高层经理人（可能是制造部门经理或工厂副经理）负责领导精益行动，而工厂经理不加干预。

领导者懂得如何领导，而领导力指的是有效地运用权力。那么，如何教授领导力呢？有关商学院什么能教而什么不能教的话题，一直以来都颇具争议，我们认为，商学院无法教授如何具备领导力。实质问题在于领导力究竟是教会的还是与生俱来的。但无论如何，公司可以做许多事情培养领导力，包括：

- 谨慎选拔领导者。
- 由优秀领导者担任潜在领导者的指导教师。
- 提供机会，让领导者在挑战之下浮出水面。
- 为领导者提供支持和工具，使领导工作切实有效。

在丰田，下至小组负责人、团队领导者，上至总经理、总工程师到CEO，上述事项都完成得非常出色。所有这些领导者都经过了审慎的选拔和精心的培养。每一位领导者都清楚自己最重要的工作之一就是培养人才，在行动中培养未来的领导者。丰田模式中的所有要素都致力于激励员工成长，使有潜力的领导者在这一环境中崭露头角并得到长足发展。丰田生产方式的工具、丰田模式的文化以及高管层的统一管理架构，为天生的领导者做出卓越业绩提供了肥沃的土壤。

高层、中层与基层的领导者

欠缺有能力的领导者，就不可能实现变革[一]。然而，这些领导者应该被安排在组织的哪些职位呢？答案是，无论在组织的高层、中层还是基层，都需要领导者。让我们分别讨论各层领导者的作用，并考察成为一名精益老师或教练需要哪方面的能力。

高层领导的作用

组织中各阶层人员的行为正是高层领导力的体现。在第11章中我们看到，丰田的领导者事事亲力亲为，在工程作业办公室现场或任何实际行动中都可以看到他们的身影，他们已经深谙"现地现物"之道，了解如何深入观察事务的实际进展情况。不论他们去哪里，都会手把手地进行指导和培训。

[一] 本章中很多想法和数字都来自比尔·科斯坦蒂诺的著作，他曾在丰田担任团队领导者和私人顾问。

不过，和所有其他的领导者一样，对于某些事，他们必须假他人之手完成。事实上，这正是领导者的定义——他们有追随者。我们不能指望这些领导者做很多细节设计或实施工作。那么，他们究竟扮演什么样的角色呢？

图 20-1 向我们展示了精益变革的典型结构。图中每个角色都是必要的，执行发起人通过两个方面参与过程：一方面，他提供必要的资源，包括金钱，但不限于金钱；另一方面，他拥有完成任务的所有可用权力来源。

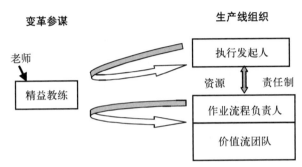

执行发起人：同意并支持团队活动的监管员或经理，非团队成员，但是对团队活动负责。
作业流程负责人：团队领导者，亲力亲为并见证团队的成功。
执行发起人和作业流程负责人之间的关系很关键，执行发起人应每周花时间指导作业流程负责人，质询其见解和周详性，并为作业流程负责人的实际需要提供支持。

图 20-1　精益变革过程的关键要素

记住，这是一个政治过程。任何变革都会遭遇阻碍。总有一些人认为变革会威胁他们的利益或其部门的利益。让我们来看看下面的例子。

在一家专门为国防部门服务的飞机维修厂，所有维修工人的人工工时都被记入收费账户。为了让现场作业人员参与到精益行动方案中，工厂将他们从常规工作中抽离，并指派他们参加小组形式的改善活动。由于工厂要求积极执行精益方案，所以他们同时开展了多个项目，并让数十位员工参与其中。精益行动要求显著提高飞机维修作业的速度，以满足客户的需求，因此他们的压力很大。精益变革的成果非常显著，该工厂由此成为业内飞机维修速度最快的工厂，取得的成果可能价值千万美元。然而，与此同时，由于工人的工时也被记入精益账户，账面逐渐出现亏损。主管运营委员会对工厂领导施加压力，要求其全面停止精益活动。在面临相同情况时，另一家发动机维修厂被迫停止了精益活动。但在这家飞机维修厂，如果不是空军基地的上校授权工厂负责人继续让员工从事精益活动，他可能已经屈服于主管运营委员会的压力而停止了精益活动。幸运的是，这位上校知道这是一件正确的事，于是也投入到精益行动中。

有意思的是，精益方案产生的巨额费用来自人为添加的指挥和控制评估系统。所有维修人员都是按小时领取薪水，但是不论他们是为精益方案工作还是维修飞机，都能领取薪水。事实上，在开展精益行动时，他们的产能大大提高，飞机维修工作已不需要那么多的维修人员。维修人员的工作时间并没有发生变动，但是内部会计制度却将维修人员的工作时间成本记入了精益账户，从而导致了精益账户的亏损。由于运营委员会根据账户数字说话，所以所有成员对于精益账户的超支都表示反对。他们只看到成本，却没有看到效益。实际情况是精益方案产生了巨大的效益，却没有因为维修人员的工作时间产生任何边际成本。并且，维修人员从精益行动中学到了很多东西，他们都大力支持精益行动。

在推行精益行动的过程中，总是不断地遇到新的困难，如财务紧张、人为设置的阻碍、缺乏其他部门的必要支持（比如工程设计和维修部门），以及有人援引业已打破的行业规则等。执行发起人必须从长远的角度来看问题：精益行动可以从根本上将企业变革为高绩效组织。一名优秀的执行发起人能否适时进行干预是推动企业继续向前发展或停滞不前的关键。

根据以往的经验，要让高层主管看到精益行动的效益，并激发他们对精益方案的热情，是一件很容易的事情。然而，精益行动的成败取决于高层领导者是仅仅点头同意和口头支持，还是用实际行动来支持。字典中将"投入"（commitment）定义为"对一项事业的忠诚和奉献"，而精益就是这样一项事业。领导者应该把精益的学习型企业作为一个远景目标，并且积极致力于推动此目标的实现。即使面对重重阻碍，领导者也要毫不动摇地继续推行精益变革。如果领导者动摇，那么他的下属必定会跟着动摇。如果领导者对于精益行动的每个步骤都要进行成本效益分析，以此来判断是否值得进行，那么这就是动摇的表现。

一位全力投入的领导者必须提供资源来推动企业发展，包括提供最优秀的人员参与精益工作，提供财务支持，并要对实现成果负责。我们必须清楚地认识到，对于公司来说，精益行动是非常重要的，工作人员别无选择，必须参与，且图 20-1 中的作业流程负责人必须对行动的成败负责。这可以分双向来说：作业流程负责人对上级负责，而如图 20-1 所示，执行发起人必须对作业流程负责人的努力工作和工作成果做出奖赏和鼓励。这说明执行发起人需要清楚了解精益行动的进展（但这并非指官僚意义下的做法），而且通过丰田模式中现地现物的方式去了解。为了真正了解进展状况，执行发起人必须亲自观察、亲自体验。

> **小建议　定期安排对现场进展情况进行评估**
>
> 我们最不乐见的是高层管理人员只是收发邮件、开会和出差，在他们的重要工作日程表中，去现场了解第一手的精益行动进展情况总是被排到最后一位，但令人遗憾的是，现实往往恰恰如此。张富士夫曾经提到他在担任丰田肯塔基工厂总裁时，每天亲自去现场鼓励美国员工认真使用安灯制度（参见《丰田模式》一书）。这是一种真正的全身心投入，而且监管员要有足够的知识才能了解现场的所有情况。监管员必须将定期考察工厂（或多座工厂）列入日程。在精益项目现场应设置直观指标和一般业绩指标，这样监管员进入现场后才能对进展情况一眼明了。最好为监管员提供一份清单，列举出其在现场视察时应该留意的事项。至少在项目的最初阶段，这样一份检查清单是必不可少的。监管员应该认真安排这些实地考察工作，并在其重要工作日程表中，将其列为最优先的事务进行处理。

夹在中间的领导者

承受来自高层、基层以及各方面的压力，这就是中层管理者的真实生活写照。我们所说的"中层管理者"包括从第一线负责人到部门主管在内的所有领导者。他们的工作就是将大量来自上层领导的想法转变为具体行动和成果。这意味着他们必须影响基层工作人员的生活，并通过基层工作人员来展开工作。他们必须完成每天的产量目标，对质量和服务负责，安排好被派来协助他们更好地完成工作的管理专家。

就中层领导者而言，精益是在管理层提供的一长串好想法中群策群力确定的最适合的一个。中层领导者还有另一个特征：虽然没有组织中高层领导者的正式权力，但是他们拥有力量，或者完成事务或者设置障碍，而这足以成为精益成功还是失败的差异所在。对于一个变革推动者来说，中层管理者可能是令其不悦的一个群体，这并不是因为他们天生顽固倔强，而是因为他们所在的职位，责任止于他们手中。

对于精益变革代理人来说，中层管理者是他们最大的挑战。一方面，中层管理者对精益变革来说起到了最大的杠杆作用。能得到执行发起人的支持固然很好，但是他们并不会采取实际行动，中层管理者才是实际行动的领导者。实际上，我们看到在操作层面，做了最多推动工作的是丰田的团队领导者。另一方面，期望在精益变革过程中涌现出许多中层管理者，且要求他们在各自领域都能成为精益变革流程中的领导者，这一点是不切实际的。在丰田公司，团队领导者确实可以做很多工作，但这也是在经过多年的指导和培养并且在精益已经成为丰田的一种特殊文化之后才能够实现的。另外，要实现这一点，必须以丰田的团队领导者和小组负责人制度为基础。

当然也有一些例外情况。个别部门（工程、质量以及制造部门）的中层管理者中有一些特殊的个体，精益与他们的利益相关，令他们十分感兴趣。如果他们抓住机会并着手精益活动，即使最初无法获得高层管理者的支持，他们还是会渐渐赢得这种支持。遗憾的是，这种例子非常罕见。精益必须始于高层。

因此，在大部分情况下，精益变革还是更多地依赖于精益教练，使用执行发起人的等级制度和权力，并通过中层管理者来开展工作。随着时间的推移，如果公司能成功地形成真正的精益文化，情况将会转变，精益教练将会支持中层管理者推行变革。

找出基层中"社会计量学意义下的明星"

在社会学术语中，组织即"网络"。通过交流纽带、社会纽带以及情感纽带，不同的个体被连接在一起。假如为这种连接关系画一幅图，比如，将交流的频率画下来，你就会发现这幅图乍一看来就像一张大蜘蛛网——网络。如果更仔细地看，你就会发现网络中某些部分比其他部分更加密集，而在更密集部分的中心，则是一群特殊的个体，我们有时称之为"社会计量学意义下的明星"（sociometric star），这是一个学术名词，适用于那些人气很旺的天生领导者。有一些人的意见比其他人的意见影响力更大，如果你能赢得这些意见倡导者的支持，就可以通过他们来改变公司的文化。

找到这类人物并不难。既然他们人脉广泛，你就可以通过许多不同的方法找到他们。组织中的人往往知道他们是谁，他们的中层领导往往也知道。丰田试图去寻找并提拔为小组负责人的人正是这样的人。

有很多方法可以使这些基层领导者加入到精益变革中。精益教练可以找到他们，同他们进行非正式的谈话。不过，更好的做法是让他们正式地参与到变革进程中来。改善工作坊是将这些天生的领导者纳入进来的很好的方法。在改善活动中，可以将较大的团队分散成几个较小的组别，甚至可以将这些人任命为小组负责人，当然，这意味着管理层需要为他们的加入付费。不过，从长期来看，相对于巨额的回报，这只是微不足道的投入。有些公司找到一些这样的人，将他们归入改善宣传办公室，使其成为专职人员。中层经理去基层寻求员工的支持是一回事，而由受尊敬的同事号召大家支持他则是另一回事。因此，我们应该找到这样的领导者，并想办法让他们参与到精益变革中来。

成为精益教练

精益教练是一种参谋职务，比如可以是公司内部被指派为内部专家或内部专家团队的某个人或团队。在精益的变革过程中，这一角色是至关重要的。遗憾的是，每个人都很忙，而精益又是额外要做的一项工作。然而对于全职精益教练来说，这就是他们的工作，而且这常常会变成他们热衷的事业，而并不仅仅是一份工作。

精益变革应该由生产线组织推动，而不是由参谋推动。生产线组织有责任和义务实现成果。从事创造价值工作的员工属于生产线组织，他们需要使用整个精益体系，因此应该对精益体系负责。

以标准化作业为例，回到时间和行动研究之父弗雷德里克·泰勒的时代，作业标准化的构想在当时被视为参谋工作。泰勒想象一大群的工业工程师是科学管理方面的专家。而基层的员工并不懂他们的科学管理，工业工程师决定了最佳工作方式，并要求作业班长强制基层员工执行最佳工作方式。由此导致了意料外的结果：基层员工与管理层产生了冲突，并且对所谓的"效率专家"产生了敌对情绪。这也造成了更大的浪费，使得管理层目标和员工目标出现了分歧。

我们看到在丰田公司，标准化作业是创造价值的工人和其团队领导所使用的工具，也是持续改善可以采用的工具。如果我们以"精益专家"为参谋，强迫员工执行标准化作业，就退回到泰勒时代的科学管理了。

尽管如此，在精益变革过程中，精益教练对精益的重要性来说也许仅次于高管层。遗憾的是，现实情况是作业人员对于精益既没有足够的了解，也没有足够的变革动机。高管层虽然足够投入，但是他们面临很多其他方面的压力，从而不能天天集中精力推动精益变革。因此，大部分责任都落在了精益教练或精益团队的肩上。

鉴于上述考量，能否将精益行动作为一项兼职工作指派给某位全职员工呢？如果5个人兼职精益行动，其中每个人花20%的时间，那么其结果大概等同于甚至优于一个人花100%的时间全职做精益变革工作。然而，看上去这5位全职工作者的工作时间将延长为120%，可投入到精益行动中的时间却并未达到20%。因此，我们很少会看到连一名全职精益教练都没有却取得成功精益变革行动的情况。在第19章中，我们提到电装公司的精益方法，在"高效工厂"行动的工作中，他们组建了一支来自制造工程团队的内部精益专家组。在丰田公司内部（包括美国北部的NUMMI），通常采用的做法是在工厂内建立更强大的丰田生产方式专家组，即在每个主要的作业流程（比如喷漆、车身车间、冲压、最终装配线等）都至少配备两名全职丰田生产方式专家。丰田已经认识到，在日本之外的一些工厂中，丰田生产方式已经成为公司文化的一部分，因此更需要丰田生产方式专家来提高工厂内丰田生产方式的标准。

精益教练的工作包括：

1. 领导模范生产线方案。
2. 领导价值流图绘制工作。
3. 领导改善活动。
4. 教导精益工具和理念（举办短期课程以及开展精益活动）。
5. 指导各级领导者。
6. 制定精益作业制度（原则、业绩指标、评估方法、标准的作业程序）。
7. 从内部推动精益变革。
8. 在外部交流学习并带回新的理念。

> **误区　微波炉烹调速成的精益教练**
>
> 　　精益工具和精益概念本身的设计简洁直观，所以培训一名精益教练看上去是很容易的事。很多大学和专业协会都可以认证精益教练。虽然这些课程能够教会你一些有用的东西，但还不足以培养出一名合格的精益教练。
>
> 　　知识可以分为两种：程序性知识和隐性知识。程序性知识可以很容易地在课堂上讲授，比如组成一个工作小组应遵循的步骤；而隐性知识是从以往的经验中累积所得，需要由一位优秀的教练提供指导。知道何时实行小组式工作方式比较适宜，稳定性达到何种程度能够形成一个流畅的工作小组，如何向管理层推销概念，何处组建工作小组刚好适应无间断流程，什么规模和形式的工作小组运营最佳等，这些问题的解决更多建立在隐性知识之上。后面介绍的"两个活塞的故事"阐述了这样一个案例：一些有着良好意愿并接受过正式精益培训的经理和工程师，他们在组建一个机器作业小组时，由于忽视了一位真正的丰田生产方式专家的建议，最终做出许多错误的决策。只需要接受短期的培训课程就可以成为精益教练，就像使用微波炉可以快速煮熟食品一样，对于许多管理者来说都颇具诱惑。但是，千万不要这样做！一个人必须以小组成员的身份亲自体验且多次执行真正的精益价值流，并担任领导职位多年（详见本书第19章模范生产线方法），才具备成为一名优秀的精益教练的基础。而要获得这些经验，必须接受一名经验丰富的精益教练5～10年的严格指导。

　　图20-1显示：执行发起人、作业流程负责人以及价值流的团队共同领导精益变革，当然这是最理想的情况。不过，在大部分情况下，尤其在精益变革的初期，这是不切实际的，我们也从未见过这种情况。整个过程必须借助外部精益老师的力量，由其完成持续指导、引导以及推动工作。此外，当生产线组织的效益开始显现的时候，内部精益教练会不断地接到这样的请求："接下来请来我们厂区。"这是进步的一大标志，并使得精益教练的工作更加有趣。

　　由于精益教练对精益变革的过程至关重要，因此，公司应该审慎选拔精益教练。精益教练必须具备以下特质：

- 聪明。
- 学得快。
- 热爱学习。
- 乐于实践。
- 对改善流程充满热情。
- 具备领导技巧。
- 掌握处理人际关系的技巧。
- 卓越的交流能力（书面与口头技巧）。
- 基本的技术技能（熟悉电子表格、图表、数据等）。
- 有系统性思维能力（有能力了解作业流程等）。
- 有与生俱来的解决问题的技巧。
- 爱读书。
- 以开放的态度对待新理念。
- 做事有条理。

以上是选拔精益教练时应留意的一些技能和特质。但是，并非具备以上特质的人就自然而然可以成为一名精益教练。精益教练也需要经过培训，其中包括对精益工具的技术性培训。阅读书籍或在大学接受精益课程培训就可以在这方面有很大收获，但是真正有效的深层次的培训是在职培训，这种培训只能由非常优秀的精益教练指导，这就是精益老师的角色。

向精益老师学习

在日本，老师被称为"sensei"，但sensei这个词的意思不仅是"老师"，还代表着一种关系。老师因其丰富的学问和智慧而备受尊崇。学生们要向老师学习，就是遵循着老师以前走过的道路向前迈进。

有些公司很幸运，已经拥有内部精益老师，他们可以提供培训和指导。这些内部精益老师可能是在其他公司接受过培训的人员，也可能是公司聘用的经理人。例如，有些工厂的经理或副总裁之前曾担任丰田的经理，他们自然而然地就成为内部精益老师。但是，更多的精益老师来自外部精益顾问，他们有着丰富的经验，而且很可能正在为丰田工作。

关于精益老师，最重要的一点是他们是教师，而不是进入公司直接执行精益行动的人。优秀的学生更能体现老师的教学水平，审慎选拔合适的内部精益教练向精益老师学习，这一点是能否向精益老师学到本领的关键。

精益老师也有许多不同的风格。大野耐一的原始方法是严厉地指导，在心理上打击学生，有时甚至实施生理上的体罚。精益老师的工作就是发现学生的缺点，严厉地批评和奚落学生，从而使其认识到自己能力差，只有努力学习迎头赶上才能胜任工作。有些外聘的精益老师是经验丰富的精益顾问，他们发现对待学生应该更加温和，这样才能走得更远。因为老师知道，如果太过苛刻，他们就有可能会被解聘，所以，他们就成为团队的一分子，对许多工作亲力亲为。

在大多数情况下，精益老师应采用介于严厉和温和之间的方法。精益老师不能成为执行工作的一双手，而是必须激励学生自己动手，也就是说，他们需要分配具有挑战性的工作，然后退到一边，让学生自己去努力奋斗，甚至失败，然后精益老师才能上前指导。这就是从实践中学习的方法。学生必须亲自去做、去感受挑战，这样才能真正学到东西，仅仅看着精益老师怎么做是学不到这么多东西的。

精益老师的造访频率也可以采取不同模式，比如可以是全职模式，也可以隔周举行或每个月举行为期几天的改善工作坊。全职模式的频率可能过高，但通常每个月至少要保证开展两天的活动。

全职的精益教练往往是在亲自实施精益行动，而不是指导，这是很典型的现象。当然，如果当前未指派得力的学生全职参与计划，或者需要快速地推动精益方案，那么精益老师很可能需要直接参与进来，但是这只能作为过渡性策略。如果全职的精益老师能做出足够的改变以展示精益方案能达到的效益，则能有效地激发管理层派遣一位优秀的全职人员与精益老师共事。这样，精益教练就可以减少参与。

隔周举行一次改善工作坊的模式可以快速地推动许多变革（详见第19章天纳克公司案例）。如果精益老师每次来访都去领导改善工作坊的活动，那么除了在工作坊上做在职指导外，他很可能无法展开许多其他的培训，但实际上，工作坊之外的培训也是很有价值的。

如果组织内部有一支强大的内部团队，可以担任精益老师的指导角色，那么每月两天的改善工作坊模式就是非常有效的。精益老师评估上次工作坊至今的进展情况，做出挑战性强的反馈，并分派下个月的任务。精益老师也可以演示一些工具或协助解决一个棘手的技术难题，然后再离开。在这种模式下，精益老师不能插手去做，但必须提供指导，否则产生不了什么效果，而学生也会认识到他们不能事事依赖精益教练。

我们将实现持续变革需要的各个因素进行整合，变革流程的结构如图20-2所示，其中将确定角色和职责、必需的广泛参与和所有权（尤其在生产线组织内部）、责任、在实践中学习的指导精神以及投入且知识渊博的领导者。

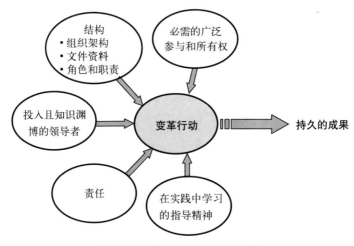

图20-2 精益变革的关键要素

我们应高度重视"投入且知识渊博的领导者"这一要素。在下面讲到的案例"两个活塞的故事"中，强调了投入且知识渊博的领导者的重要意义。这个案例中，精益变革所需要的所有要素似乎都已经具备——管理层对精益变革的高度支持、优良的变革架构、由生产线组织负责推进变革行动以及一名世界上最优秀的机器作业精益专家。这是一条新的生产线，可以从头开始建立精益制度。其中一条生产线的领导者——一位项目工程师，虚心向精益老师学习，其领导的生产线开展了精益变革并取得了极大成功；而在另一条生产线，其项目工程师既不懂精益，也不打算去了解精益，从工厂经理手中接下领导权后，他也没有花时间去了解，不出所料，最终果然失败了。

🎬 案例分析：两个活塞的故事：一家美国公司中的丰田机器作业理念⊖

"就好像有一杯清凉可口的啤酒放在我的面前，但是每当我伸手去拿那杯啤酒打算好好享受时，面前却有一堵透明的墙挡住我的手。"吉野石烷如是说。吉野为丰田汽车公司服务了30年，后来成为工程整合者公司的顾问，他和大多数丰田的同人一样，经常用比喻的说法。他已经在艾克米汽车系统公司（以下简称艾克米公司）工作一年半了，但是由于精益环境未能取得显著进展，所以他在打这个比方的时候，口气里充满了挫败感。

引言

前文中我们强调，精益变革是一个政治过程，需要投入且知识渊博的领导者。艾克米公司是世界上规模最大且最多样化的汽车零件供应商之一，大卫·奥斯图瑞契在这家公司当实习生的经历是很好的例子。大卫当时被分配同一名退休的丰田工程经理一起工作，这位工程经理是将丰田生产体系应用于机器作业方面的知名专家。他在丰田公司的生产工程部门工作了30年，尤其熟悉工厂如何推出机器作业技术，因此艾克米公司高薪聘请他出任精益专家。在为丰田公司服务的30年职业生涯中，他逐步累积了机器安装的丰富经验。不过，这是他第一次尝试在美国实行丰田模式。大卫对于能加入艾克米公司并能向吉野进一步学习丰田生产方式感到非常兴奋。艾克米公司上至执行总裁、下至基层员工都致力于建立一家精益型企业，且其本身已经有10年的精益执行经验。他们聘请吉野来开设几条新的产品生产线，作为丰田生产方式应用于机器作业方面的展示窗口。

艾克米公司在同一个工厂里安装两条机器作业生产线——A1生产线和X10生产线，分别生产不同版本的压缩机，每条生产线各有一名项目工程师。最终的结果是：A1生产线的项目工程师采纳并严格遵循吉野石烷的建议，取得了相当不错的成果；而X10生产线的项目工程师为了节省短期成本而走捷径，最终结果令人失望。有趣的是，这两位工程师有着同样的远大目标，且由同一位世界一流的精益专家提供帮助。

⊖ 本案例改编自大卫·奥斯图瑞契根据真实事件所撰写的案例。本案例中，人物姓名和部分事实都进行了修改，以便于明确讨论。事实上，本案例中的事件真实存在。

首次质量检验合格率的定义是：制造出来的零件第一次检验就通过所有检验标准的百分比。目前首次质量检验合格率水平停滞在大约85%，而目标合格率是高于98%。运行效率是指需要设备生产零件时，设备可执行生产作业的时间百分比，艾克米公司机器作业的运行效率只在60%～70%之间，而公司要求精益团队将其提高至85%以上。公司设定的经济回报率（最低净收益、运营回报率以及净资产回报率）的目标虽然很高，但仍然是可以达成的。艾克米公司对于新的精益展示窗口显然还是抱有很高期望的。

A1生产线的项目工程师负责将现有工厂中陈旧的A1系列产品转型，由配备全新设备的新工厂生产。与此同时，X10的项目工程师负责在目前已经较新的厂区中投入运营的另外两条生产线之外，提出最佳的X10生产线理念。

虽然两条生产线生产的活塞用于不同的产品系列，但就实质而言，二者的生产流程很相似。

A1和X10生产线要安装使用的生产机器业已选定。在X10生产线，他们采用了现任工厂经理的偏好，为了同目前生产X10活塞的机器保持一致，他们选择了同型号机器。而在A1生产线，吉野的建议赢得了广泛认可，因此他们采用丰田机械厂的机器，虽然丰田机械厂在美国属于后起之秀，但是作为一家在研磨机市场上可靠稳固的机械厂，它希望通过这次合作能与艾克米公司建立长期、深远的关系。

后面我们将详细讨论两个团队的技术决策。我们的目的并非教授一堂机械课程，而是阐述在建立一条真正的精益生产线时，所需要做出的详细考量。

吉野与A1团队

吉野的方法是提供引导，而不是详细指示如何去制定必要的工程决策。他提供整体性建议，然后点评团队的想法。A1团队认真听讲，尽力学习，然后将这些精益理念转化为决策。有一个问题是如何发展原材料物流，他们想要实现单件流的生产方式，但考虑到面对的现实限制，最终他们决定用一次生产4个活塞来代替单件流，这一决策主要是出于以下两方面的考虑：一是可以使作业很好地均衡化。一台机器可以装载4个活塞（操作员每只手拿2个活塞），启动开关，操作员即可到相邻的机器捡取机器自动发射的4个活塞，放置在下一个加工环节上。二是根据机器的生产循环时间，4个正是机器循环一圈所要求的活塞数量，这样才能确保A1

装配区不会出现空置等料的情况，即生产间隔时间要求一次制造 4 个活塞。

然而，如果一次同时制造 4 个零件，也会产生一定数量的碎屑，他们不知道该如何保持丰田机械厂所提供设备的夹具干净（因为总不能每制造一个零件，就清理一次机器），而碎屑将对"首次质量检验合格率"产生负面影响。丰田机械厂根据其作业流程数据库为团队提出构想，他们想水平制造活塞，依靠离心力和重力，将夹具和零件上的碎屑甩出去。他们不确定这种做法是否可行，于是征询吉野的意见，吉野在听完他们的阐述后，点头表示同意。

第二个问题与机器作业线的布局相关。A1 生产区的空间并不大，但团队仍然想遵循吉野的建议，维持直线流。他们记得吉野在早些时候的一次会议中谈到过这种方法的优势：

工厂对于顾客来说就是一个展示窗口，其机器布局方式应该给来访者留下良好的印象。不应该有孤岛，且生产线和机器应该呈直线形布置，这样沿着整洁的生产线，我们可以看得很远，从接到原材料到成品出货的流程应该简单明了。只有在作业循环时间很长，操作员需要处理多个程序，并且需要多次走动的情况下，才会采用 U 形或 L 形的车间，以减少走路的时间以及距离造成的浪费。请把自己当作流程的一部分来想一想：下一步你想去哪儿？你是想从接收原材料到产品出货沿着一条复杂的路线，还是选择从供应商直接到顾客的简单路线呢？

维修的难易度是最后讨论的主题。A1 生产线以前采用的机器在维修工人的口中可谓声名狼藉，因为这些机器很难保持运转。机器上到处都是计量表和油点，且没有设置定期防护性检修时间表。为了废除这种陋习，A1 团队决定迈出第一步，最起码使维修人员在机器后面的某一处清楚地进行维修作业。

吉野认真查看了 A1 团队提交上来的材料，感到很满意。在整个流程中，随时可能产生问题，在没有做出对策的情况下，并不能肯定所有事情都会按照计划实行。但是，他再次肯定了团队的基本理念，该理念支持了他们每一次决策的制定。

吉野与 X10 团队

X10 团队却对吉野持不同的意见。所有成员都认为吉野只会令他们分心，使他们无法在截止期限前完成工作。他们很礼貌地聆听他的想法，但还是按照他们以往传统的标准来制定决策，大部分情况下，他们制定决策的标准是短期成本。

他们向吉野表达了自己的想法，首先就说他们向当地一家公司订购夹具，而不从机器制造商处购买，这样可以节约成本。X10系列产品的采购经理表示向本地夹具制造商采购夹具，可以节约8%的前期成本。另外，夹具制造商和工厂之间距离很近，可以快速补充受损的夹具或更换现有的设备。

接下来他们描述了他们在单件流方面取得的成绩。根据他们之前参加的一次艾克米公司内部工作坊，他们知道单件流生产模式是精益制造制度的理想状态，所以他们相信吉野会认同这种方法。他们自豪地报告：最初的一个零件，经由机器最后一步的切削，到作业流程下游将会变成两个成品活塞，所以，生产线的产能大大提高，因为对上游一个零件的处理，到下游却能产出两个成品。

然后他们开始讨论其工作小组作业流程。大家都知道B供应商的机器运转速度比E供应商的机器快66%左右。他们料想吉野会对操作员作业均衡化提出质疑，于是不等吉野提出问题，就提出溜槽的概念，将溜槽安装在许多机器上，这样可以生产十几件在制品。由于B供应商的机器运转较快，作业员可以自行进行装卸。此外，由于E供应商的循环周期较慢，则为其购买了自动装卸机械。按照这种方法，操作员人工从B供应商机器处装卸零部件所多花的时间可以抵消其较短的循环时间，这样就可以跟E供应商的机器协调一致。为完善该体系，那十几件在制品可以作为缓冲存货，一旦自动装卸机械和人工装卸作业员彼此速度失调，可以备用。

至于工具如何夹取金属，X10团队决定用固定设备夹取待装配的金属片，然后制造工具在金属片上通过上下移动进行机械加工，再将冷却剂喷洒于工件表面。工厂采用了最初实行的标准化作业程序，要求操作员每小时都要清除固定装置和工具上堆积的碎屑。

按照这些决策，X10团队需要重新布置X10模式以适应制造作业现场的不规则空间（见图20-3）。他们将新X10小组布置在另外两个X10小组旁边，这种并列布局可以使供应生产物料的操作员的作业时间每年节省超过200小时。X10再次重申X10团队之前的决策，将两道金属涂料作业工序外包给外面的供应商，尽管该供应商的质量越来越差，并且这将导致在制品存货增加15%，但是这样他们就不必投入95 000美元购买设备，也省去了培训工作。

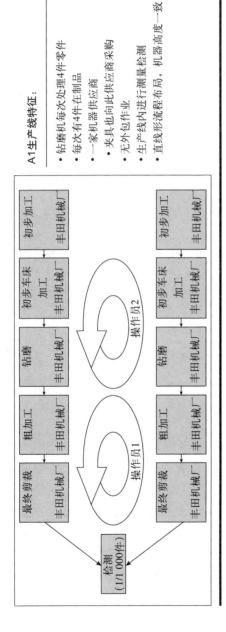

图 20-3 A1 生产线与 X10 生产线的不同布局

最终 X10 团队质量经理根据最新信息做了总结陈述。由于以上各项决策在整个设计流程中预期会节约大量成本，他们决定将这部分节约出来的资金用来投资建立一个数据收集软件系统，以监控机器的性能。收集数据并传入计算机，软件可以根据数据产生报表，显示各项效益指标，比如停工时间、成品件数以及机器作业循环时间等。由于两组 X10 生产模式的质量水准目前都还没有达到目标，所以对这些数据的收集尤为重要。

X10 团队报告结束之后，吉野并没有对其提交的任何计划做出特别评论。他只是走向桌子，递给他们一份 X10 生产线布局草图，这是他在听取 X10 团队报告说明时绘制的。X10 团队惊讶地发现，吉野没有根据现有生产线旁边的可用不规则空间来安排新的生产线，取而代之的是直线形生产线。他们同意与工厂经理讨论这个提议。之后吉野向 X10 团队致谢，并表示期待听到关于生产线布局的最终决策。

4 天后，吉野接到邀请，同 X10 项目的工业工程师会面。在会上，这位工程师告诉吉野，经过与工厂经理的讨论，他们决定保留之前 X10 团队提出的生产线布局安排。工厂经理不理解为何要重新安排工作区，变成吉野所建议的直线形流程模式。吉野意识到，如果工厂经理可以抽出一点时间去现场看看，他就会看到他所支持的复杂生产线布局的缺点：不平坦的起伏、蛇形的通道以及各种限制等。

听到这个消息时，吉野显然很不安。他不明白为何艾克米公司支付吉野的公司上万美元的咨询费，却否决了他提出的建议。他起身匆匆离开现场，低声自言自语："Yappari……"⊖

两条机器生产线的业绩成果

哪条生产线的业绩更显著呢？截至 2004 年年末，两条生产活塞的生产线都完成安装，并投入运营 2 年左右。根据 A1 和 X10 生产线当时提供的官方业绩数据，以及对作业员、工程师和管理人员的采访，得出如下数字：

	设备停工时间	报废率	返工率
X10 生产线	30%	6%	15%
A1 生产线	2%	1%	<1%

⊖ 日语 yappari 的意思是"正如所料"或"和我想的一样"。

根据报告结果，A1生产线的停工时间主要是由于工厂内临近A1生产线的生产工序还是采用过去的作业模式，从而导致A1生产线材料短缺。而X10生产线的停工时间则是由于该生产线本身的质量问题以及机器故障。这些质量问题导致X10生产线生产的每件活塞成品都要被送到100米外进行检测，确认合格后才能送去组装。与之相反的是，A1生产线生产的活塞只要在生产线上进行样品抽检，每1000件检测一件即可。

艾克米公司付出了高昂的顾问费用，用将近3年的时间开展精益行动，但最终结果让吉野倍感受挫。尽管他已经尽了最大努力，但他仍然觉得自己为精益变革团队带来的价值太少，最终他于2003年年中离开了艾克米公司，返回日本。

我们从两个活塞的故事中学到了什么

1. 投入且知识渊博的领导者是精益变革成功的关键。经常有人问我们，既然丰田模式非常成功，为什么公司不抓紧实行从丰田学到的东西呢？是因为文化，还是对变革的抵触？上面这个案例触及了问题的关键，最首要的是领导力。这个工厂已经具备了变革成功的所有要素：高管层的支持、精益行动成功的记录、可获得所有的精益工具和培训材料、优秀的同事以及世界一流的全职专家顾问。

A1的项目工程师相信并愿意学习精益。A1工厂经理允许他按照自己认为合适的方式来建立生产线，不做任何干预。相反，当X10的项目经理排斥学习机会并且固守其传统思维的时候，X10的工厂经理却迅速站在他这边，驳回了吉野的建议。例如，工厂经理同意在现有工作空间实行复杂流程分布，而没有延长工作空间以实现吉野建议的直线形流程分布。如果工厂经理能遵循这位花了大价钱请来的知识渊博的顾问的建议，建立模范生产线，从而使该工厂在全公司的知名度提高，那么这位工厂经理也一定会获益匪浅。但在关键时刻，他还是采用了熟悉的和令自己舒服的工作方式。亲自去现场查看，实际了解现状并不在他的职责范围内，他也不乐意那么做。

2. 供应商和优秀的技术伙伴是有差别的。很显然，与丰田机械厂的合作为A1生产线带来了丰厚的利润。而X10生产线则选择了与目前制造不合格零件的现有生产线设备相同类型的机器，就为了保持所谓的"一致性"，却未深究不合格的根源所在。X10团队出于对价格和地域的考虑，选择从不同的供应商那里购买夹具以及设备配件，却没有考虑到这些夹具以及机器本身复杂的相互作用。作为一名经验丰富的丰田模式专家，吉野知道现在多花一点钱购买性能良好的工具以及夹具，从整个作业流程来看，总成本反而更低。然而，X10生产线却使用多个品牌的机器，而这些机器之前已经出现了不少问题。A1团队则信赖吉野以及丰田机械厂的经验，根据他们的经验决定使用什么机器和程序来生产质量合格的活塞。吉野和丰田机械厂根据庞大的机器和程序数据库来完成活塞生产任务。

3. 仅从概念上学习丰田生产方式和深入了解丰田生产方式是有差别的。这家公司已经实行精益培训多年，非常熟悉丰田生产方式的用词，但是对具体的机器作业却不甚了解。很显然，工程团队很难做出正确的技术选择，尽管作为工程师，他们有着丰富的经验，也接受过丰田生产体系的培训。

X10生产线和A1生产线的一个主要不同在于设备器材的移动方式，这可能导致了它们在质量方面存在许多差异。X10的设备器材垂直移动，零件被夹在坐标平面上，由于重力的作用，碎屑和冷却剂落向设备器材，并留在零件上。经过一段时间，这些废料出现堆积，这是导致零件不合格的一大原因。而A1的设备器材水平移动，零件被夹在坐标平面上，在这种设计下，虽然碎屑和冷却剂仍然由于重力作用下落，却不会掉在零件上，而是落进碎屑隔离器中，冷却剂可以回收，碎屑也能循环利用。这是一个微小的技术差别，需要凭借丰田模式对细节特征的关注能力才能发现。

这两条生产线的另一个技术性差别是X10团队误用了单件流的概念。在机器作业环境下，照本宣科地应用该理念，导致X10生产线出现了一些问题。首先，没有充分利用操作员。在机器作业环境下，操作员的主要工作是检查质量、更换工具以及拾取前一台机器加工过的零件并放入下一台机器作业，并在此过程中发现并检修小故障，然后按"循环启动"按钮。如果一个操作员在各台机器之间每次只移动一个零件，他就有一只手处于空闲状态，那么这个作业流程就浪费了操作员的劳动力。此外，X10团队在机器产能方面也犯了一个非常严重的错误。他们购买的机器一次可生产多个活塞，最终产品需求实际上是4个，但是他们却坚持单件流（详见本书第5章图5-1的减少浪费的模型）。单件流的核心理念是减少浪费。顺畅的流程是让问题浮现的一个方法，而单件流并非总是最好的选择。在本案例中，这最终导致了浪费。

4. 当有能力内部提升质量时，不要勉强接受精心制定的技术性质量解决方案。 自働化意味着对作业流程赋予人的特性，能够判断出生产的产品质量是否合格。X10 团队和 A1 团队对于丰田生产体系中的这个名词做出了截然不同的诠释。X10 团队考虑使用数据收集软件系统确保不合格零件不会流入下一道工序作业，这是个不错的目标。但是，这种体系只是引导发现不合格零件，并没有从源头上杜绝瑕疵品的产生。它只是把数据收集自动化，而不是找到导致问题的根源，并迅速采取措施解决问题。与其相反，A1 生产线根据机器物理特征和其中的作业步骤来设计，以减少产品不合格率。这两条生产线的业绩指标结果表明：从作业流程的设计源头减少产品不合格率的做法，远远优于仅仅从一个低级系统中挑出瑕疵品的做法。

5. 从长期来看，最具短期成本收益的决策反而会导致最高昂的成本。 X10 团队为了节省 95 000 美元的前期成本，决定将金属涂料作业外包，虽然降低了初期资本的支出，但是这种做法延长了交付周期，增加了库存，也阻碍了艾克米公司迅速解决问题的能力。同时，由于他们并不管控金属涂层作业的质量，导致近来产品不合格率越来越高。这个例子也反映出注重短期成本的思维方式与注重长期总成本最小化的思维模式之间的鲜明对比。

能否靠评估指标来实现精益

"你评估什么，就得到什么！"这句话你可能已经耳熟能详。举例来说，如果你评估单个部门每工时的产量，就会得出生产过剩的结论；如果你评估实际支出与预算的差异，你的员工就会试图增加预算或者降低成本，甚至砍掉有益的成本支出；如果你评估季度收入，你会发现公司削减所有的花费，以粉饰季度末的盈利数字。这类现象太平常。故而，狭隘地评估业务中每个具体的方面，对未能实现短期效益数字者施以惩罚，就会使得管理人员把精力都花在如何使账面数字好看上，甚至以牺牲长期进步作为代价。

有许多好书从精益生产前景的角度探讨"精益评估指标"。哪些是恰当的可以推动精益改善的指标呢？按照我们对权力的讨论，对精益评估指标的讨论主要是关于奖励和强制性权力。那么，我们怎样才能通过评估以及相应的奖惩手段来促使员工按照正确的方向行事呢？

> **小建议　使用一套可评估进展与问题的指标**
>
> 　　我们需要认清这样一个现实，所有大公司都采用评估指标来推动内部发展。某些指标推动企业实现卓越，它们可被视为评估企业健康状况的指标。但是，倘若这些指标仅限于劳动力成本变动、间接成本与直接成本比等传统评估指标，所有对精益的讨论最终都是徒然。因为我们讨论的是一回事，而评估的却是另一回事。所以，高层评估指标的范围应该更广泛。简单的方法是对以下五大指标进行评估：质量、成本、交付、安全以及员工士气。如果对以上五点做出评估，追踪现状相对于目标的发展趋势，高管层针对偏离生产计划的部分采取应对措施，这样你就可以在支持精益的道路上顺利前行。评估的关键在于不能失衡。例如，如果仅仅注重成本，那么很快，管理人员就会仅仅将重心放在成本上；如果仅仅追踪劳动力成本，失衡现象会日益严重。评估工作要采用多元化指标，并且只把它们当作指标。当指标提示存在问题时，应去现场亲自查看以调查问题所在，并采取对策积极解决问题。

> **小建议　标准化作业流程可以有效地实施评估和改善**
>
> 　　评估的目的在于检验工作是否真正取得了改善。一套并未标准化的作业流程无法有效地施以评估，因为这当中有太多变数，对最终结果的评估也不具有可比性。相比而言，已经标准化的作业程序达成了明确的协议，比如生产间隔时间、客户需求的信号，以及对资源成本控制的标准化使用，这就很容易判断此作业流程是否满足了顾客的要求，毕竟顾客的反馈是显而易见的。在标准化作业流程下，要评估总成本很容易，因为基准成本往往是一样的，只是时间因素会改变而已。令顾客满意的作业流程周期取决于作业流程的实际业绩。假如顾客停止拉动怎么办？为了避免生产过剩，应该按照协议定义立即停止作业流程。如果我的作业流程停止生产，那么成本必然上升，而劳动效率必然下降，这对我并不公平，对吗？这就是为什么在评估每个作业流程时，要考虑采用多项评估指标。企业必须考虑如何以尽可能低的成本为顾客提供稳定一致的服务。在丰田公司，当顾客停止拉动而导致某个作业流程暂停生产时，上游的供应流程不应受到惩罚，这段时间被视为"等待看

> 板"。上游作业在等待顾客发出的额外信号，而这段等待的时间是不计入可用时间的，这样的话，对作业流程的产能评估就不会产生影响。

我们已经从事精益培训和精益咨询工作多年，关于正确的精益评估指标的问题仍然层出不穷。我们经常鼓励公司检查评估指标，并问他们两个问题："从精益的角度来看，哪些评估指标奖励了错误的行为或惩罚了正确的行为？"以及"我们该怎样使之平衡，改用正确的评估指标来奖励正确的行为？"。这是很有用的练习。尽管如此，当有人询问我们正确的"精益指标"时，我们还需要提醒他们注意其他一些因素，比如：

1. 除了奖励和惩罚，还有许多权力来源。还有哪些方面的领导力可以推动正确的行为呢？调整评估指标是一种控制行为的简便易行的官僚方式，也通常被拿来当作未能建立真正领导力的借口。

2. 准确评估所有正确的行为是不可能的。遗憾的是，如果你在评估A行为、B行为和C行为，你很有可能只将注意力放在这些行为上，而忽略了D行为、E行为和F行为，而这些行为可能同样重要，但难以评估。

3. 我们的兴趣在于鼓励创新和持续改善。如果你牵着员工的鼻子走，他们只会墨守成规地执行已经过评估的东西，而不会进行创新性思考。

4. 我们知道，当奖励停止，或者员工感觉奖励措施不会按照原意执行的时候，激励作用也会停止。

我们举不出丰田中仅仅为了钱或者业绩点数而致力于改善项目的例子。毫无疑问，肯定有这样的人，但是我们想不起来这样的例子。相反，我们知道丰田有很多人为了公司尽力做正确的事。马克·吐温曾经略带苦涩地说过："要一直做得很好，这会让一些人满意，让剩下的人惊讶。"如果你能建立一种文化，在这种文化下，即使没有评估指标的激励，你的团队同人仍然出人意料地做一些正确的事，这样不是很好吗？

《丰田模式》第16章讨论了丰田使用的各种激励因素，其中有些是内在激励因素，比如实现一个有挑战性的目标，或通过很好地完成工作获得直接的回报；其他的激励因素则是外部因素，比如受到他人的表扬，或者得到小小的经济奖励。但是据我们所知，还没有谁在致力于改善工作时期望每当他们解决一个难题，他们的"收银机"里就会有一笔现金入账。

我们发现，当某人完成一个项目并且取得显著成果时，他就会获得极大的满足感和兴奋感。令顾客满意、为团队做出贡献以及使丰田成为更强大的公司，这些欲望都是强大的激励因素。

你不能仅仅以评估为手段来使你的组织成为精益的学习型组织。但是在任何改善过程中，评估指标都扮演了至关重要的角色。运用评估指标的正确方式是把它作为改善目标。著名的 SMART 目标也适用于精益改善（详见下面"小建议"专栏）。任何改善行动都应该由具备这些特征的目标推动，不断地评估，并将评估情况绘制成简单的趋势图。但在这种情况下，你千万不要力图评估某团队、工厂或管理人员在各个方面的业绩表现。当工作团队、任务小组或管理人员为实施某个具体的改善方案而致力于颇具挑战但仍可实现的目标时，应当评估他们迈向目标的工作进展情况。丰田公司采用的是"方针管理"规划流程，或称为"政策部署"，来制定上至总裁、下至基层的统一目标。

> **小建议　目标应当是 S.M.A.R.T**
>
> 明确（specific）：约翰执行 X（明确说明团队中具体的负责人）。
>
> 可评估（measurable）：约翰跟踪第 7 号机器的设备综合效率，向团队报告最新情况。
>
> 行动导向（action-oriented）：约翰领导 5S 工作，并汇报成果。
>
> 务实（realistic）：约翰在明天之前提供一份所有员工的概况报告。
>
> 以时间为基础（time-based）：约翰负责领导第 7 区的 5S 工作，并在 7 月 12 日之前报告结果。

经常有人问我们："该如何保持我们已经取得的进展呢？"就这一点而言，使用一份简单的审核清单是个重要的评估方法。我们认为，确保持续改善的唯一方法就是亲自去现场查看并对工作区进行审核。图 20-4 就是一个标准化作业的审核表，表格设计很简单，只需要回答是或否就可以。由相当于团队领导者的人员按照预先制定的时间表（比如一星期一次，或者两星期一次）定期去现场审核，将审核结果统计成总分，公布在趋势图上。趋势图上应标注目标，以判断现状相对于目标的进展情况。图 20-5 是均衡化作业审核表的样表。

第20章 领导变革 455

标准化作业/IPCS审核表

工作小组：_____ 审核员：_____
作业#：_____ 日期：_____

一般：

"标准作业图"上的人数和此工作小组操作人员人数是否相符	是/否
"标准作业图"是否张贴于作业现场	是/否
此工作小组是否按照时间间隔运作	是/否
具体作业：	
"标准作业图"上的人数和此工作小组操作人员人数是否相符	是/否
"标准作业图"的三要素是否呈现于"标准作业图"上	是/否
若否，遗漏了哪些要素	
"标准作业图"上的标准在制品（SWIP）的数目是否正确	是/否
目前作业流程中的SWIP数目是否正确（没有批量、没有差距等）	是/否
若否，为什么	
"标准作业图"中作业顺序是否正确	是/否
若否，应该做何改善	
操作员是否遵守规定的作业顺序操作	是/否
若否，为什么	
每一作业步骤的时间是否正确（至少附上连续次作业循环的研究结果）	是/否
现场布局是否正确	是/否
若否，哪些需要改善（在附件中说明）	是/否
急迫性项目和安全性项目是否与IPCS的规定相符	是/否
若否，哪些需要添加或删除	
"标准作业图"上是否正确签名和标注日期	是/否
"标准作业图"是否是实施控制的文件（盖章）	是/否
"标准作业图"是否与主控文件相符	是/否

请将完成的审核表交送给你的团队领导人，附上"标准作业图"、时间观察和IPCS

2001年3月12日
DPS办公室

标准化作业/IPCS审核表

IPCS:

该操作员是否执行所有指定的工作	是/否
若否，为什么	
该操作员是否执行IPCS上未标注的检查工作	是/否
若是，为什么	
IPCS应增加检查项目吗	是/否
若应该，该增加什么检查项目	
该IPCS中是否有应转交给另一位操作员的IPCS的检测项目	是/否
若是，增加哪些项目	
IPCS上标明的所有数据收集表格是否填写正确且全面	是/否
若否，哪些项目有偏差	
列出你在进行该审核工作时发现的改善机会，特别要关注在此作业中可杜绝浪费的方法	

请将完成的审核表交送给你的团队领导人，附上"标准作业图"、时间观察和IPCS

2001年3月12日
DPS办公室

图20-4 标准化作业审核表

均衡化作业审核表					
审核员			日期：		
			班次：		
			总分：		
#	审核问题		是	否	若否，请准确说明
1	箱中卡片数量是否无误				
2	箱中数量是否按规定数量装载				
3	箱中的数量是否按规定混合				
4	均衡箱是否完好无损				
5	箱里是否有垃圾或杂物				
6	所有成品是否都附有PI卡				
7	所有缓冲存货是否都附有PI卡				
8	所有安全存货是否都附有PI卡				
9	缓冲存货和安全存货是否循环				
10	所有成品是否放置于正确地点				
11	所有卡片和包装袋是否完好无损				
12	只有PW卡片放在均衡箱里				
在工作小组里					
13	应对计划是否清楚地张贴于每个工作小组的工作区				
14	处于红色或黄色状况时，是否遵循应对计划				
15	折叠包装是否和PI卡片相符				
16	PI卡片附在最后两个零件的吊牌上				
17	是否依照安全存货卡片的要求先建立安全存货				
在出货区					
18	PI卡是否附在靠标示卡的那一边				
19	最终产品数量是否在目标水平内				
20	搬运至出货站后是否取下PI卡				
#	其他意见或注意事项（如果上面说明栏空间不够的话）				
将结果标示在均衡化审核趋势图上					

图 20-5 均衡化作业审核表

在 NUMMI，人们对标准化作业有更精细的审核流程。他们在装配线员工打卡的地方放置"纸芝居"标准作业审核告示板。每个职位有一张卡，卡片上列出"是/否"问题，这些卡片以垂直的方式放置。团队领导者每天检查一个作业流程，观察团队成员的工作执行情况，并将其与标准作业表对比，如果发现有不一致之处，做出标记并且写下对策。已审核职位的卡片会被放置在垂直栏右边对应的插槽里，表明当天审核工作已经完成。如果出现问题，则将卡片背面朝外放置，表明还需采取对策。副经理每天都来检查告示板。在 NUMMI 装配厂里有 90 多个这样的审核告示板。全面生产维护作业也有类似的审核告示板。管理人员经常到丰田厂区各处巡视，以确保每个工作区都正确使用这种审核制度。

很多公司常常以消极的方式使用评估制度。高层中会有人负责审核收集的业绩指标，以寻找导致业绩不佳的作业，并对有过错的一方采取粗暴的惩罚行为。我们之前提到的方针规划以及审核告示板属于积极的评估方法。开展工作的人员设定目标，根据目标追踪工作进展情况，在偏离目标时，立即采取纠正行动。管理人员到工作现场进行实际审核，直接同工作人员讨论进展情况。可惜在许多公司的文化中没有这样一项内容。

所以，现在的问题是：如何建立一种可持续改善的文化，使你不必事事都设立指标来驱动改善，而是让目的明确的同事们自己制定积极的目标，并自行评估他们的进展情况？

改变行为以改变文化

针对态度和行动的关系，社会心理学的相关研究已经有非常悠久的历史。虽然对这方面展开了大量的研究调查，且充斥着复杂的科学词语，但结果却非常简单明确。如果你询问他人相信什么，他们的回答可能会预示其实际行为，也可能无法预示其实际行为。例如，人们可能会大声宣称他们对少数族裔没有偏见，但是在实际情况下，他们却表现出有偏见的行为。和这些人交流信息并教育他们，可以影响他们说话的内容及方式，但是未必能改变他们的实际行为。

而另一方面，如果我们能够改变行为，就能够影响其态度。例如，有些人不会选择与某些少数族裔人士一起工作，但是，如果其工作职位要求他们必须与该少数族裔的人一起工作，那么渐渐地，他们的态度也会发生改变。对这种转变的一个解释是认知失调理论，该理论阐述的是我们想把各种各样的信念协调一致。我们知道我们正和该少数族裔人士共事，也知道他们行事合理且富有奉献精神，还知道这些认识和"我们不喜欢该少数族裔"相矛盾，将这些事实协调一致的最简单的办法，就是改变对该少数族裔的负面的看法："也许他们并不是那么差劲。"

当然，事情并非都是这么简单。这里传达的基本理念是：通过改变人们的行为来改变他们的思想是比较容易的事；但是，通过改变人们的思想从而改变他们的行为，则比较艰难。如果我们想让人们理解并接受精益生产的假设，就要让他们亲自体验精益生产，通过直接的体会、现场即时的指导和反馈，假以时日，必定会改变他们的行为。相反，若试图通过有说服性的演讲、互动视频学习课程或课堂培训来改变人们的信念，往往是行不通的。他们刚开始可能会说得很好，但这并没有深入影响他们的信念和行为（参见前文案例"两个活塞的故事"）。

同样，组织的文化也不会仅仅因课堂教学而改变。我们可以教会人们说话的政治技巧，却不能深入影响他们秉承的价值观和内心的假设。遗憾的是，现实情况的确如此，虽然通过对全体员工的教育项目来改变企业文化，乍听起来似乎比重新制定组织架构和流程以改变人们的想法要容易得多。但是，精益变革并不是要做容易的事，而是要做有用的事。精益变革就是要面对现实，并有信心重塑现实以实现目标。

既然文化变革难以实现，那么有担忧文化的必要吗？讽刺的是，你无法通过交流和教育的方式来直接影响文化。然而企业文化对于一个有持久竞争力的企业来说却是至关重要的，所以，我们无法给出否定的答案。

丰田公司早就认识到了这一点，当张富士夫第一次通过"丰田生产方式架构屋"图来解释丰田生产方式的理论时，据说大野耐一把这张图撕掉了。大野耐一认为，应该在工作现场通过实践来学习丰田生产方式，而不是通过看看架构屋图就能学会。在《丰田模式》一书中，张富士夫对此理念这样解释：

一个人不懂的事情很多，因此，我们常常问员工：为什么不勇往直前并采取行动，尝试一下？面对自身的失败，你就会认识到自己掌握的知识是多么匮乏，你可以纠正你的失败之处，再从头做起。到下一次尝试时，又会认识到另一个错误或令你不满意的状况，然后你可以重新再做。

从一开始，丰田生产方式讲的就是从实践中学习。参与或领导过改善活动的人都会感受到经验和学习的强度。在一星期的时间里，团队内会形成一种微型文化，这是与寻常公司的文化截然不同的文化。在微型文化中，尝试新事物、分享理念甚至犯错误都是宝贵的经验。团队学习如何识别出深层次的浪费，并杜绝根深蒂固的浪费是完全可能的。经过这些体验后，他们再用以前的方法来看待事物。我们经常听到这样的表述："真不敢相信，我在工作中与这个问题共存了20年，居然从未采取任何措施来解决它。"浪费情况开始凸显出来，他们知道通过自己的努力能够实现多大程度的改善。星期五是庆功日，这一天会强化在这一星期形成的微型文化。但接下来的情况往往令人沮丧：经过一个周末的休息，星期一到来的时候，一切又恢复原样了。

改善活动面临的问题之一就是一星期的时间不足以改变一种文化。这星期的工作结束后，改善促进人员常常前往另一个工作区，指导另一个团队开展改善活动。进行短期的文化干预活动然后就转身走开的做法并不能将新文化渗透到深处。实施短期改善活动的价值并不在于那一周实现的资金节约，而在于其对学习和文化变革产生的潜在影响……而这一点却很少能够实现。

此外，价值流方法是一个更好的机会，可以在方案执行区内影响真正的文化变革。在价值流建立阶段，改善活动可以作为一种工具，但是在价值流方法中，改善活动不会在周五停止，它会是在历时 4~6 个月的时间里进行的一系列重复活动中的一项。在改善活动密集推行期结束后，管理层必须继续予以关注，这样才能推动更持久、更深入的文化变革。要建立人人懂得流程、积极发现浪费、主动采取措施杜绝浪费的精益文化，并制定规则以维持变革成果，历时 3~5 年是很正常的事。

如果你能够在组织的某个重要领域建立起新文化，接下来你将如何推广这种新文化呢？是否要在每个领域逐一推广呢？不需要，我们可以通过以下途径来传递学习成果：

1. 管理层如果参与进来，将会从试点方案中学习到大量的经验。他们将更加投入地学习，并制定更清晰、更宏大的远景目标，而这将会延续到下一个价值流方案。

2. 内部精益教练将从经验中学习，这将有助于加速下一次乃至再下一次的改善活动。

3. 其他领域的人将听说试点方案，有些人会前来参观，他们的所见所闻将会对他们产生影响。

4. 参与试点项目的人员可能有机会被调派至其他工作区工作，他们甚至可能会担任未来的精益教练，从而直接将新文化带到新的工作区去。

这种方法的不足之处在于，这种新文化只能通过体验过新文化的人员直接传播，这些人本身也是新文化的一部分。通过调派这些操作员和监管员到其他工作区的传播方式是一种很有效的途径。在有些案例中，实行试点方案的工作区有些职位被撤除，腾出来的工作人员可以调至其他工作区，或加入改善推动办公室。很多管理者在投身于精益变革事业时会有所误解，当某个人的工作岗位被撤除时，这个人本身并不是需要消除的浪费。他们将是新文化中积极的一分子，管理人员应该尝试去培养他们。如果好好开发他们的价值，就会发现他们是非常宝贵的人才。

丰田了解文化变革的重要性和面临的挑战。丰田在许多国家都开设了工厂，每当开设新厂时，他们最重视的是发展丰田模式文化。他们通过协调员制度来实现这种新文化的发展。数以千计的丰田协调员被派往世界各地，其主要工作就是教导丰田模式下的企业文化。他们并非到一个工厂一两周去上上课，而是要在那里待上两三年的时间，天天对员工进行指导和培训。他们激励学生实现目标，等待并留意可以指导学生的机会。

我们常被问到的一个问题是："日本文化是一种独特的文化，那么丰田模式在日本以外的地区能行得通吗？"毫无疑问，日本文化的确与其他文化不同，在很多方面它与丰田模式的原则都非常契合。毕竟，丰田文化是从日本文化演进发展而来的。日本人守纪律、关注细节、以团队为导向、为公司献身、推行终身雇用制度和逐级升迁，他们善于反思、精益求精等，这些文化都强有力地支持着丰田模式。但是，丰田在向其他国家推行丰田模式时，也取得了巨大的成功。历经时日，丰田已经认识到，他们不能将丰田文化原封不动地带到其他国家，为了适应当地文化，丰田模式也需要相应进行调整，由此形成了一种混合型文化——一种当地文化与原始丰田文化融合形成的新文化。但丰田的价值体系却丝毫未打折。

在这种调整过程中，丰田文化经历了多少改变呢？这是个颇有争议的话题。很多人认为新文化已经完全不同于原始丰田文化了。以美国人为例，他们不愿意将工作放在优先于家庭和个人生活的位置，而这在日本是司空见惯的；他们不愿意遵守纪律、遵循标准流程，他们总是想知道必须采取某种做法的原因；他们是个人主义者，想得到个人的奖励和认同；他们缺乏耐心，总是想着短期效益。虽然这些陈述中有些是事实，但是丰田还是做了卓有成效的工作，将日本丰田文化中的许多关键要素传播至美国等其他国家，包括：

- 教导美国人识别并杜绝浪费。
- 教导丰田模式中实用的解决问题方法。
- 教导人们认识到以标准化作业为改善基础的价值。
- 教导人们对满足顾客需要和保证质量充满热情。
- 教导团队合作的重要意义。
- 教导人们认识到员工的价值。

> **误区　展开工作方式培训，形成全新企业文化**
>
> 在第19章中我们提到"X公司生产方式"的方法，其中X代表公司名称。该策略旨在在整个企业中推行共同的作业制度。这是一个很远大的构想，我们对此也深感赞同。但问题是不能将之视为一个由上至下通过参谋机构推行的文化变革方法，你不能用PPT演示文稿来说明如何形成新文化。那些光鲜的彩色投影片和培训软件并不能改变文化。单纯的"陈述"不会带来什么成效。通过领导、亲身体会以及人事调动去教授指导新文化，人们能够更好地理解那些词语和概念。但是，作为独立的流程，培训和交流并不能真正改变人们的信仰、感受以及他们的行事方式。我们曾经帮助一位客户建立模范生产线试点计划，花了超过一年半的时间为此生产线的作业流程制定出

> 专门的标准化作业。但是，当他们在中央办公室中决定部署精益任务时，竟然没有提拔任何参与试点计划的人员，而是选拔了一批毫无精益经验的人去接受课堂培训，让他们担当精益领导者的角色。这将造成多大的浪费啊！

把你的学习推广至合作伙伴

如果合作伙伴是精益企业真正的外延，那么就必须将精益文化推广至合作伙伴。我们以第19章讨论过的电装公司为例，电装公司是丰田最早的"系列"（keiretsu）供应商，丰田本身也持有其部分股份，因此，人们理所当然地以为电装公司必然也精于丰田生产方式。其实，电装公司知道，他们距离在丰田工厂看到的丰田生产体系的水平还相差甚远。他们已经采用了许多类似丰田生产方式的技术手段，但是并不具备丰田的"改进头脑"，因此，他们的对策是推出了一个以三角形为标志的高效工厂行动。

这个三角形以电装公司董事长高桥的名字命名，被称为高桥三角。高桥是从丰田退休的资深主管，他在电装公司的工作职责之一就是创建与丰田文化和谐共存的文化。如果丰田建立了由全体同人参与的可持续发展的文化，远比电装公司的文化先进，那么电装公司要如何迎头赶上呢？

只要电装公司能提供丰田要求的价格，又何必要赶上丰田呢？我们在第12章曾讨论过，丰田并不想管理供应商的价格，它们要管理的是供应商的成本。当丰田的团队成员每天解决小问题，通过各种活动来降低成本时，如果供应商不能像他们一样努力降低成本，那么丰田的工作会陷入困境，供应商的成本将会成为丰田降低成本过程中的瓶颈，因为供应商的成本在丰田汽车成本中占最大的比例。如果供应商同意降低价格，却没有降低实际成本，供应商就无法合理运营，它们手上将没有可用资金投入到经营和进一步的技术开发上。如果供应商通过严苛对待其员工和二级供应商，或其他的短期成本削减方法来降低成本，那么供应商的基础建设将分崩瓦解。

在第3章中，我们讨论过稳定、创造流程、标准化作业和渐进地均衡化的循环过程。我们提到要将一个工厂中的两个作业流程连接起来，每个作业流程需要达到一定程度的初步稳定性，然后才能连接成一定程度的顺畅流程。新标准随之形成，这就提供了均衡化机会。我们接着谈到持续改善的螺旋循环，这种改善过程在持续深入。想象一个装配工厂和一个供应商工厂，而不是一个工厂中的两个作业流程，相同的原则在此同样适用。每个工厂作业流程必须先稳定，两个作业流程才能连接起来，从而产生新的标准作业流程，然后才能渐进地均衡化，这是一个不断重复、长期的持续改善螺旋循环。

现在，想一想类似电装这样的公司，它要把售后服务的汽车零部件运送到丰田售后服务仓库，再想想电装公司的产品开发组织和丰田新车开发工程师一起设计传热、散热以及空调系统，还有丰田的销售部门将汽车销售给经销商。无论哪一种情况，上述原则都适用。丰田及其每个合作伙伴，都必须先达到一个新的稳定水平，然后建立一个连接的工作流程，将作业标准化，最后渐进地均衡化，这是一个持续改善的过程。如果丰田公司的稳定水平远超其合作伙伴，那么这个持续的改善过程便会中断。

丰田希望其合作伙伴能够独立自主，因为如果一直依赖并指望丰田的指导，它们就不能实现自我改善。丰田不能推动其合作伙伴达到其期望的水平，所以认可供应商采用丰田模式之外的模式。事实上，只要这些模式有效，丰田都持鼓励的态度。只有出现很严重的质量问题、新产品市场投放问题或可能导致丰田停产的问题时，丰田的人员才会采取行动，向供应商传授丰田模式。他们可能并不称之为"丰田模式"，但是他们所教授的都是本书中的原则。依照我们以往的经验，丰田的供应商都渴望学习丰田模式，因为他们知道这是更好的办法。

因此，当你变革自身内部作业程序，并同时变革你的合作伙伴以建立彼此兼容的文化时，必须具备以下先决条件：

1. 你的公司内部必须认真推动精益。
2. 你的公司必须培养真正的领导者，供应商愿意追随他们并向其学习。
3. 你的公司必须耐心地指导供应商。
4. 供应商必须愿意接受你的指导。
5. 供应商必须看到学习对他们有益。
6. 长期来看，必须培养供应商的独立性，他们必须发展自己的精益文化。

> **误区　及早行动，教导供应商实现精益**
>
> 我们一再强调：在试图将精益推广至供应商之前，你的公司自身必须先认真推动精益。我们曾看过非常荒唐的例子，财大气粗的大公司决定向其小型下级供应商推行精益，问题是，这些力量强大的客户只会空谈、做很多PPT报告和一些有限的示范。相反，下游供应商却致力于精益并遥遥领先于其客户。这些公司大言不惭地要教授客户实现精益，然后要求其降价，它们充其量不过是"狩猎采集者"而已。

丰田希望供应商发展各自的文化，但是希望这些文化与丰田文化能够彼此兼容，这样，丰田模式的基本原则就一定能够在供应商那里践行。例如，如果供应商采用传统的大批量生产、自上而下的文化，那么他们的成本就会太高，可能导致丰田存在停工的风险，这是丰田无法容忍的事。但是，如果供应商有其自己的一套精益文化，并且行得通，那么对于丰田来说再好不过。

我们在第 12 章曾经讨论过德尔菲汽车系统公司的例子，它致力于发展其供应商成为丰田风格的精益企业，但目前尚处于非常早期的阶段。德尔菲公司的采购主管认识到，取得成功的关键是要赢得供应商的信赖。为此，德尔菲公司将供应商调查列为其主要业绩指标之一，并与亨克规划展望公司（为所有大型汽车制造商提供供应商调查的机构）签订合同，要求其对德尔菲公司的下游供应商进行特别调查。2004 年的调查结果很难堪，德尔菲公司并没有得到其供应商的信赖，反而被视为缺乏理性的顾客。对于德尔菲公司来说，这种结果并不意外，因为多年来，它们一直被其客户打击，然后调头再去打击下游供应商。现在，它们必须将这种长期敌对的关系转化成一种互惠互利的合作关系。德尔菲公司致力于这项工作，帮助供应商逐一实现精益目标。它们首先派遣一流的精益专家（一些作为外部顾问，一些作为内部精益专家）来协助其供应商精益其作业流程。此项工作获得巨大成功，并由此开始逐渐赢得了供应商信赖。虽然要赢得大部分德尔菲关键供应商的信赖还需要很长的一段时间，但是德尔菲愿意做这项投资，并有耐心花几年的时间以转化为精益企业。如今，它们一直致力于建立兼容的文化，建立公司内部互相信赖且与其供应商伙伴也相互信赖的关系。

现在请尝试并全力以赴

当本书作者大卫·梅尔在丰田的乔治城工厂工作时，总有人要求他"全力以赴"。这与其说是一项指令，不如说是恳切的请求，希望每个人都尽其最大的努力。没有必要讨论"对或错"或者"好与坏"，团队成员全都在尽他们最大的努力，这是对他们全部的要求。我们认为，这一要求适用于所有面临实施丰田模式的挑战的公司。每个人都必须全力以赴。

另外，经常还会有人要求大卫"请尝试一下……"，如果他由于某些原因而回避了此要求，他就会被告知"尽管去做"。有些人害怕在尝试过程中犯错或被误解，但可以确定的是，如果你从未犯错，那就代表你什么也没有做。当提出的要求超出大卫的自身能力时，他们只会对他说"请尝试"，这也是我们向任何人提供的最好的建议之一。你有必要尝试本书中谈到的一些东西，这样才能理解其真正的意义和价值。

如果你很难说服自己或他人去尝试，那么"尽管去做"好了。大卫也是做了几次之后，才了解了丰田生产方式的理念，对他来说，这是唯一的途径。只有通过实践，才能真正理解。我们为所有公司提供的建议是：第一次学习一个概念时，要尝试、思考并反思结果，这样才能学到更多，然后再不断地进行尝试。丰田经常鼓励团队成员不断地尝试、不断地改善，以求持续成长与发展。

有时，最简单的课程却具有最深远的教育意义。多年来我们有幸与许多卓越的丰田模式教师共事。教授丰田模式绝非易事。有一天，大卫的老师竹内（Takeuchi）先生坚持让大卫立即完成一项特殊的工作，而大卫当时非常忙，其注意力都在其他事务上，所以他向竹内解释他会在几周后处理竹内的要求（大卫用日语告诉他"稍后"），但竹内老师温和地建议大卫立即（用日语"现在"）完成他的要求。大卫坚持要稍后完成，而竹内则始终建议立即执行，这种拉锯战一直持续着。竹内教师既有耐心又很固执，最终他的固执战胜了他的耐心，他做手势让大卫随他去最近的会议室，在那里的白板上，他画了一幅阶梯图（见图20-6），对大卫说："大卫，我们的工作是——每天向上一点。"

然后，他又画了一条与阶梯平行的带箭头的直线（见图20-7），说："这样，久而久之，我们就上去了。"

图 20-6　每天向上一点　　　图 20-7　久而久之，我们就上去了

这样的时刻提供了最有价值的经验教训，而大多数人则忽略了它。在此例中，大卫当时只想让竹内别再找他的麻烦，所以，他遵从了他的要求。一段时间后，大卫意识到了这个简单信息中所蕴含的力量。丰田只是致力于取得小收获，但是每天都要有一点收获。如果他们能够不断改善，那么公司将会变得更加强大。而领导者的职责就在于，确保每个人每天都做出贡献，不论贡献多么微小，日积月累，将这些每天取得的小贡献整合起来，公司势必日益强大。大卫终于体会到这种与丰田长期的思考和规划理念相连的理念的力量是多么强大，从长期看，这些理念的力量愈加明显。他们明白为何那只坚持前进的乌龟，不仅能完成比赛，还能跑赢那只跑得虽快却不持久的兔子。

此例还为我们提供了另一个宝贵经验：我们必须踏上第一级台阶，才能看到下一级台阶，或看到向前走的潜在利益。此前我们曾提过这一点，但仍需在此重复：想象一下站在台阶上的情形，如果向前看，只能看到台阶，如果你登上新一级台阶，就会看到新的良机。这一点同样适用于变革流程。只有开始采取行动，一些隐藏的潜在改善机会才会显现，而之前从未见过的机会将豁然出现在你的眼前。所以，这当中存在一个似是而非的矛盾：如果不采取行动，机会不会自动展现在你面前。这是从实践中学习的自然渐进过程（见图 20-8）。先要开启旅程，沿途再进行调整。

遗憾的是，尝试失败并承受失败的风险

"每天向上一点"

你必须踏出第一级台阶，才有可能看到下一级台阶

图 20-8　持续改善无止境

往往并非易事。密歇根大学教授菲奥娜·李（Fiona Lee）○和她的同事们一直在研究尝试的现象。对此他们进行了心理学试验，在试验中，如果试验对象想要走出迷宫，就需要尝试许多选择，从成功和失败中学习。他们在广场上铺上一块地毯，地毯上的小方块下面隐藏以某种形态排列的许多电子元件，如果踩错了方块，就会启动开关发出响亮的"哔哔"声，但是，如果他们多做尝试，在引发许多的"哔哔"声后，他们就会发现方块的排列形态并成功走出迷宫。菲奥娜·李和她的同事们发现，人们常常停在那里，拒绝再向前行进，因为他们害怕再踩到发出可怕"哔哔"声的开关。这在某种程度上源于美国文化，美国人从小就被培养成顽强的个人主义者，憎恶失败。对他们来说，不能胜任是耻辱的标志，且美国文化并不鼓励他们试验、尝试新事物、反思失败，以及请求帮助——哪怕他们极度需要帮助且在帮助唾手可得的情况下依然如此。在李的试验中，不论是男性还是女性都呈现这种结果，这当中并没有明显的性别差异。

　　大卫学习了每次向上一步的细微变革，其成效可以说相当惊人。每天做一些新的东西，每天冒一次险，听一下"哔哔"声，这可以解释我们所观察到的另一个现象：当我们开始与一些公司共事时，他们经常问："是否有同我们规模和业务相当，但已经施行了精益，可以让我们去参观的公司呢？"他们可能具体想要看到一个低产量、产品多样的装饰性马桶座椅公司，或假肢原型设计店，或一个低产量的专业血液测试医疗实验室，或高度自动化玻璃厂，或其他各类公司。遗憾的是，世界上并不是每个产业都存在一个精益模范——除丰田及其供应商之外，精益模范实在是太少了。我想，他们其实想说的是："请在我们开始精益旅程之前，为我们描绘出一幅精确详细的图景，以便我们了解实现目标后的状况。"而另一个常见的问题是："我们可以预期获得多大的成本节约？推动精益需要多少成本？"换句话说，就是希望得到可预期的准确数字，以避免冒险。害怕一步步地前进、在路途中搞清状况的做法，是导致好的精益模范如此之少的原因之一，而战胜这种畏惧心理需要信念上的飞跃。

　　菲奥娜·李和她的同事们在试验中还发现了另一个有趣的现象：不一致的冒险信息会扼杀创新的动力。在导致失败也不会遭受惩罚并且失败可被接受（这两

○ Fiona Lee, A. Edmondson. S.. Thomke, and M. Worline, " The mixed effects of inconsistency on experimentation in organizations", *Organization Science*, 15(3)(2004),310-26.

者缺一不可）的情况下，人们才会比较愿意冒险。有趣的是，如果人们听到支持的言论说冒险是值得的，但是失败之后却遭受惩罚，或者人们虽未遭受惩罚，但是其获得的信息是冒险不被接受的话，他们将不太愿意冒险，通常停滞不前。事实上，最有趣的发现是，如果被告知冒险是不可接受的，并且会因此遭受惩罚，他们还是比接受不一致信息的人更愿意冒险。这是令人惊讶的地方，看来最糟的莫过于信息的不一致。

在很多我们共事过的组织中，存在太多不一致的信息。尝试和试验在改善行动中得到支持，但是在日常工作中并非如此。高层管理者宣扬改革，而中层经理则实施一切如常的生产和运营模式，且惩罚任何导致生产中断的行为。管理层倡导停止生产并解决问题以实现高品质，而生产工人则被命令不惜一切代价埋头实现产量目标。管理层一面说可以进行创新和试验，一面又惩罚人们因此导致的失败。这威胁了个体的能力感和优越感，而这两点是西方社会中十分重视的东西。

> **小建议　一致的信息将支配行为**
>
> 在第11章中我们提到丰田内部的持续改善，也提到必须对"持续"这个词所代表的意思传达一致的信息，因为这对于思维方式和最终结果至关重要。我们看到其他公司试图模仿持续改善，然而却对哪些改善可被接受设置了种种条条框框。很多改善之所以被忽视，是因为对于这些改善是否值得或能否被接受还并不明朗，就是这样，很多改善陷入了困境，创新也失败了。如果你说你想要持续改善，你就必须严格体现"持续"这个词的真正含义——自始至终，在任何情况下，不以价值、复杂性或重要程度为考量，持续不断地进行改善活动。任何改善都不会嫌小，而最佳的改善时间就是现在。

实现这些要求并不容易，且充满危险。我们希望《丰田模式》和本书已经对精益介绍得比较全面了。存在的诸多可能性让人们备受鼓舞和兴奋，但是还有很多事情要做。事实上，每个流程和文化的每个层面上都有很多工作要做。然而，如果你这么想，就会停止不前。那么，你就只会看到眼前这级明显可见的台阶，甚至更糟的是，你会向下看你所站的那级台阶。我们能给你的最佳建议就是："请做""请尽你的全力"。记住："每天向上一点！"

反思问题

这是所有反思活动中最严肃的一项,我们要求你反思一下是否想认真开始真正的精益之旅。在本书中我们已经详细描绘了一幅精益之旅的画面,这显然不只是许多精益方案的技术性把戏,而是一项严肃的终身事业,目的是建立一种持续改善的文化,你准备好了吗?不论你是初次接触精益,还是已经从事精益事业10年,但还没有对丰田模式形成深入的感悟,这个问题都适用。问一问自己下面的问题,在你所选择的道路上开始你的旅程。此处的"你"并不限于本书的读者,还包括组织中众多的领导者。

1. 你的组织内是否有高层领导者认真致力于将组织转变为精益的学习型组织?如若不然,他们看起来是否至少愿意接受指导?
2. 你是否长期(永远)致力于这个过程?
3. 为了对这一流程做好准备,你需要采取哪些措施?
4. 你是否愿意投入足够的精力,花时间学习、深入观察(现地现物)并参与持续改善活动?
5. 你将如何指导他人?你有没有个人工具来做到这一点?
6. 你的组织将如何取得精益变革所需要的精益老师的支持?
7. 你的组织是否到处充斥着前后矛盾、不一致的信息?如果是,请制订沟通计划,开始传达一致的信息。
8. 为改变文化,形成前后一致的信息,需要做些什么?

译者后记

近年来,"精益"已经成为企业界的一个流行词语。所有制造业企业和各类非制造业企业都在追求精益模式,而且几乎到了狂热的地步。人们投入了大量的时间、精力与财力,积极学习,采用各种精益工具和方法,试图以精益生产摒除企业中的浪费。所有的企业都想效仿丰田汽车的做法,试图在自己的企业中实行精益,并乐观地期待精益生产方式为之带来巨大的成效,但结果是否真的能够如其所愿?

精益生产方式源于丰田生产方式。它是一种最大限度地减少企业生产所占用的资源和降低企业管理及运营成本的生产方式,更是一种理念、一种文化。实施精益生产方式就是决心追求卓越、追求完美、精益求精,就要不断努力、解决问题、持续改善。它是丰田公司取得巨大成功的重要因素,是支撑个人与企业发展的精神力量,是在永无止境的学习过程中获得自我满足的一种境界,也是在激烈的竞争中让企业立于不败之地的一个关键理念。

《丰田模式》一书的作者杰弗瑞·莱克继揭示"丰田模式:精益制造的14项管理原则"后,邀请资深精益专家大卫·梅尔共同向读者提供了这部精益模式的实践指南。作者结合他们多年来从事精益研究与实践的经验和教训,通过翔实的案例,向读者讲述了如何有效地实现流程加速、杜绝浪费、改善品质、与客户和供应商建立良好关系,以及建立精益的学习型组织的途径。

全书仍然以丰田模式的4P模型——理念(philosophy)、流程(process)、员工和合作伙伴（people/partners）以及解决问题（problem solving）——为架构，但并没有严格地遵从《丰田模式》中提出的那些原则，而是提出了一些略有不同的原则，这些原则更适于教授他人实际应用的方法。但是，本书并不是详细介绍各种精益工具和使用窍门的入门类图书，而是一个能够指明方向的指南针，能够帮助你找到属于自己的道路。

全书分为 6 篇 20 章，其中第一篇"向丰田学习"阐述了本书的创作目的和篇章结构，中间 4 篇共计 17 章是本书的主体内容，而这 4 篇正是按照 4P 的顺序和逻辑展开的。每篇分章详细而生动地介绍和说明了丰田的具体做法以及为什么要这样做和这样做的好处。最后一篇"管理变革"则从整体上阐述了执行精益的策略与方法，以及在企业精益转型过程中不同领导者的影响。通过这样的篇章安排，读者在读完本书之后，不仅能对丰田生产方式有一个全面系统的了解，而且会得到很多有益的启示，能够理解这种先进管理模式的精髓，掌握其要点，确实能起到实践指南的作用。

不管你是实践精益模式的新手还是涉足精益多年的专业人士，都可以根据本书各章中的"小建议""误区""案例分析"和"反思问题"等栏目重新反思你所进行的精益活动。与其他相关图书不同的是，本书向你详细介绍了各种精益工具与方法背后的思想，使你能够将丰田公司的 4P 模型全面且持久地整合到你的组织里，将理念、流程、员工与合作伙伴及解决问题的能力恰当地结合起来，打造一家成功的企业。

本书由杰弗瑞·莱克和大卫·梅尔合作而成。杰弗瑞·莱克现任密歇根大学工业与运营工程系教授，并担任该校日本技术管理项目主任，曾五度获得新乡奖（Shingo Prize，为纪念丰田生产方式的创始人新乡重夫而设立）。莱克同时也是专门提供精益企业与供应链管理顾问服务的 Optiprise 公司的首席顾问，其作品经常发表在《哈佛商业评论》《斯隆管理评论》及其他知名刊物上。大卫·梅尔曾在日本及美国肯塔基州乔治城工厂接受丰田生产方式专家长达 10 年的培训与指导，是乔治城丰田工厂第一批聘请的团队领导者之一。现为美国精益顾问公司负责人，擅长为组织内部开发精益生产制度，帮助组织向精益模式转变。两位作者中，一位对社会技术体系尤其是丰田公司有多年的学术研究经验，另一位拥有丰富的在工厂现场践行丰田模式的一线经验，两者结合起来共同为读者提供了既切合实际又不乏深刻理论的实践指南。

全书的翻译由王世权、张丹、商国印共同负责。本书在翻译中，初稿翻译分工如下：商国印、王世权翻译了第1章、第3章、第4章、第18章；吴亚军翻译了第6章和第13章；张丹、王帆翻译了推荐序、前言、致谢、第7章、第9章、第14章和第15章；侯君翻译了作者简介、封底、第2章、第8章；张丹、安冬梅翻译了第5章、第10章和第11章；商国印、赵炯翻译了第12章、第16章、第17章；侯君、赵晶翻译了第19章和第20章。初稿完成后，由张丹和商国印进一步对全书各章节进行了校阅，最后由王世权负责全书的统稿。

限于译者的水平，译稿中错误或可商榷之处在所难免，敬请读者批评指正。

王世权
于东北大学工商管理学院